企业社会责任的硬法与软法之治

张宪丽 著

On the Construction of
Hard Law and
Soft Law Governance of
CORPORATE SOCIAL
RESPONSIBILITY

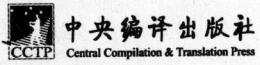

图书在版编目（CIP）数据

企业社会责任的硬法与软法之治／张宪丽著. —北京：中央编译出版社，2018.2
ISBN 978-7-5117-3480-8

Ⅰ. ①企⋯
Ⅱ. ①张⋯
Ⅲ. ①企业责任－社会责任－研究
Ⅳ. ①F272-05

中国版本图书馆 CIP 数据核字（2017）第 324283 号

企业社会责任的硬法与软法之治

出 版 人：	葛海彦
出版统筹：	贾宇琰
责任编辑：	王　琳
责任印制：	刘　慧
出版发行：	中央编译出版社
地　　址：	北京西城区车公庄大街乙5号鸿儒大厦B座（100044）
电　　话：	（010）52612345（总编室）　（010）52612341（编辑室）
	（010）52612316（发行部）　（010）52612346（馆配部）
传　　真：	（010）66515838
经　　销：	全国新华书店
印　　刷：	北京紫瑞利印刷有限公司
开　　本：	710 毫米×1000 毫米　1/16
字　　数：	317 千字
印　　张：	21.5
版　　次：	2018 年 2 月第 1 版
印　　次：	2018 年 2 月第 1 次印刷
定　　价：	85.00 元

网　　址：	www.cctphome.com　　邮　箱：cctp@cctphome.com
新浪微博：	@中央编译出版社　　　　微　信：中央编译出版社(ID: cctphome)
淘宝店铺：	中央编译出版社直销店(http://shop108367160.taobao.com)
	（010）55626985

本社常年法律顾问：北京市吴栾赵阎律师事务所律师　闫军　梁勤
凡有印装质量问题，本社负责调换，电话：（010）55626985

目 录
Contents

引 言 / 1

第一部分　企业社会责任的理论基础

第一章　团队生产理论：企业社会责任的理论基础考辨 / 19
第二章　企业社群主义：企业社会责任的理论基础 / 38

第二部分　企业社会责任的硬法之治

第三章　企业社会责任的硬法之治 / 53
第四章　企业社会责任促进法草案 / 67

第三部分　企业社会责任的软法之治

第五章　企业社会责任评估及其指数化 / 81
第六章　自我、行业、社区与国家：企业社会责任的层次推进 / 94

第七章　大型民企在社会责任中的卓越担当 / 191

第八章　要投资不要投机！——社会责任投资的重要意义 / 221

参考文献 / 309

后　记 / 337

引　言

关于企业社会责任的理论争论最早是由法学家提出的。譬如，20世纪30年代哈佛法学院的多德教授在《董事应该为谁承担义务?》一文中提出了公司社会责任问题。上世纪七八十年代，企业社会责任这一概念则主要由管理学和经济学领域的学者来阐发和讨论。这些讨论产生了许多与企业社会责任相关的成果。比如，企业社会责任绩效、企业社会责任回应等。经济学和管理学领域的专家对这一问题的讨论导致对企业社会责任的研究出现了一些问题，这些问题主要表现为企业社会责任成为企业营销和企业品牌战略的一部分。同时，企业通常利用企业社会责任来证明其慈善行为，并以此作为企业的宣传活动，结果导致企业遮蔽了其不合规的方面。鉴于以上原因，从法学视角出发，严格地界定企业社会责任的内涵，并通过硬法与软法来共同推进企业严格地履行社会责任则变得尤其重要。

一、国内外研究现状

国内外法学界关于企业社会责任的研究主要集中在如下几个方面。

第一，企业社会责任的历史。除了单纯地对企业社会责任历史这一概念进行追根溯源之外，国外一些学者还从历史学的视角讨论了企业社会责任（CSR）运动。譬如，道格拉斯·布朗森（Douglas M. Branson）在文章中对企业社会责任运动的源头进行了论述。在布朗森看来，企业社会责任运动的源头是美国上世纪六七十年代的民权和环境运动。其背后的理念是激进主义。布朗森指出,企业社会责任运动的发展导致了如下结果:大公司的联邦许可、强制性的公共利益董事、被要求的社会审计和披露。然而,法经济学运动侵占了 CSR 运动的空间。布朗森认为,70 年代的 CSR 运动与公司治理是分离的,而本世纪初再次兴起的 CSR 运动与公司治理却是合流的。CSR 运动与善治以及全球治理等理念密切相关。[①] 同时,布朗森对公司治理改革的历史也进行了探讨。布朗森认为,公司治理改革的历史源自阿道夫·伯利(Adolf A. Berle)和加德纳·米恩斯(Gardiner C. Means)的《现代公司与私有产权》(1932)。该书首次提出了所有权与控制权的分离。在此基础上,布朗森提出了企业社会责任在现代社会的三次运动:第一,1970 年开始的 CSR 运动;第二,与此同时出现的法经济学运动,是与 CSR 相逆向的,这一运动认为,理性选择可以解决社会问题;第三,新世纪开始又出现了新的 CSR 运动,包括善治运动、股东与利益相关者的辩论、公司社会审计(social accounting)、社群主义模式、公司法的进步主义模式等等。[②] 根据布朗森的观点推断,CSR 运动可以被看作是法社会学运动。法社会学和法经济学是一个硬币的两个面。法社会学强调社会的力量,法经济学强调经济的力量。前者强调大众,后者强调管理层。前者的假设是社会人,后者的假设是经济人。

丹尼尔·莫里西(Daniel J. Morrissey)从历史的角度考证了企业社会责任的来源。在莫里西看来,企业社会责任与公司最初的公共性质有着很大的关系。譬如,Corporation 来自拉丁文 Corpus。其在中世纪的含义是从国王那里获得独立存在的法律许可,即国王认可,当这些组织的成员去世时,这些组织还可以存在。[③] 在美国革命之后,立法机关赋予了公司许可以选择的可能性。

[①] Douglas M. Branson, "Corporate Social Responsibility Redux", *Tulane Law Review*, Vol. 76, 2002, pp. 1207–1226.

[②] Douglas M. Branson, "Corporate Social Responsibility Redux", *Tulane Law Review*, Vol. 76, 2002, pp. 1207–1226.

[③] Daniel J. Morrissey, "Toward a New/Old Theory of Corporate Social Responsibility", *Syracuse Law Review*, Vol. 40, No. 3, 1989, p. 1008.

一些公司明显具有公共性质,如桥梁、隧道、银行、保险公司等。交通和制造业等大型公司的兴起,需要大量的资源和雇员,这使得其性质更加偏向公共性。①

利阿斯·班特卡斯(Llias Bantekas)从历史的角度考证了国际法中企业社会责任的渊源。班特卡斯认为,在国际法中,企业社会责任的渊源主要包括公共国际企业社会责任、非政府组织指导原则、企业行为准则、国内法中的企业社会责任等。国际法上的企业社会责任内涵主要包括人权、劳工权以及环保权和可持续发展。国际法意义上的企业社会责任实施包括自觉的社会报告、将管理和企业治理融合的企业社会责任、自愿遵守的市场路径、跨国公司诉讼和非便利的论坛、采掘工业的灾祸等等。②国际法律文书一般通过两种途径来解决跨国企业的问题:第一,通过捆绑协定,在这种协定里,国家实体规定了权利和义务,并对国内的跨国企业产生直接影响;第二,通过"软法"直接来解决跨国公司的问题。前者主要包括大量的国际劳工组织协定,工业污染相关契约。而后者"软法"则包括经济合作与发展组织指导原则、联合国对于跨国企业责任和商业性机构人权方面的标准、世界人权宣言的序言、《里约环境与发展宣言》(1992)里面所规定的标准等。③

国内也有部分关于企业社会责任历史的研究。汤春来在文章中对美国公司社会责任的流变进行了梳理。通过考察美国社会责任的历史,汤春来认为我国也必须重视公司社会责任制度的建立,通过对公司法的修改,建立起营利目标和社会责任并重的公司法目标体系。④甘培忠等人在文章中探讨了公司

---

① Daniel J. Morrissey, "Toward a New/Old Theory of Corporate Social Responsibility", *Syracuse Law Review*, Vol. 40, No. 3, 1989, pp. 1005 – 1039.

② Llias Bantekas, "Corporate Social Responsibility in International Law", *Boston University International Law Journal*, Vol. 23, 2004, pp. 309 – 347.

③ Llias Bantekas, "Corporate Social Responsibility in International Law", *Boston University International Law Journal*, Vol. 23, 2004, p. 312. Douglas M. Branson, "Corporate Social Responsibility Redux", *Tulane Law Review*, Vol. 76, 2002, pp. 1207 – 1226. Daniel J. Morrissey, "Toward a New/Old Theory of Corporate Social Responsibility", *Syracuse Law Review*, Vol. 40, No. 3, 1989, p. 1008.

④ 汤春来:《美国公司社会的流变及其启示》,载《法学论坛》,2006年第3期。

社会责任的制度起源与人文精神解构。甘培忠等人认为，反垄断立法可以被看成是现代公司社会责任运动的源头。① 沈洪涛等人在《公司社会责任思想：起源与演变》一书中，详细地梳理了西方公司社会责任的起源，以及几次大的历史论战。同时，书中对20世纪70年代之后的公司社会回应、公司社会表现和公司社会责任与财务业绩的关系也进行了详细的梳理。②

总体上来看，国外对企业社会责任的研究追根溯源，国内的研究在基本的理论研究中提到了企业社会责任的历史，对企业社会责任的历史背景和梳理也相对比较全面，但是与西方学者相比，缺乏更深入的讨论。

第二，企业社会责任的理论。企业社会责任是一个不断演化和多角度的概念，国外的许多研究在早期聚焦于一个或者两个视角。通过检视所有的企业社会责任问题，我们能够看到在1980年的相关研究中有非常少的研究关注企业社会责任的问题。但是在之后的25年中，对企业社会责任的关注逐渐增长。③譬如，伊特扎尔·卡斯特罗（Itziar Castelló）和约瑟普·拉扎诺（Josep M. Lozano）两位学者对企业社会责任报告的文本进行了词频分析。在研究中，作者提出企业常用的三种获得合法性的修辞：战略性修辞（Strategic rhetoric）、制度性修辞（institutional rhetoric）和辩证性修辞（dialectic rhetoric）。作者试图证明，战略性修辞主要希望获得以经济利益为重点的实用合法性（pramatic legitimacy），制度性修辞主要与认知合法性（cognitive legitimacy）相关，辩证性修辞则试图建立道德合法性（moral legitimacy）。企业社会责任的落后者主要使用战略性和制度性修辞，而领先者则已经使用辩证性修辞。作者认为，这反映了一种从功利驱动的（utility-driven）CSR 观念

---

① 甘培忠、雷驰：《公司社会责任的制度起源与人文精神解构》，载《北京大学学报（哲学社会科学版）》，2010年第2期。

② 参见沈洪涛、沈艺峰：《公司社会责任思想：起源与演变》，上海人民出版社2007年版。

③ Sun Young Lee and Craig E. Carroll, "The Emergence, Variation, and Evolution of Corporate Social Responsibility in the Public Sphere, 1980–2004: the Exposure of Firms to Public Debate", *Journal of Business Ethics*, Vol. 104, No. 1, 2011, p. 126.

在向沟通驱动（communication-driven）的 CSR 观念转变。①

保罗·岑（Paul K. Shum）等人以卡罗尔的金字塔理论为基础，提出了五种假设：第一种假设为较高的经济责任产生较高的自由/裁量责任或者企业社会责任；第二种假设为个人如果有较强的经济责任，那么他将有较高的法律责任；第三种假设为个人如果有较强的经济责任，那么其将有较高的伦理责任；第四种假设为较高的法律责任产生较高的自愿责任/自由裁量责任或者企业社会责任；第五种假设为较高的法律责任产生较高的伦理责任。②

索亚·萨玛（Surya Sharma）和萨尼塔·玛塔（Sunita Mehta）在文章中区分了企业社会责任和慈善行为的关系。正如作者在文章中指出的，一些企业意识到他们在利用社会资源创造财富的同时，也有义务拿一部分利润来回报社会。譬如，对灾难牺牲者的捐款、建造医院等等。两位作者提出了一个问题：企业的这种捐助行为是企业在其社会责任领域的一种自发行为，还是企业的一种慈善？慈善行为没有一个长期的焦点，没有洞察到可持续发展。我们要重视社会、伦理和环境问题。这篇论文从可持续发展的视角探讨了企业社会责任的内涵，并深刻地指出慈善行为不是企业社会责任。③

在萨迪斯·库玛（Satish Kumar）等人对企业社会责任意识进行了探讨。在库玛看来，企业的社会责任意识包括很多方面：譬如，企业社会的理性化、企业社会责任的股东的权利和义务、企业社会责任的成功与失败、企业社会责任与企业财政绩效的关系等。在这篇论文中，库玛试着回顾了大型企业以及中小企业的社会责任意识、欧美和亚洲国家的企业社会责任内涵、网络上对企业社会责任的解释等。作者从定量和定性两个视角，得出一个重要的结

---

① Itziar Castelló and Josep M. Lozano, "Searching for New Forms of Legitimacy Through Corporate Responsibility Rhetoric", *Journal of Business Ethics*, Vol. 100, 2011, pp. 11 – 29.

② Paul K. Shum and Sharon L. Yam, "Ethics and Law: Guiding the Invisible Hand to Correct Corporate Social Responsibility Externalities", *Journal of Business Ethics*, Vol. 98, No. 4, 2001, pp. 553 – 556.

③ Surya Kant Sharma and Sunita Mehta, "Where Do We Go From Here? Viewing Corporate Social Responsibility Through a Sustainability Lens", *The Journal Contemporary Management Research*, Vol. 6, No. 2, 2012, pp. 69 – 76.

论：企业社会责任全球化已经变得日趋重要。① 同时，库玛认为，"如果将企业社会责任界定为社会和环境以及组织行为的互动，那么则遗漏了一个非常重要的方面，那就是企业社会责任应该被'理解为一个通过个人的道德价值以及关注的过程'。这个过程是所有股东的一种本能地参与。"②

国外关于企业社会责任理论的研究主要集中在20世纪50年代至70年代。学者们对企业社会责任的界定各式各样。早期对企业社会责任的界定主要关注一些基本的方面，譬如，达到企业经济目标以及满足法律要求，而近几年越来越多的界定重视企业的盈利和股东的福利。尽管存在着许多企业的定义，但是被广泛使用的是克雷格·卡罗尔（Craig E. Carroll）的金字塔理论。③

国内关于企业社会责任理论问题的研究主要表现为：从公司治理的视角谈企业社会责任。曾广录等人在文章中讨论了公司治理与企业外部效应的问题。④ 卢代富认为，企业社会责任的落实一方面要注重公司内部治理，另一方面也要强调公司的外部市场环境。⑤ 王长义则从历史学的视角，探讨了公司治理和社会责任具有历史的渊源性。⑥ 刘新民从社会责任的视角重新塑造了一个包括股东、雇员与外部主体三类利益相关者的公司治理模式。⑦ 买生等人将利益相关者理论、资源依赖理论和企业公民理论与代理导向的治理理论进行融

---

① Satish Kumar and Ritesh Tiwari, "Corporate Social Responsibility Insights into Contemporary Research", *The IUP Journal of Corporate Governance*, Vol. 10, No. 1, 2011, pp. 22-24.

② Satish Kumar and Ritesh Tiwari, "Corporate Social Responsibility Insights into Contemporary Research", *The IUP Journal of Corporate Governance*, Vol. 10, No. 1, 2011, p. 23.

③ Sun Young Lee and Craig E. Carroll, "The Emergence, Variation, and Evolution of Corporate Social Responsibility in the Public Sphere, 1980-2004: the Exposure of Firms to Public Debate", *Journal of Business Ethics*, Vol. 104, No. 1, 2011, p. 116.

④ 曾广录、高明华：《外部效应、公司治理与企业社会责任》，载《公司治理评论》，2009年第1卷第4期。

⑤ 卢代富：《国外企业社会责任界说述评》，载《现代法学》，2001年第3期。

⑥ 王长义：《公司治理与企业社会责任：基于历史视角的研究》，载《现代管理科学》，2007年第11期。

⑦ 刘新民：《建立系统性公司治理模式：以企业社会责任理论为指导》，载《中国社会科学研究生院学报》，2008年第2期。

合，构建了一种新的企业社会责任治理理论方法。① 沈贵明在文章中讨论了公司法对公司社会责任内容的规范。在沈贵明看来，公司法对承担社会责任主体的规定，应当以公司为主体在理念性层面进行概括规范，以股东大会、董事会和监事会为主体在实施性层面进行适度规范。② 傅穹认为，公司社会责任观念的落实不能靠政府自上而下来解决，而应该靠公司立法。公司立法须强化董事的社会性义务，公司董事会下设社会责任委员会，司法必须介入社会责任的诉讼争论。我国公司社会责任的推行应结合本土特色渐进前行。③

总而言之，国外关于企业社会责任有丰富的理论研究。国内更多偏重于实践和操作化。在企业社会责任的理论方面，国内学者更多的是对国外理论的介绍，而原发性和创新性的理论却相对比较少。

第三，企业社会责任的操作化实践。国外关于企业社会责任的操作化成果主要集中在如下方面。譬如，美国学者玛莲·奥康纳（Marleen A. O'Connort）主张从家庭的角度来推动企业社会责任的实践。在奥康纳看来，处理好工作和家庭关系也是一种社会责任。他深刻地指出家庭也是利益相关方的重要主体。也就是说，家庭与社区、环境等问题一样，都很重要。目前的经济革命和社会转变，使得有孩子的家庭很少有时间对孩子进行投资或者更多地关注孩子。孩子的质量决定了未来的弹性制的工作环境，如果要想让这种具有弹性的劳动力市场可持续地发展下去，就不得不考虑未来的人力资本以及目前的劳工环境。最后，奥康纳呼吁更多的学者（包括女性主义学者、儿童权利的倡导者等）要重新认识公司的角色，以及将家庭作为利益相关方的考量主体。④

---

① 买生、杨英英、李俊亭：《公司社会责任治理：多理论融合的理论模型》，载《组织与战略管理》，2015年第6期。
② 沈贵明：《我国公司社会责任的立法规范问题》，载《法学》，2009年第11期。
③ 傅穹：《公司社会责任的法律迷思与规制路径》，载《社会科学战线》，2010年第1期。
④ Marleen A. O'Connort, "Corporate Social Responsibility for Work/Family Balance", *ST. John's Law Review*, Vol. 70, No. 1193, 2005, pp. 1193–1220.

兰斯·柯帕（Lance Compa）对企业社会责任中的劳工权进行了讨论。在柯帕看来，企业社会责任对全球经济带来了巨大的变化，同时也提升了人权、劳工权和劳工的工作环境。很多的大企业都积极主动地参与到公平劳工联盟（FLA）中来。这种向好的趋势不仅仅是劳工争取权利的结果，同时也是消费者、企业中的管理层、非政府组织、工人支持中心（Worker Support Center）以及一些国际组织等共同努力的一种结果。①

斯瑞·瓦特尼（Sri Wartini）和道迪克·努尔哈里雅特（Dodik Heriyanto）从印度尼西亚的视角，探讨了发展中国家提高企业社会责任对可持续发展的重大影响。作者认为，在发展中国家的跨国企业，一方面给这些国家带来了经济上的飞速发展，同时也带来了一些环境问题，譬如，对环境的破坏以及对资源的过度开采。在两位作者看来，经济增长和环境保护应该达到一种和谐的状态。在这里，可持续发展理念无疑给问题的解决带来了一些转机，但是最重要的一步则是企业要承担社会责任。整篇文章主要从印度尼西亚的视角出发，分析了在经济发展和可持续发展之间，企业所应承担的社会责任。作者从叙述的视角重点分析了经济的可持续发展要依赖于环境的持续性。②

乔纳森·多（Jonathan P. Doh）和特伦斯·瓜毅（Terrence R. Guay）指出，企业社会责任在欧洲和北美的经济和政治领域已经被认为是一个日益广泛的现象。在文章中，两位作者扩展了新制度和利益相关者理论来展现欧洲和美国的制度环境的不同对企业应该为社会所承担的责任的期望值的影响。这些不同通过政府政策、企业策略以及非政府组织的行动主义来展现关于企业社会责任的特定问题。并总结道，根据目前的理论和经验主义研究，以及对三个个案的分析（全球变暖、转基因贸易、发展中国家的抗病毒药物），美国和欧洲不同的制度环境和政治遗产差异是解释政府、非政府组织、企业社

---

① Lance Compa, "Corporate Social Responsibility and Workers' rights", *Comparative Labor Law and Policy Journal*, Vol. 30, No. 1, 2008, pp. 1–10.

② Sri Wartini and Dodik Setiawan Nur Heriyanto, "Enhancing the Implementation of CSR in Developing Countries to achieve Sustainable Development: Indonesian Perspective", *US-China Law Review*, Vol. 11, No. 1022, 2014, pp. 1022–1042.

会责任等问题的重要因素。①

国内对于企业社会责任的操作化成果较多,代表性成果如,孙红梅等人以2009—2011年136家民营商事公司面板数据为样本,运用因子分析法对民营企业社会责任进行评价,在此基础上,设置变量和构建模型,运用多元回归模型来讨论了董事会治理与企业社会责任的关系。②限于篇幅,就不对国内的成果一一列举了。

总而言之,国内外关于企业社会责任的实践方面的成果都比较丰富,但是这些成果都缺乏与理论的结合,特别是国内的研究,在企业社会责任的操作化实践方面的理论多数是汲取国际理论,这些理论与国内的现状形成了一些紧张关系。

第四,企业社会责任的相关立法研究。关于企业社会责任立法的讨论,国外有着非常丰富的成果。一些研究者主张从法理学的角度对企业社会责任进行系统的法学分析。譬如,丹尼尔·奥斯塔斯(Daniel T. Ostas)主张从实证法形式主义(Positive Legal Formalism)、法律现实主义(Legal Realism)、自然法传统和法律实证主义(Legal Pragmatism)来对企业社会责任的法律化问题进行系统研究。③在另一篇文章中,奥斯塔斯则主张,企业家的社会责任履行要与法律的特质结合起来。道德上正义的法律需要企业家的合作,道德上中立的法律需要企业家的遵约,而道德上非正义的法律则需要企业家的逃避。④另如,莎尔玛·塔曼(Salma Taman)则认为,要开发企业社会责任的传统法律资源。譬如,伊斯兰教法中有许多强调企业社会责任的贸易性规则。

---

① Jonathan P. Doh and Terrence R. Guay, "Corporate Social Responsibility, Public Policy, and NGO Activism in Europe and the United States: An Institutional-Stakeholder Perspective", *Journal of Management Studies*, Vol. 43, No. 1, January 2006, pp. 47 – 73.

② 孙红梅:《董事会治理与企业社会责任关系研究——基于我国民营上市公司2009—2011年面板数据的实证分析》,载《金融管理研究》,2014年第1期。

③ Daniel T. Ostas, "Deconstructing Corporate Social Responsibility: Insights from Legal and Economic Theory", *American Business Law Journal*, Vol. 38, 2001, pp. 261 – 299.

④ Daniel T. Ostas, "Cooperate, Comply, or Evade? A Corporate Executive's Social Responsibilities with Regard to Law", *American Business Law Journal*, Vol. 41, Summer 2004, pp. 559 – 594.

同时，因为伊斯兰教法本身又是信仰，所以那些在《古兰经》中表述的规则一旦被正确地理解，那么这些规则被遵守的几率就会大大增加。塔曼还指出，商业伦理在伊斯兰教教法中被尊重的程度要远远高于西方世界。[①]

国外还有一部分成果侧重于强调法律对于企业社会责任履行的重要性。保罗·岑（Paul K. Shum）等人认为，不能仅仅依靠市场这只"看不见的手"来调节企业的行为，而应该从伦理和法律的双重角度来对企业行为进行引导。可持续的商业上的成功需要企业的政治、经济、社会、技术、法律与环境的可持续存在。[②] 此外，一些成果还从不同的角度来建议法律对企业社会责任进行有效监管。例如，班特卡斯（Llias Bantekas）主张从国际法的角度来加强对企业社会责任的监管。[③] 诺姆·基斯（Norm Keith）则认为，要改变企业社会责任的履行方式，需要从对企业违法行为的威慑转向引导企业主动履行社会责任。[④] 一些成果在新概念的基础上讨论了企业社会责任法律化的问题。

国内关于企业社会责任立法的研究主要表现为如下两个方面：第一，对企业社会责任的法律性质或法律内涵进行界定。朱慈蕴认为，企业社会责任需要在立法责任与道德准则的融合中落实[⑤]；史际春等认为，企业社会责任处于法律义务与道德责任之间[⑥]；卢代富对国外关于企业社会责任的概念界定进行了详尽的评述[⑦]；张国平从实用主义法学、现实主义法学、经济学分析法

---

① Salma Taman, "The Concept of Corporate Social Responsibility in Islamic Law", *Indiana International & Comparative Law Review*, Vol. 21, No. 3, 2011, pp. 481 – 508.

② Paul K Shum and Sharon L. Yam, "Ethics and Law: Guiding the Invisible Hand to Correct Corporate Social Responsibility Externalities", *Journal of Business Ethics*, Vol. 98, 2011, pp. 549 – 571.

③ Llias Bantekas, "Corporate Social Responsibility in International Law", *Boston University International Law Journal*, Vol. 23, 2004, pp. 309 – 347.

④ Norm Keith, "Sentencing the Corporate Offender: From Deterrence to Corporate Social Responsibility", *Criminal Law Quarterly*, Vol. 56, 2010, pp. 294 – 327.

⑤ 朱慈蕴：《公司的社会责任：游走于法律责任与道德准则之间》，载《中外法学》，2008年第1期。

⑥ 史际春、肖竹等：《论公司社会责任：法律义务、道德责任及其他》，载《首都师范大学学报（社会科学版）》，2008年第2期。

⑦ 卢代富：《国外企业社会责任界说述评》，载《现代法学》，2001年第3期。

学、法社会学的角度出发分析了企业社会责任的法理依据①；李雪平讨论了企业社会责任国际标准的性质和效力问题②；何鹰也讨论了企业社会责任国际标准的法律性质问题，认为其不是国际条约，而相当于国际惯例。③

第二，促使企业社会责任的法律化或制度化。常凯主张将企业社会责任纳入劳动法的制度轨道④；蒋建湘主张通过软法责任化的形式来推动企业社会责任⑤；杨力则提出以位次布局、分业管理、信息公开、分散协同、国际倒逼、责任认证、内部治理为内容的整体制度化框架⑥；罗培新主张通过最高人民法院在《中国审判案例要览》中发布典型案例和行会组织发布《公司社会责任规范指引》的方式来缓解现实中的司法裁判困境⑦；王红一主张要对企业社会责任进行法律界定，然后再设立实施企业社会责任的法律机制⑧；雷兴虎等主张制定一部《企业社会责任法》来为企业践行社会责任提供法律保障。⑨罗毅从法经济学角度谈了企业承担社会责任立法的必要性。在文章中，作者认为，要使企业能够承担起社会责任，必须要求有力的制度来支持，而法律承担着十分重要的作用，从经济学的视角来看，立法者制定的能够接近于最优解的立法才是最优的法律。⑩

整体来看，国内外学者已经对企业社会责任的法律化问题进行了深入讨

---

① 张国平：《公司社会责任的法律意蕴》，载《江苏社会科学》，2007年第5期。
② 李雪平：《企业社会责任国际标准的性质和效力——兼议ISO26000制定中的法律问题》，载《环球法律评论》，2007年第4期。
③ 何鹰：《企业社会责任国际标准的法律性质与适用》，载《江西社会科学》，2010年第12期。
④ 常凯：《论企业社会责任的法律性质》，载《上海师范大学学报（哲学社科学版）》，2006年第5期。
⑤ 蒋建湘：《企业社会责任的法律化》，载《中国法学》，2010年第5期。
⑥ 杨力：《企业社会责任的制度化》，载《法学研究》，2014年第5期。
⑦ 罗培新：《我国公司社会责任的司法裁判困境及若干解决思路》，载《法学》，2007年第12期。
⑧ 王红一：《立法如何创新——对企业社会责任法律化的反思》，载《中山大学法律评论》，2014年第4期。
⑨ 雷兴虎：《〈企业社会法〉：企业践行社会责任的法制保障》，载《法治研究》，2010年第4期。
⑩ 罗毅：《从法经济学角度谈企业承担社会责任立法的必要性》，载《WTO经济导刊》，2012年第5期。

论。同时，这一领域的研究还有进一步提升的空间。国内有相关的研究成果，但总体上来看，国内的成果缺乏完整的理论框架，没有在更深的法理上展开。

第五，企业社会责任的指数成果。国外对企业社会责任评估的研究相对比较成熟和全面，譬如，瓦尔特·艾布特（Walter F. Abbott）和约瑟夫·摩森（Joseph R. Monsen）两位作者在文章中分析财富500强公司的年度报告，通过揭露企业自我信息披露的情况来衡量企业履行社会责任的情况。[1] 在论文中，作者从理论的视角讨论了企业社会责任评估的问题。作者对评估的方法、指标等问题发表了自己的看法。[2] 罗伯特·鲁金巴纳（Robert Rugimbana）等人从消费者的视角来测量企业社会责任。作者从澳大利亚银行业的服务质量出发，来衡量澳洲银行业的企业社会责任。[3] 鹿特丹大学的教授马提金·斯海尔特马（Martijn W. Scheltema）在其论文中主要考察国际私人管制对企业社会责任的影响。[4] 同时，斯海尔特马还重点讨论了自我管制（self-regulation）和软法。在作者看来，国际私人管制与软法的不同主要表现为：前者有更强的约束力，而后者的约束力却相对不足。斯海尔特马提出了评估国际私人管制的三种模式，即事前模式、事后模式和综合模式。[5]

总体上来看，国外关于企业社会责任的研究时间比较长，形成了相对完整的理论框架、指数评估的模型以及实践操作方案等。因此对企业社会责任的研究需要对西方的知识有一个全面的研究和学习。但同时，由于西方企业运作的法律环境以及国家的政治结构与中国有较大的差别，因此对西方理论

---

[1] Walter F. Abbott and R. Joseph Monsen, "On the Measurement of Corporate Social Responsibility: Self-Reported Disclosures as a Method of Measuring Corporate Social Involvement", *Academy of Management Journal*, 1979, Vol. 22, No. 3, pp. 501–515.

[2] Antonio Márquez and Charles J. Fombrun, "Measuring Corporate Social Responsibility", *Corporate Reputation Review*, Vol. 7, No. 4, 2005, pp. 304–308.

[3] Robert Rugimbana and Ali Quazi and Byron Keating, "Applying a Consumer Perceptual Measure of Corporate Social Responsibility", *Journal of Corporate Citizenship*, Vol. 29, 2008, pp. 61–74.

[4] Martijn W. Scheltema, "Assessing Effectiveness of International Private Regulation in the CSR Arena", *Richmond Journal of Global Law & Business*, Vol. 13, No. 2, 2014, pp. 263–375.

[5] Martijn W. Scheltema, "Assessing Effectiveness of International Private Regulation in the CSR Arena", *Richmond Journal of Global Law & Business*, Vol. 13, No. 2, 2014, pp. 263–375.

的学习不能生搬硬套，需要取其精华、弃其糟粕地引进和学习。更为重要的是，需要中国形成一套基于本土实践的理论体系以及指标体系。

国内关于指数成果更多集中在操作领域。譬如，《21世纪经济报道》和《21世纪商业评论》所开发的"中国最佳企业公民评选"、中国社会科学院经济学部企业社会责任研究中心推出的"中国企业社会责任发展指数"、中国企业评价协会与清华大学科学院联合研发推出的"中国企业社会责任500强排名"和"上证社会责任指数"、《WTO经济导刊》推出的"金蜜蜂中国企业社会责任报告指数"，等等。这些指数总体上都是依靠专家主观打分和问卷调查来获得数据，相对缺乏公正性。

总体上来看，学者们对企业社会责任的研究主要集中在经济学和管理学领域，在法学领域的研究相对比较晚。20世纪中后期被管理学和经济学占主导，国内研究的趋势也主要是经济学和管理学方面的学者。国内的法学家关注的成果相对缺乏深度的历史分析和理论分析。除此之外，虽然国内已经有相关的立法和指数的成果，但缺乏理论支持。基于以上原因，笔者在报告中将会对企业社会责任的理论、企业社会责任的指数化操作和实践、企业社会责任的立法和软法问题等进行详细的研究和讨论。

二、基本思路与方法

本研究主要基于上文提及的两点内容展开。第一，西方关于企业社会责任的理论基础是什么，以及中国可能会在企业社会责任上形成哪些理论总结；第二，如何将企业社会责任在实践层面上展开，其在立法结构、指标体系以及公司治理上的具体操作实践是什么。本书的基本思路如下：首先，对企业社会责任理论中的"团队生产理论""企业社群主义理论"进行梳理；其次，分别从立法实践角度来讨论公司社会责任的"硬法之治"和"软法之治"，在此基础上，起草企业社会责任促进法草案；再次，从公司治理结构的角度讨论如何将公司社会责任落实到公司治理结构当中，以及社会企业对公司社会责任的意义；最后，从国家和社会之间寻求平衡的角度论证公司社会责任的整体性价值。

本报告主要采用如下四种研究方法：第一，文献法。对这一问题研究的基础是国内外大量的相关文献。第二，归纳法。在公司社群主义、公司社会责任的层次理论等理论建构部分主要运用这一方法。第三，指数构建方法。笔者在企业社会责任的指标体系的构建、指标选择、模型构建等方面运用了指数构建的相关方法。譬如，运用德尔菲法。通过反复的小组讨论以及背靠背的意见确认，最终形成了本报告提出的指标体系。

西方对企业社会责任的研究往往在两个法理学传统上展开。一个是实证主义传统，就是把企业社会责任看成是一个社会现象和社会事实；这一流派考察公司法关于公司社会责任的各种规定，以及公司在社会责任方面的各种合规行为。另一个是批判法学传统，或者称之为现实主义法学，他们主要从社会批判的角度出发对公司履行社会责任背后的伪善进行批判。本报告的研究力图调和这两大传统之间的张力。第一个传统在企业主义的理论上展开并接纳了对企业履行社会责任的共识。第二种传统在社群主义的理论上展开，但更多地体现为对公司履行社会责任不足的批判性反思。西方法学界对社群主义的讨论是相对弱势的，其原因在于这一流派更多是对主流的公司法持一种批判的态度，而缺乏对其改革进行建设性的建议。本报告力图从中国的文化传统以及中国公司的实践出发，提出一种超越实证主义法学和批判法学的中间道路。这一中间道路即把公司社会责任看成是一个推动和建设性的任务，同时，又吸收了国内外关于公司社会责任的批判性成果，使得公司社会责任在一种更具现实意义和一种真实履行的维度上展开。

三、文章结构与章节安排

本研究主要围绕企业社会责任展开。从公司法的角度出发，探讨了公司法的性质、三大理论（契约主义、社群主义、团队生产理论）对公司法的观点及其争论。在前面的基础上，提出了自己的理论：企业社群主义。试图以企业社群主义作为企业社会责任的理论基础。接着笔者以指标体系的构建为蓝图，提出了企业社会责任的四层次理论。同时，从法律的视角出发，对企业社会责任的硬法和软法问题进行了详细的讨论。除了以上问题，在最后笔者从公司治理的视角出发，进一步分析了企业社会责任。最后两章，对目前欧美国家流行的社会企业进行了分析和解构，并分析了社会企业与企业社会责任的关系。最后笔者提出：企业社会责任应该在国家与社会之间寻求一种平衡，只有这样企业才能可持续发展下去。

第一章主要试图去寻求企业社会责任在公司法上的理论基础，并关注到近年来在国外公司法研究中的一个重要进展——团队生产理论，试图考察这一理论作为企业社会责任理论基础的可能性。由于团队生产理论是法律经济学在公司法中的延伸性应用，所以笔者首先讨论了法律经济学与公司法的关联。之后，对团队生产理论的法律经济学内涵及其在公司法中的应用进行了讨论。再次，笔者分析了股东至上论和董事至上论对团队生产理论的批评，并从整体性的视角出发讨论了团队生产理论在公司法理论中的位置和地位。最后，笔者探讨了这一理论作为企业社会责任理论基础的可能性问题。

第二章主要讨论了企业社会责任的理论基础：企业社群主义。尽管很多社群主义的学者讨论了社群主义理论对公司法的意义，但这些学者都没有对企业社群主义的内涵、特征以及构成等问题进行全面系统的阐述。在本章中，笔者试图探讨将企业社群主义作为企业社会责任的理论基础。企业社群主义是在契约主义、社群主义以及团队生产理论的基础上而提出的。

第三章从法律的视角，探讨企业社会责任的硬法之治。在本章，首先论述了法律对于企业承担社会责任的重要性。紧接着论述了国外关于企业社会责任的相关法律成果，以及国内关于企业社会责任的立法现状。之后笔者试图论证在中国为什么需要一部单独的企业社会责任法，并总结了中国企业社会责任立法的性质及其原则。接下来第四章着眼于企业社会责任立法，提出企业社会责任的立法草案。

第五章企业社会责任的评估，可以通过将企业社会责任履行状况较差的企业暴露在社会公众面前，借助公众对企业的言辞谴责和忠诚转移（如不再购买其产品或服务），从而对企业施加压力，迫使企业提高社会责任履行意愿。笔者在对几个指标体系进行评估的基础上，从自我责任、行业责任、社区责任，还有国家责任等层次，构建企业社会责任指标体系。

第六章指出企业社会责任的评价体系对企业社会责任的提升具有重要的作用，国内外有很多的评价标准，但是这其中也存在很多的问题。基于现阶段的评价体系的不足之处，我们立足于企业的自我责任、行业责任、社区责任，还有国家责任等层次，来推进企业社会责任。

第七章指出根据《中国企业社会责任研究报告（2015）》，从整体情况来看，民营企业的社会责任履行状况也在逐年改善。民营企业的社会责任发展指数持续上升，而国有企业的社会责任发展指数却出现下降态势，两者的差距正在逐步缩小；同时，也需要指出的是大型民企在社会责任中的卓越担当。因此，我们需要进一步提升国有大企业的企业社会责任履行问题。

第八章指出现阶段企业社会责任的履行问题反映出：一方面，说明了政府没有建立起足够完善的发行、交易、退市等基础制度，尤其是没有实现严格的信息披露制度，由此导致某些享有信息优势的投资者可以实现股价操纵、内幕交易，从而侵害普通投资者的利益。另一方面，没有规矩的赌场也意味着普通投资者因为信息的不对称，只能根据市场上的相关传言和对政府政策的捕风捉影来进行盲目投资。因此，我们企业社会责任的提升，是在于投资，而不是建立在投机的基础上。

第一部分 | 企业社会责任的理论基础

第一章　团队生产理论：企业社会责任的理论基础考辨

关于企业社会责任的讨论更多停留在实践和操作层面。[①] 一个重要的理论问题是：企业社会责任在公司法上的理论基础是什么？这一理论问题的回答至关重要。本章关注到近年来国外公司法研究中的一个重要进展——团队生产理论，并考察这一理论作为企业社会责任理论基础的可能性，对团队生产理论的出现背景、内涵及其对企业社会责任的意义进行综合探讨。鉴于团队生产理论是法律经济学在公司法中的延伸性应用，所以笔者首先讨论了法律经济学与公司法的关联。其次，讨论了团队生产理论的法律经济学内涵及其在公司法中的应用。再次，分析了股东至上论和董事至上论对这一理论的批评，并从整体视角出发讨论了团队生产理论在公司法理论中的位置。最后，讨论了这一理论作为企业社会责任理论基础的可能性问题。

一、法律经济学与公司法

法律经济学运动开始于 20 世纪 60 年代，而芝加哥大学的经济系和法学

[①] 关于 Corporate Social Responsibility 的翻译，经济学家和管理学家多翻译为"企业社会责任"。法学家们有些翻译为"企业社会责任"，也有翻译为"公司社会责任"。本文这里选用"企业社会责任"的译法。

院在其中发挥了重要作用。① 科斯（Ronald Coase）的文章《社会成本的问题》被认为是这一运动的起点。② 这篇文章力图证明，只要产权清晰且没有交易成本，私人合同可以有效地解决外部性问题。推动法律经济学最重要的学者是芝加哥大学教授理查德·波斯纳（Richard A. Posner）。波斯纳最初的贡献是尝试将经济学的一系列概念应用到法律的研究中去，并证明古典经济学确实提供了一套理解法律秩序和法律生活的崭新视角和分析工具。③ 在《法律的经济分析》（1973）中，波斯纳把经济学应用到公法和私法的研究中去。④ 在此之外，波斯纳还发表了一系列法律经济学的经典论文。⑤ 波斯纳还与一位在芝加哥法学院工作的经济学家威廉·兰德斯（William M. Landes）发表了一系列成果。⑥

---

① Herbert Hovenkamp, "Law and Economics in the United States: A Brief Historical Survey", *Cambridge Journal of Economics*, Vol. 19, 1995, p. 331, p. 334; Richard A. Posner, "The Economic Approach to Law", *Texas Law Review*, Vol. 53, 1975, p. 757, p. 759. 美国的芝加哥大学法学院是法律经济学的重镇。在法律经济学出现之前，芝加哥大学法学院就长期关注经济学，并且有研究经济学的传统，1933 年，芝加哥大学教授亨利·西蒙斯（Henry Simons）等人就开始了经济学课程。许多世界知名的经济学家如加里·贝克（Gary Becker），罗纳德·科斯（Ronald Coase），米尔顿·弗里德曼（Milton Friedman），乔治·斯蒂格勒（George Stigler）等都在法学院任教。参见 David Millon, "Radical Shareholder Primacy", *University of St. Thomas Law Journal*, Vol. 10, 2013, p. 1026。

② Ronald Coase, "The Problem of Social Cost", *Journal of Law & Economics*, Vol. 3, 1960, p. 1.

③ Richard A. Posner, "The Law and Economics Movement", *American Economic Review*, Vol. 77, 1987, p. 1.

④ Richard A. Posner, "Economic Analysis of Law", *New York*: *Little Brown and Company*, 1973.

⑤ Richard A. Posner, "An Economic Approach to Legal Procedure and JudicialAdministration", *The Journal of Legal Studies*, Vol. 2, 1973, p. 399; Richard A. Posner, "The Rights of Creditors of AffiliatedCorporations", 43 U. CHI. L. Rev. 499 (1976); Richard A. Posner, "Gratuitous Promises in Economics and Law", *The Journal of Legal Studies*, Vol. 6, 1977, p. 411; Richard A. Posner, "An Economic Theory of Privacy", *Regulation*, Vol. 2, 1978, p. 19; Richard A. Posner, "The Economics of Privacy", *American Economic Review*, Vol. 71, 1981, p. 405; Richard A. Posner, "Toward an Economic Theory of Federal Jurisdiction", *Harvard Journal of Law & Public Policy*, Vol. 6, 1982, p. 41.

⑥ William M. Landes and Richard A. Posner, "The Private Enforcement of Law", *The Journal of Legal Studies*, Vol. 4, 1975, p. 1; William M. Landes and Richard A. Posner, "The Independent Judiciary in anInterest-Group Perspective", *The Journal of Law & Economics*, Vol. 18, 1976, p. 875; William M. Landes and Richard A. Posner, "Legal Precedent: A Theoretical and Empirical Analysis", *The Journal of Law & Economics*, Vol. 19, 1976, p. 249; William M. Landes and Richard A. Posner, "Salvors, Finders, Good Samaritans, and Other Rescuers: An Economic Study of Law and Altruism", *The Journal of Legal Studies*, Vol. 7, 1978, p. 83; William M. Landes and Richard A. Posner, "Adjudication as a Private Good", *The Journal of Legal Studies*, Vol. 8, 1979, p. 235; William M. Landes and Richard A. Posner, "Joint and Mujltiple Tortfeasors: An Economic Analysis", *The Journal of Legal Studies*, Vol. 9, 1980, p. 517; William M. Landes and Richard A. Posner, "Legal Change, Judicial Behavior, and the Diversity Jurisdiction", *The Journal of Law Studies*, Vol. 9, 1980, p. 367; William M. Landes and Richard A. Posner, "An Economic Theory of Intentional Torts", *International Review of Law & Economics*, Vol. 1, 1981, p. 127.

在此之外，波斯纳还与其他同事合作发表了一系列论文。① 另外，波斯纳的同事将法律经济学分析应用于侵权研究②、合同法③、民事程序④、专利法⑤、隐私。⑥ 索菲·哈奈（Sophie Harnay）和艾伦·马尔恰诺（Alain Marciano）对波斯纳的贡献做了分析，并把这种贡献总结为从"法律与经济学"到"对法律的经济分析"。⑦

将经济学分析引入公司法研究的重要学者是丹尼尔·费希尔（Daniel Fischel）。费希尔在《德克萨斯法律评论》（1978）中关于敌意收购的文章是这一领域的开创性成果。⑧ 费希尔反对联邦和州法律对敌意收购的干涉，并认为，鉴于有效资本市场的理论，股票价格可以正确地反映一个公司的目前表现和未来预期的所有信息。管理不善的公司的股票价格会下跌，这样就可以

---

① Isaac Ehrlich and Richard A. Posner, "An Economic Analysis of Legal Rulemaking", *The Journal of Legal Studies*, Vol. 3, 1974, p. 257; Richard A. Posner and Andrew M. Rosenfield, "Impossibility andRelated Doctrines in Contract Law: An Economic Analysis", *The Journal of Legal Studies*, Vol. 6, 1977, p. 83.

② Richard A. Epstein, "A Theory of Strict Liability", *The Journal of Legal Studies*, Vol. 2, 1973, p. 151; Richard A. Epstein, "Defense and Subsequent Pleas in a System of Strict Liability", *The Journal of Legal Studies*, Vol. 3, 1974, p. 165; Richard A. Epstein, "Intentional Harms", *The Journal of Legal Studies*, Vol. 4, 1975, p. 391; Alan O. Sykes, "The Boundaries of Vicarious Liability: An Economic Analysis of the Scope of Employment Ruleand Related Legal Doctrines", *Harvard Law Review*, Vol. 101, 1988, p. 563.

③ Anthony T. Kronman, "Mistake, Disclosure, Information and the Law of Contracts", *The Journal of Legal Studies*, Vol. 7, 1978, p. 1; Anthony T. Kronman, "Specific Performance", *University of Chicago Law Review*, Vol. 45, 1978, p. 351.

④ Kenneth W. Dam, *Class Actions*: "Efficiency, Compensation, Deterrence, and Conflict of Interest", 4 J. LEG. STUD. 47 (1975); Geoffrey P. Miller, "An Economic Analysis of Rule 68", 15 J. LEG. STUD. 93 (1986).

⑤ Edmund W. Kitch, "The Nature and Function of the Patent System", *The Journal of Law & Economics*, Vol. 20, 1977, p. 265.

⑥ Frank H. Easterbrook, "Privacy and the Optimal Extent of Disclosure under the Freedomof Information Act", *The Journal of Legal Studies*, Vo. 9, 1980, p. 775.

⑦ Sophie Harnay, Alain Marciano and Richard Posner, "Economics and the Law: From 'Law and Economics' to an Economic Analysis of Law", *The Journal of the History of Economic Thought*, Vol. 31, 2009, p. 215.

⑧ Daniel R. Fischel, "Efficient Capital Market Theory, the Market for Corporate Control, and the Regulation of Cash Tender Offers", *Texas Law Review*, Vol. 57, 1978, p. 1.

使得经理们面临压力。同时,这也为外部者提供了一个机会,使其可以用比较低的价格收购股票,从而在达到一定的比例之后控制公司,并替换管理层。这一过程不仅会导致公司资产的有效使用,还会促使经理层尽其最大可能去实现公司利益的最大化,以及股票价格的最大化,并拒绝敌意收购者的收购要约。[1] 费希尔认为,威廉法案以及其他州的法律,试图管制敌意收购,这会导致市场价格的扭曲。[2] 费希尔的观点强调,在敌意收购的过程中,股东的利益是最重要的指标。费希尔并没有考虑到雇员、债权人、地方社区以及其他非股东群体的利益。费希尔的努力使得代理成本成为公司法中非常重要的一个概念。

弗兰克·伊斯特布鲁克(Frank Easterbrook)是费希尔的重要合作者。在与费希尔合作之前,伊斯特布鲁克就发表了一系列关于反垄断、隐私、公民程序的文章。[3] 伊斯特布鲁克和费希尔合作的第一篇文章是《哈佛法学评论》(1981)上的《在应对收购要约时目标管理的正确作用》一文。[4] 在这篇文章中,他们讨论了管理层在面对收购要约时的消极性。之后,他们合作发表了一系列论文,并最终在1991年合作出版了《公司法的经济结构》。[5] 这一著作被认为是与美国学者阿道夫·伯利(Adolf A. Berle)和加迪纳·米恩斯(Gardiner Means)的《现代公司与私有产权》(*The Modern Corporation and*

---

[1] Daniel R. Fischel, "Efficient Capital Market Theory, the Market for Corporate Control, and the Regulation of Cash Tender Offers", *Texas Law Review*, Vol. 57, 1978, pp. 4 – 5.

[2] Daniel R. Fischel, "Efficient Capital Market Theory, the Market for Corporate Control, and the Regulation of Cash Tender Offers", *Texas Law Review*, Vol. 57, 1978, p. 2.

[3] Frank H. Easterbrook, "Due Process in Selective Service Appeals", *Universityof Chicago Law Review*, Vol. 39, 1972, p. 331; Frank H. Easterbrook, "Toehold Acquisitions and the Potential Competition Doctrine", *University of Chicago Law Review*, Vol. 40, 1972, p. 156; Frank H. Easterbrook, William M. Landes, and Richard A. Posner, "Contribution Among Antitrust Defendants: A Legal and Economic Analysis", *The Journal of Law & Economics*, Vol. 23, 1980, p. 331.

[4] Frank H. Easterbrook and Daniel R. Fischel, "The Proper Role of a Target's Managementin Responding to a Tender Offer", *Harvard Law Review*, Vol. 94, 1981, p. 1161, pp. 1194 – 1204.

[5] Frank H. Easterbrook and Daniel R. Fischel, *The Economic Structure of Corporate Law*, Boston: Harvard University Press, 1991. 另外参见书评 Lyman Johnson, "Individual and Collective Sovereignty in the Corporate Enterprise", *Columbia Law Review*, Vol. 92, 1992, p. 2215.

Private Property)相并列的公司法在 20 世纪最重要的两本著作。在这本书中，两位作者重点阐释了契约联结理论。契约联结理论把公司看成是与公司相关的利益相关方的契约之网。这些利益相关方包括管理者、雇员、股东、债权人、供应商以及其他群体。在契约联结理论中，自愿性是核心原则，因此这一理论强烈地反对外部干预。契约联结理论把公司看成是由各种契约组成的网络，而在这一网络存在中，公司的实体地位在一定程度上得到了瓦解。契约联结理论是法律经济学在公司法理论中的应用。法律经济学的方法论内核是用契约来研究经济组织。法律经济学认为，经济组织的要义是契约。法律经济学将复杂的公司现象化约为契约间的关系。

二、团队生产理论的法经济学应用

团队生产理论最初是加利福尼亚大学洛杉矶分校的经济学家阿门·阿尔奇安（Armen Alchian）和哈罗德·德姆塞兹（Harold Demsetz）提出的。该理论认为，公司之所以会生产，是因为许多工作经常是以团队方式来开展。[1] 阿尔奇安和德姆塞兹指出："哪怕在最低程度上，企业也与通过契约关系建立起来的一般市场无异，它并没有更多的权威、权力和惩戒手段。"[2] 按照他们的观点，一个雇主对雇员的控制力并不比消费者对商家的约束力高多少。既然公司生产是一个团队，因此印度经济学家拉古拉姆·拉詹（Raghuram G. Rajan）和芝加哥大学商学院教授路易吉·曾加莱斯（Luigi Zingales）建议用第三方的权力对公司资产进行控制，对员工的工作表现进行评估，并对最终租金进行分配。[3]

---

[1] Armen Alchian and Harold Demsetz, "Production, Information Costs, and Economic Organization," *American Economic Review*, Vol. 62, 1976, p. 777.

[2] Armen Alchian and Harold Demsetz, "Production, Information Costs, and Economic Organization," *American Economic Review*, Vol. 62, 1972, p. 777.

[3] Raghuram G. Rajan and Luigi Zingales, "Power in the Theory of the Firm," *Quarterly Journal of Economics*, Vol. 113, 1998, p. 422.

玛格丽特·布莱尔（Margaret M. Blair）和康奈尔大学法学院的林恩·斯托特（Lynn A. Stout）在1999年的《公司法的团队生产理论》一文中，首次将经济学的团队生产理论引入公司法的研究之中。布莱尔和斯托特将公众公司看成是由股东、管理者、雇员、债权人和地方共同体等广泛的团队成员组成的输入联结。这些贡献者之所以要绑定在一起，是因为他们相信，通过他们的劳动或者资本的团队合作（而不是他们个体的行为），他们可以得到一个更好的回报。然而，租金的分配却产生了一个实际的问题，即团队产生的结果是不可分割的，这意味着很难去精准地确定每一位团队成员对团队的具体贡献。因此，租金分配的机制就变得非常的必要。

布莱尔和斯托特认为，通过事先协定在团队成员中进行租金分配是有问题的，因为这种机制会鼓励搭便车的逃避行为。任何一个个体参与者都知道他的回报是固定的，而无论他们努力多少，他们都会得到固定的回报，那他们就有可能搭便车。假如租金按照之前设定的某一比例进行分配，而那些做出较少努力的个体仍然会全额地得到之前设定的租金。这样，这种缺乏效率的分配方式将会在团队成员之间传播。如果足够多的人用逃避的方式来回应这种事先设定的租金分配方案，那么整个团队的产出就会降低。

布莱尔和斯托特指出，事后进行分配的协议，可能会更加接近公平分配的结果，然而这种解决方案最可能导致团队成员之间费时耗力的争吵。每一位团队成员都试图得到他们最大可能的份额，而这种争夺租金的行为也是高消耗性的，并可能影响到团队团结。另一个问题是：谁有权力来决定每一位团队成员可能获得的份额？将权力分配给股东可能会消除这种为了租金的分配而产生的争吵，然而这种解决方案会产生新的问题。假如一位团队成员说，股东已经成为一个阶级，他们享有分配最终结果的权威，那么这就会导致一种可能性：别的团队成员就可能会用退出团队的方式来反对这种过度的自我交易。当然，这种退出的威胁可能是不可信的。假如团队成员（比如雇员）在公司专用的人力资本上的投资是通过特殊的知识和技能获得的，那么这种投资就没办法完全地转移到另一个工作上去。在这种情况下，雇员的背叛就意味着这种投资的资产的没收。总之，租金分配者的自我交易的机会主义会使得人力资本的投资者有挫败感，最终会导致低的生产率。为了应对这一挑战，作者提出，将租金分配的权力给予独立的董事会，可以阻止自我交易的行为。[1] 团队成员会将他们的请求递交给独立的监督方，这样可以避免逃避行为，同时也会避免为了租金分配而带来的争吵。如果能成功地实施这一方案的话，每一位成员都会在金钱或者人力资本上进行投资，而不用担心他们的投资会被其他团队成员进行机会主义的剥夺。[2] 从这个意义上，公司的独立董事会就会成为一个调节性掌权者（mediating hierarchs）。布莱尔和斯托特认为，董事是独立的调节性掌权者，"其功能是平衡团队成员的竞争性利益，使得每一方都足够满意，以维系生产联盟的正常运行"[3]。然而，产生一个独立的董事会仍然是一个次优的方案，因为独立的董事会成员并没有直接的股份在公司中，那这就意味着董事会缺乏动机去严格地监管和评估每一位公司成员的贡献。[4]

布莱尔和斯托特的重要理论贡献是其提出，公众公司并不仅仅属于股东，而且还属于其他的团队成员。对这个团队进行投资的群体包括债权人、工人、管理者和社区。这些团队成员像股东一样，都对这个公司进行了一种投资，同时这些投资还面临着被股东剥削的机会主义危险。总之，这一理论剥夺了股东作为团队最终产品的独享专有权的地位。这种把董事作为协调性掌权人的模式使得公司可以做出较为有效的承诺，从而抑制团队的机会主义行为，也降低了债权人、雇员和社区等其他团队成员获得团队专属投资（team-specific investment）的成本。尽管其他学者也讨论过董事应该在不同的利益之

---

[1] Margaret M. Blair and Lynn A. Stout, "A Team Production Theory of Corporate Law", *Virginia Law Review*, Vol. 85, 1999, pp. 271 – 276.

[2] Margaret M. Blair and Lynn A. Stout, "A Team Production Theory of Corporate Law", *Virginia Law Review*, Vol. 85, 1999, pp. 277 – 278.

[3] Margaret M. Blair and Lynn A. Stout, "A Team Production Theory of Corporate Law", *Virginia Law Review*, Vol. 85, 1999, pp. 280 – 281.

[4] Margaret M. Blair and Lynn A. Stout, "A Team Production Theory of Corporate Law", *Virginia Law Review*, Vol. 85, 1999, pp. 283 – 284.

间协调，但是布莱尔和斯科特对董事作为协调性掌权人的论述，更多采用经济效率去解释这一问题，而不是依赖于公平正义的表述，这是他们的优势所在。因此，华盛顿与李大学教授戴维·米伦（David Millon）总结道："布莱尔和斯托特的贡献在于，采用一种复杂的经济学理论来反对股东至上主义"。①简言之，团队生产理论的重大意义在于，其在挑战股东至上在公司法中不可撼动的主流位置。

在目前公司法的理论与实践中，股东至上仍然是核心原则。威斯康星辛大学法学教授肯尼斯·戴维斯（Kenneth B. Davis）认为："股东价值的最大化是经理决策的北极星（polestar）。"② 杨百翰大学的戈登·史密斯（Gordon Smith）直白地指出，"股东至上在整个的公司法结构中都有充分的体现"。③西北大学教授伯纳德·布莱克（Bernard Black）和哈佛大学法学教授赖尼尔·克拉克曼（Reinier Kraakman）也坦然写道："在我们看来，对投资者而言，最大化公司的价值这一效率性的目标，仍然是公司法最重要的原则。"④这一点连董事至上论者贝恩布里奇（Stephen M. Bainbridge）也坦承："至少是在特拉华州，股东财富最大化的原则仍然是公司法最重要的表述"。⑤

从这个意义上讲，团队生产理论不仅仅是描述性理论（descriptive theory），而更是规范性理论（normative theory）。团队生产理论反对两种倾向：第一个是股东财富的最大化及股东在整个过程中的控制权，另一个是管理层在整个过程中的控制权。管理层最初设立是为股东权利服务的，而后来又被

---

① David Millon, "New Game Plan or Business as Usual? A Critique of The Team Production Model of Corporate Law", *Virginia Law Review*, Vol. 86, 2000, p. 1003.

② Kenneth B. Davis, "Discretion of Corporate Management To Do Good at the Expense of Shareholder Gain-A Survey of, and Commentaryon, the U. S. Corporate Law", *Canada-U. S. Law Journal*, Vol. 13, 1988, pp. 7 - 8.

③ Gordon Smith, "The Shareholder Primacy Norm", *The Journal of Corporation Law*, Vol. 23, 1998, pp. 277 - 278.

④ Bernard Black and Reinier Kraakman, "A Self-Enforcing Model of Corporate Law", *Harvard Law Review*, Vol. 109, 1996, p. 1911, p. 1921.

⑤ Stephen M. Bainbridge, "In Defense of the Shareholder Wealth MaximizationNorm: A Reply to Professor Green", *Washington & Lee Law Review*, Vol. 50, 1993, pp. 1424 - 1425.

赋予了社会责任的角色即部分服务于社会公益。但是在实际过程中，管理层的自主性及其权力扩张使其追逐自己的利益。团队生产理论则提出了第三条道路，即强调董事会的权力。简言之，团队生产理论另一个最大的意义在于，其对公司法的经典假设是一个重要的挑战。公司法的经典假设认为，只有股东自身才享有资金分配的唯一权威，而董事会是股东的代理人。而团队生产理论把各个行为方放在相对平等的基础上讨论。

三、来自股东至上论和董事至上论的双重批评

团队生产理论强调利益相关方的作用，这引致了股东至上和董事至上的双重批评。首先，股东至上论者如哈佛大学法学院教授卢西恩·别布丘克（Lucian Arye Bebchuk）对这一理论提出了批评。别布丘克认为，股东投票是监督管理者的内部治理机制。公司法要求股东投票以选任董事，从而赋予股东对董事会和管理层的最终控制权。另外，在公司合并、出售重大资产和修订章程等重大变更时，必须进行股东投票。别布丘克指出，美国公司法的一条确定的原则是，公司所有的重要决定都应当由董事会提出议案，而股东并不能提出这方面的任何议案。股东可以尝试的唯一方法是，用一个新的董事团队来将现任董事团队取而代之，并且新的团队愿意做出此类变更。在美国公司法中，管理公司的权力被授予公司的董事会。董事会享有如下三种权力：第一，游戏规则决策权，即制定事关公司主体游戏规则的权力。公司的游戏规则主要与两点相关，一是公司章程，二是公司注册地所在的法律。《特拉华州法典》和《示范商业公司法》同时赋予股东和董事会修订公司章程细则的权力。第二，游戏终结决策权。《特拉华州法典》和《示范商业公司法》要求，公司吸收合并、新设合并、出售所有资产以及解散，这些终结游戏的决策需要经过股东的多数同意。然而，授予股东的仅仅是否决权。董事会享有提出议案的权力，而股东没有。第三，缩减决策权。根据美国各州的公司法，公司分配权完全归属董事会，而无须经过股东会的批准。股东不仅没有提出

议案的权力,也没有在游戏终结决策中的否决权。①

别布丘克认为,股东选任董事以及重大事项上的投票权还不足以使得股东有效地监督管理者,并建议增加股东对董事会的权力。② 同时,"增强股东的干预权力,有助于解决长期以来困扰公众股东的代理问题,从而改善公司治理并增进股东价值"。③ 别布丘克指出,否决权是一种"消极"的权力,其可以避免股东处境的恶化,但是却无法促使股东积极作出行为。因此,别布丘克建议创设如下的制度安排:"股东有权发起变更游戏规则的议案,并对其进行表决。特别是,股东有权发起修订公司章程及变更公司注册地的议案,并对其进行表决。"④

多伦多大学教授安东尼·尼布利特(Anthony Niblett)也可以被归入股东至上主义者的范围。尼布利特认为,团队生产理论导致工人可能在专用性投资上投资过度。不能简单地以事后补偿的方式来鼓励工人的专用性投资。事后补偿很可能会使得工人在专用性投资上投资过多,并产生过度依赖(overreliance)的问题,而这对合同法会形成负面的影响。尼布利特建议,需要重新阅读合同法的经典。⑤ 尼布利特的观点显然受到契约主义者的影响。

加利福尼亚大学法学教授、董事至上论者斯蒂芬·贝恩布里奇(Stephen Bainbridge)则从权威的角度来对团队生产理论展开批评。权威与共识是经济学家肯尼斯·阿罗(Kenneth Arrow)在分析组织决策时指出的两种基本形式。⑥

---

① Lucian Arye Bebchuk, "The Case for Increasing Shareholder Power," *Harvard Law Review*, Vol. 118, 2005, p. 862.

② Lucian Arye Bebchuk, "The Case for Increasing Shareholder Power," *Harvard Law Review*, Vol. 118, 2005, p. 913.

③ Lucian Arye Bebchuk, "The Case for Increasing Shareholder Power," *Harvard Law Review*, Vol. 118, 2005, p. 913.

④ Lucian Arye Bebchuk, "The Case for Increasing Shareholder Power," *Harvard Law Review*, Vol. 118, 2005, p. 861.

⑤ Anthony Niblett, "Hostile Takeovers and Overreliance," *Seattle University Law Review*, Vol. 39, 2015, p. 596.

⑥ Kenneth Arrow, *The Limits of Organization*, New York: W. W. Norton & Company, 1974, pp. 63–79.

共识模式要求组织中每个成员都拥有同样的信息和一致的利益,即众人不希望花费太多成本就能达成共识。相比而言,当群体成员之间存在信息和利益上的不一致时,以权威为基础的决策模式就会出现。公众公司并不是人人参与决策的"民主体",而是一个讲求效率并以等级制为特征的组织。

贝恩布里奇对权威的强调让人很容易想起科斯所提出的问题:为什么会存在公司?科斯认为,公司的关键特征是命令,即通过命令来实现组织内部的生产协调。① 将交易内部化的优点在于避免了供应商利用优势位置获得交易专属资产。同时,其缺点在于丧失了通过市场竞争的约束力量来激励最有效率的生产行为。正如贝恩布里奇所指出的,科斯的理论用以证明企业之所以出现,是因为用"权威"为特征的企业生产方式来取代市场的价格机制会产生更高的效率。在市场上,资源通过价格体系来分配,而在企业中,资源分配则是通过权威性的指挥进行的。② 科斯指出,"如果一个工人从 Y 部门转去 X 部门,他这么调动并非因为相关价格的变动,而是因为他被命令如此去做。"③ 简言之,在贝恩布里奇看来,公司并不是一个扁平的、相关方完全平等的组织,而是一个权威运作其中的等级性组织。

企业的出现实际上反映了一个垂直整合的问题。将经济活动纳入企业内部可以防范对方的投机性行为。贝恩布里奇认为,"当我们通过授权一个团队成员来决定企业对各种输入活动的使用从而减少以上成本时,企业便出现了。这个团队成员有权持续且单方面地修订企业与其成员之间的契约条款。通过创造一个居于中心位置的决策者(一个联结点)并赋予其权威,企业得以用事后治理的模式取代事前谈判缔约的方法。"④ 贝恩布里奇认为,共识决策模式不可避免地将遇到"共同行动难题",比如"搭便车"和"冒名顶替",更

---

① Ronald Coase, "The Nature of the Firm", *Economica*, Vol. 4, 1937, p. 386.

② Stephen Bainbridge, *The New Corporate Governance in Theory and Practice*, Oxford:Oxford University Press, 2008, p. 38.

③ Ronald Coase, "The Nature of the Firm," *Economica*, Vol. 4, 1937, p. 387.

④ Stephen Bainbridge, *The New Corporate Governance in Theory and Practice*, Oxford:Oxford University Press, 2008, p. 40.

别说召集几千人的小股东进行投票本身就很困难。总之，这些利益相关者在决策时往往会表现出"理性的冷漠"（rationally apathetic）。①

贝恩布里奇认为，公司最有效率的决策机制是分支型等级制度（branching hierarchy）。这一制度让一个管理者仅监督一小群下级职员，缩小了其业务范围和信息处理量。这一制度将人们分为若干个小群体，每个群体的成员将信息报告给同一个监督者，而这些监督者又构成另一个小群体，将信息传送给上一级的监督者。以此类推，直达位于等级制度顶端的董事会（负责监督 CEO 和其他高管）。② 简言之，贝恩布里奇不同意团队生产理论的观点，认为在大型的公众公司，公司的决策和执行都依赖权威而不是价格机制来实现。

需要说明的是，董事至上论与团队生产理论的理论特征相对比较接近。贝恩布里奇和斯托特都强烈反对别布丘克的观点，认为就维护组织的效率以及集中决策而言，公司法仍应赋予董事会广泛的权力。换言之，两者都主张董事会的自主性，即董事会"并不受制于任何人（包括公司股东）的直接控制和监督"。③ 但同时，两者的不同在于，董事至上论更加强调董事的主体性，即认为以董事为核心来雇佣各种生产要素。而团队生产理论则认为，董事虽然是掌权者，但是"其却被团队成员（包括公司雇员）所雇佣并为他们服务"，并"对成员偷懒或寻租行为进行监督"。④ 布莱尔和斯托特明确指出："通过保留董事们的独立性，并给予其信托义务（这一义务是将公司作为一个整体去运作，而不是对任何特定的团队成员），公司法强化并支持了一种本质性的经济功能，这一功能一般而言被等级制所驱动，但实际上更多是被公司

---

① Stephen Bainbridge, *The New Corporate Governance in Theory and Practice*, Oxford: Oxford University Press, 2008, p. 42.

② Stephen Bainbridge, *The New Corporate Governance in Theory and Practice*, Oxford: Oxford University Press, 2008, p. 42.

③ Margaret Blair and Lynn Stout, "A Team Production Theory of Corporate Law," *Virginia Law Review*, Vol. 85, 1999, p. 247.

④ Margaret Blair and Lynn Stout, "A Team Production Theory of Corporate Law," *Virginia Law Review*, Vol. 85, 1999, p. 280.

董事会来驱动"。① 简言之，前者把董事看成是组织者，后者把董事看成是协调性掌权者（mediating hierarchs）。

四、团队生产理论在公司法中的位置

关于公司法理论的分类，有不同的观点。譬如，德保罗大学法学院教授安德鲁·格尔德（Andrew S. Gold）认为，在公司法的文献中，主导性的理论为董事至上理论、股东至上理论和团队生产理论。② 另如，堪萨斯大学法学教授维杰尼亚·哈伯·胡（Virginia Harper Ho）指出，关于公司人格的讨论主要基于三个视角：许可理论、聚合理论和真正的实体理论（real entity theory）。③ 阿克伦大学法学教授史蒂芬·派德菲尔德（Stefan J. Padfield）认为，公司法主要分为三大理论：许可理论、契约主义与过程理论。另外，从公司是否实体的角度，派德菲尔德认为，也可以分为人造实体理论（artificial entity theory）、聚合理论与真正实体理论（real entity theory）。在派德菲尔德看来，这两个分类是一致的。许可理论与人造实体理论、契约主义与聚合理论、过程理论与真正实体理论的内涵是相同的，只是所表述的角度不同。④

许可理论主要关注有限责任的给予、所有权的可转让性，以及由国家赋予公司的长期法律地位等问题。因为公司的这些许可都是国家给予的，所以许可理论假设国家可以管理公司，而公司则应该让整个社会受益。许可理论在 18 世纪到 19 世纪是最流行的理论。公司法最初的理论主要是在许可理论的基础上展开。

---

① Margaret Blair and Lynn Stout, "A Team Production Theory of Corporate Law," *Virginia Law Review*, Vol. 85, 1999, p. 289.

② Andrew S. Gold, "Theories of the Firm and Judicial Uncertainty", *Seattle UniversityLawReview*, Vol. 35, 2012, p. 1087, p. 1098.

③ Virginia Harper Ho, "Theories of Corporate Groups: Corporate Identity Reconceived", *SetonHall Law Review*, Vol. 42, 2012, p. 879, pp. 891–892.

④ Stefan J. Padfield, "The Silent Role of Corporate Theory in the Supreme Court's Campaign Finance Cases", *University of PennsylvaniaJournal Constitutional Law*, Vol. 15, 2013, p. 831, pp. 835–837.

契约主义是在批判许可理论的基础上发展起来的。契约主义首先否定公司的实体地位，然后把公司看成是由契约组成的契约束。在契约主义理论中，公司的独立地位被剥夺了。契约联结理论是契约主义的新发展。契约联结理论看起来是在强调不同主体与公司的平等契约，但是在实际操作中，经理层对股东的契约变得至关重要。因此，契约主义者多数都是股东至上论者。契约主义在实践中的发展与一系列事件密切相关。道奇诉福特汽车公司案是重要的分水岭，这一事件奠定了股东至上的原则。在理论中，法律经济学的发展对契约主义形成重要支撑。法律经济学用交易成本、不完全契约等一系列概念来重构公司法，并形成了公司法的契约主义理论。契约主义理论的发展导致一系列成果重新强调股东至上原则。

过程理论是在批判契约主义的过程中发展出来的。派德菲尔德认为，过程理论分为两支：董事至上和团队生产理论。契约主义强调股东至上以及股东对公司的绝对控制权。董事至上和团队生产理论对契约主义的观点展开了批评。这两个理论都强调董事会对公司的最终决定权。董事至上理论强调董事会作为公司契约联结的中心[1]，同时，这一理论也更多地强调股东利益的最大化。而团队生产理论则更多突出董事作为协调性掌权者在不同利益之间的协调。譬如，斯托克认为，董事们要充分考虑其他利益相关方的利益，这样可以鼓励这些相关方在公司的专用投资。[2]

需要说明的是，理论在不断地循环式发展。近年来，许多学者如派德菲尔德等又重新讨论许可理论的意义和重要性，认为这一理论给政府管制以合理性。[3]

---

[1] Stephen M. Bainbridge, "The Board of Directors as Nexus of Contracts", *Iowa Law Review*, Vol. 88, 2002, p. 1, pp. 25–29.

[2] Lynn A. Stout, "Bad and Not-So-Bad Arguments for Shareholder Primacy", *Southern California Law Review*, Vol. 75, 2002, p. 1189, p. 1203.

[3] Stefan J. Padfield, "Rehabilitating Concession Theory", *Oklahoma Law Review*, Vol. 66, 2014, p. 327, pp. 330–331.

图 1-1　团队生产理论在公司法理论中的位置示意图

理论流派		公司的实体地位	理论特征	出现时间及代表人物
许可理论		人造实体论，即公司是人造的法律拟合物	因为公司是国家许可的产物，所以国家可以对公司事务进行干预	在18和19世纪的公司法中是主导理论。近期又出现复兴趋势，代表人物是派德菲尔德
契约主义		聚合理论，即公司是法律关系的聚合体	公司是与不同主体订立的契约构成的契约束。在这些契约中，股东与公司的契约最为重要	在20世纪中后期逐渐成为主导性理论。代表性人物包括伊斯特布鲁克和费希尔
过程理论	董事至上论	真正实体论，即公司是本身就真实存在的实体，并不是人造的。	董事会是公司事务的最终决定者，同时董事会的目的主要是为股东利益最大化服务	20世纪末期在批判契约联结理论的基础上出现，代表人物是贝恩布里奇
	团队生产理论		董事会是公司的协调性掌权者。董事会要在股东利益与非股东利益之间平衡	20世纪末期在批判契约联结理论的基础上出现，代表人物是布莱尔和斯托克

五、团队生产理论能否成为企业社会责任的理论基础？

企业社会责任是公司法研究的重要问题。企业社会责任的核心问题是，如何看待股东利益和非股东利益的关系。已有的企业社会责任研究更多地出现在管理学领域，其主要将企业社会责任作为公司发展战略或营销战略的一部分。① 法学领域对企业社会责任的研究也主要集中在公司的合规

---

① 近年来企业社会责任的重要理论进展更多出现在管理学领域。例如，亚奇·卡罗尔（Archie B. Carroll）对企业社会责任内涵的研究，威廉·弗里德里克（William C. Frederick）对企业社会回应（Corporate Social Responsiveness）的研究，以及多纳·伍德（Donna J. Wood）对企业社会绩效（Corporate Social Performance）的研究等。这些成果主要参见：Archie B. Carroll, "A Three-dimensional Conceptual Model of Corporate Performance", *Academy of Management Review*, Vol. 4, pp. 497-505; Archie B. Carroll, "Corporate Social Responsibility Evolution of a Definitional Construct", *Business and Society*, Vol. 38, No. 3, 1999, pp. 268-295; Archie B. Carroll, "The Pyramid of Corporate Social Responsibility: toward the Moral Management of Organizational Stakeholders", *Business Horizons*, July-August, 1991, pp. 39-48; William C. Frederick, "CSR1 to CSR2: The Maturing of Business and Society Thought", *Business and Society*, Vol. 33, No. 2, 1994, pp. 150-164; Donna J. Wood, "Toward Improving Corporate Social Performance", *Business Horizons*, July-August, 1991, pp. 66-73; Donna J. Wood, "Corporate Social Performance Revisited", *Academy of Management Review*, Vol. 16, No. 4, 1991, pp. 691-718.

研究等实务领域。① 然而，企业社会责任的研究需要进一步理论化。本文的问题是，许可理论、契约主义与过程理论这三大理论，哪个能成为企业社会责任的理论基础？这里首先采用排除法。契约主义首先可以被排除掉。因为契约主义的核心理念主要强调股东利益至上，所以契约主义与企业社会责任是相互逆向的一组概念。过程理论中的董事至上论强调董事的作用，但同时也认为董事的主要功能是为股东利益服务。所以，这一理论也可以被排除掉。贝恩布里奇仅仅是强调董事会在公司决策中起到决定性作用，同时强调这一作用是为了更好地服务于股东利益最大化。因此，董事至上主义（至少是贝恩布里奇的版本）很难作为企业社会责任的理论支撑。

那许可理论可以作为企业社会责任的理论基础吗？派德菲尔德认为，许可理论支持强制性的企业社会责任建议。董事至上论和股东至上论，在谁控制公司的决策权上有所区别，然而他们都以股东的财富最大化为公司治理的基本原则。团队生产理论试图去推动企业社会责任，但是这一理论并没有提出强制性的企业社会责任建议。在公司人格理论中，聚合理论和真正的实体理论，都从自然人的模型出发来理解公司。因此，聚合理论中的股东和真正的实体理论中的董事，这些都试图抵抗政府的管制。只有许可理论把公司看成是国家的创造物，因为公司被国家创造出来并服务于公共的目的，因此，强制性的企业社会责任原则才得以体现和实施。派德菲尔德指出："那些强制性企业社会责任的倡导者应该使用许可理论，将其作为公司的理论基础，这样才能够提供有说服力的证据，以使得我们的理论避免朝向股东财富最大化的方向发展。"② 许可理论作为企业社会责任的理论基础的优势在于，其可以为国家的干预提供支撑。但是它也会招致批评，即那些持公司自治观点的学

---

① David Scheffer and Caroline Kaeb, "The Five Levels of CSR Compliance: The Resiliency of Corporate Liability under the Alien Tort Statute and the Case for a Counterattack Strategy in Compliance Theory", *Berkeley Journal of International Law*, Vol. 29, No. 1, 2011, pp. 334–397.

② Stefan J. Padfield, "Citizen United, Concession Theory and Corporate Social Responsibility", *UCLA Law Review*, Vol. 66, 2014, p. 84.

者会强烈反对许可理论。

团队生产理论可以为企业社会责任提供理论支撑吗？团队生产理论产生的背景与20世纪80年代末90年代初在西方世界大量出现的敌意收购事件有密切关联。这与企业社会责任重新成为热点问题的背景是一样的。敌意收购引起了人们对工人工作损失的担心，也就出现了一系列成果来讨论雇员作为公司相关方的利益补偿问题。许多学者认为，雇员应该在公司法中得到特殊的保护。从这个角度来讲，布莱尔和斯托特关于雇员对公司的专用性投资的论述是有价值的。团队生产理论的许多论述与那些强调企业社会责任的研究者是一致的。史丹森大学教授玛莲·奥康纳（Marleen A. O'Connort）也用经济分析来论证雇员和股东一样都需要对经理层有信托义务。[1] 奥康娜建议了一个公司法的中立的仲裁者（neutral referee）模式，这样可以使得董事会在工人和股东的冲突性利益之间进行平衡。[2] 华盛顿大学教授劳伦斯·米切尔（Lawrence E. Mitchell）建议，一个独立的董事会可以免于受到股东意见和短期盈利目标的限制，这样董事会就能协调股东和非股东之间的冲突利益。[3] 这些企业社会责任的理论成果都与团队生产理论非常相近。

团队生产理论对雇员利益的强调与其对契约主义的批评可以联系起来。团队生产理论是对契约主义的一个修正。契约主义强调股东至上，而团队生产理论考虑多元相关方的利益。譬如，斯托特认为股东价值是一个迷思，其在公司法中的不可撼动的地位是有问题的。[4] 斯托特与布莱尔认

---

[1] Marleen A. O'Connor, "The Human Capital Era: Reconceptualizing Corporate Law to Facilitate Labor-Management Cooperation", *Cornell Law Review*, Vol. 78, 1993, p. 899.

[2] Marleen A. O'Connor, "The Human Capital Era: Reconceptualizing Corporate Law to Facilitate Labor-Management Cooperation", *Cornell Law Review*, Vol. 78, 1993, pp. 946–955.

[3] Lawrence E. Mitchell, "A Critical Look at Corporate Governance", *Vanderbilt Law Review*, Vol. 45, 1992, p. 1263.

[4] Lynn Stout, "The Shareholder Value Myth", *California: Berrett-Koehler Publishers*, 2012, pp. 7–11.

为，管理者的责任就是在公司不同利益相关方的冲突利益之间寻求平衡。①这里要看到团队生产理论的进步之处。团队生产理论把公司看成是各个利益相关方的团队生产的平台。换言之，这一理论消解了股东至上的地位，并把公司的其他利益相关方放在一个相对平等的位置上，这是其进步的地方。从这个意义上讲，团队生产理论可以为企业社会责任提供一定的理论支撑。

然而，团队生产理论对企业社会责任的理论支撑也有其不足。首先，团队生产理论更多强调生产环节，而相对忽视消费者等非生产环节的重要性。因此，在团队生产理论中，工人在非股东群体中具有优势地位，而消费者的作用就比较低。

其次，团队生产理论的分析范式仍然建立在法律经济学的基础上，这使得其具有很强的适用性和解释力。团队生产理论从本质上仍然是一个经济理论，这一理论仍然会强调效率和执行，而在这一过程中管理层无疑具有重要的位置。那管理层是否有动机去推动社会责任，这是一个非常难回答的问题。经济学范式更加强调效率，这也是团队生产更多受到人们批评的地方。因此，需要用法律社会学的内涵来对其进行调整。法律社会学主张把信任和认同等概念引入公司法的研究，这可以在一定程度上调和法律经济学对效率的过度强调。约翰逊的研究将社会学家贝拉的成果引入公司法的讨论，就是一个经典的尝试。②

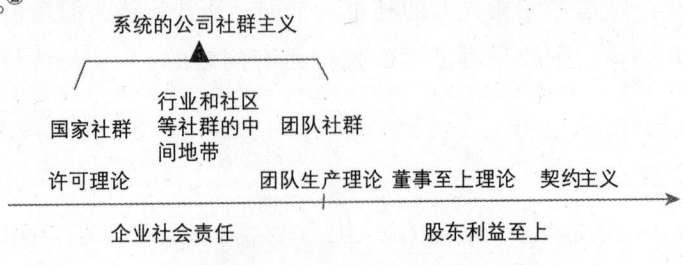

图1-2 四大理论与企业社会责任的理论关系

---

① Margaret M. Blair and Lynn A. Stout, "A Team Production Theory of Corporate Law", *Virginia Law Review*, Vol. 85, 1999, p. 247, pp. 250-252.

② Lyman Johnson, "Individual and Collective Sovereignty in the Corporate Enterprise", *Columbia Law Review*, Vol. 92, 1992, p. 2215.

另外，团队生产理论还可以与许可理论形成融通。团队生产理论关注的是以团队为边界的小社群，而许可理论关注的更多是以国家为边界的大社群。实际上，在团队和国家这两个不同层级的社群之间，还存在中间层次的社群，如社区或行业等。因此，要为企业社会责任提供更为坚实的理论基础，就需要对不同层次的社群进行研究，并把社群主义的理论和内涵引入其中。

六、结　论

契约联结理论与团队生产理论都是公司法学者汲取法律经济学的精华而提出的。然而，这两大理论在内容构成上却出现了不同的面向。契约联结理论在契约主义的基础上重构了股东至上主义，而团队生产理论则更多整合了利益相关者的内涵。从这个意义上讲，团队生产理论可以作为企业社会责任的重要理论来源。但同时，团队生产理论的不足却体现在它更多关注雇员这个利益相关方，并且把重心停留在生产这个环节。这些特征使得团队生产理论过多地表现出狭义社群主义的特征。许可理论是公司法最初的理论形态，其本身具有国家社群主义的特征。从推动企业社会责任理论发展的角度来看，需要把团队生产理论与许可理论结合起来讨论，并开发和整合这两大理论中间的社群地带。通过整合与公司相关的不同层次的社群，可以形成由公司自身（团队）、行业、社区以及国家的多层次构成的社群理论架构。

从这个意义上讲，团队生产理论对企业社会责任的理论研究是有重要贡献的。这一理论从法律经济学的视角出发，论证了雇员对公司专属性投资的意义和价值，从主流理论更容易接受的角度论述了雇员作为利益相关者的重要性，这是团队生产理论最具价值的地方。同时，团队生产理论的狭义社群主义特征使得其在为整个企业社会责任提供理论支撑时会面临困难。因此，需要从狭义社群主义所关心的团队（即公司自身）出发，考察与公司经营活动密切相关地带的不同社群，如行业、社群和国家，在此基础上构建更为完整且多元互动的公司社群主义，这样才能为企业社会责任提供更为坚实的理论基础。

第二章 企业社群主义：企业社会责任的理论基础

企业社会责任的理论基础是什么？本章论证的核心观点是，企业社群主义可以成为企业社会责任的理论基础。尽管戴维·米伦等学者讨论了公司法的社群主义转向，以及社群主义对公司法的意义，但是这些学者都没有对企业社群主义的内涵和构成进行全面系统的阐述。本章将尝试进行这样的理论努力。本章从公司最初产生的两种形态出发讨论了契约主义和社群主义分立的历史传统，然后对企业社群主义的内涵进行了界定，并提出企业社群主义的三大原则，最后就企业社群主义对企业社会责任进行理论支撑的可能性进行了探讨。

一、契约主义与社群主义的分立

公司这一形式可以追溯到欧洲中世纪晚期。两种形式与其相关：一是团队型公司（compagnia partnership），一是契约型公司（commenda compagnia）。前者从家庭业务中发展而来。一旦其被扩大到包含许多远亲作为其雇员时，这种家庭公司的安排就变得越来越制度化。compagnia 来自拉丁文 cumpanis，含义是"吃同样的面包"。compagnia 在合作者之间构建了非常强的社会和经济纽带。合作者们被认为是投资其劳动力，并贡献其全部的时间和努力。这种联系还通过通婚来强化。这种形式在欧洲内陆的城镇中非常普遍。①

Commenda 则从雇佣和海洋租赁合同中发展而来，是有限合作制的前身。commenda 的基本含义是不出海的投资方与出海的劳动方之间的双边合同，主要被用于海事贸易。commenda 实际上是一个涉及投资与回报的股权投资协议。投资方以货物或现金的方式提供资本，来购买商品并支付航海相关的成本。劳动方并不投资资本。劳动方将这些货物运至其他地方进行交易。commenda 也是一个劳动合同，出海的航行方投入其劳动力、专业技能、信息以及身体可能面临的风险。commenda 产生的利润由双方分享。在意大利，投资方经常可以得到净利润的四分之三，而航行方则得到四分之一。逐渐地，commenda 可以为用来缔结三方合约，通常是几个投资方与一个航行方达成合约。②

罗·哈瑞（Ron Harris）认为，compagnia 是典型的团队合作，而 commenda 主要是代理关系，不是团队合作。航行方的活动在地理上与投资方分离，并且在没有投资方直接监督的情况下工作。因此，需要投资方的清楚指令、航行方的报告义务航行方对投资者的信托义务、以及投资者对航行方行为责任的豁免等内容来保障合约的实现。③

这两种形式构成了公司的两种形态。commenda 更接近契约主义，而 compagnia 更接近团队生产理论。团队生产理论的意义在于其对契约主义传统的批判。契约主义传统完全是按照 commenda 的古典模式展开，其把公司看成是契约的联结。在这一理论中，公司的法人地位消失了。同时，看似其平等地看待每份契约，但在实际操作过程中，股东与经理人之间的契约最为重要。

团队生产理论修正了契约主义对股东地位的特殊强调，把团队内的个体

---

① Robert S. Lopez and Irving W. Raymond, *Medieval Trade in The Mediterranean World: Illustrative Documents*, New York: Columbia University Press, 2002, pp. 185–211.

② Ron Harris, "The Institutional Dynamics of Early Modern Eurasian Trade: The Corporation and the Commenda", *Journal of Economic Behavior and Organization*, Vol. 71, 2009, pp. 609–611.

③ Ron Harris, "The History of Team Production Theory", *Seattle University Law Review*, Vol. 38, 2015, p. 540.

都看成是平等的，譬如，它强调雇员对公司的参与也是一种投资，在进行公司专属性的投资。这样，雇员与股东的地位就变得更加平等。

团队生产理论实际上是一种社群理论。这一理论具有以下特点：第一，这一理论建立在法律经济学的基础上，把社群内的行为都看成一种经济行为。譬如，员工对社群的贡献可以看成是投资行为，也可以看成是雇佣行为，同时也可以看成是奉献行为。雇佣行为是被动参与。投资行为和奉献行为是主动的，但是前者更多是经济利益，而后者更多是情感投入。许多情况下，这种情感投入也是不能忽视的。第二，这一理论过于强调生产过程。因此，它把员工的作用凸显出来。然而，企业商品的整个过程还包括销售和售后等环境。那么，这一理论就忽视了消费者的作用。同时，企业还有非产品的社会交往，而这也不属于生产过程。总之，这些内容是被忽视的。简言之，这一理论关注的是生产的小社群，而没有关注到更大的社群。

因此，需要在团队生产理论的基础上，扩大社群的范围，并汲取法律社会学和法理学的成果来展示企业社群主义的内涵。

二、企业社群主义的理论构成

在契约主义中，公司最重要的要素是资本。因此，团队生产理论把雇员在公司中的参与也解释为资本——专属性投资。而在社群主义中，公司最重要的要素是认同和信任。从关系模式来看，契约主义把公司看成是不同行为体之间相互订立的契约之网。譬如，股东对公司的投资行为、公司对雇员的雇佣、消费者对产品的消费等都是由明示的契约来约定的。而在社群主义的理解当中，公司由一种伸缩性的联系构成。这种联系中有强联系，也有弱联系。比如，股东与公司、债权人与公司、雇员与公司的联系是强联系，而消费者与公司的联系就不如股东和雇员与公司的联系紧密。而社区或者行业与公司的联系比前述四方更弱一些。

契约主义的行为逻辑是互惠。互惠就是在交易或者合同当中，明确写清楚双方互相交换的内容。比如，股东与管理层之间的互惠，就是股东将管理权给管理层，并通过管理层薪酬计划来激励管理层，而管理层则为股东获取利益的最大化。这就是一种互惠。社群主义的行为逻辑是惠报。惠报不是短期结算。惠报的内容不会在某项形式内容中写清楚。比方说，公司花费很多精力和时间去做慈善，或者推动公司产品品质的提升，公司不一定马上可以得到消费者的认可。这个过程可能会非常长，也不是一种线性的直接联系，但从长期来看，消费者或相关社群会通过很多种方式来回报公司的行为，这就是惠报。惠报不是短期行为，而是一种长期的、不用契约来规定却附加了认同和信任要素的一种新逻辑。

契约主义的网络形态是契约联结。在契约主义者看来，整个公司都是由契约之网构成的。或者说，公司就是这些契约的一个连接点。而在社群主义看来，公司和公司所在的社群是一个多元向心体系。公司本身是一个多元向心体系。因为公司是一个为了共同目标而一起奋斗的团队，所以它是向心的。同时，因为在不同的任务阶段中，公司的主角是不同的，所以，公司也是一个多元体系。譬如，在公司产品筹建的初期，公司的设计团队是中心。在公司初创的融资时期，股东或投资人是至关重要的。在成品的生产过程中，公司生产部门的员工就变成了中心。而在销售和售后渠道，消费者就是整个社群的中心。当公司的产品越来越成熟时，公司就会跟行业、社区、国家、全球紧密地结合在一起。因此，公司的内部和外部社群是一个多元中心的体系，但是在每一个阶段都会有一种向心的力量。这种向心力量的内核是公司的产品以及产品背后的担当。当一个公司的产品更有质量并更多地服务于社会，让社会接纳和认同，这就是向心力量。同时，在每一个阶段和每一个过程当中，这个力量是多元的，并不是说股东或董事会就一定是整个公司的决定者。

契约主义把公司看成是一个契约的联结，而行为体之间的行为逻辑都建立在契约的基础上。这种契约是一种明示的合同。契约的意义在于，它能够用标明未来的预期内容来降低交易成本。然而，契约不可能对所有东西都规定，并且现实中经常会有霸王条款，即许多格式合同对弱势群体明显不利，但是这些群体在订立合同时无法明确地理解这个契约对他的生活产生的意义。所以契约主义导致的一个问题是，优势群体在契约订立和执行的过程中处于优势的地位。另外，契约世界是缺乏感情的世界。这种标明了明确的经济利益的合同，很难进入人的心灵世界。或者说，信任和认同很难在契约的框架下充分地形成。这就为社群主义提供了一个新的空间。

正如我们之前讨论过的，公司的最初形式有两种，一种是契约型公司，一种是团队型公司。社群的意义就在于，他给公司的利益相关方提供了一个在经济利益之外大家追求共同目标的空间。团队生产理论所指出的就是这样一种空间，就是大家并不是为了某一个契约进行共同生产的。大家实际上是为了一个共同目标，所以在这个意义上，雇员对公司的专属性投入就是一种投资。但是团队生产理论完全从经济学角度来解释这个行为，但实际上这个行为中有很多社会的要素，譬如信任与认同。这是契约主义所不能提供的，而信任与认同在公司内部和外部社群中都是非常重要。例如，公司对一个产品的精益求精，从直接的经济利润上来讲可能不划算，但是这一产品赢得了消费者和社会的信任，而这种信任是无价的，会展示在未来长期的行为互动之中，消费者会逐渐地回报给它，这就是惠报的逻辑。

惠报不是短期的利益交换，而是一种长期的社群生活。企业社群主义提供了一个包含了诸多社会要素的公司内部和外部社群的生活。公司的内部和外部社群都不能仅仅靠契约来连接，而需要靠一种信任和认同的力量。譬如，在互联网时代，如何在一个陌生人的世界开展商业活动，这个过程需要大量的信任和认同。阿里巴巴集团致力于这种信任和认同的构建，因此获得整个公司相关社群的认同。在电子商务的过程中，契约的作用实际上是被弱化的，而信任和认同的作用被放大，同时这两者本身就会大大地降低交易成本。

三、层次、规模和时间：企业社群主义的三大原则

与公司相关的社群有两种：公司本身就是一个社群，我们称之为内部社群；另外，公司的存在依赖于一系列外部的环境，我们称之为外部社群。公司的外部社群由一系列层级构成。譬如，公司的行业为公司提供了一个基本的竞争环境。与行业相对应的另一个维度是公司所存在的社区。社区为公司

提供一些基本的保障和服务，是公司存在所必备的一个社群。在社区和行业之外，更大的社群是国家，因为许多大型公司的发展与国家的成长和支持密切相关。譬如，东印度公司的成立与发展和英国的海外扩张紧密关联。英格兰银行成立的目的，就是英国为了赢得与法国的军事竞争。美国的一些大型铁路公司的成立与美国的西部大开发密切相关。因此，大型公司的发展与国家这一社群的存在和发展有密切关联。在国家之上，一个更大的社群是全球社会。伴随着全球化的进一步深入，全球社会这个社群对于公司的意义也越来越凸显，因此，这五大社群构成了公司的层次结构。

公司社群的层次原则意味着，公司作为一个行为体，在考虑社群利益的时候，需要有一个层次的理解。正常来讲，一个公司需要首先考虑它最小的社群——公司本身。构成公司本身的这些利益相关方（如股东、债权人、员工和消费者）的基本诉求是公司第一层次的社群。只有在这些利益得到基本保障和实现的情况下，公司才应该更多地考虑更高层次的社群。接下来，公司应该在行业责任和社区责任上更多地做一些努力。在行业责任和社区责任实现的基础上，公司才应该更多考虑国家社群。而当公司在有效地履行了国家社群的责任之后，公司才应该更多地考虑全球社群的利益。这样一个社群的层级是公司需要首先考虑的。公司在考虑社群利益时，不能简单地跨越。比如，公司在没有完整地考虑自身社群利益的基础上就直接考虑国家社群的利益，这样就会违背公司发展的一个基本规律，并最终导致公司在整个社群生态中的利益受损。

企业社群主义的规模原则就是，要对公司的规模进行分类。不同规模的公司在其内部和外部社群中的影响是完全不同的。大型公司本身就是一个规模非常大的社群。大型公司在行业、社群、国家和全球中的位置和功能也与小型公司明显不同。规模原则是企业社群主义的一个重要的构成部分，就是我们需要对公司的规模进行分类，然后在公司规模的基础上进行企业社群主义的一种理论阐述。不能把所有的公司当成一样的原子的个体来看待。这里的一个基本分类是，把公司按照其规模分为三大类：生存型企业、发展型企业和社会型企业。生存型企业是指目前还处于生存边缘的公司。这类公司规模较小，业务规模的评价主要包括雇用员工数量和营收收入。这类公司所考虑的问题是要在残酷的市场竞争中存活下来。第二类公司是发展型公司，这类公司已经摆脱了基本的生存问题，能够相对整体性地考虑发展问题。第三类公司是社会型公司，就这类公司的规模已经非常大，同时它的许多方面都涉及国计民生，对国家的整体发展和公民生活有着重大的影响。

生存型公司考虑的主要问题是，如何在残酷的市场竞争中生存下来。那它所考虑的社群更多集中在公司的内部社群。这类公司需要首先考虑的问题是如何让自己的股东能够收回他们的基本投资，并且让他们得到相对满意的回报，这样股东才会有动机去持续地投资。与此同时，债权人、劳动者和消费者都是非常重要的、需要考虑的群体。发展型公司需要相对平衡地考虑内部社群和外部社群的关系，综合考虑自身社群、行业社群、社区社群和国家社群的利益。社会型公司关系到国家的命脉以及人民的基本生活保障，所以这类公司需要更多地考虑国家责任。

企业社群主义的时间原则意味着，时间长短对于公司的社群有重要意义。社群本身就是一个相对长期的存在。如果一个公司仅仅是一个项目组的话，那么这个公司实际上不需要投入太多的时间和精力去承担社会责任，因为它缺乏一个长期的、稳定的对社群存在的预期。在我们传统的公司法理解中，公司是一个法人结构。其中的一个要素就是公司的永续存在，就是当公司的股东发生变化时，公司仍然是存在的。这也是公司作为一种现代形式在现代社会生活中发挥越来越大作用的一个原因。消费者在购买这个公司的产品时，并不是看重公司的投资者是谁，而是认同他所消费的物品与公司之间所构成的社群联系。同样，行业与公司也是这样一种关系。如果一个公司领先性地做了很多推动公平运营或者信息披露的事项，整个行业会对这个公司的贡献给予认可，那么这一公司也会逐渐成为整个行业的领导者。并且，这种行业领袖地位会逐渐转移到消费者的购买行为上去，这就形成了一种多元社群的互动。

公司与国家社群的互动也是这样一种关系，但所有这些关系的一个前提是长期互动。如果一个公司仅是一个短期存在的话，那么这些互动都是没有意义的。国家对一个公司的支持是希望这个公司可以长期地存在下去。譬如，我们之前提到的惠报原则。国家对一个公司的支持并不是说要让这个公司在某一个限定的时间内给予国家税收上的回报，而是一种长期行为，希望这个公司可以在某一领域代表该国成为具有国际竞争力的一个品牌。同时，在经济大萧条来临时，公司如果可以克服困难，减少裁撤员工的数量，或者与其他公司一道渡过经济难关的话，国家会对这样的公司非常地认同。反过来，之后在经济复苏的时候，国家和整个社会会给予这个公司更多的支持，这就是之前讨论的惠报逻辑，这是一种长期效应。

华盛顿与李大学法学院教授戴维·米伦讨论了企业社会责任的两种模式：一种是构成模式（constituency model）。这一模式把公司看成是由不同人群构成的组织。这些人群拥有一定的共同利益，但同时也存在利益冲突。在这种理解下，企业社会责任就需要平衡股东和非股东之间的利益。这一模式把两者之间的利益冲突看成零和游戏。另一种是持续性模式（sustainability model）。这一模式认为，因为生存的需要，公司需要关注盈利，但同时，生存并不意味着短期利润的最大化。因为过多关注短期利润会损害长期效应，并最终对公司的持续性产生消极影响。米伦认为：“持续性与企业社会责任的关联在于，公司的长期繁荣建立在不同利益相关者包括工人、供应商以及顾客的福祉。”[1] 米伦指出，持续性模式与构成模式的根本不同有两点：一、股东利益与非股东利益的关系。构成模式把非股东利益看成是与股东利益相冲突的。或者说，非股东利益的实现以股东利益的损失为代价。而持续性模式则把股东利益和非股东利益看成是相互促进的整体。二、利益的时间性。构成模式更多从短期来看待，所以两者是冲突的。而持续性模式则从长期来看，那么两者是相容的。

在另一篇文章中，米伦区分了两种企业社会责任：一种是"伦理的企业社会责任"（ethical CSR），即认为公司有伦理的要求将非股东利益看待成与

---

[1] David Millon, "Two Models of Corporate Social Responsibility", *Wake Forest Law Review*, Vol. 46, 2011, p. 530.

股东利益同样重要；另一种是"战略的企业社会责任"（strategic CSR），即认为非股东群体有增加公司利润和股东财富的潜能，这样推动企业社会责任就会成为一种新的公司战略。① 米伦在这篇文章中提出的两种模式实际上是原先两种模式的翻版。米伦自己坦言，他之前提出的持续性模式的概念很容易与环境保护说强调的持续性混淆。为了避免概念的模糊，他使用了"战略的企业社会责任"。并且，米伦指出："战略的企业社会责任主张，一个长期持续性的导向要求，管理层需要呵护与关键的相关方如工人、顾客、供应商以及生产所处的社区之间的联系。"② 延续了上一篇文章的思路，米伦在这篇文章中主要讨论的是股东的社会责任。米伦对短期的投资利益和长期的投资利益做了区分，并认为短视主义是不利于企业社会责任的。米伦试图说明，要实现企业社会责任，不能仅仅采取从短期来看股东利益与非股东利益相互冲突的构成模式，而是应该采用从长期来看股东利益与非股东利益完全融合的持续性模式。

投资者的短视主义导致公司的管理层会更多关心公司的短期利益，并以牺牲公司的长期价值为代价。公司的长期发展可能会高度地依赖一些花费，如研究发展、广告、员工培训、公司维系等，但是为了在季度报表上的表现，公司管理层会尽量减少这些花费。这种短视主义对于企业社会责任的实践是非常不利的。从伦理的企业社会责任视角来看，因为需要在股东利益与非股东利益之间进行平衡，而那些仅仅关注季度报表的股东，可能就不太能接受那些企业社会责任项目的履行。从战略的企业社会责任视角来看，因为这一视角关注的也是一个公司的长期发展，而那些缺乏耐心的、频繁交易的机构投资者，也不太会关心这些长期的公司表现。

整体来看，米伦对未来企业社会责任实现的前景是非常不乐观的："对于企业社会责任的倡议者而言，这些都是令人失望的消息，因为假如没有什么

---

① David Millon, "Shareholder Social Responsibility", *Seattle University Law Review*, Vol. 36, 2013, pp. 921 - 926.

② David Millon, "Shareholder Social Responsibility", *Seattle University Law Review*, Vol. 36, 2013, p. 924.

重大变化的话,目前很难会看到,投资实践会转向一个耐心的、长期的行为。"① 米伦反对那种激进的股东至上理论。②

四、为什么企业社群主义可以作为企业社会责任的理论基础?

一些学者已经讨论过关于企业社群主义作为企业社会责任的理论基础,比如米伦、约翰逊等。③ 我这里对这个问题尝试做一个较为完整和深入的讨论。社群主义是西方法理学或法哲学中非常重要的一块内容,是与自由主义相对的。自由主义的分析单元是原子个体,而社群主义则把社会看成是一个整体性的社群。查尔斯·泰勒、麦金太尔、桑德尔、沃尔泽等一系列思想家都为社群主义贡献了非常多的理论知识。公司法的研究者也把社群主义引入到公司法的讨论之中,比如米伦、考克斯都进行了这样的讨论。

社群主义对公司法的意义在于,社群主义是一个宏观理论,可以把中观理论都涵盖进来。许可理论、团队生产理论都是中观理论。这些中观理论可以为企业社会责任提供一定的支持。比方说,派德菲尔德指出的,许可理论可以为公司的强制性社会责任提供理论支撑。另外,团队生产理论也可以为企业社会责任提供部分支撑。然而这样的理论支撑是不彻底的。中观理论没从法理上对企业社会责任提供一个整体性的论证和支撑。企业社会责任的理论探讨所需要面对的理论对手是股东至上主义。近几十年来在西方的公司法学界,一个主导性的观念就是,公司是为股东的利益最大化而服务的。而企业社会责任实际上就是在挑战这个原则,但是,企业社会责任的论证者并没有找到一个坚实的理论基础。按照传统的理解,公司需要服务于股东利益最

---

① David Millon, "Shareholder Social Responsibility", *Seattle University Law Review*, Vol. 36, 2013, p. 940.

② David Millon, "Radical Shareholder Primacy", *University of St. Thomas Law Journal*, Vol. 10, 2013, p. 1013.

③ David Millon, "Shareholder Social Responsibility", *Seattle University Law Review*, Vol. 36, 2013, p. 940.

大化,那为什么公司要为社会负责任。社群主义给出了一个经典答案,就是公司生活在社群之中,同时公司本身也是一个社群。公司与社群的关系不仅仅是契约性的,还是社会性的。公司是社会大社群中的一分子。公司的存在得到了社群的支持,同时公司也应该以社会产品和社会服务回报社区,这就是企业社群主义对公司为什么要负社会责任的解释。

企业社群主义可以作为一个大的理论标识,把团队生产理论和许可理论吸纳进来。企业社群主义以社群主义为理论基础,整合了法律经济学(企业公民理论)与法律社会学,具有理论的高度和深度。并且,西方学者已经开启了这样的理论空间,尽管西方学者并没有展开深入的讨论。层次原则和规模原则有中国人的智慧,因此,这样的理论具有中国学者的贡献。

为什么要提出企业社群主义?企业社群主义与企业社会责任的关联是什么?关于企业社会责任的讨论,长达近百年。但是,那些持企业社会责任赞成立场的学者们似乎都没有找到支撑企业社会责任的坚实的理论基础。其根本原因是经济学理论和法学理论都把公司看成是一个经济组织。企业社群主义尝试着为企业社会责任的证成提供一种坚实的理论基础。在企业社群主义看来,公司不仅是一个经济组织,更是一个社会组织。公司本身是一个相对独立的社群。无论是大公司还是小公司。尽管公司的主要目的是生产产品和赢得利润,但是公司在生产和运作的过程中不可避免的是以社群的形式存在的。团队生产理论对公司的定性是团队,而团队本身是社群的另一种表达。传统拟制论对公司的定义是法人实体,这种法人尽管是抽象的,但从其内部成员角度来看,也是一个相对独立的社群。与此同时,公司与其外部环境也构成一个开放的社群。任何一个公司都会依赖于一定的行业组织和社区。而一个成功的公司一定与行业内的成员和社区内的成员有非常好的互动。在行业和社区之外,国家也是公司重要的外部环境。对于大型公司而言,如果能够得到国家在税收政策上的优惠或者技术上的支持,那么其在国内市场和国际市场上就更具竞争力。对于一个具有全球视野的公司而言,全球的其他国家也构成了与其关联的社群的一部分。如果这些跨国公司或者全球公司不能够获得当地的支持,那么这些公司最终就会被挤出这一市场。因此,全球化某种意义上也是地方化。

企业社群主义把公司看成是社会的成员。从这一意义上讲，公司就应当像自然人一样在社群内承担一定的法律义务和道德责任。从方法论上来看，企业社群主义是一种不受"制定法约束的"法律发现方法，我们的思维是超越制定法的，但是没有超越法律。① 建立在企业社群主义基础上的公司法是一种开放体系的公司法。其最终实现需要实现各种社会形式的社会压力，以分散的方式实施②，包括借助公众舆论压力和声誉机制等。

企业社群主义的意义在于，公司作为一个实体，要植根于市民社会之中。日本早稻田法学部教授上村达男指出了公民社会与资本之间的关系，他认为，一国的资本市场脱离了市民社会，脱离了以市民为基础的中小投资人，那么资本市场将无法逃脱失败的命运。③ 波士顿大学法学院的肯特·格林费德（Kent Greenfield）指出："公司法所关心的主要是股东、董事会、管理层以及债权人（偶尔会）之间的关系；那些对公司在社会中作用的质疑仅仅发生在公司法主流叙事的边缘，假如有一些的话。"④ 格林费德的描述非常形象，即"在那些树背后有一片森林"，也就是说，在那些公司背后有一个社会。

五、结　语

企业社群主义是与公司契约主义相对应的理论范式。在公司契约主义中，公司最重要的要素是资本。各行为主体间的关系模式是契约，相互间的行为逻辑是互惠。公司作为一种契约联结的网络形态存在。在企业社群主义中，

---

① [德] 卡尔·恩吉施：《法律思维导论》，郑永流译，北京：法律出版社，2004年版，第241页。
② [德] 马克斯·韦伯：《经济与社会》（上），林荣远译，北京：商务印书馆，1997年版，第64—67页。
③ [日] 上村达男：《美国、欧洲、中国及日本的公司法制度——以资本市场与市民社会的关系为视角》，吴祺译，《证券法苑》第四卷，2011年版，第410—421页。
④ Kent Greenfield, "There's a Forest in Those Trees: Teaching About the Role of Corporations in Society", *Georgia Law Review*, Vol. 34, 2000, p. 1011, p. 1011.

公司最重要的要素是信任。各行为主体间的关系模式是联系，相互间的行为逻辑是惠报。公司及其社群以一种多元向心体系的网络形态存在。公司本身就是一个社群，这是公司的内部社群。公司与行业、社区、国家、全球之间又构成了公司的一个外部社群。公司需要首先解决好自己的内部社群的问题，然后再在行业、社区、国家、全球这样一个层次上逐级展开，这才是一个社群互动比较良好的状态。这是企业社群主义的层次原则。企业社群主义的规模原则是，不同规模的公司对社群的义务是不同的。企业社群主义的时间原则是，社群稠密度与公司互动的时间长短有密切的关系。企业社群主义可以作为一个大的理论标识，把团队生产理论和许可理论吸纳进来，并为企业社会责任的研究提供更为深厚的理论支撑。

企业社会责任的理论基础是什么？这一问题一直是企业社会责任研究的重点和难点问题。绝大多数的企业社会责任研究都集中在实践层面，讨论的是如何推动公司履行社会责任。许多实践者制定了企业社会责任的相关标准，然后推动公司去实践和遵守这些标准，是企业社会责任中非常重要的研究内容。但问题是，为什么公司要推行社会责任？这个问题在理论上一直没有得到有效的回答。已有的一些理论进展如团队生产理论、许可理论等中观层次的理论都在尝试着回答这一问题，但是这些回答都仅仅从某一方面出发，并没有从法理学或者更高的理论层面来系统地、整体性地回答这一问题。

公司的员工是内部社群的一分子，而公司同样是其外部社群的一分子。公司与社群之间的互动逻辑更多体现在惠报逻辑的长期效应上。公司密切互动的社群是有层次的。大型公司在更高层次的社群上有更多义务，而小型公司则在公司内部社群中需要履行更多，这是企业社群主义的规模原则。百年老店或中华老字号这样的品牌所反映的就是一个长期互动的结果。这种结果所凝结的要素不是契约。消费者或者国家与这些百年老店之间并没有形成一个契约，而凝结其中的更多是认同和信任。这就是企业社群主义的时间效应。时间越长，社群的稠密度越高和越紧密。层次原则、规模原则和时间原则是企业社群主义的三大原则。

第二部分 | 企业社会责任的硬法之治

第三章 企业社会责任的硬法之治

近年来，随着食品安全事故、安全生产事故和环境污染事故的不断发生，企业社会责任已经逐渐成为国家和社会关注的重要问题。国家和社会都深刻地意识到：再也不能延续过去那种"竭泽而渔"的生产发展方式。然而，要想说服企业放弃这种粗放型发展方式，仅靠道德规范和企业自律显然是不够的。唯有建立硬法，通过国家强制力量的支持才有可能成功。而这也是现在国际社会的共识。大概从 2006 年开始，国家在针对企业社会责任的立法方面就加快了脚步。商务部、国资委、工信部先后发布了企业承担社会责任的指导性意见。此后，新修订的《公司法》第五条特别强调企业应该"承担社会责任"。2014 年 10 月，十八届四中全会《中共中央关于全面推进依法治国若干重大问题的决定》又明确提出："要加强企业社会责任立法"。2015 年 10 月，十八届五中全会进一步主张要增强社会责任意识，并把它提升到了与国家意识、法制意识同等重要的地位。这充分说明了国家对企业社会责任的高度重视。

立法工作对于企业社会责任具有重要意义。国外关于企业社会责任立法有一些重要的成果。相比于西方国家，中国的企业社会责任立法起步较晚，但发展迅速。对国内企业社会责任立法的反对意见，主要集中在西方国家缺乏先例、相关内容已经散见各法律以及立法会加重企业负担等方面。然而，中国的企业社会责任传统和目前中国企业的全球化的大背景，使得国内许多学者越来越强调需要制定一部专门的企业社会责任促进法。未来的企业社会责任促进法需要在强制法和促进法之间平衡。同时，也应该考虑规模因素以及强制条款等内容。

一、法律对于企业社会责任的重要性

经济学和管理学往往从公司战略的角度来强调企业社会责任，希望通过慈善等行为给予公司在履行社会责任方面更大的自主性。然而，公司慈善并不能代替社会责任。社会责任首先是对公司底线行为的约束。因此，法律的作用显而易见。公司法角度研究企业社会责任就具有特殊意义。

对于企业社会责任，管理学大师彼得·德鲁克（Peter F. Drucker）曾经提出过一个鲜明的观点：即"你必须能够行善，才能赚钱"。在他看来，"适当的企业'社会责任'是将'龙'驯服，也就是将社会问题转化成为经济机会和经济利益，转化为生产能力，转化为人的能力，转化为高薪的工作岗位以及转化成财富"[①]。这种对企业社会责任的工具性认识，在管理学和经济学中非常流行，这一点也在企业社会回应和企业社会绩效两个概念中明显地体现出来。

这种判断的问题在于：企业社会责任不再是义务性的。相反，它成为了依据情势具体确定的、可选择的策略。企业承担社会责任的意义只是为了确保企业更好地追求利润，因而是"利润最大化"这一目标的工具而已。这也意味着，企业社会责任不再享有与企业经济责任同等的地位。也正是因为如此，管理学者，包括部分经济学家，更多的是关注企业社会责任是否有助于企业的经济绩效。[②]

所以，法学在企业社会责任研究领域的回归将会显得至关重要。事实上，

[①] Peter F. Drucker, "Converting Social Problems into Business Opportunities: The New Meaning of Corporate Social Responsibility", *California Management Review*, Vol. 26, No. 2, 1984, pp. 83 – 91.

[②] 参见 Alexander Buchholz, "Corporate Social Responsibility and Stock Market Performance", *Academy of Management Journal*, Vol. 21, 1978, pp. 479 – 486; Jean B. McGuire, Alison Sundgren, Thomas Schneeweis, "Corporate Social Responsibility and Firm Financial Performance", *Academy of Management Journal*, Vol. 31, No. 4, pp. 854 – 872.

之所以法学在20世纪中期以后便不再占据主导地位，一方面是因为社会在明确了企业应当承担社会责任之后，却未曾对企业社会责任是否包含法律责任达成一致。一些学者如卡罗尔，认为法律责任是企业社会责任内涵的其中一个部分；另一些学者如亚利桑那州立大学的基思·戴维斯（Keith Davis），则主张企业社会责任始于法律结束的地方。① 由此在一定程度上抑制了推进企业社会责任立法的努力。另一方面，就实践来看，随着社会对企业社会责任的日益关注，企业、行业协会、国际组织等纷纷推出关于企业社会责任的行为准则。而各国政府也在不同的部门法中，针对企业社会责任设置了相应的法律条款。

然而，就现实情况来说，尤其是对中国而言，有关企业社会责任的各部门法还并不完备。而相关法律条款的分散又导致其缺乏系统支撑。此外，就相关行为准则、社会舆论等其他手段来讲，它们又往往只能依靠企业的"自觉自愿"。但由此带来的却是"企业履责随意性、碎片化、不平衡性的现象较为突出。企业在发展过程中良莠不齐，对社会责任的理解和实践水平差异较大"；"不同企业对于社会责任基本内涵、主要议题等的理解存在偏差"；"社会责任方面的软法不少，但强制性的制度供给不足"。② 因此之故，企业社会责任的法律化被提上议事日程。

按照蒋建湘的说法，企业社会责任的法律化包括两个部分：一是硬法责任化，也就是由政府创制关于企业社会责任的规范体系，依靠国家强制力保障实施；二是软法责任化，包括由多主体制定的针对企业社会责任的规范体系。它将依靠社会倡议和舆论压力，而不是国家强制力来保障实施。③ 前者有助于增强对企业社会责任的硬性规定和刚性约束，从而遏制企业不顾社会责任要求，强行追求利润。后者则可以作为前者的必要补充。正如哈佛大学法学院教授雅各布·格森（Jacob E. Gersen）和美国联邦大法官埃里克·波斯纳

---

① Keith Davis, "The Case for and against Business Assumption of Social Responsibilities", *Academy of Management Journal*, Vol. 16, 1973, pp. 312–322.
② 《责任法促企业社会责任立法热议中》，载《WTO经济导刊》，2015年第3期，第23—24页。
③ 蒋建湘：《企业社会责任的法律化》，载《中国法学》，2010年第5期，第128—130页。

（Eric A. Posner）指出的："立法主体制定软法是因为硬法有缺点。有时候，当然并非总是如此，在同样的情况下软法能产生同硬法一样的行为效果；在其他时候，软法的效果比硬法的效果更令人满意。"①

这是因为硬法只能针对企业的消极责任。它不能推动企业去履行积极责任。对此，蒋建湘曾以就业为例：就业是劳动者改善生活甚至维持生命的基础，对于企业来说，它们一般有能力保障劳动者的就业，在经济不景气时它们也可通过减少管理层薪酬等方式尽量不跟劳动者解除劳动关系。从企业社会责任的角度看，保障劳动者的就业，特别是在经济不景气时不跟劳动者解除劳动关系是企业承担社会责任的表现。但显然的是，立法不可能将这种道德责任法律化，因为其不具备强制实施的现实性，"道德义务法律化的前提是该道德义务得到了社会的普遍认同和遵守，如果超越社会理解和接受的限度，对义务主体的接受能力和接受程度不加考虑，势必会导致法律的遵守状况不如人意"。②

相反，软法——如行业协会制定的相关指引、社会机构推出的相关评价——则能够通过倡议引导和舆论压力的方式，引导并敦促企业积极履行社会责任。尤其是作为社会评价方式之一的企业社会责任指数，因为其评价方法相对客观，所以能够更好地帮助社会公众了解企业在社会责任方面的履行情况。在此基础上，通过对排名落后的企业施加舆论压力，转移对其产品或服务的忠诚度，企业将会积极地回应社会责任缺失的状况，并为改善企业社会责任履行状况做出努力。

总而言之，硬法对应的是企业社会责任中的消极责任，也即避免企业行为损害利益相关方的基本权益。为此，需要运用法律强制手段来约束企业，一旦违反相关法律法规，企业便应受到相应的法律制裁。而软法则是对应企业社会责任中的积极责任，也就是提升利益相关方的权益。对于企业而言，

---

① Jacob E. Gersen and Eric A. Posner, "Soft Law: Lessons from Congressional Practice", *Stanford Law Review*, December, 2008, p. 579.

② 蒋建湘：《企业社会责任的法律化》，载《中国法学》，2010 年第 5 期，第 128 页。

即使承认它是社会的经济组织,但也不能否认企业的第一要务是通过诚实的商业行为获得利润。只有在此基础上,企业才能认真对待它的积极责任。而即便是在这种情势下,对于慈善捐赠等伦理责任,我们也终究只能以道德责任的方式来要求企业。换句话说,这是企业"应该做的",而不是企业"必须做的"。我们唯有通过社会引导、舆论压力来间接地推动企业履行积极责任。

二、国外关于企业社会责任的硬法成果

企业社会责任法律化的重要意义,促使各国政府及相关组织纷纷采取行动,推进企业社会责任的法律化进程。其中,就硬法来看,最早出现的是德国在1937年制定的《股份公司法》。该法明确规定:"董事必须追求股东的利益、公司雇员的利益和公共利益。"就总体而言,20世纪上半叶的企业社会责任并未受到太多关注,关于企业社会责任的相关立法也因而相对滞后。唯一有所进展的可能就是企业对劳工的责任方面。譬如,荷兰在1950年颁布了《工厂委员会法》,其中规定"雇员在100人的企业可建立工人理事会。工人理事会由职工选举产生,代表企业职工参与企业决策和管理,维护职工合法权益"。德国则在1951年颁布的《煤钢共同决定法》、1952年颁布的《企业宪法》中规定:"煤炭、钢铁或者具备一定规模的公司,其监事会应由资方代表、劳方代表和'中立的'成员组成,公司的董事会中须有一名'工人委员'(即'劳方董事')"。[①]

到了20世纪下半叶,随着社会对企业社会责任的日益关注,企业社会责任的法律化进程逐渐加速。1983年美国宾夕法尼亚州率先立法,特别授权公司决策层更多考虑股东之外利益相关方的问题。截止至1989年,全美已有25个州出台了类似的法律。其中,康涅狄格州的立法明确要求企业应该更多考虑其他的利益相关方。在美国具有里程碑意义的是美国法律研究所(The

---

① 卢代富:《企业社会责任的经济学与法学分析》,北京:法律出版社,2002年版,第239—241页。

American Law Institute）在 1984 年的《公司治理原则：分析与建议》。该建议第 2.01 条关于"公司的目的与行动"中规定：公司不应仅仅是经济性机构，还应该是社会性机构。① 与此同时，英国在 1986 年的《破产法》中也明确规定："如果公司董事或影子董事知道或应当知道该公司的破产清算不可避免，却继续操纵公司进行交易而不采取积极措施尽量减少债权人的潜在损失，这时所进行的交易为不当交易。在这种情况下，法院有权要求股东认购公司未发行的股份。"②

美国在企业社会责任立法上的重要进展与恶意收购浪潮的兴起有重要的关联。20 世纪 80 年代，美国出现了大量恶意收购的案件。恶意收购者以高价购买被收购公司的股票，实现对被收购公司的控制。在收购之后，虽然大股东或某些高管从中获得利润，但是对收购公司的小股东、职工、债权人以及社区的利益都不能保证。在这一情形下，1983 年开始，美国宾尼法尼亚州首次以制定法的方式特别授权公司董事在公司收购之始，充分考虑股东以外团体的利益。之后，各州竞仿效宾州的做法，这也使美国在 20 世纪中后叶兴起企业社会责任立法以及相关讨论。华盛顿与李大学教授戴维·米伦和华盛顿大学教授米切尔等学者一直在推动构成性法案的出台。③ 在 2003 年，美国 41 个州通过来构成性法案（Constituency Statues），授权管理层将非股东的权益与股东权益同等重要来看待。④ 然而，美国三分之二公司注册的特拉华州却没有

---

① 该草案第 2.01 条规定，商业公司从事商业行为，应以提升公司的利润和股东收益为目标。唯有下述情形之一者，则不问公司利润与股东收益是否因此提升：a) 应与自然人在同一程度内，受法律的约束而为行为；b) 得考虑一般认为适当的伦理因素，以从事负责人的营业行为；c) 得为公共福利、人道主义、教育和慈善目的，捐献合理数目的公司资源。

② 杨力：《企业社会责任的制度化》，载《法学研究》，2014 年第 5 期，第 134 页；蒋建湘：《企业社会责任的法律化》，载《中国法学》，2010 年第 5 期，第 126—127 页。

③ David Millon, "Redefining Corporate Law", *Indiana Law Review*, Vol. 24, 1991, p. 223; Lawrence E. Mitchell, "A Theoretical and Practical Framework for Enforcing Corporate Constituency Statutes", *Texas Law Review*, Vol. 70, 1992, p. 579.

④ Kathleen Hale, "Corporate Law and Stakeholders: Moving Beyond Stakeholder Statutes", *Arizona Law Review*, Vol. 45, 2003, p. 833.

出台构成性法案。①

尽管如此，20世纪下半叶的企业社会责任立法实践仍然主要关注的是债权人、股东、劳工等利益相关方，对于消费者、环境等更广泛意义上的相关方还缺乏关注。因此，到了21世纪，企业社会责任的立法开始关注更广泛的议题。譬如，2006年修订并于2008年实施的《英国公司法》第172条第1款规定："公司董事必须以一种其善意地相信为了其全体成员利益而促进公司成功的方式行事，并且在如此行事时，已经考虑了：（1）任何决策从长远来看可能的后果；（2）公司雇员的利益；（3）培植与供应商、顾客及其他方的商业关系的必要性；（4）公司的运作对社区及环境的影响；（5）通过高标准的商业行为来维持声誉的愿望；（6）在公司成员之间公平行事的必要。"②

三、国内关于企业社会责任的立法现状

相对于西方国家来说，中国的企业社会责任立法起步较晚，但发展迅速。有关企业社会责任的法律条款现已广泛分布在公司法、劳动法、消费者权益保护法、环境保护法、企业所得税法等不同的法律类别中。譬如，《劳动法》第四条规定："用人单位应当依法建立和完善规章制度，保障劳动者享有劳动权利和履行劳动义务。"《消费者权益保护法》第十八条规定："经营者应当保证其提供的商品或者服务符合保障人身、财产安全的要求。对可能危及人身、财产安全的商品和服务，应当向消费者作出真实的说明和明确的警示，并说明和标明正确使用商品或者接受服务的方法以及防止危害发生的方法。宾馆、商场、餐馆、银行、机场、车站、港口、影剧院等经营场所的经营者，应当对消费者尽到安全保障义务。"《环境保护法》第二十五条规定："企业事业单位和其他生产经营者违反法律法规规定排放污染物，造成或者可能造成

---

① Kathleen Hale, "Corporate Law and Stakeholders: Moving Beyond Stakeholder Statutes", *Arizona Law Review*, Vol. 45, 2003, p. 833.

② 罗培新：《我国企业社会责任的司法裁判困境及若干解决思路》，载《法学》，2007年第12期。

严重污染的,县级以上人民政府环境保护主管部门和其他负有环境保护监督管理职责的部门,可以查封、扣押造成污染物排放的设施、设备。"《企业所得税法》第一条规定:"在中华人民共和国境内,企业和其他取得收入的组织(以下统称企业)为企业所得税的纳税人,依照本法的规定缴纳企业所得税"。

而真正明确就企业社会责任立法的则只有《公司法》和《合伙企业法》。2005 年修订的新《公司法》第五条第一款规定:"公司从事经营活动,必须遵守法律、行政法规,遵守社会公德、商业道德,诚实守信,接受政府和社会公众的监督,承担社会责任。"2007 年新修订的《合伙企业法》第七条同样规定:"合伙企业及其合伙人必须遵守法律、行政法规,遵守社会公德、商业道德,承担社会责任。"这是仅有的两次对企业应当承担社会责任的明确规定。也正是因为如此,许多学者提出应设立专门的企业社会责任促进法,以此来更有效地敦促企业履行社会责任。①

从总体上而言,现有的企业社会责任立法过于零散,未能形成较为系统的体系,具有国家强制力支持的制度性供给仍然严重缺乏。而且,除了《公司法》与《合伙企业法》外,其他相关法律都未明确规定企业的社会责任主体地位。因此,通过制定专门的企业社会责任促进法,明晰企业应当履行的义务,确定企业未曾履行义务时所应采取的制裁措施,就会显得至关重要。

四、为什么中国需要一部单独的企业社会责任法?

既然关于企业社会责任的相关条款已经散见在各大法律之中,那么为什么一定要制定一部单独的企业社会责任法律呢?这是国内目前关于反对单独制定企业社会责任法的主要观点。这类反对的声音主要集中在如下几点。

第一,由于西方国家几乎没有或者很少有单独的企业社会责任立法,所以一些专家据此来反对中国对企业社会责任单独立法。这一观点的主要逻辑

---

① 《责任法促:企业社会责任立法热议中》,载《WTO 经济导刊》,2015 年第 3 期,第 21—26 页。

建立在西方法律学习论的基础之上。该观点认为，西方法律是先进的，而中国的立法和司法实践都落后于西方。① 既然西方的先进国家在企业社会责任方面没有单独的立法，那么中国也就不应该进行这一方面的尝试。这一逻辑有其合理性，即看到我国在立法和司法实践上的相对不足。但同时这一观点却是相对静态的，没有以发展的眼光来看待我国的立法和司法实践。因此，整体来看，这一逻辑主要有两点不足：一是没有看到中国社会主义法制建设的成绩。一些法学家均认为中国的社会主义法制体系建设已经完成。中国在一些领域的立法和司法实践已经走在了世界的前列。伴随着中国企业市场活动越来越活跃以及进一步的全球化，因此中国关于公司法的立法实践也需要进一步走到世界的前列。从这一点来看，即便是西方没有相关的立法实践，那么中国也可以进行相关的立法尝试。二是没有看到法律体系的多样性。法律体系不同，法律实践就会千差万别。英美法系往往采用判例作为司法的依据，而大陆法系更偏重立法实践，而作为大陆法系的中国，也会更加强调立法实践。因此，中国在企业社会责任立法方面的尝试，与大陆法系在整体上强调立法的特征是相一致的。

第二，反对意见认为，企业社会责任的内涵已经包含在许多法律之中，所以不建议中国单独制定一部企业社会责任法。这一观点没有看到法律、法条之间的相互交叉性的影响。因为社会生活是极其复杂的，所以某一法律在对某一些内容进行规制时只能从某一领域出发标示出相关内容。例如，企业社会责任涉及环境保护问题，而这一问题在环境保护的相关立法中已有规定。同时企业社会责任还涉及劳工问题，而关于劳工问题也出现在《劳动法》等相关法律之中。因此，就出现了针对企业社会责任不同角度的相关立法。企业社会责任的相关内涵确实散落在不同的法律和条文之中，同时这些法条之间的契合度不高。因为，这些法条都与其部门法的整个立法结构相一致的。就企业社会责任而言，这些法条之间并无逻辑性的关联。或者说是相互呼应等问题。由于企业社会责任对中国企业的重要性越来越显著，因此，有必要

---

① 譬如，何勤华教授的《法律发达史》的潜在含义是西方国家的法律比较发达。

单独制定一部法律以对散落在不同法律之间的条文进行整体性的协调。这一点也是符合中国立法实践的。在中国的立法实践中，如果某一领域的问题非常重要，那么，单独就这一重要问题进行立法，也是较为常见的立法活动。

第三，反对观点认为，企业社会责任的立法会加重企业的负担，所以不建议中国就企业社会责任立法。这一观点看到将来企业社会责任立法有可能会对企业形成强制性的负担。这一点其更多基于西方契约主义或者说是自由主义的观点。这一观点也有其一定的积极意义。因为，如果企业的负担过重，企业的生存和发展就会成为一个重要的问题，那么最终就会影响到公司法的整个法律结构。如果一部企业社会责任的立法把公司的积极性和相对自由的空间完全挤压掉，那么这样的法律也是不符合经济和法律规律的。对这一问题的回应，笔者将在后文重点展开。鉴于这一点，笔者更为强调企业社会责任的立法应该是促进法。即在默认规则和强制规则之间推动企业履行社会责任。并且，笔者强调以企业的规模和经济状况进行分类，从而对企业履行社会责任进行分类治理。

以上主要是对企业社会责任立法的反对观点进行总结和回应。下文将主要围绕单独立法的必要性和紧迫性进行正面的解释。整体来看，要对企业社会责任进行单独立法的支持性观点，有如下几点。

第一，中国国企本身就具有很强的社会性质，或者中国本身就具有很强的企业社会责任传统。企业社会责任是西方传入的概念，但是中国企业特别是大型国企在计划经济时代就一直有较强的社会观念。并且，人们对大型企业的理解也不太像西方那样，而是赋予其在国家中重要的社会性角色。中国国企的传统就是企业办社会，这与企业社会责任的内涵是一致的。尽管改革开放以来，企业的市场化经常在不断推进，企业作为市场主体的性质在不断强化，然而央企和大型国企在国计民生领域仍然发挥着重要的社会功能。或者说，这些企业的性质不完全是市场主体，其在公共物品和公共服务的提供上都具有重要的角色。这是为什么中国在引入企业社会责任的概念之后，许多央企和国企都拥抱企业社会责任的根本原因。弗里德曼也曾讨论过，企业社会责任这一概念具有很强的社会主义性质。这也就是说，企业社会责任与社会主义是亲缘的。既然中国有长期企业社会责任的传统，那么就这一内容进行单独立法就具有很强的合法性。

第二，企业社会责任对于中国企业的成长和全球化具有重要意义。目前中国已经到了一个需要认真考虑社会责任的重要时刻。之前中国的企业更多考虑生存和发展问题，社会对企业的定位和理解都比较宽松。然而，近年来中国消费者对企业社会责任的理解越来越强烈。2016年有两大事件可能对企业社会责任有重要意义。一是魏则西事件。百度因为考虑公司股东的利益，而用广告收入来对搜索结果进行排名。这件事情之所以爆发，是因为公众把在百度中的搜索行为看成公共行为。或者说，公众把搜索结果看成是一个类似于政府公共行为的公共物品，对其添加了信任，所以当百度把搜索结果与市场行为联系在一起时，公众认为百度背叛了他们的信任。这一事件表明，目前中国的企业已经到了需要通盘来考虑企业社会责任的时候了。另一个事件是宝能事件。宝能作为野蛮人收购万科，这样的敌意收购如果在西方发生，往往会引发重要的群体性事件。因为敌意收购涉及一系列利益相关方的利益需要协调和解决。西方在20世纪八九十年代出现的关于企业社会责任的讨论与敌意收购密切相关。这一点可以从米伦等人的文献中找到佐证。尽管这一事件的长期效应还没有体现出来，但是敌意收购在未来中国会越来越常见和普遍。

中国的企业越来越全球化，这也促使其更多考虑企业社会责任的问题。因为企业社会责任是一个在西方广泛接受的议题，如果一个公司希望在国际竞争中获得有利的地位，它必须慎重地考虑这一问题，并反映在公司的经营活动之中。中国企业如果希望成为世界一流的企业，就需要自我规制，主动接受国际上的那些企业社会责任标准。同时，中国希望中国企业可以更加国际化，那么立法就成为重要的国家推动行为。通过立法来为企业背书，从而促使企业的国际化，这是中国强调企业社会责任立法的一个基本出发点。

五、中国企业社会责任立法的性质及其原则

鉴于目前中国企业社会责任的相关法律条款分布过于零散，笔者认为首

先应当专门制定一部中国企业社会责任促进法。尽管有些学者指出，应以《公司法》为核心，通过将分散四处的相关法律条款统和进《公司法》中，从而形成一个关于企业社会责任的完备法规体系。① 但在笔者看来，《公司法》自成体系，且已有 218 条，再增添企业社会责任的内容可能会导致《公司法》过于庞杂。相反，通过对国内目前有关企业社会责任的法律条款进行梳理、整合，形成一部专门的企业社会责任促进法，似乎更能有效地推进企业履行社会责任。企业社会责任促进法要体现促进法和强制法的辩证统一。法律首先是强制法，否则法律的效力和意义将大打折扣。同时，企业社会责任的履行非常复杂，因此需要将这一法律的性质确定为促进法，这样可以更为有效地推动企业社会责任的履行，同时又不会给企业增加太多的负担。

　　其次，针对企业社会责任促进法的具体范围，笔者认为可以从自我责任、行业责任、社区责任出发，具体设置关于债权人权益、股东权益、劳动者权益、消费者权益、信息披露、公平运营、环境保护、慈善公益、财政贡献等九个方面的内容。并且，就这九个方面来说，现有的国内法律体系已经有诸多涉及企业社会责任的法律条款，我们完全可以将它们整合进企业社会责任促进法当中。譬如，关于债权人权益，《公司法》的第二十条、第一百八十六条，《破产法》的第四十条均可以直接引用。关于股东权益，《公司法》的第四条、第三十四条、第三十五条可以引进。关于劳动者权益，《公司法》的第五条、第二十五条、第二十六条、第二十九条、第三十八条、第四十条、第五十二条、第五十四条、第五十六条、第六十八条、第七十六条，《中华人民共和国工会法》的第十二条都可以引入。关于消费者权益，《消费者权益保护法》的第十六条、第十七条、第十八条、第十九条、第二十条、第二十一条、第二十二条、第二十三条、第二十九条可以利用。关于信息披露，《上市公司信息披露管理办法》的第二条、第三条、第三十七条可以使用。关于公平运营，《反不正当竞争法》的第二条、第五条、第九条、第十条、第十一条、第十二条、第十三条、第十四条可以运用。关于环境保护，《中华人民共和国环境保护

---

① 孟繁超、石求端：《企业社会责任的法律解读》，载《企业改革与管理》，2006 年第 10 期。

法》第六条、第四十条、第四十二条、第四十三条、第四十七条都可以采用。关于慈善公益，《企业所得税法》的第九条可以引进。关于财政贡献，《企业所得税法》的第四条、第五条、第八条，第十一条、第十二条等都可以利用。

就企业社会责任促进法来说，不仅要有强制性条款而且还应该有鼓励性条款。因为其中关于债权人、股东等方面的内容可以明确规定相应的法律责任，但关于慈善公益则只能够设定提倡性的法律规范。"企业若违反提倡性法律规范，并不会导致法律责任的产生；相反，若遵守此类规范，将获得政府许诺的各种利益，如税收优惠、资金扶持等等"。① 正如《企业所得税法》的规定："企业发生的公益性捐赠支出，在年度利润总额12%以内的部分，准予在计算应纳税所得额时扣除。"当然，其他方面也可以设置相应的提倡性法律规范。

再次，针对不同规模的企业，应当设定不同的责任要求。当然，这并不意味着有的企业可以不遵守企业社会责任促进法的相关规定。相反，它只是要求在制定企业社会责任促进法时，对规模达到一定程度的企业进行更高程度的要求。譬如，按照《企业规模划分标准》确定的小微企业（对应生存型企业），我们仅需要求它发布相应的年度报告、中期报告和季度报告即可；而对中型企业（对应发展型企业），除了上述要求之外，还应要求它发布符合相应规范的社会责任报告；对于大型企业（对应社会型企业），则可追加要求其将营业收入的特定比例（如1%）用于企业社会责任的相关活动。

最后，配合企业社会责任促进法的制定，中国还应建立经济公益诉讼制度。所谓经济公益诉讼制度，是指被诉行为使得社会经济公共利益遭受侵害（如环境公害、消费者权益损害），因此由公民或团体向法院提起诉讼，以此来维护社会经济公益。需要注意的是，企业社会责任的未能履行——如空气污染——并不必然直接侵害特定个人的权益，但依然会危及社会性的经济公益。在此情况下，需要通过经济公益诉讼制度来对未能履行社会责任的企业追责。这样才能确保社会公共利益受到保护，同时促进企业严格履行社会责任。

---

① 蒋建湘：《企业社会责任的法律化》，载《中国法学》，2010年第5期。

六、结　论

依照构建的企业社会责任四层次理论，笔者在立法建议中将会依照自我责任、行业责任、社区责任、国家责任四个方面进行准备。具体将会从债权人权益、股东权益、劳动者权益、消费者权益、信息披露、公平运营、环境保护、慈善公益、财政贡献九个角度出发来进行立法建议。这样一来，企业应当履行的社会责任将都会包括在内。而针对处在不同阶段的企业，立法建议也会对此加以区别。

企业社会责任促进法的立法实践要强调如下几点内容：第一，要处理好强制与引导之间的关系。一部法律如果没有足够的强制性，那么其法律意义就会丧失。但同时，如果这部企业社会责任立法有过多的强制性，那么其则可能会损伤企业的积极性和主动性。因此，企业社会责任促进法就要在强制与引导之间来发挥作用。第二，这部法律的强制条款应更多集中在负面清单与信息公开等内容上，负面清单可以标示出一些企业在社会责任中绝对不应该做的事情。例如，使用童工、有严重的污染行为等。信息公开也是企业未来生存中一个重要的要求，当然对不同规模和类型的企业信息公开的要求也应该不同。第三，规模分类原则。企业社会责任促进法应该对不同规模的企业提出不同责任的社会要求。这也是符合经济活动的规律的。大型的企业与社会的关联度更高，其行为对国计民生有一定的影响，因此，对其监管和责任的要求就要高于那些尚处于生存边缘的小微企业，这也是符合社会实践的。当然，如何对规模进行界定则是一个在操作过程中的一个重要问题和难点问题。

第四章　企业社会责任促进法草案

在本章需要指出的是，企业社会责任促进法草案是笔者结合我国相关立法而梳理的一个草案，尽管还有很多不成熟的地方，但还是将其放在本书中，希望能对我国未来的企业社会责任立法有所助益。

《中华人民共和国企业社会责任促进法》

目　录

第一章　总　则

第二章　债权人权益

第三章　股东权益

第四章　劳动者权益

第五章　消费者权益

第六章　信息披露

第七章　公平运营

第八章　环境保护

第九章　慈善公益

第十章　财政贡献

第十一章　法律责任

附　则

第一章 总 则

第一条 为了规范企业社会责任,保护劳动者、股东、消费者和债权人的合法权益,维护社会秩序,为企业践行社会责任提供法律保障,制定本法。

第二条 本法所称企业社会责任,是指企业对职工、债权人、消费者、社区等利益相关者以及为促进社会与环境可持续发展所应承担的义务。

第三条 企业是企业法人,有独立的法人财产,享有法人财产权。企业以其全部财产对企业的债务承担责任。(引自《公司法》第三条)

第四条 企业从事经营活动,必须遵守法律、行政法规,遵守社会公德、商业道德,诚实守信,接受政府和社会公众的监督,承担社会责任。

企业的合法权益受法律保护,不受侵犯。(引自《公司法》第五条)

第五条 企业必须保护职工的合法权益,依法与职工签订劳动合同,参加社会保险,加强劳动保护,实现安全生产。

企业应当采用多种形式,加强公司职工的职业教育和岗位培训,提高职工素质。(引自《公司法》第十七条)

第二章 债权人权益

第六条 企业应规范经营行为,加强关联交易管理,保障债权人权益。

第七条 企业股东滥用企业法人独立地位和股东有限责任,逃避债务,严重损害企业债权人利益的,应当对企业债务承担连带责任。(引自《公司法》第二十条)

第八条 企业解散时,所成立清算组应当自成立之日起十日内通知债权人,并于六十日内在报纸上公告。债权人应当自接到通知书之日起三十日内,未接到通知书的自公告之日起四十五日内,向清算组申报其债权。

债权人申报债权,应当说明债权的有关事项,并提供证明材料。清算组应当对债权进行登记。

在申报债权期间，清算组不得对债权人进行清偿。（引自《公司法》第一百八十六条）

第九条 债权人在破产申请受理前对债务人负有债务的，可以向管理人主张抵销。但是，有下列情形之一的，不得抵销：

（一）债务人的债务人在破产申请受理后取得他人对债务人的债权的；

（二）债权人已知债务人有不能清偿到期债务或者破产申请的事实，对债务人负担债务的；但是，债权人因为法律规定或者有破产申请一年前所发生的原因而负担债务的除外；

（三）债务人的债务人已知债务人有不能清偿到期债务或者破产申请的事实，对债务人取得债权的；但是，债务人的债务人因为法律规定或者有破产申请一年前所发生的原因而取得债权的除外。（引自《破产法》第四十条）

第三章　股东权益

第十条 企业股东依法享有资产收益、参与重大决策和选择管理者等权利。（引自《公司法》第四条）

第十一条 股东有权查阅、复制企业章程、股东会会议记录、董事会会议决议、监事会会议决议和财务会计报告。

股东可以要求查阅企业会计账簿。股东要求查阅企业会计账簿的，应当向企业提出书面请求，说明目的。企业有合理根据认为股东查阅会计账簿有不正当目的，可能损害企业合法利益的，可以拒绝提供查阅，并应当自股东提出书面请求之日起十五日内书面答复股东并说明理由。企业拒绝提供查阅的，股东可以请求人民法院要求企业提供查阅。（引自《公司法》第三十四条）

第十二条 股东按照实缴的出资比例分取红利；企业新增资本时，股东有权优先按照实缴的出资比例认缴出资。但是，全体股东约定不按照出资比例分取红利或者不按照出资比例优先认缴出资的除外。（引自《公司法》第三十五条）

第四章 劳动者权益

第十三条 企业应构建合理的激励约束机制，保障职工各项权益，促进职工全面发展，为职工创造价值。

第十四条 企业应当依法建立和完善规章制度，保障职工享有劳动权利和履行劳动义务。

第十五条 企业必须保护职工的合法权益，依法与职工签订劳动合同，参加社会保险，加强劳动保护，实现安全生产。

企业应当采用多种形式，加强企业职工的职业教育和岗位培训，提高职工素质。（引自《公司法》第五条）

企业不得使用童工。任何单位或个人与童工签订的劳动合同均为无效合同。

第十六条 职工有下列情形之一的，企业可以解除劳动合同：

（一）在试用期间被证明不符合录用条件的；

（二）严重违反劳动纪律或者企业规章制度的；

（三）严重失职，营私舞弊，对企业利益造成重大损害的；

（四）被依法追究刑事责任的。（引自《劳动法》第二十五条）

第十七条 有下列情形之一的，企业可以解除劳动合同，但是应当提前三十日以书面形式通知职工本人：

（一）职工患病或者非因工负伤，医疗期满后，不能从事原工作也不能从事由企业另行安排的工作的；

（二）职工不能胜任工作，经过培训或者调整工作岗位，仍不能胜任工作的；

（三）劳动合同订立时所依据的客观情况发生重大变化，致使原劳动合同无法履行，经当事人协商不能就变更劳动合同达成协议的。（引自《劳动法》第二十六条）

第十八条 企业濒临破产进行法定整顿期间或者生产经营状况发生严重

困难,确需裁减人员的,应当提前三十日向工会或者全体职工说明情况,听取工会或者职工的意见,经向劳动行政部门报告后,可以裁减人员。

企业依据本条规定裁减人员,在六个月内录用人员的,应当优先录用被裁减的人员。(引自《中华人民共和国工会法》第十二条)

第十九条 企业解除劳动合同的,应当依照国家有关规定给予经济补偿。(引自《劳动合同法》第四十六条)

第二十条 职工有下列情形之一的,企业不得解除劳动合同:

(一)患职业病或者因工负伤并被确认丧失或者部分丧失劳动能力的;

(二)患病或者负伤,在规定的医疗期内的;

(三)女职工在孕期、产期、哺乳期内的;

(四)法律、行政法规规定的其他情形。(引自《劳动法》第二十九条)

第二十一条 企业应当保证职工每周至少休息一日。(引自《劳动法》第三十八条)

第二十二条 企业在下列节日期间应当依法安排职工休假:

(一)元旦;

(二)春节;

(三)国际劳动节;

(四)国庆节;

(五)法律、法规规定的其他休假节日。(引自《劳动法》第四十条)

第二十三条 企业不得违反本法规定延长职工的工作时间。(引自《劳动法》第四十三条)

第二十四条 企业必须建立、健全劳动安全卫生制度,严格执行国家劳动安全卫生规程和标准,对职工进行劳动安全卫生教育,防止劳动过程中的事故,减少职业危害。(引自《劳动法》第五十二条)

第二十五条 企业必须为职工提供符合国家规定的劳动安全卫生条件和必要的劳动防护用品,对从事有职业危害作业的职工应当定期进行健康检查。(引自《劳动法》第五十四条)

第二十六条 职工对企业管理人员违章指挥、强令冒险作业,有权拒绝

执行；对危害生命安全和身体健康的行为，有权提出批评、检举和控告。（引自《劳动法》第五十六条）

第二十七条 企业应当建立职业培训制度，按照国家规定提取和使用职业培训经费，根据本单位实际，有计划地对职工进行职业培训。（引自《劳动法》第六十八条）

第二十八条 企业应当创造条件，改善集体福利，提高职工的福利待遇。（引自《劳动法》第七十六条）

第五章 消费者权益

第二十九条 企业应充分保障消费者的权益，提升服务质量，为消费者创造价值。（引自《消费者权益保护法》第二十三条）

第三十条 企业向消费者提供商品或者服务，应当恪守社会公德，诚信经营，保障消费者的合法权益；不得设定不公平、不合理的交易条件，不得强制交易。（引自《消费者权益保护法》第十六条）

第三十一条 企业应当听取消费者对其提供的商品或者服务的意见，接受消费者的监督。（引自《消费者权益保护法》第十七条）

第三十二条 企业应当保证其提供的商品或者服务符合保障人身、财产安全的要求。对可能危及人身、财产安全的商品和服务，应当向消费者作出真实的说明和明确的警示，并说明和标明正确使用商品或者接受服务的方法以及防止危害发生的方法。（引自《消费者权益保护法》第十八条）

第三十三条 企业发现其提供的商品或者服务存在缺陷，有危及人身、财产安全危险的，应当立即向有关行政部门报告和告知消费者，并采取停止销售、警示、召回、无害化处理、销毁、停止生产或者服务等措施。采取召回措施的，经营者应当承担消费者因商品被召回支出的必要费用。（引自《消费者权益保护法》第十九条）

第三十四条 企业向消费者提供有关商品或者服务的质量、性能、用途、有效期限等信息，应当真实、全面，不得作虚假或者引人误解的宣传。

企业对消费者就其提供的商品或者服务的质量和使用方法等问题提出的询问，应当作出真实、明确的答复。

企业提供商品或者服务应当明码标价。（引自《消费者权益保护法》第二十条）

第三十五条 企业应当标明其真实名称和标记。（引自《消费者权益保护法》第二十一条）

第三十六条 企业提供商品或者服务，应当按照国家有关规定或者商业惯例向消费者出具发票等购货凭证或者服务单据；消费者索要发票等购货凭证或者服务单据的，经营者必须出具。（引自《消费者权益保护法》第二十二条）

第三十七条 企业应当保证在正常使用商品或者接受服务的情况下其提供的商品或者服务应当具有的质量、性能、用途和有效期限；但消费者在购买该商品或者接受该服务前已经知道其存在瑕疵，且存在该瑕疵不违反法律强制性规定的除外。

企业以广告、产品说明、实物样品或者其他方式表明商品或者服务的质量状况的，应当保证其提供的商品或者服务的实际质量与表明的质量状况相符。（引自《消费者权益保护法》第二十三条）

第三十八条 企业收集、使用消费者个人信息，应当遵循合法、正当、必要的原则，明示收集、使用信息的目的、方式和范围，并经消费者同意。企业收集、使用消费者个人信息，应当公开其收集、使用规则，不得违反法律、法规的规定和双方的约定收集、使用信息。

企业及其工作人员对收集的消费者个人信息必须严格保密，不得泄露、出售或者非法向他人提供。企业应当采取技术措施和其他必要措施，确保信息安全，防止消费者个人信息泄露、丢失。在发生或者可能发生信息泄露、丢失的情况时，应当立即采取补救措施。（引自《消费者权益保护法》第二十九条）

第六章　信息披露

第三十九条 企业应当真实、准确、完整、及时地披露信息，不得有虚假记载、误导性陈述或者重大遗漏。

企业应当同时向所有投资者公开披露信息。

在境内、外市场发行证券及其衍生品种并上市的企业在境外市场披露的信息，应当同时在境内市场披露。（引自《上市公司信息披露管理办法》第二条）

第四十条　企业的董事、监事、高级管理人员应当忠实、勤勉地履行职责，保证披露信息的真实、准确、完整、及时、公平。（引自《上市公司信息披露管理办法》第三条）

第四十一条　企业的营业收入在300万元以上，2000万元以下的，员工人数在20人以上，300人以下的，必须发布相应的年度报告、中期报告和季度报告；营业收入在1000万元以上，5000万元以下，或员工人数在2000人以上，10000人以下的企业，还必须发布社会责任报告；营业收入在5000万元以上，员工人数在40000人以上，除了上述要求外，还必须将营业收入的1%用于企业社会责任的相关活动。

第四十二条　企业应当制定信息披露事务管理制度。信息披露事务管理制度应当包括：

（一）明确企业应当披露的信息，确定披露标准；

（二）未公开信息的传递、审核、披露流程；

（三）信息披露事务管理部门及其负责人在信息披露中的职责；

（四）董事和董事会、监事和监事会、高级管理人员等的报告、审议和披露的职责；

（五）董事、监事、高级管理人员履行职责的记录和保管制度；

（六）未公开信息的保密措施，内幕信息知情人的范围和保密责任；

（七）财务管理和会计核算的内部控制及监督机制；

（八）对外发布信息的申请、审核、发布流程；与投资者、证券服务机构、媒体等的信息沟通与制度；

（九）信息披露相关文件、资料的档案管理；

（十）涉及子公司的信息披露事务管理和报告制度；

（十一）未按规定披露信息的责任追究机制，对违反规定人员的处理措施。[引自《上市公司信息披露管理办法》（下）第三十七条]

第七章　公平运营

第四十三条　企业应当遵循自愿、平等、公平、诚实信用的原则，遵守公认的商业道德，公平运营。不得损害其他经营者合法权益，扰乱社会经济秩序。（引自《反不正当竞争法》第二条）

第四十四条　企业不得采用下列不正当手段从事市场交易，损害竞争对手：

（一）假冒他人的注册商标；

（二）擅自使用知名商品特有的名称、包装、装潢，或者使用与知名商品近似的名称、包装、装潢，造成和他人的知名商品相混淆，使购买者误认为是该知名商品；

（三）擅自使用他人的企业名称或者姓名，引人误认为是他人的商品；

（四）在商品上伪造或者冒用认证标志、名优标志等质量标志，伪造产地，对商品质量作引人误解的虚假表示。（引自《反不正当竞争法》第五条）

第四十五条　企业不得采用财物或者其他手段进行贿赂以销售或者购买商品。在账外暗中给予对方单位或者个人回扣的，以行贿论处；对方单位或者个人在账外暗中收受回扣的，以受贿论处。经营者销售或者购买商品，可以以明示方式给对方折扣，可以给中间人佣金。企业给对方折扣、给中间人佣金的，必须如实入账。接受折扣、佣金的经营者必须如实入账。（引自《反不正当竞争法》第八条）

第四十六条　企业不得利用广告或者其他方法，对商品的质量、制作成分、性能、用途、生产者、有效期限、产地等作引人误解的虚假宣传。（引自《反不正当竞争法》第九条）

第四十七条　企业不得采用下列手段侵犯商业秘密：

（一）以盗窃、利诱、胁迫或者其他不正当手段获取权利人的商业秘密；

（二）披露、使用或者允许他人使用以前项手段获取权利人的商业秘密；

（三）违反约定或者违反权利人有关保守商业秘密的要求，披露、使用或者允许他人使用其所掌握的商业秘密。第三人明知或者应知前款所列违法行为，获取、使用或者披露他人的商业秘密，视为侵犯商业秘密。本条所称的商业秘密，是指不为公众所知悉、能为权利人带来经济利益、具有实用性并经权利人采取保密措施的技术信息和经营信息。（引自《反不正当竞争法》第十条）

第四十八条　企业不得以排挤对手为目的，以低于成本的价格销售商品。有下列情形之一的，不属于不正当行为：

（一）销售鲜活商品；

（二）处理有效期限即将到期的商品或者其他积压的商品；

（三）季节性降价；

（四）因清偿债务、转产、歇业降价销售商品。（引自《反不正当竞争法》第十一条）

第四十九条　企业销售商品，不得违背购买者的意愿搭售商品或者附加其他不合理的条件。（引自《反不正当竞争法》第十二条）

第五十条　企业不得从事下列有奖销售：

（一）采用谎称有奖或者故意让内定人员中奖的欺骗方式进行有奖销售；

（二）利用有奖销售的手段推销质次价高的商品；

（三）抽奖式的有奖销售，最高奖的金额超过五千元。（引自《反不正当竞争法》第十三条）

第五十一条　企业不得捏造、散布虚假信息，损害竞争对手的商业信誉、商品声誉。（引自《反不正当竞争法》第十四条）

第八章　环境保护

第五十二条　企业应确保符合法律法规和环保政策的要求，优化资源配置，支持环境的可持续发展。

第五十三条　企业应当防止、减少环境污染和生态破坏,对所造成的损害依法承担责任。(引自《中华人民共和国环境保护法》第六条)

第五十四条　企业应当优先使用清洁能源,采用资源利用率高、污染物排放量少的工艺、设备以及废弃物综合利用技术和污染物无害化处理技术,减少污染物的产生。(引自《中华人民共和国环境保护法》第四十条)

第五十五条　排放污染物的企业,应当采取措施,防治在生产建设或者其他活动中产生的废气、废水、废渣、医疗废物、粉尘、恶臭气体、放射性物质以及噪声、振动、光辐射、电磁辐射等对环境的污染和危害。

排放污染物的企业,应当建立环境保护责任制度,明确单位负责人和相关人员的责任。(引自《中华人民共和国环境保护法》第四十二条)

第五十六条　排放污染物的企业,应当按照国家有关规定缴纳排污费。排污费应当全部专项用于环境污染防治,任何单位和个人不得截留、挤占或者挪作他用。(引自《中华人民共和国环境保护法》第四十三条)

第五十七条　企业事业单位应当按照国家有关规定制定突发环境事件应急预案,报环境保护主管部门和有关部门备案。在发生或者可能发生突发环境事件时,企业事业单位应当立即采取措施处理,及时通报可能受到危害的单位和居民,并向环境保护主管部门和有关部门报告。(引自《中华人民共和国环境保护法》第四十七条)

第九章　慈善公益

第五十八条　企业应支持社会发展,热心慈善捐赠、志愿者活动,积极投身社会公益活动,努力为社会和谐、社会进步贡献力量。

第十章　财政贡献

第五十九条　企业应当就其来源于中国境内、境外的所得缴纳企业所得税。

第十一章 法律责任

附 则

第六十条 省、自治区、直辖市可以根据本地区企业的情况,制定有关实施办法。

第六十一条 本法自发布之日起施行。

第三部分 | 企业社会责任的软法之治

第五章 企业社会责任评估及其指数化

自 2006 年新版《公司法》特别强调企业应"承担社会责任"以来，中国企业已经逐渐意识到履行社会责任的重要意义。而其中的一个表现就在于：定期发布社会责任报告的企业正在逐年增多。2015 年，中国境内共发布 1601 份社会责任报告。相较于企业社会责任元年（2006 年）的三十多份企业社会责任报告，其增长已近 50 倍。而且，就通常被等同于企业社会责任的慈善公益来说，2014 年，中国公益捐赠总额为 989.42 亿元，企业法人的捐赠约占我国年度捐赠总额的 69.67%，所占比重比 2013 年增加 11.63%，企业成为我国公益捐赠的绝对主体。

尽管如此，企业社会责任并不让人放心。2014 年上海福喜食品有限公司的"过期肉"事件，2014 年湖南的桃源铝厂污染事件，2015 年湖北荆州的电梯致人死亡事故，都在很大程度上损害了民众对企业的总体信任程度。在他们看来，企业终究是一个为了实现利润最大化，可以无视社会公众利益的组织。有鉴于此，中央和地方政府、各行业协会制定了一系列的法律和指引，以此来推动企业树立责任履行意识，改善企业的社会责任履行状况。

一、企业社会责任评估的意义

上述的"法律和指引"其实代表了推动企业改善社会责任履行状况的两种方式，前者指的是企业社会责任的"硬法"路径，后者指的是企业社会责任的"软法"路径。"硬法"意味着由政府创制关于企业社会责任的规范体系,并依靠国家强制力来保障实施。而"软法"意味着由多主体来制定针对企业社会责任的规范体系。这一规范体系将会依靠社会力量,而不是国家强制力来保障实施。"硬法"路径有助于增强对企业社会责任的硬性规定和刚性约束,从而遏制企业仅追求利润而忽视社会公益。"软法"路径则是经由舆论指引、利益诱导和社会压力,推动企业能够更加积极地投入到社会公益当中。

企业社会责任的"硬法"路径之所以重要,是因为企业社会责任包括企业的消极责任,如避免侵害员工权利、保证产品质量安全、防止生态环境破坏等。换句话说,企业有责任避免因其行为而损害利益相关者的权益。而且,因为这种侵害直接涉及他者利益,所以国家有权介入进行干预。而其中很重要的一种干预手段就是进行立法。通过明确相关的规范体系,预防企业侵犯利益相关者的权益,并在侵害真实发生的情况下能够采取救济措施。不同于"软法"路径,由于针对的是企业的外部效应,且又关乎他人利益,所以企业社会责任的"硬法"路径将会直接借助国家强制力的支持,来敦促企业履行相应社会责任。

而"软法"路径则无需通过将道德责任法律化,来借助国家强制力的作用。相反,它是试图使道德责任"社会化",通过引进社会公众的力量——如舆论压力,来引导并敦促企业积极履行社会责任。就其具体内容来看,广义的软法不仅包括正式的立法:如提倡性法律规范中的软法;义务性法律规范中的软法;还包括相关的行为准则及依此进行的评估:如行业协会、国际组织制定的企业社会责任指引;第三方机构对企业社会责任履行情况进行的评估,其中,正式的立法以及相关行为准则能够起到指导和提倡的作用;而第三方评估则是起到在后督促的作用。

企业社会责任的"软法"路径虽然以一种相对灵活的方式敦促企业承担社会责任,并因而获得了法学家们的广泛认可,但也正是它的"灵活"性质,使得企业在社会责任履行过程中占据了主导位置。换句话说,即便违反相应的软法,企业也无需承担任何法律责任。而"基督教援助"(Christian Aid)和"地球之友"(Friends of the Earth)的报告显示,仅仅依靠企业的"自觉自愿"是根本靠不住的。与此同时，就软法成果来说，它也无力强制推进企业履行社会责任。以《全球契约》为例，除了缺乏一个强有力的执行机制外，对于加入的企业，它未曾提供必须达成的相关标准。并且，针对成员企业的投诉，《全球契约》也没有建立相应的处理机制。

然而，"软法"并非完全没有力量可以依靠。如果说"硬法"倚仗的是国家强制力的话，那么"软法"依靠的则是社会舆论的压力。"软法"不仅起着在前引导的作用，并且还可发挥在后督促的功效。而其机制就是借助社会舆论的力量。也就是说，通过将企业社会责任履行状况较差的企业暴露在社会公众面前，借助公众对企业的言辞谴责和忠诚转移（如不再购买其产品或服务），从而对企业施加压力，迫使企业提高社会责任履行意愿。而这正是企业社会责任评估所能实现的功效。而且，相对于单纯地依靠新闻曝光企业社会责任履行状况较差的企业，企业社会责任评估可以相对客观、全面地反映企业责任履行的整体情况，避免过分地关注企业社会责任的某一方面而忽视其他方面。

二、国外的企业社会责任评估

在阿道夫·伯利（Adolf A. Berle）与梅里克·多德（Merrick Dodd）、伯利与亨利·曼尼（Henry Manne）关于"企业是否应当履行社会责任"的两次大争论之后，企业应当履行社会责任逐渐成为西方社会的普遍共识。但如何评价企业社会责任履行状况却颇为复杂。人们最早采用的评价方法是通过知情人士（如企业职员、商学院学生）对企业社会责任履行状况进行打分，以此来把握企业的履责情况。但这一方法的问题在于主观性太强。此后，企业社会责任评估转向两个方面：一方面，是通过更为科学地编制调查问卷，对更多的知情人士进行问卷调查；另一方面，是借助企业发表的相关报告（如企业年度报告、企业社会责任报告等）来进行更为客观地评判。前一方法仍然不能完全保证评价结果的客观性，后一方法则是过分依赖企业报告的质量。而企业在披露负面信息时通常具有惰性。此后，人们开始设计各种企业社会责任指数，试图通过较为全面的指标体系，更加客观的数据来源以解决评价的主观性问题。下文先就国外有关企业社会责任的典型评价方式进行具体分析。

第一，《财富》企业声誉排名。这一排名由《财富》杂志在1982年创立。该排名从企业经济表现（财务稳健程度、长期投资价值、资产使用情况、企业管理质量）和社会责任履行状况（产品服务和质量、创新、人才吸引与培养、社区与环境责任）两个角度出发，由了解情况的企业高层管理者、公司外部董事和专业分析师进行打分，以此衡量企业社会责任履行状况的优劣。相较于早期的企业声誉评级，《财富》企业声誉排名的评价标准更为全面；评价范围更加广泛；评价人员更能了解企业社会责任的实际履行状况；评价结果也因此更为全面和准确。尽管如此，《财富》企业声誉排名仍因评价的主观性而遭人诟病。并且，由于经济指标占比过大，该排名在反映企业社会责任履行状况时无法完全发挥功效。

第二，慷慨指数。20世纪80年代末，美国公共管理协会推出了"慷慨指数"。该指数依照企业的捐赠额及其占税前利润的比重来评价企业的"慷慨"程度。相对于《财富》企业声誉排名那样的主观评价方式，该方法因为借助客观数据而显得更为准确。但问题在于，慷慨指数至多只能反映企业在履行某一社会责任方面的成就，而难以全面衡量企业的履责状况。

第三，RADP模型。这一模型是由多伦多大学教授麦克斯·克拉克森（Max Clarkson）开发。克拉克森依照首要利益相关者（如股东和投资者、员工、顾客、供应商等）和次级利益相关者（如媒体、特殊利益集团等）分别设置不同的评价指标，而后根据企业的不同得分将其纳入"对抗型"（Reactive，否定责任）、"防御型"（Defensive，承认责任但拒绝履行）、"适应型"（Accommodative，接受责任）和"主动型"（Proactive，期待责任）四个量级。该模型的优势在于评价标准较为详尽，能够全面地反映企业社会责任的履行状况。然而，庞杂的指标体系增加了该模型在实践中的应用难度。并且，这一模型仍然只是停留在纸面上。我们未曾发现克拉克森或是其他研究者依照该模型进行过实际调查和评级。此模型的实际效用令人担忧。

第四，KLD 指数。这一指数由 KLD 公司的社会研究部门创立于 1990 年。它包括两类指标：一类是直接关联利益相关者的指标，包括多样化、社区关系、环境保护、员工关系、产品质量与安全；一类是与社会关注焦点有关的指标，包括军火问题、原子能问题和南非业务问题，此后又增加了非美国问题和其他问题两个指标。依照该指标体系，KLD 公司派驻了大量的专业人员前往企业所在地区搜集相关数据并进行打分评级。作为应用最为广泛的企业社会责任指数，KLD 指数的主要优点在于：第一，评价指标和工具的标准化，加上作为第三方机构的独立性，保证了评价结果的相对客观；第二，评价结果的连年累积，使得研究者们可以充分利用数据进行相关研究。但需注意的是，该指数设置的"其他正面信息"（Other Strength）和"其他负面关注"（Other Concern）两个指标存在一定的模糊性，影响了评价结果的客观性。

第五，道琼斯可持续发展指数。1999 年，道琼斯公司联合斯托克斯公司和可持续资产管理公司共同推出了道琼斯可持续发展指数。该指数将企业的社会责任履行情况与可投资性联系在一起，引导企业切实履行社会责任。与此同时，这一指数区分了通用标准（如公司管理、风险和危机管理、环境报告等）和特定行业标准（如在采矿业内，环境指标所占的权重相对较高），这样既全面反映了企业社会责任的履行状况，又顾及了各个行业对企业社会责任的不同要求。尽管如此，道琼斯可持续发展指数在评价标准的设置上还是略显单薄，且以定性指标为主。人们无法了解这些指标的具体评价标准究竟是什么。这在一定程度上影响了道琼斯可持续发展指数的公正性。

表 5-1 国外企业社会责任评价方式

名称	开发机构	影响	技术特征	优势	不足
《财富》企业声誉排名	1982 年由《财富》杂志开发。	目前影响最大的企业声誉评级方式。	专业人员根据企业的经济表现和社会责任履行状况打分评级。	标准较全面；评价范围较广；评价人员相对专业。	经济指标占比过大；评价过程中的主观性问题较严重。

（续表）

名称	开发机构	影响	技术特征	优势	不足
慷慨指数	20世纪80年代末由美国公共管理协会推出。	在当时的社会领域产生了一定影响。	按企业捐赠额及其占税前利润的比重分别计算标准值，而后累计算分。	依靠客观数据，评价结果较为准确。	难以全面衡量企业的社会责任履行状况。
RDAP模型	1995年由克拉克森研发。	受到理论界的广泛关注。	按照首要和次要利益相关者分别设置指标，而后进行打分评级。	评价标准详尽且具体。	指标体系过于庞杂，应用难度较大。
KLD指数	1990年由KLD公司设计推出。	在西方关于企业社会责任的研究中应用最为广泛。	根据两类指标，由KLD公司派驻专业人员进行实地采集数据并打分评级。	评价结果相对客观、公正；多年数据积累，为研究者提供了应用便利。	"其他正面信息"和"其他负面关注"两项指标过于模糊，影响结果的客观性。
道琼斯可持续发展指数	1999年由道琼斯公司推出。	国外企业投资的重要参考指标。	根据同行业优选法则，以调查问卷、直接联系等途径获得数据，而后进行打分。	将企业履责状况与可投资性联系在一起；考虑到了不同行业对责任的不同要求。	评价标准以定性指标为主，评估的科学性遭到质疑。

三、国内的企业社会责任评估

相较于国外的企业社会责任评估，国内对企业社会责任履行状况的评价起步较晚。事实上，直到2006年，新修订的《公司法》才明确要求企业承担社会责任。而同年通过的《中共中央关于构建社会主义和谐社会若干重大问题的决定》也倡导包括企业在内的各种组织积极履行社会责任。自此之后，国内形成了"企业应当履行社会责任"的基本共识。针对企业履责状况的评价也随之展开。由于国内企业社会责任的信息披露状况不佳，使得国内出现了一些专门针对企业社会责任信息披露状况的评价，如金蜜蜂中国企业社会责任报告指数、中国社会科学院的中国企业社会责任发展指数等。而就企业社会责任的履行状况来说，国内更多的是依据公开获得的数据，利用专家打分的方式来进行评估，如中国企业评价协会与清华大学联合推出的"中国企业社会责任500强"排名,《财富》(中文网)的"中国企业社会责任100强"排行榜。下文再就国内有关企业社会责任的典型评价方式进行具体分析。

第一,中国最佳企业公民评选。这一评选由《21世纪经济报道》和《21世纪商业评论》于2004年发起。依靠从企业参评问卷获得的数据,"中国最佳企业公民评选"从"股东、员工、客户、环境与资源、合作伙伴、社会"六个角度对企业进行打分,并据此评出"年度企业公民十佳"。作为国内开展较早的企业社会责任评估,"中国最佳企业公民评选"为推动中国企业履行社会责任做出了贡献。但该评选的问题是,其数据源自于企业在填写参评问卷时给出的答案。这样会在很大程度上影响评选的公正性。

第二,中国企业社会责任发展指数。这一指数由中国社会科学院经济学部企业社会责任研究中心于2009年推出。该指数从责任管理、市场责任、社会责任、环境责任四个方面出发,对中国企业的社会责任管理状况及信息披露现状进行评价。单就指标体系设置来说,中国企业社会责任发展指数是目前国内最为全面的指标体系。并且,同道琼斯可持续发展指数一样,该指数不仅设计了通用的企业社会责任指标体系,还构建了47个行业的分指标体系,这就为理解各个行业对企业社会责任的不同要求奠定了基础。但问题是,中国企业社会责任发展指数关注的重点是企业社会责任的信息披露状况。尽管信息披露是企业社会责任必不可少的构成部分,但仅有信息披露并不足以全面衡量企业社会责任的实际履行状况。

第三,中国企业社会责任500强排名。这一排名是由中国企业评价协会与清华大学社会科学院联合研发推出。它所依照的标准是两大机构于2014年6月发布的《中国企业社会责任评价准则》。该准则设置了法律道德、质量安全、科技创新、诚实守信、消费者权益、股东权益、员工权益、能源环境、和谐社区、责任管理十大评价指标,并依此收集相关数据。根据这些数据,中国企业评价协会CSR评价委员会的五位专家会对企业进行打分评级。相对于国内其他的评价体系,该排名的评价标准更为详尽,评价样本更加丰富。但问题在于:一方面,中国企业社会责任评价准则的起草单位包括了三星(中国)投资有限公司、天津市房地产开发经营集团有限公司等被评价单位;

另一方面，CSR 评价委员会的专家中也存在着被评价单位的相关人员，这就影响了评价结果的客观性和公正性。

第四，上证社会责任指数。上海证券交易所与中证指数有限公司于 2009 年 8 月发布了这一指数。同道琼斯可持续发展指数一样，上证社会责任指数通过将企业的社会责任履行状况与可投资性联系在一起，切实推动了企业积极履行社会责任。然而，由于上证社会责任指数的关注重点并不完全在于企业社会责任的履行状况，且其依据的每股社会贡献值并未包括职工福利、产品质量等指标，所以该指数不能全面衡量企业社会责任的履行状况。

表 5-2　国内企业社会责任评价方式

名称	开发机构	影响	技术特征	优势	不足
中国最佳企业公民评选	2004 年由《21 世纪经济报道》发起。	国内较早出现的企业社会责任评价方法。	数据来自企业参评问卷，根据 6 个指标进行打分评选。	指标体系相对完整。	依靠参评问卷获得数据，影响评选的公正性。
金蜜蜂中国企业社会责任报告指数	2009 年由《WTO 经济导刊》推出。	有助于公众了解企业社会责任的信息披露状况。	按核心内容、基础信息和基本原则给企业社会责任报告打分。	以各个企业的社会责任报告作为数据来源，结果相对客观。	仅能反映企业社会责任履行状况的信息披露程度。
中国企业社会责任发展指数	2009 年由中国社会科学院经济学部企业社会责任研究中心研发。	属于国内较为权威的评价体系，得到了社会和企业的认可。	从责任管理等四个方面评估中国企业的社会责任履行状况。	指标体系设置较为全面；兼顾了指标体系的通用性与行业特性。	仅能反映企业社会责任履行状况的信息披露程度。
中国企业社会责任 500 强排名	2015 年由中国企业评价协会联合清华大学社会科学院共同推出。	由于平台较高，所以在国内具有一定的影响力。	由 CSR 评价委员会的 5 位专家依照 10 大指标进行打分评级。	评价框架相对完整；评价样本较为丰富。	参评企业人员同时介入标准起草和评选过程中，影响结果的公正性。
中国企业社会责任 100 强排行榜	2011 年由《财富》（中文网）推出。	国内开发较早的企业社会责任评价指数。	按照 3 大领域、12 项指标进行评级。	不同行业赋予不同权重，顾及到了企业社会责任的行业特性。	由分析员进行主观评分，使客观性减弱。

(续表)

名称	开发机构	影响	技术特征	优势	不足
上证社会责任指数	2009年由上海证券交易所联合中证指数有限公司共同开发。	国内从投资角度考察企业社会责任履行状况的首要指数。	根据同行业优选法则选取企业，按每股社会贡献值排名选择样本股。	将企业社会责任履行状况与可投资性联系在一起。	指标体系略显单薄，影响了评价结果的全面性。

总体来看，尽管国内外的企业社会责任评价方法在尝试对企业履责状况进行评估，但还是存在着诸多可提升的地方。它们或是在指标体系设置上相对粗糙，或是在数据收集上不够公开，或是在评价方式上存在较严重的主观性问题。所以，它们的评价结果或多或少存在全面性、客观性和公正性方面的不足。

四、构建新的企业社会责任评价体系

针对这些不足，笔者所在的华东政法大学政治学研究院于2015年研发了"中国企业社会责任指数"。作为一套科学完整的评估体系，中国企业社会责任指数进行了如下具体操作。

第一，明确评估目的。确定清晰的评价目的是构建一个合理的评估系统的基本前提。"中国企业社会责任指数"的评价目的是全面、客观地衡量中国企业的社会责任履行状况。

第二，确定评估对象。"中国企业社会责任指数"的评估对象为100家企业。选择对象为《财富》（中文网）发布的"中国500强"中的前100家企业。其中，2015年"中国企业社会责任指数"选定的100家企业中，总部位于东部省市的企业占据了其中的绝大部分，仅北京、上海、广东三个省市就有62家企业，而整个西部省市（包括四川、甘肃）却只有4家企业。如果按照企业的性质划分，国有企业占比最大，共有82家，民营企业则仅有18家。最后，就行业分布来看，100家企业共涵盖了19个行业。其中，集中程度最高的行业是金属矿采企业，共有12家企业，而后是银行业与建筑业，分别包括11家企业和10家企业。

第三，设计评价指标体系。按照企业经营行为影响的领域，笔者将企业社会责任分为自我责任、行业责任、社区责任和国家责任四个层级。其中，自我责任下设债权人权益、股东权益、劳动者权益和消费者权益四个二级指标，旨在反映企业的偿债能力和盈利能力，以及企业经营行为对劳动者和消费者的影响。行业责任划分了信息披露与公平竞争两个二级指标，试图考察企业的信息公开程度以及是否存在破坏公平竞争的行为。社区责任设置了环境保护和慈善公益两个二级指标，关注的是企业对环境的保护和改善程度，以及对慈善公益事业的贡献大小。国家责任区分了社会稳定、财政贡献和科技创新三个二级指标，旨在考察企业对社会稳定的影响、纳税贡献以及科研产出。

为了避免主观性，笔者采用的数据基本都是客观数据。譬如，对科技创新的考察，笔者采用的就是"研发投入占比"和"千人拥有专利数"两个客观数据。即便是一些需要打分的数据，笔者也会通过打分标准的设计，使其保持客观。以公益活跃度为例，笔者设置了参与救灾活动次数、参与扶贫活动次数、参与安老助孤活动次数、参与支教助学活动次数和参与扶残助医活动次数作为评分标准。根据活动次数进行打分，可以在很大程度上摒除打分过程中可能会出现的主观性问题。

第四，划分各级指标权重。权重系数的设定，直接关系到评价指标体系的科学性和公正性。有基于此，"中国企业社会责任指数"的一级和二级指标权重会通过层次分析法来确定。所谓层次分析法（Analytic Hierarchy Process，AHP），是指对难于完全定量的复杂系统做出决策的数学建模方法。它将目标分解为多个分目标，从而分解成为多指标的若干层次，然后用求解的方式判断矩阵特征向量（定性指标模糊量化），以此求得每一层次的各元素对上一层次某元素的优先权重，最后再通过加权和的方法递阶归并各下级指标对总目标的最终权重。层次分析法是目前针对非线性复杂系统进行分析的常用方法之一。由于根据层次分析法进行手工计算各级指标权重的工作量过于繁重，本指数采用了YAAHP层次分析软件进行计算。即先让专家打分，每位专家就每两项二级指标间的关系（如 A 指标相当于 1/3 个 B 指标）进行打分，然后由 YAAHP 层次分析软件将 N 个（一般为 30 个）专家的打分结果进行汇总，从而得到每项指标的权重。在确立了一级和二级指标间的权重关系之后，研究组会对其他几个等级的权重进行线性分配，也即平均分配三级指标的权重。

第五，进行数据挖掘。"中国企业社会责任指数"所寻找的数据均是客观数据，其类型主要包括三种：第一种是通过企业的年度报告、审计报告、社会责任报告以及官方网站可以直接获得的数据（如资产负债率等）；第二种是通过对企业年度报告、社会责任报告以及第三方机构上的相关数据进行计算后得到的数据（如纳税增长率等）；第三种是对企业官网、新闻网站和第三方机构进行挖掘和编码后获得的数据（如社会责任信息披露程度等）。

第六，对数据进行标准化。在数据分析之前，通常需要先将数据标准化（normalization），再利用标准化后的数据进行数据分析。数据标准化也就是统计数据的无量纲化。本项目会采用"最小—最大标准化"（Min-Max 标准化）的数据标准化处理方法。经过此种标准化处理，原始数据都会转换成为无量纲化指标测评值，即各指标值都处于同一个数量级别上，由此可以进行综合测评分析。需要指出的是，由于"最小—最大标准化"后出现的数据，会出现最末一个单位的值为 0 的情况，由于 0 是一个特殊的值，这可能不能完全反映实际情况。针对此种情况，我们通过以下两种方式处理：第一，如果最末位的企业原始数据得分确实为 0，那么该企业的标准化数据也为 0；第二，如果最末位的企业原始数据有得分数值，那么无论其原始得分为多少，该企业的标准化值为倒数第二位企业的一半。Min-Max 标准化方法是对原始数据进行线性变换。设 MinA 和 MaxA 分别为属性 A 的最小值和最大值，将 A 的一个原始值 x 通过 Min-Max 标准化映射成在区间 [0, 1] 中的值 X，其公式为：新数据 =（原数据 - 极小值）/（极大值 - 极小值），即：

$$X = (x - MinA) / (MaxA - MinA)$$

第七，建立指数的计量模型。所谓建立分析模型，是指以图形、符号及数学运算方法来对被评价系统进行分析。"中国企业社会责任指数"的计量模型为加权聚合模型：

$$Y = \prod x_m w^m$$

其中，Y是最终得分，Xm代表各个评价指标，W^{m}为各个指标权重系数。具体来说，通过计算每一个不同层级的指标得分，最后加权合成总得分。

第八，进行分析检验。在完成上述步骤之后，又对测量结果进行了分析检验。在检验结果符合预期期望的情况下，进行最终排名。

从2015年"中国企业社会责任指数"的最后结果来看，排在前三位的企业分别是腾讯控股有限公司、中国海洋石油有限公司和海尔电器集团有限公司。按照企业的性质划分，腾讯控股有限公司是民营企业社会责任排行榜的头名。而在国有企业社会责任排行榜上，占据榜首的则是中国海洋石油有限公司。

尽管通常认为，民营企业的社会责任履行状况不如国有企业。但正如2015年"中国企业社会责任指数"最终结果所发现的那样：如果将同等规模的民营企业和国有企业进行对比的话，民营企业事实上做得并不差。在2015年的排行榜中，排名前十位的企业中有三家是民营企业。其中，腾讯控股有限公司排名第一位，中兴通讯股份有限公司排名第四位，而万科企业股份有限公司排名第十位。而且，就具体指标得分来看，在自我责任和国家责任两项指标上，民营企业的平均得分要高于国有企业。而在行业责任和社区责任两项指标上，民营企业与国有企业的差距也并不大。

究其原因，"中国企业社会责任指数"选取的是《财富》（中文网）"中国500强"中的前100家企业。因此，能够位于其中的多是大型民营企业。而大型民营企业在履行社会责任的意愿和能力上都不比国有企业差。首先，从意愿上来看，大型民营企业多在行业中处于领先地位。它们几乎已经不用再为生存问题忧虑，相反，它们关注的是如何巩固优势地位，因此，它们往往致力于创造健康的行业环境，赢得良好的社会声誉并争取有利的国家政策。如此一来，它们便不会无所顾忌地试图追求利润的最大化，忽视企业社会责任的履行。事实上，它们通常都会积极履行社会责任（包括积极责任），以此为巩固优势地位、实现可持续发展创造更好的外部环境。

其次，从能力上来看，正因为是大型民营企业，所以它们通常有足够的资金来推进社会责任。正如《中国慈善发展报告》所发现的，民营企业向来是"慈善捐赠脊梁"。相对于国有企业来说，民营企业可以更加便利、自由地利用资金来从事相关社会责任活动。因为它在调动资金时不用像国有企业那样处处受限。

五、结　语

归根结底，企业社会责任的评估及指数化之所以重要，主要是因为它直击企业最为根本的逻辑：企业的基本目标就是实现利润的最大化。而企业社会责任的评估正是通过影响公众对企业的信任程度，直接影响企业的获利能力，来改变企业的行为。由于企业的基本目标就是获利，因此，企业社会责任的评估可以有效地影响企业的行为。而且，不同于"硬法"路径，企业社会责任的评估相对较"软"，它并未从外部强制规定企业应该做什么，相反，它通过揭示企业的社会责任履行情况，影响公众对企业的认知程度，从而促使企业"自愿"改善社会责任履行状况。尽管这种"自愿"在很大程度上受到了外部压力。

第六章 自我、行业、社区与国家：企业社会责任的层次推进

企业社会责任的评价体系对企业社会责任的提升具有重要的作用，国内外有很多的评价标准，但是这其中也存在很多的问题。基于现阶段的评价体系的不足之处，我们立足于企业的自我责任、行业责任、社区责任，还有国家责任等层次，来推进企业社会责任。

一、中国企业社会责任指数简介

自 21 世纪以来，企业社会责任已经逐渐成为国家和社会关注的重要问题。然而，如何评估企业社会责任的履行状况一直是个难题。尽管国内外已经出现了一批针对企业社会责任履行状况的评估指数，但这些指数却普遍存在着指标体系设计过于粗糙、数据收集过程不够透明、评价方式过分主观、评价结果不够公正等问题，这些不足在一定程度上使公众无法全面、准确地了解企业在社会责任方面的履行情况。

基于此，华东政法大学政治学研究院联合上海交通大学凯原法学院企业法务研究中心，在广泛征求学界意见的基础上，形成了中国企业社会责任指数（CICSR）指标体系。该指数的研发始于 2014 年 7 月。研究团队围绕指标体系的构建，首先进行了广泛调研和深入研讨。在借鉴国内外 CSR 指数的优

秀成果之后，团队于 2015 年 7 月末初步确立了中国企业社会责任指数的指标体系。为进一步完善该指标体系，团队又向数百位国内外专家学者征求了意见，以确保这一指标体系的科学性和可行性。

在指标体系构建完成以后，研究团队综合考虑数据采集的可能性和便利性等因素，将评估对象确定为《财富》（中文网）发布的"中国企业 500 强"中的前 100 家企业，而后开始采集相关数据。数据的采集和分析工作分别在 2015 年 10 月底和 11 月底完成。中国企业社会责任指数 2015 年度报告于 12 月正式发布。

由于报告采用的数据基本都是客观数据，中国企业社会责任指数可以相对准确和全面地反映企业在社会责任履行方面的状况。这样既能帮助社会公众了解企业社会责任履行的真实情况，又能确保企业认识自身存在的问题，从而有针对性地改善和提升责任履行品质。

2014 年 10 月 23 日，中国共产党第十八届中央委员会第四次全体会议审议并通过了《中共中央关于全面推进依法治国若干重大问题的决定》。《决定》明确指出："要加强企业社会责任立法"。事实上，从 2006 年新版《公司法》特别强调公司应"承担社会责任"以来，中国企业已经逐渐意识到履行社会责任的重要意义，其中一个表现就是：定期发布社会责任报告的企业正在逐年增多。根据本项研究的统计，在《财富》（中文网）评定的中国企业前 100 强当中，仅有 6 家企业还未曾发布过企业社会责任报告。随着企业社会责任立法的正式展开，中国企业的社会责任意识无疑会进一步增强。

然而，需要注意的是，即便企业社会责任能够实现立法，也并不意味着中国企业社会责任的外部监管和促进机制已经非常完善。毕竟，企业社会责任的立法只能针对企业的消极责任，如避免侵害员工权利、保证产品质量安全、防止生态环境破坏等，而无法推动企业履行积极责任，如提高员工福利、提升产品质量、降低能源消耗等。然而，如新闻报道社会监管机制，反倒可以依托社会舆论的压力，敦促企业不断提升责任履行的品质。作为社会监管机制的其中一种方式，企业社会责任指数可以发挥相同功效。并且，因为评价方法相对客观，指数还可以帮助公众正确认识企业在社会责任方面的履行情况。对企业而言,企业社会责任指数则有利于它们了解自身的社会责任履行状况,从而帮助它们切实解决问题,树立责任履行意识。

二、企业社会责任三大理论

指数的构建有赖于理论的支撑,而国内外指数的不足在一定程度上应归因于其所依赖理论的缺陷。就目前的企业社会责任指数来说,它们主要基于利益相关者理论、三重底线以及金字塔模型三大主流理论。

(一) 利益相关者理论

1984年,爱德华·弗里曼(Edward Freeman)在其著作《战略管理:利益相关者方法》中提出了利益相关者理论。自此之后,围绕该理论产生了大量的学术讨论,而弗里曼本人也因此被誉为"利益相关者理论之父"。

相比于传统观点认为企业仅需重视股东(shareholders),利益相关者理论强调企业应当顾及所有"能够影响公司目标实现,或者受公司目标实现影响的团体或个人"的利益。在弗里曼看来,对企业的投入并不是仅仅来自于股东的资本投入,它还来源于其他利益相关者的人力资源(如由企业员工提供的人力资本)和环境资源(如由政府创建的良好的外部经营环境)投入。因此,股东并不应当独占企业创造的财富。相反,企业应当使所有的利益相关者分享其所创造的财富。也正是因为如此,对企业业绩的衡量不应只是考察企业创造的经济利润,还应考察企业在提高其他利益相关者福利方面所做的努力。

然而,对于何为利益相关者,不同的学者存在着不同的判断。尽管弗里曼试图对其做出明确界定,但"能够影响企业,又受企业影响"的定义显然太过笼统。针对于此,弗里曼试图通过所有权(即持有企业股票)、经济依赖(与企业存在经济往来)和社会利益(与企业的社会影响相关)三个角度对利益相关者进行分类。克拉克森则是做出了两类区分:一是按照相关个人和群体在企业经营过程中是否自愿向企业提供物质资本和非物质资本,划分出了自愿利益相关者与非自愿利益相关者；二是依据与企业关联的紧密程度，区分出了首要利益相关者与次要利益相关者。尽管上述划分在一定程度上明晰了我们对利益相关者的认知，但这种定性方式仍旧存在着一定的模糊性。基于此，罗纳德·米切尔（Ronald K. Mitchell）根据合法性（即相关个人或群体是否享有法律上、道义上或者特定的对于企业的索取权）、权力性（即相关个人或群体是否拥有影响企业决策的地位、能力及手段）和紧急性（即相关个人或群体的要求能否立即引起企业管理层的关注）三个维度，对利益相关者进行评分。根据分值，米切尔界定了利益相关者的三种类型：确定的利益相关者（在上述三个维度同时为"是"，如股东、员工、顾客等）、预期的利益相关者（在任意两个维度同时为"是"，如政府部门）和潜在的利益相关者（仅在一个维度为"是"，如环境保护团体）。尽管对利益相关者的内涵界定还存在着很大的分歧，但以更宽广的视野理解企业的利益相关者已经得到了学术界的广泛认同。

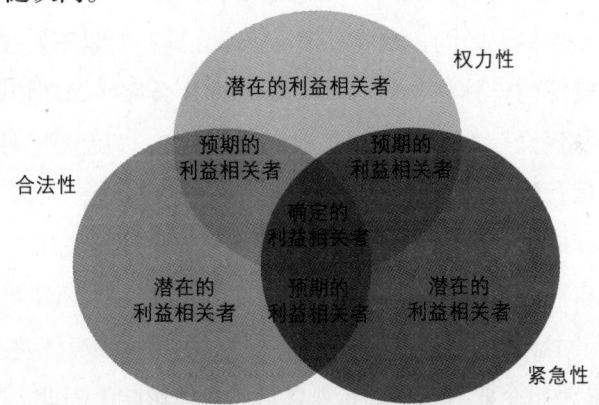

图6-1 米切尔的利益相关者界分

利益相关者理论从1984年提出至今，包括弗里曼在内的诸多学者仍在不断地对理论进行探索与完善。在近年来的文章中，弗里曼着意强调利益相关者理论的核心在于利益相关者之间利益的联合。此外，弗里曼还有意将利益相关者理论作为修正整个"资本主义"框架的理论工具。在他看来，通过价值创造（Value Creation），而非价值捕捉（Value Capture）的理念，可以赋予"资本主义"新的内涵，并进而重塑对资本主义的叙事。无论这样的学术宏愿能否实现,我们都可以从中看到利益相关者理论的学术潜力,也正是在这一意义上,该理论成为了企业社会责任概念建构的重要基础。

(二)三重底线理论

三重底线理论(Triple Bottom Line,简称TBL)是由英国学者约翰·埃尔金顿(John Elkington)在1997年的专著《食人以叉:21世纪商业的三重底线》中提出并得到完整阐发的。甫一面世,该理论便获得了舆论的广泛关注,并受到商业界的普遍欢迎。事实上,在过去的五十多年中,针对企业,有且仅有一条盈利的底线。为此,强调环境保护与社会正义的学者们引入了"全面成本会计"(Full Cost Accounting)的概念,认为商业盈利统计应把企业经营行为所引起的一切内外开支与收入都考虑在内。在1987年联合国世界环境与发展委员会提出"可持续发展"概念之后,西方学界又进一步肯定了上述的融合趋势。而埃尔金顿的三重底线理论正是在这一背景下发展而来的。

三重底线理论的整体框架包含三个部分:社会底线、环境底线与财务底线,抑或称作"民众""星球"和"利润"。首先,"民众"对应社会底线。它要求企业在运营的同时对劳动者和企业所在社区负责,保障劳动者的基本权利,促进社区的进一步发展。其次,"星球"对应环境底线。该底线主张企业应当避免对自然生态造成破坏,并尽可能为改善生态环境做出积极贡献。最后,"利润"对应财务底线。需要注意的是,财务底线并不完全等同于传统的"盈利",而是指企业对其所在行业领域的整体影响。因此,三重底线理论并非是传统的盈利底线加上企业的社会影响和环境考虑,而是从整个社会的层面来考量企业运营所造成的影响。

三重底线理论推出后不久,埃尔金顿便以石油工业为例,强调一个行业采纳三重底线理论来进行整体性理念更新,走向可持续发展的必要性。约翰·威尔逊(John P. Wilson)则是对世界十大零售商之一的玛莎百货(Mark & Spencer)开设的第一家生态环保特色实体店铺进行了案例研究。根据研究结果,威尔逊指出:在TBL理论指导下的管理行为可能会对未来零售业界的发展产生不小的积极影响。安特·格拉瓦什（Ante Glavas）和詹妮·米什（Jenny Mish）则从更为理论化的角度对三重底线理论给予了支持。通过与资源基础理论进行比较，两位作者指出这两种不同的价值观念对企业文化与实践的影响有着明显的差异：前者更关注合作优势而后者致力于竞争优势。该文章认为，奉行三重底线理论的企业会追求更可持续的资源，运营过程更为透明，且更易与处在同一价值链或同一区域内的企业进行合作。

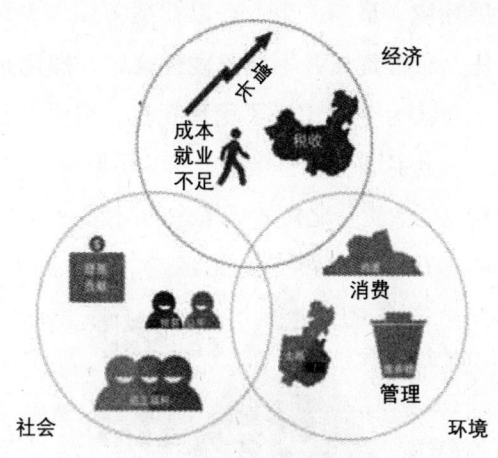

图 6-2 三重底线理论

（三）金字塔模型

早在1979年，为回应企业经济定位与社会定位间的协调问题，美国学者阿奇·卡罗尔（Archie B. Carroll）就意识到需要将企业社会责任概念进行分层，从而初步提出了一个包含经济、法律、伦理和自行裁量四个层次的企业社会责任定义。到了1991年，卡罗尔修正了上述定义，并在《企业社会责任金字塔：关于组织利益相关方的道德管理》一文中正式提出了企业社会责任的金字塔模型。在他看来，"对社会负责任的企业应该要努力做到创造利润、遵守法律、有道德并且成为一个好的企业公民"。这一学术创新成为几十年来西方学界关于"企业社会责任"研究的一大里程碑事件。

卡罗尔在自己所设计的模型中，将创造利润界定为企业社会责任的基础，认为实现盈利是企业确保生存并进而履行其他责任的必要前提。尽管如此，这并不意味着企业可以为了追求利润而无视相关法律规定。因为法律规定决定了企业的生存环境。在此基础上，卡罗尔主张企业还应担负伦理责任，即企业有义务使自己的运营行为符合正当、公平的伦理要求。在他看来，这样会契合股东、消费者、员工以及社区对企业的基本期望，从而有助于为企业塑造一个良好的发展环境。最后，企业可以在慈善领域多有建树。卡罗尔认为，相对于伦理责任，慈善责任并不属于硬性规定，即使企业未曾有过行善义举，社会公众也不会认为企业违反了伦理规范。按照卡罗尔的说法，慈善责任就是企业社会责任金字塔"这座蛋糕上的一层糖衣"，尽管值得追求，但终究是企业在完成其他三大责任之后才需考虑的问题。

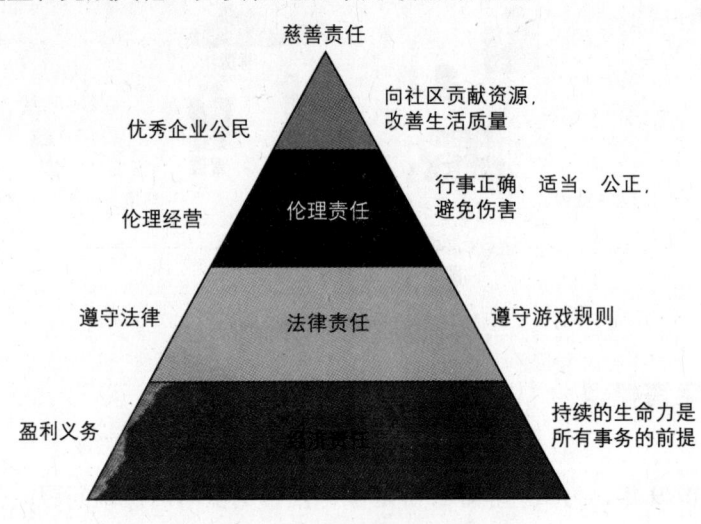

图 6-3　企业社会责任金字塔

作为企业社会责任领域最为著名的描述性框架之一，卡罗尔的企业社会责任金字塔模型刚一问世，便受到了学术界与实务界的广泛肯定。在近年来的相关学术讨论中，金字塔底层（Bottom of Pyramid，指的是低收入，但群体庞大的贫困人口）与企业社会责任理念，包括金字塔模型的联系成为一些学者重点关注的对象。譬如，柯克·戴维森（Kirk Davidson）就从伦理角度出发，认为"金字塔底层"将会成为整个企业社会责任议题的核心。在作者看来,尽管利益相关者理论强调企业不应忽视任何的利益相关者,但专注于盈利而非慈善的公司很容易会在实际经营过程中忽视"金字塔底层"群体。作者认为,企业应当关注这一群体,这不仅是因为企业力求成为优秀企业公民所应采取的措施(对应金字塔模型中的慈善责任),而且有助于企业经济责任的履行。毕竟,按照作者的观点,庞大的贫困人口群体更应被视作是潜力巨大的消费者而非社会负担。

表 6-1 企业社会责任三大理论的优缺点

三种理论	主要观点	优势	不足
利益相关者理论	主张企业应对所有与实现自身目标相关的团体与个人负责。	修正了"股东至上"的传统观点;明确了企业的利益相关者;使企业社会责任有了初步的可操作性。	利益相关者的概念外延不够清晰;对不同的利益相关者的责任究竟是什么、如何履行以及何者更为重要缺乏明晰界定。
三重底线理论	从可持续发展的角度出发,认为企业应当符合社会底线、环境底线以及财务底线。	明确了企业社会责任的相关领域;结合了可持续发展理念,从而将企业行为对未来的影响纳入考虑中。	主要关注企业在经济、环境以及社会领域的消极义务,缺乏对积极责任的认识;未能把握处于不同阶段企业的不同责任要求。
金字塔模型	认为企业的社会责任构成了一个金字塔,从下至上分别是经济责任、法律责任、伦理责任和慈善责任,四个层次互相联系、持续互动。	结构简明易懂;确定了企业社会责任的不同重要程度。	对伦理责任和慈善责任的界定并不完全清晰;未曾考虑处于不同发展阶段、不同行业的企业的特殊情况。

尽管上述三大理论在明晰企业社会责任的内涵上颇多贡献,但三者依然或多或少存在着不足。首先,利益相关者理论的一大历史意义就在于对传统"股东至上"观念的突破。该理论将企业需要为之负责的对象从传统意义上的公司股票持有者,扩展至几乎所有与实现企业目标有关的群体与个人。可以说,利益相关者理论有效地回应了企业社会责任的受众问题。然而,正如某些文献所批评的,利益相关者理论尽管明确了"受众"的内涵,却并未明晰"受众"的外延。尽管不同的学者努力试图提供一个较为清晰的"利益相关者"范围,但其结果总是不尽如人意。不过,即便一个企业明确了其"利益相

关者"的范围，针对这些"利益相关者"的责任究竟是什么、如何履行以及何者更为重要仍然需要界定，而这些问题却并未获得利益相关者理论的足够重视。

　　三重底线理论同样突破了关于企业责任的原有见解：企业不应仅关注自身的盈亏，还应将整个经济环境的良性发展纳入考虑。并且，它也不应只是在财务方面划上一条避免亏损的底线，还应在与之相关的环境与社会领域设立底线，避免企业在经营过程中对这些领域造成负面影响。与利益相关者理论相比，三重底线理论不再仅是关注企业社会责任针对的对象，它还界定了企业社会责任的具体领域，从而使其更具可操作性。然而，正如其名称所显示的那样，三重底线理论更多的是关注企业在经济、环境以及社会领域的消极义务，而不是积极责任。也正因为如此，三重底线无法全面地反映针对处于不同发展阶段的企业的不同社会责任要求。

　　与前述二者相比，企业社会责任金字塔模型的整个框架非常完备。通过对企业社会责任的内容进行界别并赋予相应的等级，金字塔模型显得相当简明易懂。然而，需要注意的是，金字塔模型并未完全将企业社会责任描述清楚，尤其是考虑到其所要求的企业应当"符合股东、消费者、员工以及社区对企业的基本期望"，但对何为"基本期望"永远都是仁者见仁、智者见智。这样的模糊性既可能使企业社会责任的范围过于扩展，以至于成为企业的负担，也有可能导致企业社会责任的范围过于狭窄，以至于很难认为企业履行了应尽义务。而且，对慈善责任的非硬性要求可能造成企业对此责任的逃避。对于那些已经位居行业前列的企业来说，慈善责任似乎更应被看作是硬性要求，而不再只是被期待履行的责任。因此，很难将金字塔模型视作完全通用的普适性分析框架。

三、企业社会责任的四层次理论

　　就上述三大理论来说，尽管在推动公众对企业社会责任的认知方面做出了卓越贡献，却都或多或少存在着不足。针对于此，我们将会借鉴三大理论的优点，提出一个关于企业社会责任的四层次理论，进而在此基础上建构一个全新的企业社会责任指标体系。

事实上，上述三大理论尽管充分探讨了企业的"社会责任"，却未曾考虑不同行业的企业、处于不同发展阶段的企业在履行这些社会责任时是否应当有所不同。并且，上述理论通常是以罗列内容的方式来界定企业社会责任，而这可能会导致界定的不够全面。基于此，我们按照企业经营行为影响的领域，将企业社会责任分为自我责任、行业责任、社区责任和国家责任四个层级。如此一来，相对于金字塔模型的分层，这种分层可以基本上穷尽企业需要履行的社会责任。从理论上来说，还可以将"全球责任"纳入其中，但由于本项研究涉及的企业缺乏对其全球责任履行状况的披露，故而在本次指标体系的设计中未将其包括在内。

同企业社会责任的金字塔模型一样，我们认为企业的自我责任、行业责任、社区责任以及国家责任存在着层层递进的关系。首先，自我责任处于基础性的地位，因其牵涉企业的偿债与盈利能力，以及企业经营行为对劳动者和消费者的影响，所以它会直接关乎企业的生存和基本发展；其次，行业责任关涉企业所处行业的发展环境。尽管对于那些只在乎生存的企业来说，行业责任可能并不重要。但对试图持续发展的企业而言，一个公平、健康的行业环境显然是不可或缺的；再次，社区责任关心的是企业对当地环境的保护和改善程度，以及对当地慈善公益事业的贡献大小。对此责任的履行无疑会增加企业的经营成本，因而是初入门槛的企业所不愿或无法关注的。但对那些已处行业前列的企业来说，履行此一责任将会有助于提高社会对企业的好感度以及对其产品的忠诚度，从而有利于企业的可持续发展；最后，国家责任涉及企业生存与发展的整体秩序环境。尽管与企业的生存和发展关联较远，但毋庸置疑的是，良好的国家秩序才能确保企业的健康发展。

与此同时，针对处在不同发展阶段的企业来说，其社会责任的要求理应不同。譬如，对于初入门槛的企业，确保生存才是最需关注的责任。但对已经居于行业领先地位的企业而言，仅仅关注企业的财务责任显然是不够的。而就不同行业的企业来看，企业社会责任的要求也不尽相同。对于采矿业，环境责任显然与其经济责任一样，甚至更为重要。但对于金融业，对其环境责任的重视只会对那些高耗能、高污染产业造成不公。基于此，我们构建的四层次理论强调了四种企业社会责任的不同重要程度，并且将之同企业的不同发展阶段联系起来。首先，初入门槛的企业更为关注的是生存，这就要求其能够确保良好的偿债能力、基本的盈利能力，稳定劳动者，吸引消费者。其次，一旦企业站稳脚跟，它便会开始考察企业所处行业的发展环境。因为一个公平、健康的行业环境有助于避免额外的营运成本。再次，要保证企业能够持续向前发展，不仅需要健康的行业环境，良好的自然生态环境与社会发展环境同样必不可少。尽管对企业来说，这一关注通常被置于前述两大责任之后。最后，国家责任可能是企业关注最少的，因其和企业的生存与发展关联最远。企业虽然也会通过纳税等方式来对国家表示支持，但这更多的被视作是迫于规定的义务。唯有居于行业领先地位的企业，才有可能积极履行国家责任。这是因为它的利益所得深嵌于现有国家秩序当中，并且经由履行国家责任，还可以获得国家政策的倾斜。而对于不同行业的企业，简明的四层次理论可能无法完全纳入考虑。但是，我们试图在具体的操作化过程中赋予不同行业不同权重，以此来反映针对不同行业的不同社会责任要求。虽然由于资源所限，现有的指标体系中还未能体现这一点，但这无疑是我们未来发展的方向。

依照构建的企业社会责任四层次理论，我们设置了自我责任、行业责任、社区责任和国家责任四个一级指标。第一，自我责任通过下设债权人权益、股东权益、劳动者权益和消费者权益四个二级指标，旨在反映企业的偿债能力和盈利能力，以及企业经营行为对劳动者和消费者的影响；第二，行业责任划分了信息披露与公平竞争两个二级指标，试图考察企业的信息公开程度以及是否存在破坏公平竞争的作为；第三，社区责任区分了环境保护和慈善公益两个二级指标，关注的是企业对环境的保护和改善程度，以及对慈善公益事业的贡献大小；第四，国家责任内设社会稳定、财政贡献和科技创新三个二级指标，意图考察的是企业对社会稳定的影响、纳税贡献以及科研产出，由此基本上确保了对企业社会责任的全面覆盖。与此同时，为了保证客观性，我们采用的数据基本都是客观数据。譬如，对科技创新的考察，我们采用的就是"研发投入占比"和"千人拥有专利数"两个客观数据。即便是一些需要打分的数据,我们也会通过打分标准的设计,使其保持客观。以公益活跃度为例,我们设置了参与救灾活动次数、参与扶贫活动次数、参与安老助孤活动次数、参与支教助学活动次数和参与扶残助医活动次数作为评分标准。根据活动次数进行打分,我们可以在很大程度上摒除打分过程中可能会出现的主观评判问题。而利用客观的数据进行评测,正是本项研究的特色和优势所在。

四、中国企业社会责任指数(CICSR)的创新与贡献

相对于国内其他企业社会责任指数,本指数是国内第一个拥有完整理论支持,利用客观数据对企业履行社会责任状况进行全面评估的指数。通过本指数,我们希望帮助公众了解企业社会责任履行的真实状况;提升中国企业的社会责任意识;并在公众和企业之间达成一种关于企业社会责任的共识,构建起一种既严格却又不失宽容的企业社会责任文化。

表6-2 中国企业社会责任指数的三大创新

三大创新	创新详解	现有指数不足
理论支持	本指数具有强有力地理论支持。在借鉴了企业社会责任三大主流理论优点的基础上,本项研究提出了"企业社会责任的四层次理论",并依此构建了中国企业社会责任指数的指标体系。	现有的企业社会责任指数往往缺乏理论的支持。即便拥有理论支撑,它也多是基于三大主流理论之上,但正如前文所揭示的,三大主流理论依然存在着诸多不足,而由此建立的指标体系也必然会出现诸多问题。
客观数据	本指数采用的数据基本都是客观数据。这样有助于避免采用主观数据,如通过调查问卷获得的数据、经由专家打分获得的数据等,可能会遇到的主观性问题。	难以保持客观是现有指数极为突出的一个问题。多数指数因为数据的主观性问题而影响了结果的公正性。譬如,"中国企业社会责任100强""中国企业社会责任500强"两个排名依赖的是专家打分来进行评选,这就在很大程度上影响评价结果的客观、公正。
履责评估	本指数力图准确和全面地衡量企业社会责任履行状况,而不是仅仅反映企业履行社会责任的信息披露状况。	除了无法保持结果客观公正之外,现有的指数还存在一个问题,即无法全面衡量企业的社会责任履行状况。譬如,中国企业社会责任发展指数、金蜜蜂中国企业社会责任报告指数就只是针对企业履行社会责任信息披露状况的评价。

中国企业社会责任指数：2015 总排名

表6-3 100家企业社会责任总得分排名（1—25）

排名	公司名称	自我责任	行业责任	社区责任	国家责任	得分
1	腾讯控股有限公司	297.06	191.45	154.88	113.25	756.63
2	中国海洋石油有限公司	272.20	218.79	141.32	62.36	694.67
3	海尔电器集团有限公司	271.67	194.61	79.25	125.77	671.30
4	中兴通讯股份有限公司	235.90	175.67	111.71	133.47	656.74
5	中国人民保险集团股份有限公司	252.41	218.79	103.10	81.54	655.84
6	中国移动有限公司	249.58	205.12	119.62	70.85	645.17
7	珠海格力电器股份有限公司	217.82	205.12	132.37	87.84	643.15
8	中国海外发展有限公司	259.28	186.20	111.81	81.57	638.85
9	中国远洋控股股份有限公司	188.52	205.12	170.00	70.00	633.63
10	万科企业股份有限公司	210.36	213.53	149.81	52.07	625.77
11	京东商城电子商务有限公司	278.42	200.92	70.51	75.63	625.47
12	长城汽车股份有限公司	245.34	183.04	103.07	92.58	624.03
13	碧桂园控股有限公司	261.37	213.53	62.25	85.14	622.29
14	中国葛洲坝集团股份有限公司	207.71	217.74	111.87	82.36	619.67
15	联想集团有限公司	254.85	193.56	61.80	104.95	615.15
16	TCL集团股份有限公司	203.81	209.33	141.15	54.54	608.82
17	恒大地产集团有限公司	238.57	218.79	91.15	60.21	608.72
18	上海医药集团股份有限公司	207.27	209.33	132.48	54.11	603.19
19	中国北车股份有限公司	198.79	222.99	123.60	57.67	603.06
20	中国神华能源股份有限公司	228.99	199.86	118.60	53.34	600.80
21	华润创业有限公司	215.76	205.12	111.81	64.11	596.80
22	美的集团股份有限公司	221.25	160.93	132.36	80.34	594.88
23	江西铜业股份有限公司	233.58	205.33	103.03	52.93	594.87

(续表)

排名	公司名称	自我责任	行业责任	社区责任	国家责任	得分
24	中国南车股份有限公司	220.47	214.58	102.06	56.68	593.80
25	华电国际电力股份有限公司	196.18	222.99	100.10	74.30	593.58
26	潍柴动力股份有限公司	241.53	183.04	103.04	63.60	591.21
27	宝山钢铁股份有限公司	215.72	205.12	107.18	62.47	590.48
28	中国太平保险控股有限公司	296.99	181.46	61.91	48.65	589.02
29	中国国际航空股份有限公司	177.54	218.79	141.11	51.04	588.47
30	中国石化上海石油化工股份有限公司	193.39	195.66	130.43	68.52	588.00
31	保利房地产（集团）股份有限公司	257.43	206.17	70.51	53.13	587.24
32	中国东方航空股份有限公司	144.55	222.99	163.51	52.77	583.82
33	中国电力建设股份有限公司	191.33	210.38	126.50	55.53	583.73
34	中国化学工程股份有限公司	186.60	188.30	136.18	71.54	582.63
35	青岛海尔股份有限公司	221.64	195.66	123.64	41.51	582.45
36	中国建材股份有限公司	250.46	192.50	103.00	36.48	582.44
37	上海汽车集团股份有限公司	216.69	209.33	103.66	50.55	580.23
38	冠捷科技有限公司	288.25	170.43	61.80	57.47	577.94
39	中国冶金科工股份有限公司	188.90	200.92	124.30	56.71	570.83
40	武汉钢铁股份有限公司	180.20	222.99	121.74	45.46	570.39
41	新希望六和股份有限公司	205.49	196.71	103.10	60.52	565.82
42	上海电气集团股份有限公司	186.16	195.66	123.64	60.14	565.60
43	中国联合网络通信股份有限公司	197.05	199.86	123.90	44.22	565.04
44	中国粮油控股有限公司	219.53	200.92	103.17	40.62	564.23
45	苏宁云商集团股份有限公司	206.42	191.45	117.31	48.64	563.83
46	中国通信服务股份有限公司	261.85	160.96	103.00	36.32	562.13
47	中国中煤能源股份有限公司	193.24	205.12	102.10	59.12	559.58
48	兖州煤业股份有限公司	182.44	187.45	123.67	64.21	557.78
49	鞍钢股份有限公司	190.68	191.45	132.34	41.75	556.22

(续表)

排名	公司名称	自我责任	行业责任	社区责任	国家责任	得分
50	中国建筑股份有限公司	200.44	218.79	64.94	69.08	553.24
51	华能国际电力股份有限公司	192.71	209.33	119.76	30.99	552.79
52	中国铝业股份有限公司	185.58	209.53	109.43	47.04	551.58
53	华域汽车系统股份有限公司	198.96	192.50	103.07	56.37	550.90
54	中国国际海运集装箱(集团)股份有限公司	203.91	188.29	103.17	55.44	550.81
55	中国电信股份有限公司	237.36	152.10	101.10	58.35	548.91
56	中信泰富有限公司	223.33	177.78	61.91	85.23	548.25
57	中国石油天然气股份有限公司	176.18	196.06	121.70	54.13	548.07
58	山西太钢不锈钢股份有限公司	182.87	191.45	123.64	47.57	545.54
59	中国交通建设股份有限公司	179.25	214.58	103.08	48.04	544.96
60	中国平安保险（集团）股份有限公司	174.43	209.33	103.14	54.49	541.39
61	中国光大银行股份有限公司	150.86	218.79	120.53	50.04	540.22
62	中国中铁股份有限公司	171.99	206.16	114.06	47.70	539.91
63	铜陵有色金属集团股份有限公司	185.60	195.66	109.82	48.15	539.24
64	中国铁建股份有限公司	189.93	209.33	89.67	48.63	537.55
65	厦门建发股份有限公司	204.79	186.20	91.18	54.98	537.15
66	山东钢铁股份有限公司	177.07	187.25	103.00	69.29	536.61
67	国机汽车股份有限公司	193.93	192.50	103.04	43.58	533.06
68	中国长城计算机深圳股份有限公司	175.13	191.45	103.07	58.52	528.16
69	中国南方航空股份有限公司	165.96	200.92	112.58	44.01	523.48
70	中国石油化工股份有限公司	228.88	134.42	109.26	50.90	523.47
71	新兴铸管股份有限公司	171.41	206.17	102.05	41.52	521.14
72	四川长虹电器股份有限公司	188.54	195.66	82.51	54.19	520.91
73	招商银行股份有限公司	166.24	209.33	91.24	53.27	520.08
74	湖南华菱钢铁股份有限公司	155.86	200.92	103.04	55.93	515.75
75	国电电力发展股份有限公司	164.94	206.17	96.45	47.44	515.01

（续表）

排名	公司名称	自我责任	行业责任	社区责任	国家责任	得分
76	五矿发展股份有限公司	166.70	200.92	103.06	43.13	513.80
77	大唐国际发电股份有限公司	170.03	192.50	97.24	52.80	512.57
78	中国人民财产保险股份有限公司	256.54	135.71	62.08	57.02	511.35
79	马鞍山钢铁股份有限公司	197.41	142.64	122.69	48.59	511.34
80	河北钢铁股份有限公司	161.15	205.12	103.00	41.92	511.19
81	中国建设银行股份有限公司	152.75	180.72	120.57	53.42	507.46
82	上海建工集团股份有限公司	196.77	181.99	62.40	61.70	502.86
83	山煤国际能源集团股份有限公司	137.54	187.25	123.67	48.86	497.31
84	中国民生银行股份有限公司	148.05	209.33	91.14	48.06	496.58
85	甘肃酒钢集团宏兴钢铁股份有限公司	165.65	184.08	103.06	42.92	495.71
86	中国银行股份有限公司	139.68	203.64	103.28	47.72	494.31
87	中国太平洋保险（集团）股份有限公司	156.89	200.92	82.50	52.27	492.58
88	中国工商银行股份有限公司	141.51	198.59	103.28	48.35	491.73
89	国药控股股份有限公司	215.39	160.95	60.83	54.19	491.37
90	中信银行股份有限公司	153.15	205.12	82.53	49.34	490.14
91	中铁二局股份有限公司	136.56	190.82	100.24	60.46	488.08
92	交通银行股份有限公司	159.60	179.87	100.11	47.96	487.54
93	新华人寿保险股份有限公司	153.53	196.71	91.24	43.85	485.33
94	庞大汽贸集团股份有限公司	177.28	189.35	61.80	47.66	476.09
95	中国人寿保险股份有限公司	148.05	208.48	61.91	53.24	471.69
96	兴业银行股份有限公司	154.69	189.35	61.80	46.44	452.28
97	上海浦东发展银行股份有限公司	143.82	188.30	61.80	48.45	442.37
98	中国农业银行股份有限公司	114.01	193.97	82.57	47.36	437.90
99	上海物资贸易股份有限公司	158.07	160.96	61.96	12.55	393.54
100	长城科技股份有限公司	N/A	N/A	N/A	N/A	0.00

2015年度中国企业社会责任指数的总分和总排名是根据四个一级指标（自我责任、行业责任、社区责任和国家责任）的得分加总而成（见表6-3，表中数据为标准化后，乘上权重的得分）。每个一级指标下设二到三个不等的二级指标，而后再设二到四个不等的三级指标。这些指标的具体评估项目和详尽数据可以通过本报告的附录查阅。

从最后结果来看，排名首位的是腾讯控股有限公司，与此同时，它也是民营企业社会责任排行榜的头名。而在国有企业社会责任排行榜上，占据榜首的则是中国海洋石油有限公司。就行业来说，尽管集中程度最高的三大行业分别是金属矿采选业、银行业和建筑业，但三个行业的企业社会责任平均得分并不高，建筑业排在倒数第七，金属矿采选业排名倒数第四，银行业更是居于末尾。最后，就地方来看，总部位于东部省市的企业在社会责任履行方面总体情况较好，尤其是相较于西部省市的企业来说，更是如此。

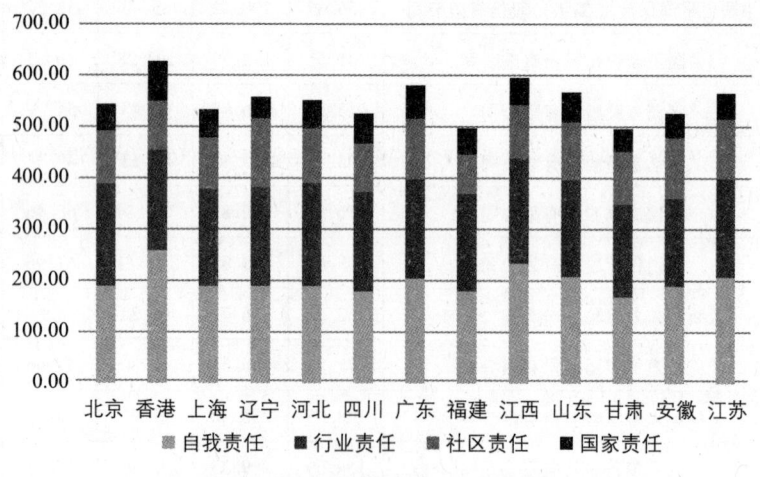

图6-4 地区企业社会责任平均得分

从图6-4我们可以看出，总部位于香港的企业社会责任履行状况最好，其平均得分超过600分，这在很大程度上是因为许多科技型企业将总部设在香港，而这些企业的社会责任得分普遍较高，从而导致位于香港的企业社会责任平均得分位列榜首。地区企业社会责任平均得分在500分以下的包括两个地区：福建和甘肃，由于总部设在上述两个地方的企业或隶属建筑业，或归属金属矿采选业，而这两个行业的企业社会责任履行状况普遍较差，所以导致两个地区的企业社会责任得分较低。

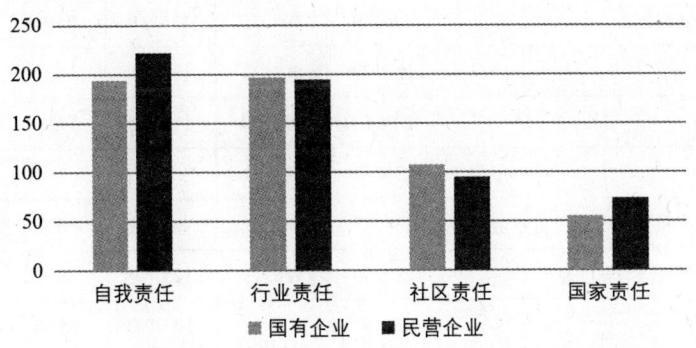

图6-5 国有企业与民营企业平均得分对比

图6-5反映的是国有企业与民营企业在四项一级指标上的平均得分对比。国有企业在自我责任和国家责任两项指标上的平均得分不如民营企业。就自我责任来说，这是因为银行类企业多属国有企业，而银行类企业的自我责任得分普遍不高，尤其是在资产负债率和产权比率两项指标上得分较低。尽管银行业的负债较高本属正常，但问题在于，大部分银行的资产负债率已经超过92%的警戒线，由此在很大程度上拉低了国有企业的平均得分。而就国家责任来看，则主要是因为民营企业存在诸多科技类企业，这类企业在科技创新这一指标上的得分普遍较高，这就拉升了国有企业的平均得分。此外，需要注意的是，尽管计算的是平均值，但国有企业与民营企业的数量差距在一定程度上还是会影响到二者的对比结果。

表6-4与图6-6主要反映的是各个行业的企业社会责任平均得分。从表6-4可以看出，各个行业在社会责任的贡献上存在着一定的差距。其中，信息服务业、电气器械行业以及医药制造业位列前三，这三个行业在四项一级指标上均有较高得分，由此使其居于前列。银行业则明显落后于其他各个行业，位列倒数第一，这主要是因为它在自我责任、国家责任两项指标上排名最末，其中自我责任更是落后其他行业一大截。

表6-4 行业企业社会责任平均得分

行业	自我责任	行业责任	社区责任	国家责任	平均得分
信息传输、软件和信息技术服务业	248.58	181.90	120.50	64.60	615.58
电气器械与器械制造业	220.79	193.55	115.21	74.03	603.58
医药制造业	207.27	209.33	132.48	54.11	603.19
铁路、船舶	209.63	218.79	112.83	57.18	598.43
房地产业	236.45	200.31	91.23	67.48	595.47
计算机、通信和其他电子设备制造业	238.53	182.77	84.59	88.60	594.50
石油和天然气开采与加工业	217.66	186.23	125.68	58.98	588.55
汽车制造业	225.63	191.98	103.21	65.77	586.59
非金属矿物业	250.46	192.50	103.00	36.48	582.44
交通运输、仓储与邮政业	169.14	211.95	146.80	54.46	582.35
农副产品加工业	212.51	198.81	103.13	50.57	565.02
煤炭开采和选洗业	185.55	194.92	117.01	56.38	553.87
建筑业	184.95	203.90	103.32	60.17	552.35
机械设备制造业	187.16	196.71	109.62	52.36	545.85
电力、热力生产与供应业	180.97	207.75	103.39	51.38	543.49
金属矿采选业	185.95	195.13	111.83	50.34	543.24
保险业	205.55	193.06	80.84	55.87	535.31
批发和零售业	201.50	187.77	86.29	48.69	524.25
银行业	147.67	197.91	92.62	49.13	487.33

而从图6-6可以发现，各个行业的社会责任平均得分在不同的一级指标上也有不同侧重。譬如，非金属矿物业的自我责任得分最高，铁路与船舶业则在行业责任这一指标上位列榜首，而社区责任排名第一的是交通运输、仓储与邮政业，国家责任排名第一的是计算机、通信和其他电子设备制造业。

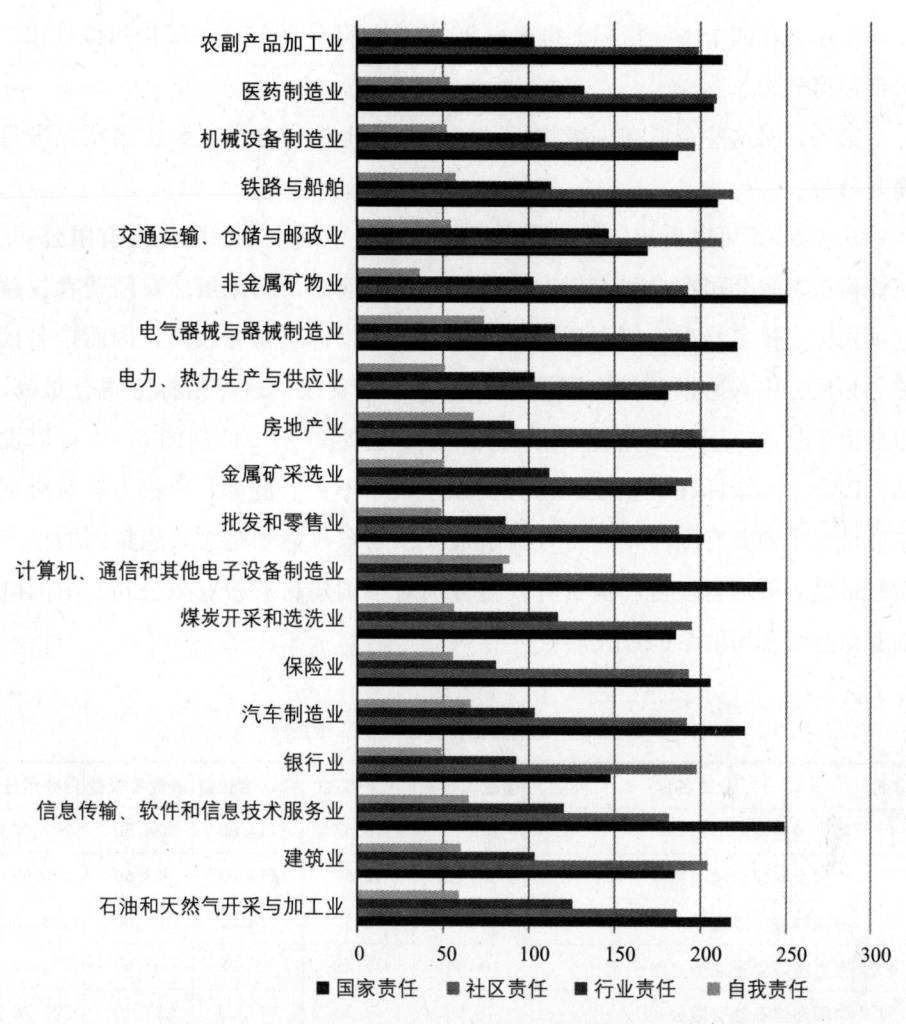

图 6-6 行业企业社会责任平均得分

中国企业社会责任指数：2015 分指标排名

研究团队在积累大量理论、查阅大量资料的基础上，为 2015 年度中国企业社会责任指数构建起了一个包含四个一级指标的指标体系，这四个一级指标分别是自我责任、行业责任、社区责任和国家责任。

四个一级指标将在这一部分得到解读，而我们将看到以下几个方面的内容。

第一，在四个一级指标上排名前 20 的企业得分（包括一级指标得分和二级指标得分）；

第二，对这些企业在一级指标和二级指标上的得分情况和排名状况进行简要分析。

从表 6-5 可以看出，腾讯控股有限公司、中国太平保险控股有限公司、冠捷科技有限公司在自我责任这项指标上位列前三，腾讯虽然在消费者权益这项指标上排名最末，但由于在其他三项二级指标上得分较高，因而排名榜首。相反，中兴通讯股份有限公司尽管在消费者权益这一指标上得分最高，但是由于其他三项二级指标得分较低，所以排名靠后。而从图 6-7 可以发现，四个二级指标在对企业的得分贡献中大小不一。例如，债权人权益对京东商城电子商务有限公司的得分贡献最大，股东权益则是对联想集团的得分贡献最大，劳动者权益和消费者权益分别对中国建材股份有限公司、中国电信股份有限公司的帮助最大。

表 6-5 自我责任得分排名前二十企业

排名	公司名称	债权人权益	股东权益	劳动者权益	消费者权益	自我责任
1	腾讯控股有限公司	101.54	46.62	114.60	34.30	297.06
2	中国太平保险控股有限公司	71.12	42.67	114.60	68.60	296.99
3	冠捷科技有限公司	91.71	13.34	114.60	68.60	288.25
4	京东商城电子商务有限公司	106.80	27.43	75.59	68.60	278.42
5	中国海洋石油有限公司	78.99	44.30	114.60	34.30	272.20
6	海尔电器集团有限公司	101.11	41.76	77.36	51.45	271.67
7	中国通信服务股份有限公司	97.55	36.19	76.65	51.45	261.85
8	碧桂园控股有限公司	73.68	39.25	96.99	51.45	261.37
9	中国海外发展有限公司	76.06	47.08	84.68	51.45	259.28
10	保利房地产（集团）股份有限公司	58.69	32.69	114.60	51.45	257.43
11	中国人民财产保险股份有限公司	81.63	37.53	68.78	68.60	256.54
12	联想集团有限公司	47.64	53.88	84.72	68.60	254.85
13	中国人民保险集团股份有限公司	54.17	32.19	114.60	51.45	252.41

(续表)

排名	公司名称	债权人权益	股东权益	劳动者权益	消费者权益	自我责任
14	中国建材股份有限公司	45.37	39.04	114.60	51.45	250.46
15	中国移动有限公司	59.67	47.61	73.70	68.60	249.58
16	长城汽车股份有限公司	77.67	41.81	57.27	68.60	245.34
17	潍柴动力股份有限公司	74.73	35.76	79.59	51.45	241.53
18	恒大地产集团有限公司	54.15	40.41	75.42	68.60	238.57
19	中国电信股份有限公司	78.29	45.68	44.79	68.60	237.36
20	中兴通讯股份有限公司	52.42	41.41	73.47	68.60	235.90

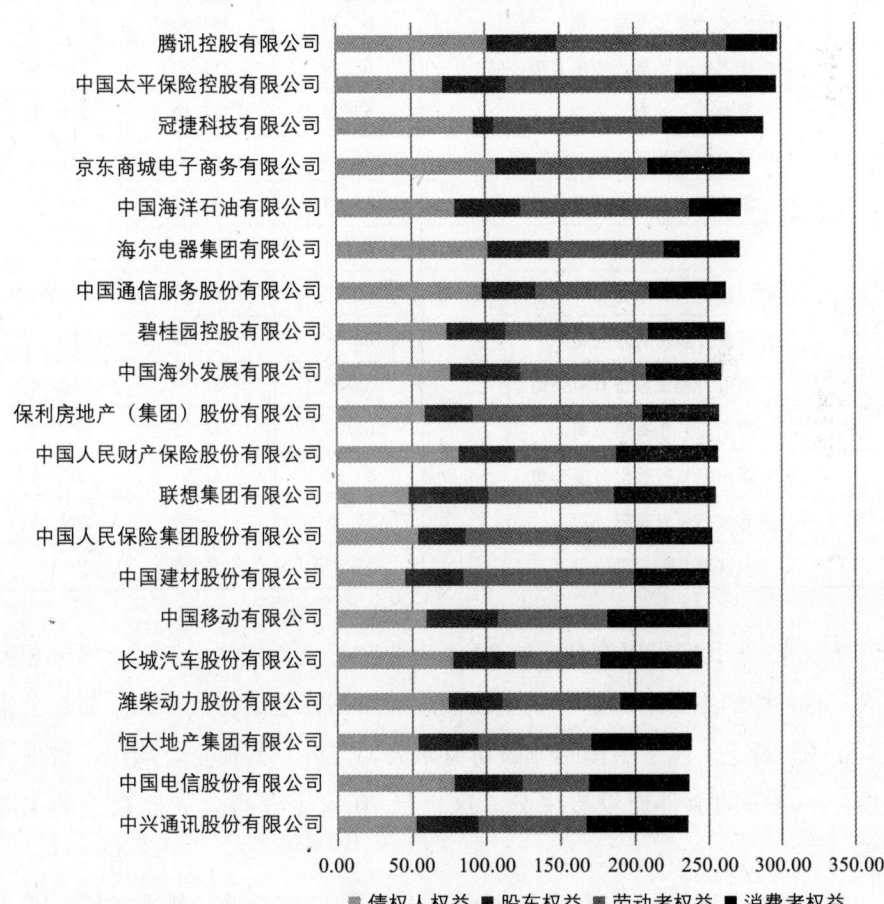

图6-7 行业自我责任得分排名前二十企业

115

表6-6 行业责任得分排名前二十企业

排名	公司名称	信息披露	公平运营	行业责任
1	武汉钢铁股份有限公司	71.49	151.50	222.99
2	中国东方航空股份有限公司	71.49	151.50	222.99
3	华电国际电力股份有限公司	71.49	151.50	222.99
4	中国北车股份有限公司	71.49	151.50	222.99
5	中国光大银行股份有限公司	67.29	151.50	218.79
6	中国建筑股份有限公司	67.29	151.50	218.79
7	中国国际航空股份有限公司	67.29	151.50	218.79
8	恒大地产集团有限公司	67.29	151.50	218.79
9	中国人民保险集团股份有限公司	67.29	151.50	218.79
10	中国海洋石油有限公司	67.29	151.50	218.79
11	中国葛洲坝集团股份有限公司	66.24	151.50	217.74
12	中国交通建设股份有限公司	63.08	151.50	214.58
13	中国南车股份有限公司	63.08	151.50	214.58
14	碧桂园控股有限公司	62.03	151.50	213.53
15	万科企业股份有限公司	62.03	151.50	213.53
16	中国电力建设股份有限公司	58.88	151.50	210.38
17	中国铝业股份有限公司	63.08	146.45	209.53
18	中国民生银行股份有限公司	57.83	151.50	209.33
19	招商银行股份有限公司	57.83	151.50	209.33
20	中国铁建股份有限公司	57.83	151.50	209.33

从表6-6我们可以看到，这20家企业在行业责任这一指标上得分相差不大，且差距的主要来源是各企业在信息披露指标上的得分不同。而在公平运营这项指标上，除了中国铝业股份有限公司之外，其他企业均因未曾发现违反公平竞争的事件而没有失分。这也是20家企业得分如此接近的主要原因。

事实上，从图6-8就可以清晰地看出，这20家企业的排名差距主要是因为它们在信息披露指标上的得分不同。

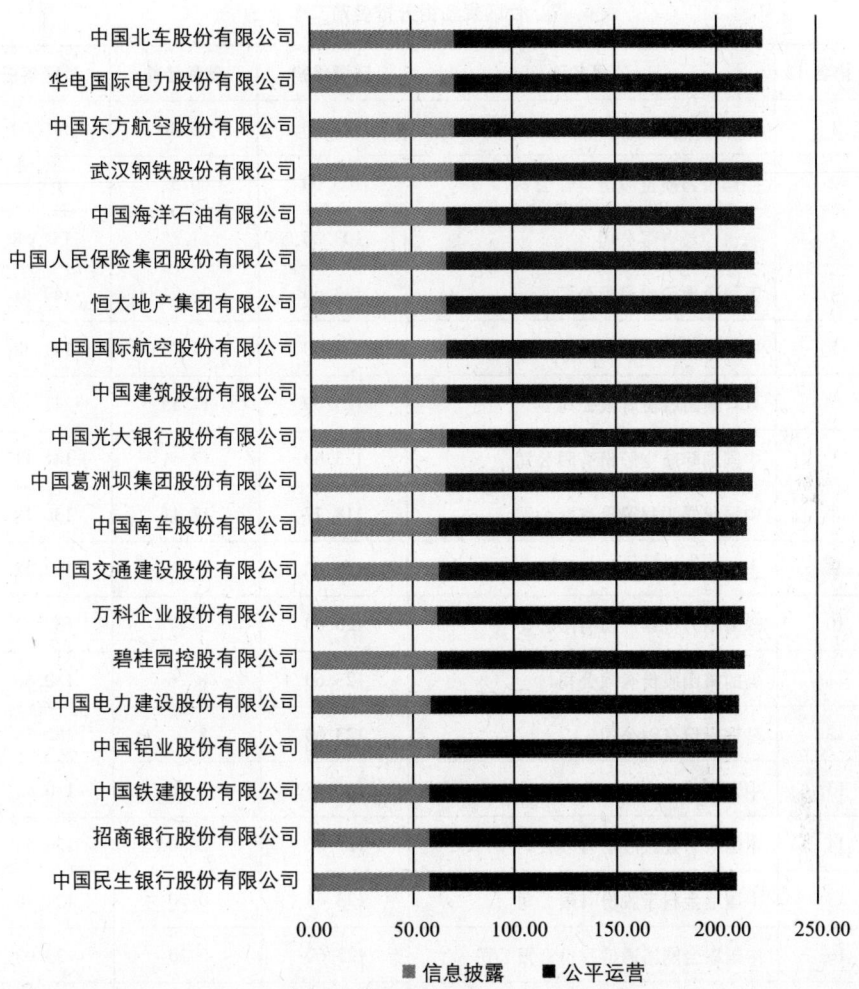

图6-8 行业责任得分排名前二十企业

从表6-7可以看出，这20家企业在环境保护指标上的得分差距不大，但在慈善公益指标上的得分却相差很大，正是因为在慈善公益指标上排名前列，才使中国远洋控股股份有限公司、中国东方航空股份有限公司和腾讯控股有限公司位列第一、第二和第三。也正是因为如此，上海电气集团股份有限公司虽然在环境保护指标上的得分最高，但由于慈善公益指标的得分较低，且与前面几家企业的差距较大，所以大大拉低了它的整体得分。

表6-7 社区责任得分排名前二十企业

排名	公司名称	环境保护	慈善公益	社区责任
1	中国远洋控股股份有限公司	123.60	46.40	170.00
2	中国东方航空股份有限公司	103.00	60.51	163.51
3	腾讯控股有限公司	103.00	51.88	154.88
4	万科企业股份有限公司	123.60	26.21	149.81
5	中国海洋石油有限公司	123.60	17.72	141.32
6	TCL集团股份有限公司	123.60	17.55	141.15
7	中国国际航空股份有限公司	123.60	17.51	141.11
8	中国化学工程股份有限公司	118.77	17.41	136.18
9	上海医药集团股份有限公司	123.60	8.88	132.48
10	珠海格力电器股份有限公司	123.60	8.77	132.37
11	美的集团股份有限公司	123.60	8.76	132.36
12	鞍钢股份有限公司	123.60	8.74	132.34
13	中国石化上海石油化工股份有限公司	121.67	8.76	130.43
14	中国电力建设股份有限公司	123.60	2.90	126.50
15	中国冶金科工股份有限公司	123.60	0.70	124.30
16	中国联合网络通信股份有限公司	123.60	0.30	123.90
17	山煤国际能源集团股份有限公司	123.60	0.07	123.67
18	兖州煤业股份有限公司	123.60	0.07	123.67
19	山西太钢不锈钢股份有限公司	123.60	0.04	123.64
20	上海电气集团股份有限公司	123.60	0.04	123.64

而图6-9也可以看出，这20家企业在慈善公益指标上的得分差距，很大程度上决定了企业的排名。

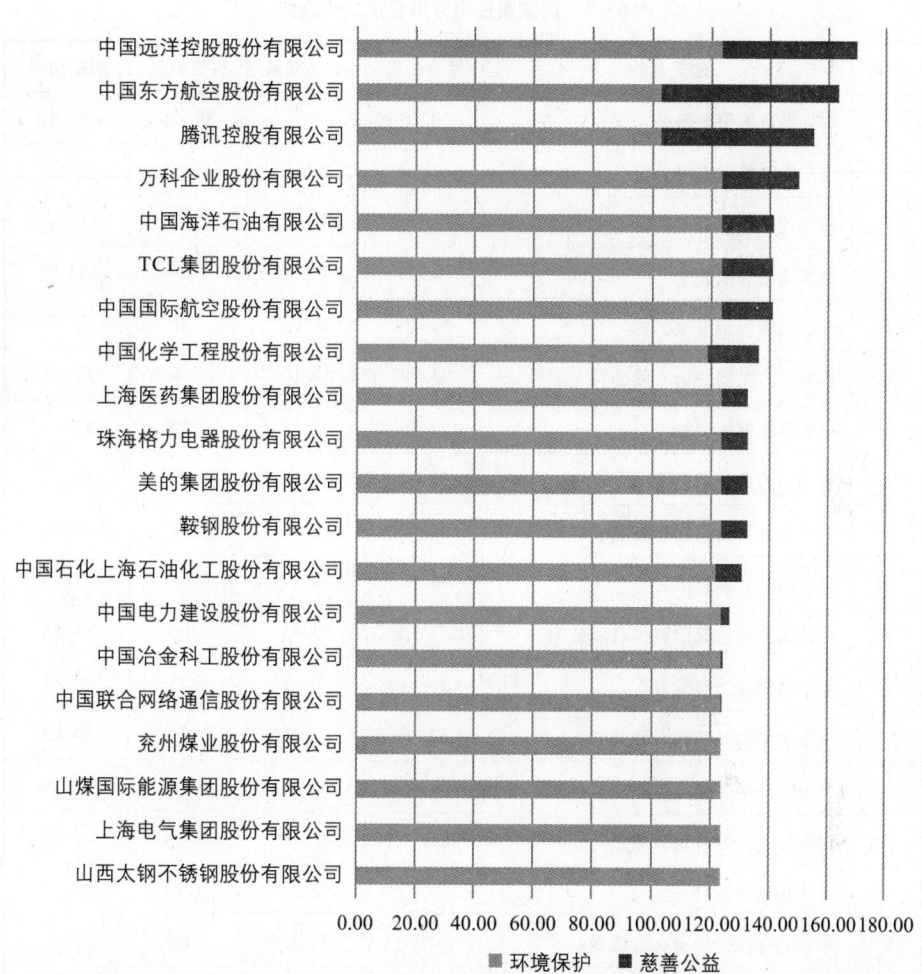

图6-9 社区责任得分排名前二十企业

从表6-8可以看出，中兴通讯股份有限公司、海尔电器集团有限公司、腾讯控股有限公司在国家责任指标上分别排名第一、第二、第三，这在很大程度上是因为三者在科技创新指标上得分较高。而中国石化上海石油化工股份有限公司因为在科技创新指标上得分较低，且在社会稳定指标上排名靠后，所以位列最末。

表6-8 国家责任得分排名前二十企业

排名	公司名称	社会稳定	财政贡献	科技创新	国家责任
1	中兴通讯股份有限公司	52.10	42.15	39.22	133.47
2	海尔电器集团有限公司	52.10	29.17	44.50	125.77
3	腾讯控股有限公司	52.10	37.55	23.59	113.25
4	联想集团有限公司	52.10	48.77	4.09	104.95
5	长城汽车股份有限公司	52.10	38.63	1.85	92.58
6	珠海格力电器股份有限公司	26.29	51.10	10.44	87.84
7	中信泰富有限公司	52.10	33.13	0.00	85.23
8	碧桂园控股有限公司	52.10	33.03	0.01	85.14
9	中国葛洲坝集团股份有限公司	52.10	27.94	2.31	82.36
10	中国海外发展有限公司	52.10	29.47	0.00	81.57
11	中国人民保险集团股份有限公司	52.10	29.43	0.00	81.54
12	美的集团股份有限公司	26.41	50.66	3.26	80.34
13	京东商城电子商务有限公司	52.10	21.06	2.47	75.63
14	华电国际电力股份有限公司	52.10	22.02	0.18	74.30
15	中国化学工程股份有限公司	26.36	22.44	22.74	71.54
16	中国移动有限公司	26.25	33.32	11.28	70.85
17	中国远洋控股股份有限公司	47.66	22.15	0.18	70.00
18	山东钢铁股份有限公司	52.10	14.95	2.25	69.29
19	中国建筑股份有限公司	26.19	42.81	0.08	69.08
20	中国石化上海石油化工股份有限公司	26.12	42.33	0.07	68.52

而从图6-10也可以看出,科技创新对于这20家企业得分的贡献总体较少,然而一旦有所贡献,便会因此而使企业排名靠前。社会稳定对20家企业得分的贡献通常较大,但在如珠海格力电器股份有限公司等案例中,财政贡献对得分的贡献相对较大。

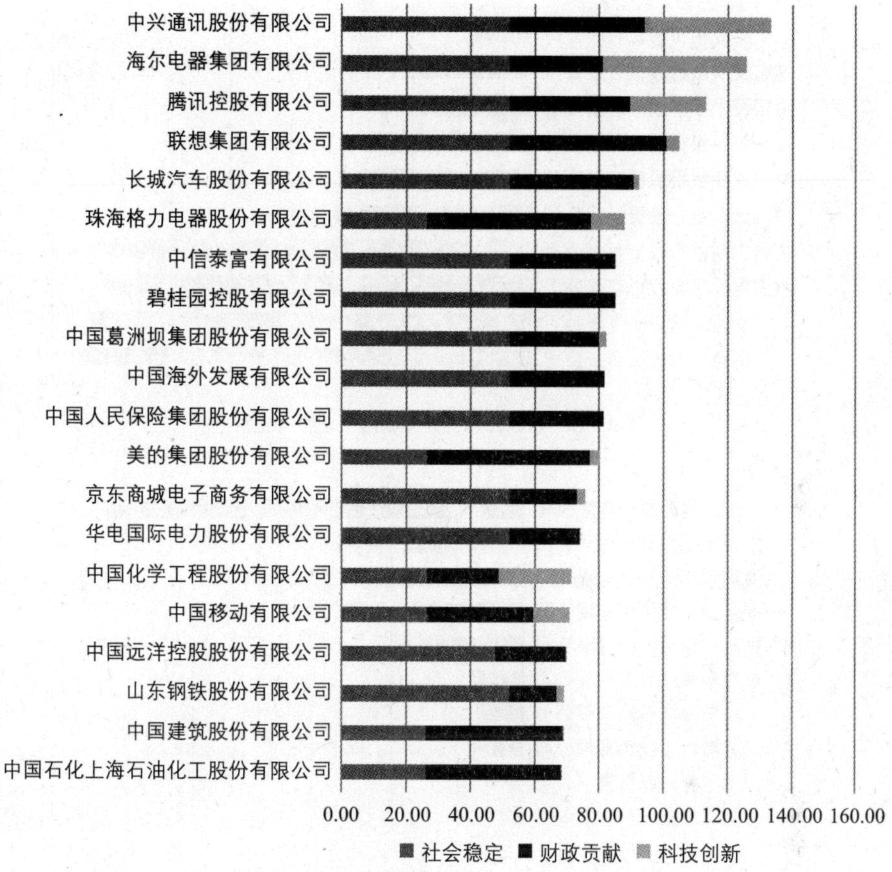

图 6-10 国家责任得分排名前二十企业

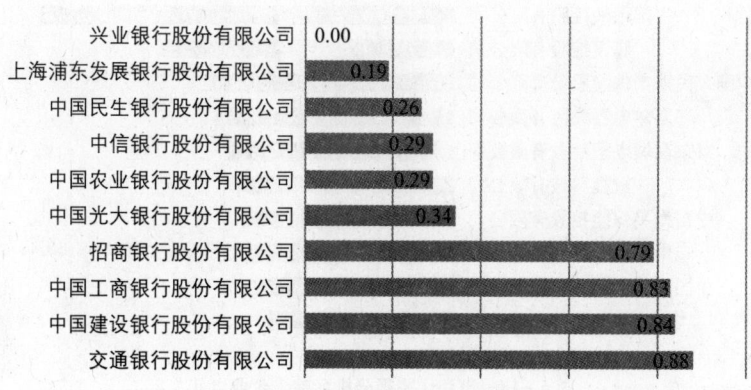

图 6-11 自我责任三级指标

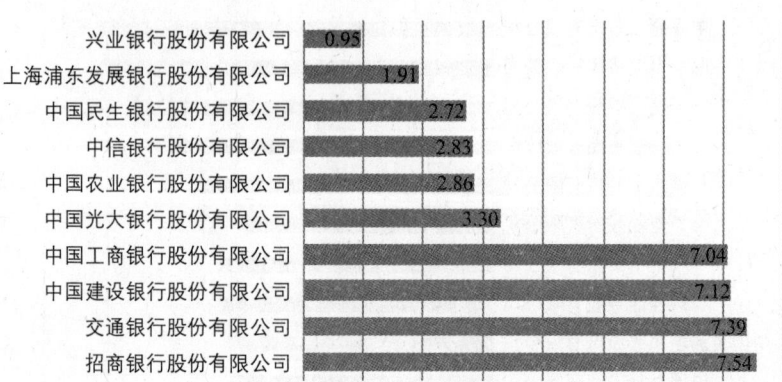

图6-12 产权比率得分排名后十企业(逆)

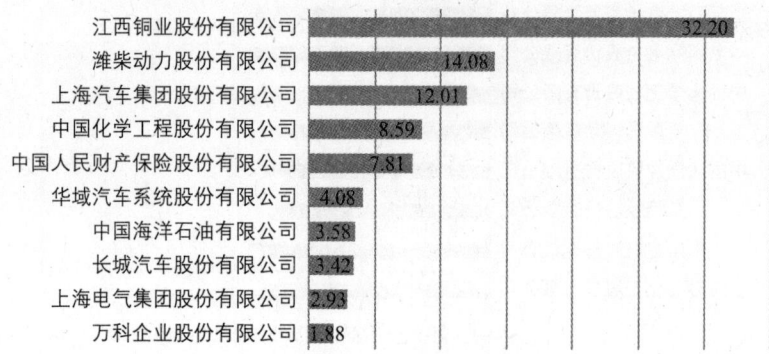

图6-13 利息保障倍数得分排名前十企业(正)

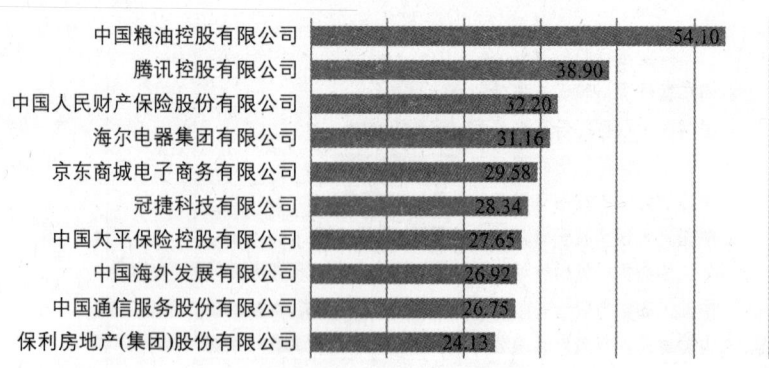

图6-14 流动比率得分排名前十企业(正)

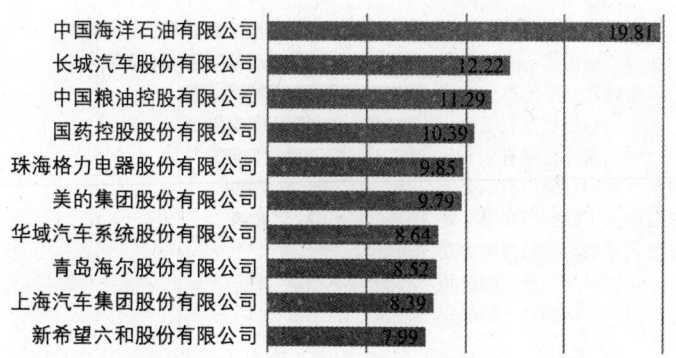

图 6-15　总资产报酬率得分排名前十企业（正）

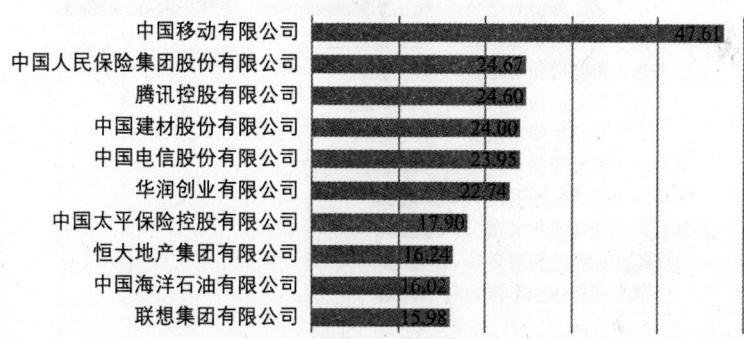

图 6-16　净利润增长率得分排名前十企业（正）

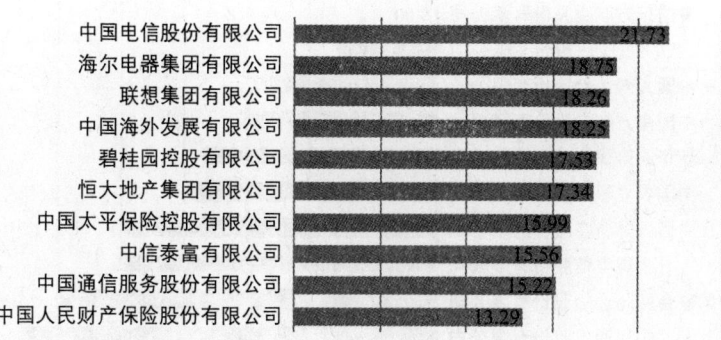

图 6-17　净资产收益率得分排名前十企业（正）

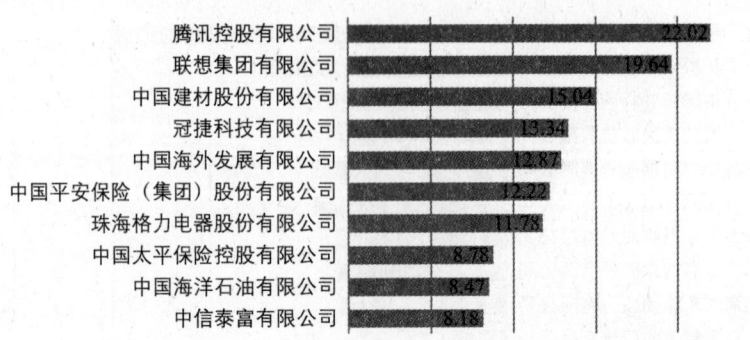

图 6-18 每股收益得分排名前十企业（正）

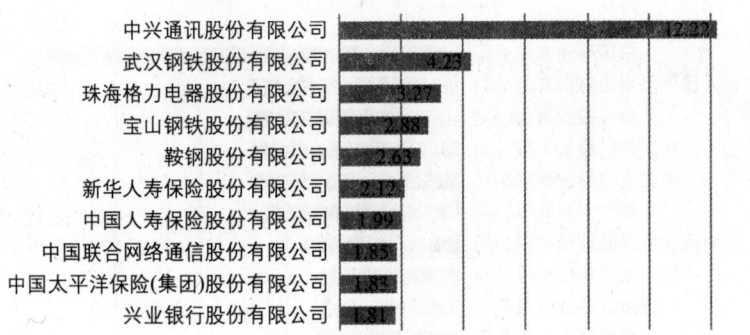

图 6-19 每股股利增长率得分排名前十企业（正）

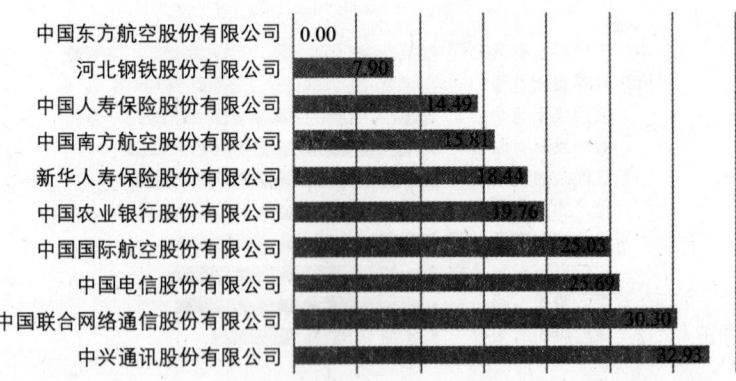

图 6-20 劳动仲裁事件数排名后十企业（逆）

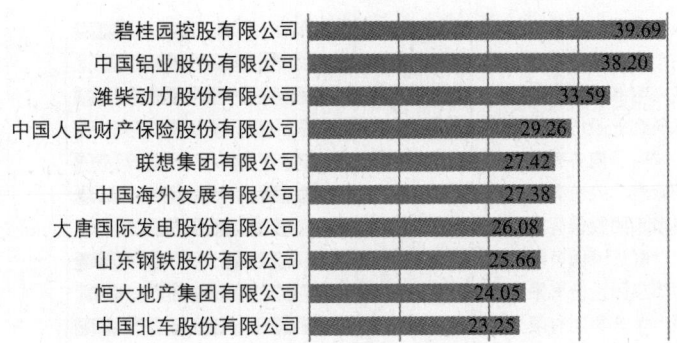

图 6-21 工资增长率得分排名前十企业（正）

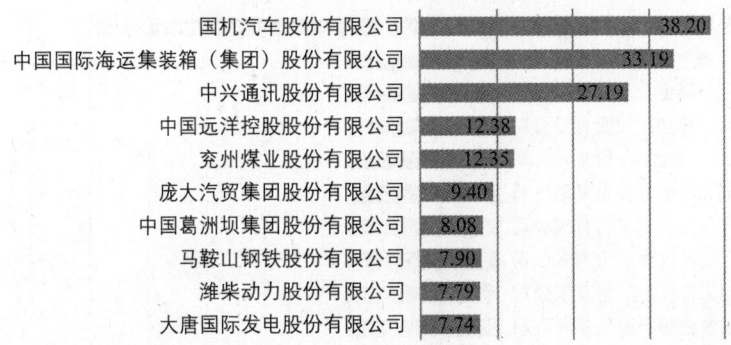

图 6-22 人力资本投资水平得分排名前十企业（正）

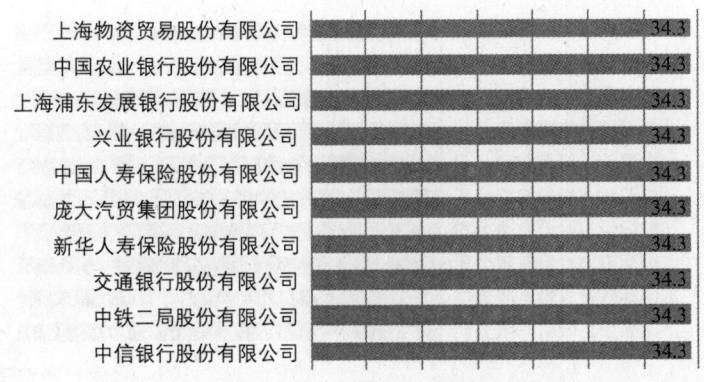

图 6-23 行政处罚事件数得分排名前十企业（逆）

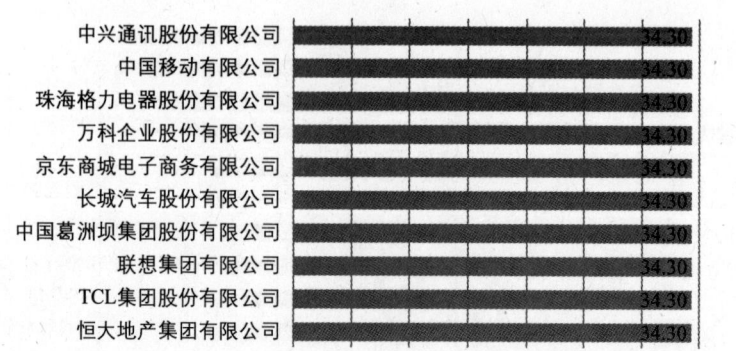

图 6-24　售报服务体系建设程度得分排名前十企业（正）

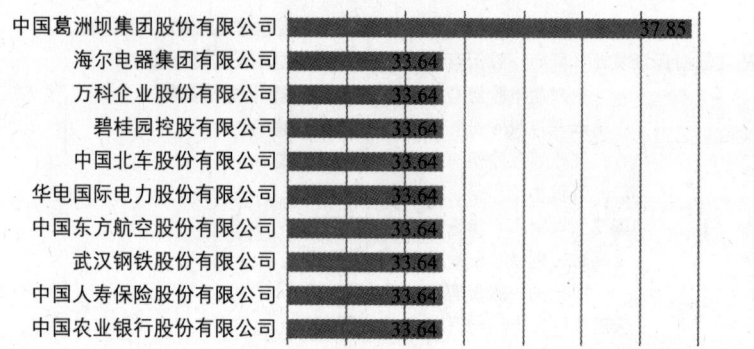

图 6-25　社会责任信息披露程序得分排名前十企业（正）

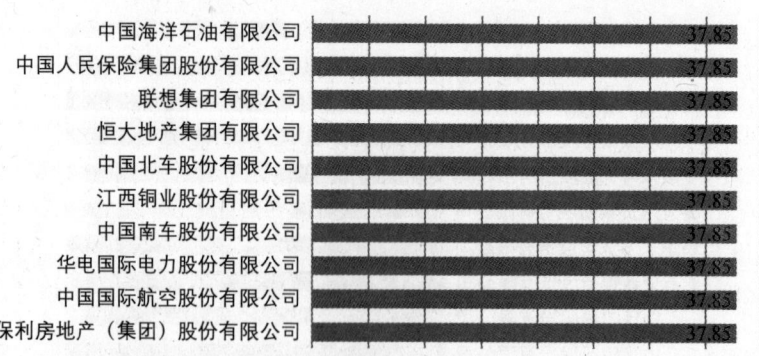

图 6-26　上市信息披露程度得分排名前十企业（正）

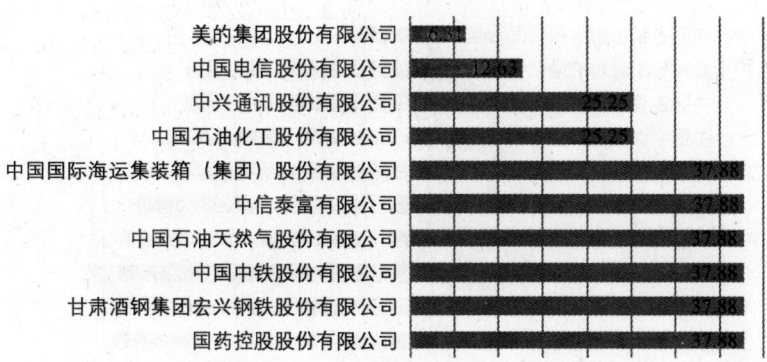

图6-27 侵犯知识产权数得分排名后十企业（逆）

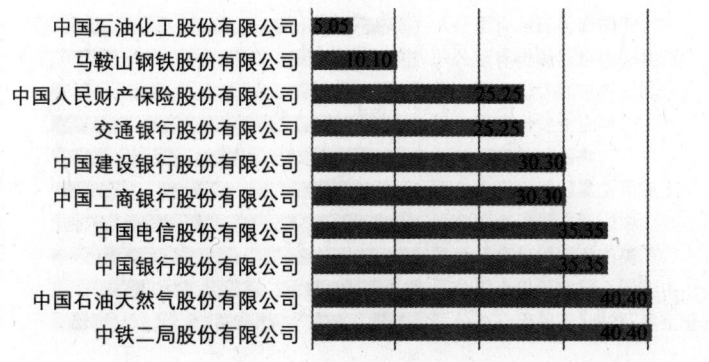

图6-28 受贿、贿赂事件数得分排名后十企业（逆）

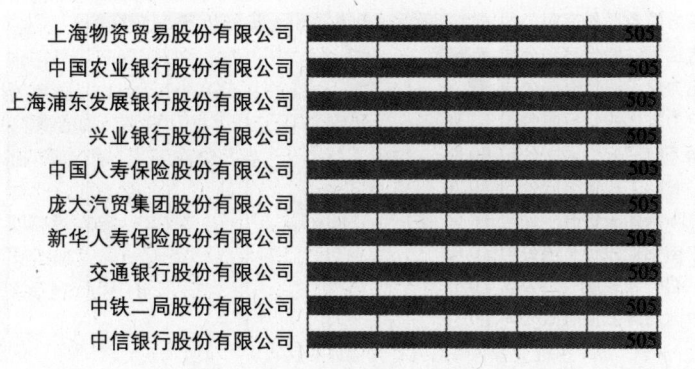

图6-29 严重违法事件数得分排名后十企业（逆）

中国建筑股份有限公司 23.66
中国石油化工股份有限公司 47.32
中国铁建股份有限公司 48.28
中国中铁股份有限公司 52.14
国电电力发展股份有限公司 54.08
大唐国际发电股份有限公司 56.01
中国化学工程股份有限公司 56.97
华能国际电力股份有限公司 57.94
华电国际电力股份有限公司 58.90
宝山钢铁股份有限公司 58.90

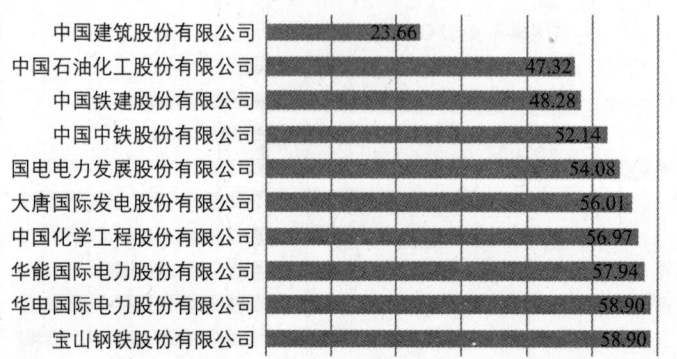

图6－30 环保处罚事件数得分排名后十企业（逆）

中国海洋石油有限公司 61.80
珠海格力电器股份有限公司 61.80
中国远洋控股股份有限公司 61.80
万科企业股份有限公司 61.80
TCL集团股份有限公司 61.80
上海医药集团股份有限公司 61.80
中国北车股份有限公司 61.80
美的集团股份有限公司 61.80
中国国际航空股份有限公司 61.80
中国石化上海石油化工股份有限公司 61.80

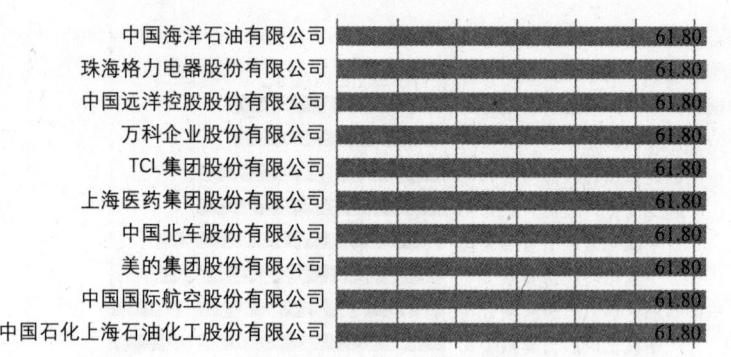

图6－31 绿色发展能力得分排名前十企业（正）

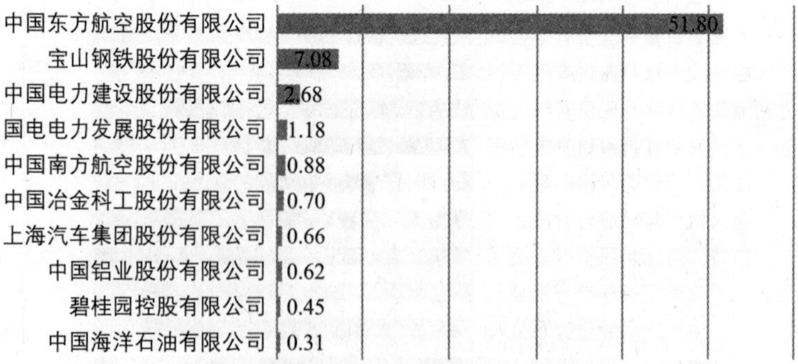

中国东方航空股份有限公司 51.80
宝山钢铁股份有限公司 7.08
中国电力建设股份有限公司 2.68
国电电力发展股份有限公司 1.18
中国南方航空股份有限公司 0.88
中国冶金科工股份有限公司 0.70
上海汽车集团股份有限公司 0.66
中国铝业股份有限公司 0.62
碧桂园控股有限公司 0.45
中国海洋石油有限公司 0.31

图6－32 公益活跃度得分排名前十企业（正）

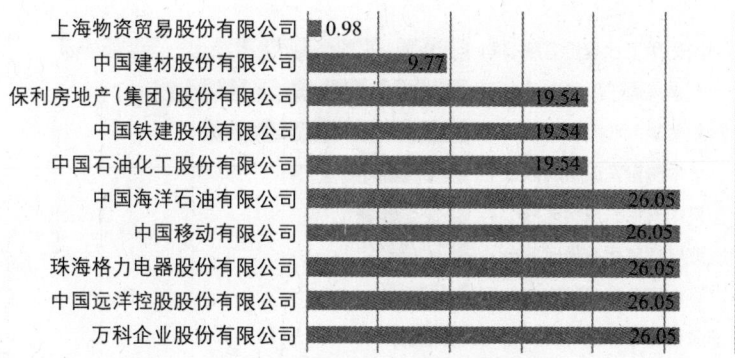

图6-33 发生群体性事件得分排名后十企业（逆）

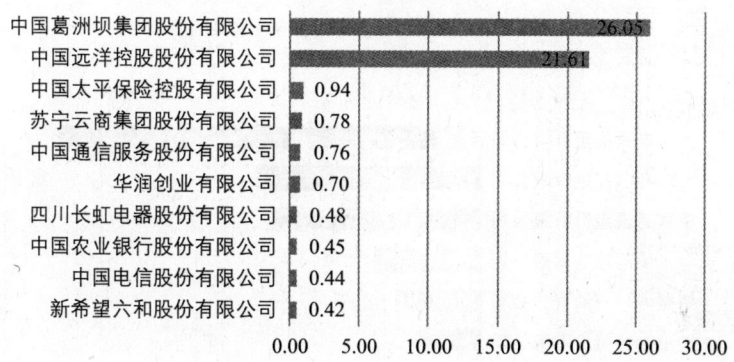

图6-34 万元产值就业数得分排名前十企业（正）

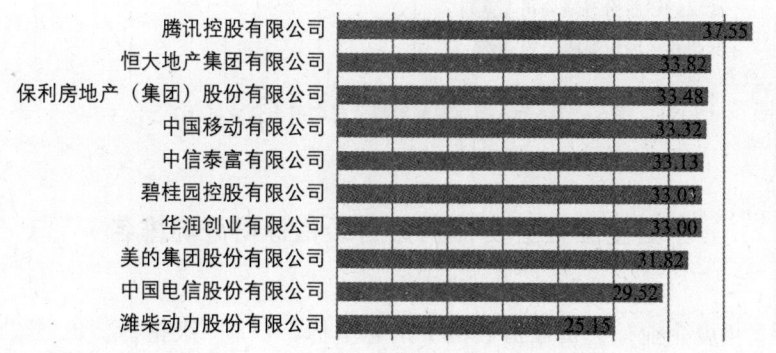

图6-35 纳税增长率得分排名前十企业（正）

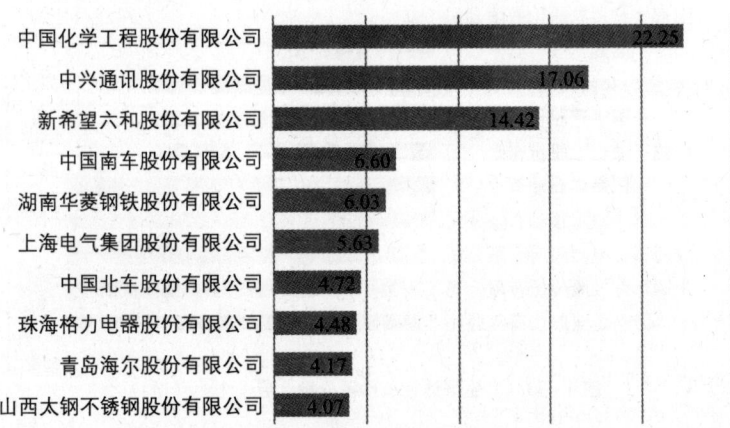

图 6-36 研发投入占比得分排名前十企业（正）

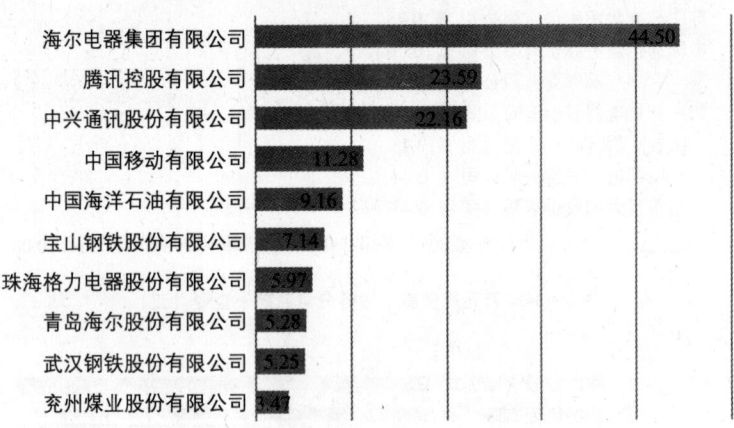

图 6-37 千人拥有专利数得分排名前十企业（正）

中国企业社会责任指数各级指标得分与排名

2015 年度企业社会责任指数由 1 个总指标，4 个一级指标，11 个二级指标组成，这些指标的相关关系如图 6-38。

第三部分 企业社会责任的软法之治

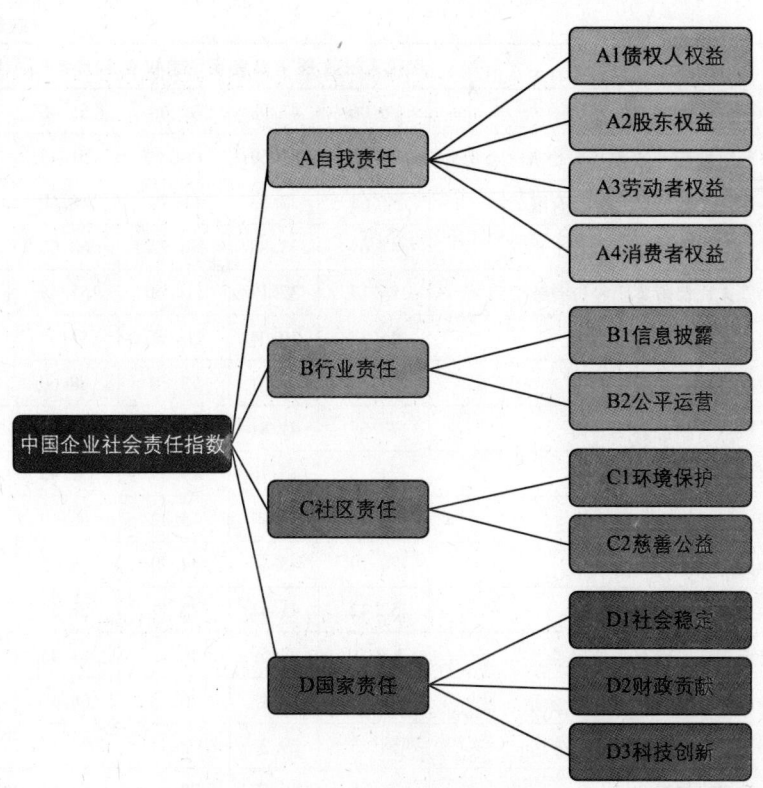

图6-38 中国企业社会责任指数指标构成

表6-9 100家企业自我责任得分排名

排名	公司名称	债权人权益	股东权益	劳动者权益	消费者权益	自我责任
1	腾讯控股有限公司	101.54	46.62	114.60	34.30	297.06
2	中国太平保险控股有限公司	71.12	42.67	114.60	68.60	296.99
3	冠捷科技有限公司	91.71	13.34	114.60	68.60	288.25
4	京东商城电子商务有限公司	106.80	27.43	75.59	68.60	278.42
5	中国海洋石油有限公司	78.99	44.30	114.60	34.30	272.20
6	海尔电器集团有限公司	101.11	41.76	77.36	51.45	271.67
7	中国通信服务股份有限公司	97.55	36.19	76.65	51.45	261.85
8	碧桂园控股有限公司	73.68	39.25	96.99	51.45	261.37

（续表）

排名	公司名称	债权人权益	股东权益	劳动者权益	消费者权益	自我责任
9	中国海外发展有限公司	76.06	47.08	84.68	51.45	259.28
10	保利房地产（集团）股份有限公司	58.69	32.69	114.60	51.45	257.43
11	中国人民财产保险股份有限公司	81.63	37.53	68.78	68.60	256.54
12	联想集团有限公司	47.64	53.88	84.72	68.60	254.85
13	中国人民保险集团股份有限公司	54.17	32.19	114.60	51.45	252.41
14	中国建材股份有限公司	45.37	39.04	114.60	51.45	250.46
15	中国移动有限公司	59.67	47.61	73.70	68.60	249.58
16	长城汽车股份有限公司	77.67	41.81	57.27	68.60	245.34
17	潍柴动力股份有限公司	74.73	35.76	79.59	51.45	241.53
18	恒大地产集团有限公司	54.15	40.41	75.42	68.60	238.57
19	中国电信股份有限公司	78.29	45.68	44.79	68.60	237.36
20	中兴通讯股份有限公司	52.42	41.41	73.47	68.60	235.90
21	江西铜业股份有限公司	107.01	28.59	46.53	51.45	233.58
22	中国神华能源股份有限公司	75.86	34.13	50.40	68.60	228.99
23	中国石油化工股份有限公司	58.63	29.25	106.70	34.30	228.88
24	中信泰富有限公司	53.72	39.57	78.60	51.45	223.33
25	青岛海尔股份有限公司	66.77	36.51	49.76	68.60	221.64
26	美的集团股份有限公司	62.33	38.63	51.69	68.60	221.25
27	中国南车股份有限公司	60.04	30.51	61.32	68.60	220.47
28	中国粮油控股有限公司	54.10	16.53	114.60	34.30	219.53
29	珠海格力电器股份有限公司	54.69	46.85	47.68	68.60	217.82
30	上海汽车集团股份有限公司	77.87	37.26	50.11	51.45	216.69
31	华润创业有限公司	56.49	28.99	78.83	51.45	215.76
32	宝山钢铁股份有限公司	68.23	29.98	48.90	68.60	215.72
33	国药控股股份有限公司	55.75	40.47	50.57	68.60	215.39
34	万科企业股份有限公司	53.66	32.73	55.38	68.60	210.36
35	中国葛洲坝集团股份有限公司	51.56	29.78	57.77	68.60	207.71
36	上海医药集团股份有限公司	73.00	31.51	51.30	51.45	207.27
37	苏宁云商集团股份有限公司	61.03	27.59	49.20	68.60	206.42

(续表)

排名	公司名称	债权人权益	股东权益	劳动者权益	消费者权益	自我责任
38	新希望六和股份有限公司	77.25	32.92	61.03	34.30	205.49
39	厦门建发股份有限公司	55.99	31.09	49.11	68.60	204.79
40	中国国际海运集装箱（集团）股份有限公司	55.10	30.80	83.71	34.30	203.91
41	TCL集团股份有限公司	52.32	31.06	51.83	68.60	203.81
42	中国建筑股份有限公司	50.43	31.28	50.13	68.60	200.44
43	华域汽车系统股份有限公司	71.61	36.18	56.87	34.30	198.96
44	中国北车股份有限公司	57.92	30.57	58.86	51.45	198.79
45	马鞍山钢铁股份有限公司	55.96	26.25	63.76	51.45	197.41
46	中国联合网络通信股份有限公司	51.70	29.32	47.43	68.60	197.05
47	上海建工集团股份有限公司	42.72	28.93	56.53	68.60	196.77
48	华电国际电力股份有限公司	38.42	32.09	74.23	51.45	196.18
49	国机汽车股份有限公司	40.35	32.55	86.73	34.30	193.93
50	中国石化上海石油化工股份有限公司	68.55	24.32	49.07	51.45	193.39
51	中国中煤能源股份有限公司	63.88	24.43	53.48	51.45	193.24
52	华能国际电力股份有限公司	45.76	31.76	46.60	68.60	192.71
53	中国电力建设股份有限公司	42.63	28.76	51.34	68.60	191.33
54	鞍钢股份有限公司	65.16	28.13	45.93	51.45	190.68
55	中国铁建股份有限公司	43.69	31.07	46.57	68.60	189.93
56	中国冶金科工股份有限公司	44.02	27.73	48.55	68.60	188.90
57	四川长虹电器股份有限公司	59.01	25.33	52.75	51.45	188.54
58	中国远洋控股股份有限公司	58.17	26.37	69.68	34.30	188.52
59	中国化学工程股份有限公司	66.75	31.10	54.45	34.30	186.60
60	上海电气集团股份有限公司	60.02	27.40	47.28	51.45	186.16
61	铜陵有色金属集团股份有限公司	56.18	25.48	52.49	51.45	185.60
62	中国铝业股份有限公司	40.23	5.56	71.19	68.60	185.58
63	山西太钢不锈钢股份有限公司	50.15	26.23	37.89	68.60	182.87
64	兖州煤业股份有限公司	60.52	28.78	58.84	34.30	182.44
65	武汉钢铁股份有限公司	54.57	30.57	43.61	51.45	180.20

(续表)

排名	公司名称	债权人权益	股东权益	劳动者权益	消费者权益	自我责任
66	中国交通建设股份有限公司	46.38	30.24	51.18	51.45	179.25
67	中国国际航空股份有限公司	43.71	28.60	36.63	68.60	177.54
68	庞大汽贸集团股份有限公司	41.94	25.87	58.02	51.45	177.28
69	山东钢铁股份有限公司	39.88	16.84	68.91	51.45	177.07
70	中国石油天然气股份有限公司	65.97	29.72	46.19	34.30	176.18
71	中国长城计算机深圳股份有限公司	47.21	26.65	49.82	51.45	175.13
72	中国平安保险（集团）股份有限公司	13.31	38.15	54.38	68.60	174.43
73	中国中铁股份有限公司	42.08	29.33	49.14	51.45	171.99
74	新兴铸管股份有限公司	55.10	26.44	38.42	51.45	171.41
75	大唐国际发电股份有限公司	36.96	26.75	72.02	34.30	170.03
76	五矿发展股份有限公司	47.31	26.06	41.88	51.45	166.70
77	招商银行股份有限公司	8.33	32.89	56.42	68.60	166.24
78	中国南方航空股份有限公司	41.70	27.22	28.43	68.60	165.96
79	甘肃酒钢集团宏兴钢铁股份有限公司	50.45	25.22	38.53	51.45	165.65
80	国电电力发展股份有限公司	40.42	29.46	43.61	51.45	164.94
81	河北钢铁股份有限公司	44.39	28.90	19.26	68.60	161.15
82	交通银行股份有限公司	8.27	30.05	52.68	68.60	159.60
83	上海物资贸易股份有限公司	37.73	25.90	42.99	51.45	158.07
84	中国太平洋保险（集团）股份有限公司	24.81	30.75	49.88	51.45	156.89
85	湖南华菱钢铁股份有限公司	37.68	25.71	58.17	34.30	155.86
86	兴业银行股份有限公司	0.95	34.26	50.87	68.60	154.69
87	新华人寿保险股份有限公司	16.70	33.15	35.08	68.60	153.53
88	中信银行股份有限公司	3.12	30.14	51.29	68.60	153.15
89	中国建设银行股份有限公司	7.96	30.81	45.39	68.60	152.75
90	中国光大银行股份有限公司	3.64	29.77	48.85	68.60	150.86
91	中国人寿保险股份有限公司	22.09	31.13	26.23	68.60	148.05
92	中国民生银行股份有限公司	2.99	31.52	44.94	68.60	148.05

(续表)

排名	公司名称	债权人权益	股东权益	劳动者权益	消费者权益	自我责任
93	中国东方航空股份有限公司	33.51	29.37	13.07	68.60	144.55
94	上海浦东发展银行股份有限公司	2.10	34.18	38.95	68.60	143.82
95	中国工商银行股份有限公司	7.87	30.48	51.71	51.45	141.51
96	中国银行股份有限公司	9.09	29.60	49.54	51.45	139.68
97	山煤国际能源集团股份有限公司	40.78	13.85	48.60	34.30	137.54
98	中铁二局股份有限公司	34.29	26.02	41.94	34.30	136.56
99	中国农业银行股份有限公司	3.14	29.89	29.53	51.45	114.01
100	长城科技股份有限公司	N/A	N/A	N/A	N/A	0.00

表6-10　100家企业行业责任得分排名

排名	公司名称	信息披露	公平运营	行业责任
1	武汉钢铁股份有限公司	71.49	151.50	222.99
2	中国东方航空股份有限公司	71.49	151.50	222.99
3	华电国际电力股份有限公司	71.49	151.50	222.99
4	中国北车股份有限公司	71.49	151.50	222.99
5	中国光大银行股份有限公司	67.29	151.50	218.79
6	中国建筑股份有限公司	67.29	151.50	218.79
7	中国国际航空股份有限公司	67.29	151.50	218.79
8	恒大地产集团有限公司	67.29	151.50	218.79
9	中国人民保险集团股份有限公司	67.29	151.50	218.79
10	中国海洋石油有限公司	67.29	151.50	218.79
11	中国葛洲坝集团股份有限公司	66.24	151.50	217.74
12	中国交通建设股份有限公司	63.08	151.50	214.58
13	中国南车股份有限公司	63.08	151.50	214.58
14	碧桂园控股有限公司	62.03	151.50	213.53
15	万科企业股份有限公司	62.03	151.50	213.53
16	中国电力建设股份有限公司	58.88	151.50	210.38
17	中国铝业股份有限公司	63.08	146.45	209.53

(续表)

排名	公司名称	信息披露	公平运营	行业责任
18	中国民生银行股份有限公司	57.83	151.50	209.33
19	招商银行股份有限公司	57.83	151.50	209.33
20	中国铁建股份有限公司	57.83	151.50	209.33
21	中国平安保险（集团）股份有限公司	57.83	151.50	209.33
22	华能国际电力股份有限公司	57.83	151.50	209.33
23	上海汽车集团股份有限公司	57.83	151.50	209.33
24	上海医药集团股份有限公司	57.83	151.50	209.33
25	TCL集团股份有限公司	57.83	151.50	209.33
26	中国人寿保险股份有限公司	62.03	146.45	208.48
27	国电电力发展股份有限公司	54.67	151.50	206.17
28	新兴铸管股份有限公司	54.67	151.50	206.17
29	保利房地产（集团）股份有限公司	54.67	151.50	206.17
30	中国中铁股份有限公司	67.29	138.88	206.16
31	江西铜业股份有限公司	58.88	146.45	205.33
32	中信银行股份有限公司	53.62	151.50	205.12
33	河北钢铁股份有限公司	53.62	151.50	205.12
34	中国中煤能源股份有限公司	53.62	151.50	205.12
35	宝山钢铁股份有限公司	53.62	151.50	205.12
36	华润创业有限公司	53.62	151.50	205.12
37	中国远洋控股股份有限公司	53.62	151.50	205.12
38	珠海格力电器股份有限公司	53.62	151.50	205.12
39	中国移动有限公司	53.62	151.50	205.12
40	中国银行股份有限公司	67.29	136.35	203.64
41	中国粮油控股有限公司	49.42	151.50	200.92
42	中国太平洋保险（集团）股份有限公司	49.42	151.50	200.92
43	五矿发展股份有限公司	49.42	151.50	200.92
44	湖南华菱钢铁股份有限公司	49.42	151.50	200.92
45	中国南方航空股份有限公司	49.42	151.50	200.92
46	中国冶金科工股份有限公司	49.42	151.50	200.92

(续表)

排名	公司名称	信息披露	公平运营	行业责任
47	京东商城电子商务有限公司	49.42	151.50	200.92
48	中国联合网络通信股份有限公司	48.36	151.50	199.86
49	中国神华能源股份有限公司	48.36	151.50	199.86
50	中国工商银行股份有限公司	67.29	131.30	198.59
51	新华人寿保险股份有限公司	45.21	151.50	196.71
52	新希望六和股份有限公司	45.21	151.50	196.71
53	中国石油天然气股份有限公司	67.29	128.78	196.06
54	四川长虹电器股份有限公司	44.16	151.50	195.66
55	铜陵有色金属集团股份有限公司	44.16	151.50	195.66
56	上海电气集团股份有限公司	44.16	151.50	195.66
57	青岛海尔股份有限公司	44.16	151.50	195.66
58	中国石化上海石油化工股份有限公司	44.16	151.50	195.66
59	海尔电器集团有限公司	43.11	151.50	194.61
60	中国农业银行股份有限公司	52.57	141.40	193.97
61	联想集团有限公司	42.06	151.50	193.56
62	大唐国际发电股份有限公司	41.00	151.50	192.50
63	国机汽车股份有限公司	41.00	151.50	192.50
64	华域汽车系统股份有限公司	41.00	151.50	192.50
65	中国建材股份有限公司	41.00	151.50	192.50
66	中国长城计算机深圳股份有限公司	39.95	151.50	191.45
67	山西太钢不锈钢股份有限公司	39.95	151.50	191.45
68	鞍钢股份有限公司	39.95	151.50	191.45
69	苏宁云商集团股份有限公司	39.95	151.50	191.45
70	腾讯控股有限公司	39.95	151.50	191.45
71	中铁二局股份有限公司	49.42	141.40	190.82
72	兴业银行股份有限公司	37.85	151.50	189.35
73	庞大汽贸集团股份有限公司	37.85	151.50	189.35
74	上海浦东发展银行股份有限公司	36.80	151.50	188.30

(续表)

排名	公司名称	信息披露	公平运营	行业责任
75	中国化学工程股份有限公司	36.80	151.50	188.30
76	中国国际海运集装箱（集团）股份有限公司	49.42	138.88	188.29
77	兖州煤业股份有限公司	41.00	146.45	187.45
78	山煤国际能源集团股份有限公司	35.75	151.50	187.25
79	山东钢铁股份有限公司	35.75	151.50	187.25
80	厦门建发股份有限公司	34.70	151.50	186.20
81	中国海外发展有限公司	34.70	151.50	186.20
82	甘肃酒钢集团宏兴钢铁股份有限公司	45.21	138.88	184.08
83	潍柴动力股份有限公司	31.54	151.50	183.04
84	长城汽车股份有限公司	31.54	151.50	183.04
85	上海建工集团股份有限公司	30.49	151.50	181.99
86	中国太平保险控股有限公司	29.96	151.50	181.46
87	中国建设银行股份有限公司	49.42	131.30	180.72
88	交通银行股份有限公司	53.62	126.25	179.87
89	中信泰富有限公司	38.90	138.88	177.78
90	中兴通讯股份有限公司	49.42	126.25	175.67
91	冠捷科技有限公司	18.93	151.50	170.43
92	上海物资贸易股份有限公司	9.46	151.50	160.96
93	中国通信服务股份有限公司	9.46	151.50	160.96
94	国药控股有限公司	22.08	138.88	160.95
95	美的集团股份有限公司	53.62	107.31	160.93
96	中国电信股份有限公司	53.62	98.48	152.10
97	马鞍山钢铁股份有限公司	31.54	111.10	142.64
98	中国人民财产保险股份有限公司	9.46	126.25	135.71
99	中国石油化工股份有限公司	53.62	80.80	134.42
100	长城科技股份有限公司	N/A	N/A	0.00

表 6-11 100 家企业社区责任得分排名

排名	公司名称	环境保护	慈善公益	社区责任
1	中国远洋控股股份有限公司	123.60	46.40	170.00
2	中国东方航空股份有限公司	103.00	60.51	163.51
3	腾讯控股有限公司	103.00	51.88	154.88
4	万科企业股份有限公司	123.60	26.21	149.81
5	中国海洋石油有限公司	123.60	17.72	141.32
6	TCL集团股份有限公司	123.60	17.55	141.15
7	中国国际航空股份有限公司	123.60	17.51	141.11
8	中国化学工程股份有限公司	118.77	17.41	136.18
9	上海医药集团股份有限公司	123.60	8.88	132.48
10	珠海格力电器股份有限公司	123.60	8.77	132.37
11	美的集团股份有限公司	123.60	8.76	132.36
12	鞍钢股份有限公司	123.60	8.74	132.34
13	中国石化上海石油化工股份有限公司	121.67	8.76	130.43
14	中国电力建设股份有限公司	123.60	2.90	126.50
15	中国冶金科工股份有限公司	123.60	0.70	124.30
16	中国联合网络通信股份有限公司	123.60	0.30	123.90
17	山煤国际能源集团股份有限公司	123.60	0.07	123.67
18	兖州煤业股份有限公司	123.60	0.07	123.67
19	山西太钢不锈钢股份有限公司	123.60	0.04	123.64
20	上海电气集团股份有限公司	123.60	0.04	123.64
21	青岛海尔股份有限公司	123.60	0.04	123.64
22	中国北车股份有限公司	123.60	0.00	123.60
23	马鞍山钢铁股份有限公司	122.63	0.06	122.69
24	武汉钢铁股份有限公司	121.67	0.07	121.74
25	中国石油天然气股份有限公司	121.67	0.03	121.70
26	中国建设银行股份有限公司	103.00	17.57	120.57
27	中国光大银行股份有限公司	103.00	17.53	120.53
28	华能国际电力股份有限公司	119.74	0.02	119.76

(续表)

排名	公司名称	环境保护	慈善公益	社区责任
29	中国移动有限公司	102.03	17.59	119.62
30	中国神华能源股份有限公司	101.07	17.53	118.60
31	苏宁云商集团股份有限公司	82.40	34.91	117.31
32	中国中铁股份有限公司	113.94	0.11	114.06
33	中国南方航空股份有限公司	103.00	9.58	112.58
34	中国葛洲坝集团股份有限公司	103.00	8.87	111.87
35	华润创业有限公司	103.00	8.81	111.81
36	中国海外发展有限公司	103.00	8.81	111.81
37	中兴通讯股份有限公司	103.00	8.71	111.71
38	铜陵有色金属集团股份有限公司	101.07	8.75	109.82
39	中国铝业股份有限公司	100.10	9.33	109.43
40	中国石油化工股份有限公司	109.12	0.14	109.26
41	宝山钢铁股份有限公司	100.10	7.08	107.18
42	上海汽车集团股份有限公司	103.00	0.66	103.66
43	中国工商银行股份有限公司	103.00	0.28	103.28
44	中国银行股份有限公司	103.00	0.28	103.28
45	中国国际海运集装箱（集团）股份有限公司	103.00	0.17	103.17
46	中国粮油控股有限公司	103.00	0.17	103.17
47	中国平安保险（集团）股份有限公司	103.00	0.14	103.14
48	新希望六和股份有限公司	103.00	0.10	103.10
49	中国人民保险集团股份有限公司	103.00	0.10	103.10
50	中国交通建设股份有限公司	103.00	0.08	103.08
51	中国长城计算机深圳股份有限公司	103.00	0.07	103.07
52	华域汽车系统股份有限公司	103.00	0.07	103.07
53	长城汽车股份有限公司	103.00	0.07	103.07
54	甘肃酒钢集团宏兴钢铁股份有限公司	103.00	0.06	103.06
55	五矿发展股份有限公司	103.00	0.06	103.06
56	湖南华菱钢铁股份有限公司	103.00	0.04	103.04
57	国机汽车股份有限公司	103.00	0.04	103.04

(续表)

排名	公司名称	环境保护	慈善公益	社区责任
58	潍柴动力股份有限公司	103.00	0.04	103.04
59	江西铜业股份有限公司	103.00	0.03	103.03
60	河北钢铁股份有限公司	103.00	0.00	103.00
61	山东钢铁股份有限公司	103.00	0.00	103.00
62	中国通信服务股份有限公司	103.00	0.00	103.00
63	中国建材股份有限公司	103.00	0.00	103.00
64	中国中煤能源股份有限公司	102.03	0.07	102.10
65	中国南车股份有限公司	102.03	0.02	102.06
66	新兴铸管股份有限公司	102.03	0.01	102.05
67	中国电信股份有限公司	101.07	0.03	101.10
68	中铁二局股份有限公司	100.10	0.13	100.24
69	交通银行股份有限公司	82.40	17.71	100.11
70	华电国际电力股份有限公司	100.10	0.00	100.10
71	大唐国际发电股份有限公司	97.21	0.03	97.24
72	国电电力发展股份有限公司	95.28	1.18	96.45
73	新华人寿保险股份有限公司	82.40	8.84	91.24
74	招商银行股份有限公司	82.40	8.84	91.24
75	厦门建发股份有限公司	82.40	8.78	91.18
76	恒大地产集团有限公司	82.40	8.75	91.15
77	中国民生银行股份有限公司	82.40	8.74	91.14
78	中国铁建股份有限公司	89.48	0.19	89.67
79	中国农业银行股份有限公司	82.40	0.17	82.57
80	中信银行股份有限公司	82.40	0.13	82.53
81	四川长虹电器股份有限公司	82.40	0.11	82.51
82	中国太平洋保险（集团）股份有限公司	82.40	0.10	82.50
83	海尔电器集团有限公司	61.80	17.45	79.25
84	保利房地产（集团）股份有限公司	61.80	8.71	70.51
85	京东商城电子商务有限公司	61.80	8.71	70.51
86	中国建筑股份有限公司	64.86	0.08	64.94

(续表)

排名	公司名称	环境保护	慈善公益	社区责任
87	上海建工集团股份有限公司	61.80	0.60	62.40
88	碧桂园控股有限公司	61.80	0.45	62.25
89	中国人民财产保险股份有限公司	61.80	0.28	62.08
90	上海物资贸易股份有限公司	61.80	0.16	61.96
91	中国人寿保险股份有限公司	61.80	0.11	61.91
92	中信泰富有限公司	61.80	0.11	61.91
93	中国太平保险控股有限公司	61.80	0.11	61.91
94	上海浦东发展银行股份有限公司	61.80	0.00	61.80
95	兴业银行股份有限公司	61.80	0.00	61.80
96	庞大汽贸集团股份有限公司	61.80	0.00	61.80
97	冠捷科技有限公司	61.80	0.00	61.80
98	联想集团有限公司	61.80	0.00	61.80
99	国药控股股份有限公司	60.83	0.00	60.83
100	长城科技股份有限公司	N/A	N/A	0.00

表6-12 100家企业国家责任得分排名

排名	公司名称	社会稳定	财政贡献	科技创新	国家责任
1	中兴通讯股份有限公司	52.10	42.15	39.22	133.47
2	海尔电器集团有限公司	52.10	29.17	44.50	125.77
3	腾讯控股有限公司	52.10	37.55	23.59	113.25
4	联想集团有限公司	52.10	48.77	4.09	104.95
5	长城汽车股份有限公司	52.10	38.63	1.85	92.58
6	珠海格力电器股份有限公司	26.29	51.10	10.44	87.84
7	中信泰富有限公司	52.10	33.13	0.00	85.23
8	碧桂园控股有限公司	52.10	33.03	0.01	85.14
9	中国葛洲坝集团股份有限公司	52.10	27.94	2.31	82.36
10	中国海外发展有限公司	52.10	29.47	0.00	81.57
11	中国人民保险集团股份有限公司	52.10	29.43	0.00	81.54

(续表)

排名	公司名称	社会稳定	财政贡献	科技创新	国家责任
12	美的集团股份有限公司	26.41	50.66	3.26	80.34
13	京东商城电子商务有限公司	52.10	21.06	2.47	75.63
14	华电国际电力股份有限公司	52.10	22.02	0.18	74.30
15	中国化学工程股份有限公司	26.36	22.44	22.74	71.54
16	中国移动有限公司	26.25	33.32	11.28	70.85
17	中国远洋控股股份有限公司	47.66	22.15	0.18	70.00
18	山东钢铁股份有限公司	52.10	14.95	2.25	69.29
19	中国建筑股份有限公司	26.19	42.81	0.08	69.08
20	中国石化上海石油化工股份有限公司	26.12	42.33	0.07	68.52
21	兖州煤业股份有限公司	52.10	8.64	3.47	64.21
22	华润创业有限公司	26.75	37.36	0.00	64.11
23	潍柴动力股份有限公司	26.43	35.07	2.10	63.60
24	宝山钢铁股份有限公司	26.14	25.95	10.37	62.47
25	中国海洋石油有限公司	26.22	25.51	10.62	62.36
26	上海建工集团股份有限公司	26.17	33.97	1.56	61.70
27	新希望六和股份有限公司	26.47	19.63	14.42	60.52
28	中铁二局股份有限公司	26.17	31.71	2.58	60.46
29	恒大地产集团有限公司	26.39	33.82	0.00	60.21
30	上海电气集团股份有限公司	26.23	27.81	6.10	60.14
31	中国中煤能源股份有限公司	26.41	30.55	2.16	59.12
32	中国长城计算机深圳股份有限公司	26.29	28.46	3.76	58.52
33	中国电信股份有限公司	26.49	29.52	2.35	58.35
34	中国北车股份有限公司	26.44	26.31	4.92	57.67
35	冠捷科技有限公司	26.34	27.80	3.33	57.47
36	中国人民财产保险股份有限公司	26.35	30.67	0.00	57.02
37	中国冶金科工股份有限公司	26.33	28.70	1.68	56.71
38	中国南车股份有限公司	26.40	23.49	6.80	56.68
39	华域汽车系统股份有限公司	26.10	26.83	3.44	56.37
40	湖南华菱钢铁股份有限公司	26.31	23.59	6.03	55.93

（续表）

排名	公司名称	社会稳定	财政贡献	科技创新	国家责任
41	中国电力建设股份有限公司	26.39	25.63	3.51	55.53
42	中国国际海运集装箱（集团）股份有限公司	26.12	26.03	3.29	55.44
43	厦门建发股份有限公司	26.09	28.86	0.03	54.98
44	TCL 集团股份有限公司	26.40	27.22	0.91	54.54
45	中国平安保险（集团）股份有限公司	26.29	28.20	0.00	54.49
46	四川长虹电器股份有限公司	26.53	22.06	5.60	54.19
47	国药控股股份有限公司	26.17	27.98	0.04	54.19
48	中国石油天然气股份有限公司	26.16	27.15	0.82	54.13
49	上海医药集团股份有限公司	26.25	26.99	0.87	54.11
50	中国建设银行股份有限公司	26.36	26.98	0.09	53.42
51	中国神华能源股份有限公司	26.22	26.23	0.89	53.34
52	招商银行股份有限公司	26.26	23.38	3.62	53.27
53	中国人寿保险股份有限公司	26.16	27.09	0.00	53.24
54	保利房地产（集团）股份有限公司	19.65	33.48	0.00	53.13
55	江西铜业股份有限公司	26.10	24.49	2.34	52.93
56	大唐国际发电股份有限公司	26.22	23.52	3.07	52.80
57	中国东方航空股份有限公司	26.42	26.18	0.18	52.77
58	中国太平洋保险（集团）股份有限公司	26.26	26.01	0.00	52.27
59	万科企业股份有限公司	26.18	25.72	0.17	52.07
60	中国国际航空股份有限公司	26.36	24.63	0.05	51.04
61	中国石油化工股份有限公司	19.60	28.40	2.90	50.90
62	上海汽车集团股份有限公司	26.16	23.99	0.40	50.55
63	中国光大银行股份有限公司	26.28	23.75	0.01	50.04
64	中信银行股份有限公司	26.24	23.08	0.02	49.34
65	山煤国际能源集团股份有限公司	26.15	22.51	0.20	48.86
66	中国太平保险控股有限公司	26.99	21.65	0.00	48.65
67	苏宁云商集团股份有限公司	26.83	21.82	0.00	48.64
68	中国铁建股份有限公司	19.73	28.87	0.03	48.63
69	马鞍山钢铁股份有限公司	26.37	19.19	3.03	48.59
70	上海浦东发展银行股份有限公司	26.22	22.24	0.00	48.45

(续表)

排名	公司名称	社会稳定	财政贡献	科技创新	国家责任
71	中国工商银行股份有限公司	26.24	22.02	0.09	48.35
72	铜陵有色金属集团股份有限公司	26.14	19.20	2.82	48.15
73	中国民生银行股份有限公司	26.19	21.82	0.05	48.06
74	中国交通建设股份有限公司	26.18	21.83	0.03	48.04
75	交通银行股份有限公司	26.30	21.63	0.03	47.96
76	中国银行股份有限公司	26.36	21.34	0.02	47.72
77	中国中铁股份有限公司	26.28	21.39	0.03	47.70
78	庞大汽贸集团股份有限公司	26.31	20.48	0.87	47.66
79	山西太钢不锈钢股份有限公司	26.25	14.81	6.51	47.57
80	国电电力发展股份有限公司	26.05	21.32	0.06	47.44
81	中国农业银行股份有限公司	26.50	20.83	0.03	47.36
82	中国铝业股份有限公司	26.30	19.45	1.29	47.04
83	兴业银行股份有限公司	26.19	20.24	0.01	46.44
84	武汉钢铁股份有限公司	26.18	12.68	6.60	45.46
85	中国联合网络通信股份有限公司	26.43	17.79	0.00	44.22
86	中国南方航空股份有限公司	26.41	17.59	0.02	44.01
87	新华人寿保险股份有限公司	26.24	17.62	0.00	43.85
88	国机汽车股份有限公司	26.07	17.50	0.00	43.58
89	五矿发展股份有限公司	26.07	15.75	1.32	43.13
90	甘肃酒钢集团宏兴钢铁股份有限公司	26.18	14.29	2.46	42.92
91	河北钢铁股份有限公司	26.07	12.39	3.46	41.92
92	鞍钢股份有限公司	26.30	11.83	3.62	41.75
93	新兴铸管股份有限公司	26.05	11.60	3.87	41.52
94	青岛海尔股份有限公司	26.34	5.72	9.45	41.51
95	中国粮油控股有限公司	26.07	14.48	0.07	40.62
96	中国建材股份有限公司	9.82	26.26	0.40	36.48
97	中国通信服务股份有限公司	26.81	5.76	3.75	36.32
98	华能国际电力股份有限公司	26.19	4.68	0.13	30.99
99	上海物资贸易股份有限公司	0.99	11.56	0.00	12.55
100	长城科技股份有限公司	N/A	N/A	N/A	0.00

表6-13 100家企业债权人权益得分排名

排名	公司名称	资产负债率	产权比率	利息保障倍数	流动比率	债权人权益
1	江西铜业股份有限公司	23.45	30.14	32.20	21.22	107.01
2	京东商城电子商务有限公司	36.35	40.87	N/A	29.58	106.80
3	腾讯控股有限公司	N/A	62.65	N/A	38.90	101.54
4	海尔电器集团有限公司	27.41	42.54	N/A	31.16	101.11
5	中国通信服务股份有限公司	27.87	42.93	N/A	26.75	97.55
6	冠捷科技有限公司	N/A	63.38	N/A	28.34	91.71
7	中国人民财产保险股份有限公司	9.45	32.16	7.81	32.20	81.63
8	中国海洋石油有限公司	27.20	30.71	3.58	17.51	78.99
9	中国电信股份有限公司	32.96	40.37	N/A	4.96	78.29
10	上海汽车集团股份有限公司	20.89	29.70	12.01	15.27	77.87
11	长城汽车股份有限公司	26.31	30.54	3.42	17.40	77.67
12	新希望六和股份有限公司	32.20	31.16	0.37	13.52	77.25
13	中国海外发展有限公司	17.86	30.78	0.51	26.92	76.06
14	中国神华能源股份有限公司	30.22	30.97	1.03	13.64	75.86
15	潍柴动力股份有限公司	15.13	28.27	14.08	17.25	74.73
16	碧桂园控股有限公司	12.51	40.05	N/A	21.12	73.68
17	上海医药集团股份有限公司	22.91	30.06	0.45	19.58	73.00
18	华域汽车系统股份有限公司	21.16	29.75	4.08	16.62	71.61
19	中国太平保险控股有限公司	2.13	41.35	N/A	27.65	71.12
20	中国石化上海石油化工股份有限公司	28.49	30.79	0.09	9.17	68.55
21	宝山钢铁股份有限公司	26.14	30.52	0.84	10.73	68.23
22	青岛海尔股份有限公司	17.77	29.03	1.57	18.40	66.77
23	中国化学工程股份有限公司	13.57	27.72	8.59	16.87	66.75
24	中国石油天然气股份有限公司	26.39	30.55	0.34	8.69	65.97
25	鞍钢股份有限公司	25.32	30.41	0.10	9.33	65.16
26	中国中煤能源股份有限公司	19.66	29.46	0.08	14.68	63.88
27	美的集团股份有限公司	16.78	28.67	1.65	15.22	62.33
28	苏宁云商集团股份有限公司	16.21	28.61	0.72	15.49	61.03

(续表)

排名	公司名称	资产负债率	产权比率	利息保障倍数	流动比率	债权人权益
29	兖州煤业股份有限公司	14.78	28.16	0.16	17.43	60.52
30	中国南车股份有限公司	15.28	28.32	0.81	15.62	60.04
31	上海电气集团股份有限公司	13.89	27.84	2.93	15.36	60.02
32	中国移动有限公司	14.79	30.18	0.46	14.24	59.67
33	四川长虹电器股份有限公司	14.25	27.97	0.17	16.62	59.01
34	保利房地产（集团）股份有限公司	8.74	25.07	0.74	24.13	58.69
35	中国石油化工股份有限公司	20.89	29.70	0.37	7.68	58.63
36	中国远洋控股股份有限公司	12.39	27.22	0.06	18.50	58.17
37	中国北车股份有限公司	15.14	28.28	0.28	14.22	57.92
38	华润创业有限公司	17.54	28.97	0.20	9.79	56.49
39	铜陵有色金属集团股份有限公司	14.84	28.18	0.07	13.09	56.18
40	厦门建发股份有限公司	9.61	25.70	0.76	19.92	55.99
41	马鞍山钢铁股份有限公司	17.21	28.88	0.07	9.80	55.96
42	国药控股股份有限公司	12.04	27.06	0.17	16.49	55.75
43	中国国际海运集装箱（集团）股份有限公司	13.59	27.72	0.37	13.42	55.10
44	新兴铸管股份有限公司	14.75	28.15	0.10	12.10	55.10
45	珠海格力电器股份有限公司	12.40	27.23	0.78	14.28	54.69
46	武汉钢铁股份有限公司	17.37	28.92	0.08	8.20	54.57
47	中国人民保险集团股份有限公司	10.94	43.22	N/A	N/A	54.17
48	恒大地产集团有限公司	9.59	26.03	0.11	18.42	54.15
49	中国粮油控股有限公司	N/A	N/A	N/A	54.10	54.10
50	中信泰富有限公司	2.70	39.78	N/A	11.24	53.72
51	万科企业股份有限公司	9.11	25.35	1.88	17.32	53.66
52	中兴通讯股份有限公司	10.17	26.06	0.12	16.07	52.42
53	TCL集团股份有限公司	12.42	27.24	0.29	12.36	52.32
54	中国联合网络通信股份有限公司	19.54	29.43	0.22	2.51	51.70
55	中国葛洲坝集团股份有限公司	10.35	26.16	0.19	14.86	51.56

（续表）

排名	公司名称	资产负债率	产权比率	利息保障倍数	流动比率	债权人权益
56	甘肃酒钢集团宏兴钢铁股份有限公司	13.63	27.74	0.05	9.03	50.45
57	中国建筑股份有限公司	8.37	24.78	0.32	16.97	50.43
58	山西太钢不锈钢股份有限公司	15.17	28.29	0.06	6.63	50.15
59	联想集团有限公司	4.99	30.71	0.35	11.59	47.64
60	五矿发展股份有限公司	8.93	25.21	0.06	13.11	47.31
61	中国长城计算机深圳股份有限公司	8.37	24.78	0.05	14.02	47.21
62	中国交通建设股份有限公司	8.13	24.58	0.16	13.51	46.38
63	华能国际电力股份有限公司	13.36	27.63	0.16	4.61	45.76
64	中国建材股份有限公司	8.23	30.20	0.04	6.90	45.37
65	河北钢铁股份有限公司	11.15	26.61	0.06	6.57	44.39
66	中国冶金科工股份有限公司	6.41	22.85	0.12	14.63	44.02
67	中国国际航空股份有限公司	12.12	27.10	0.12	4.36	43.71
68	中国铁建股份有限公司	5.81	22.08	0.21	15.58	43.69
69	上海建工集团股份有限公司	5.65	21.86	0.24	14.97	42.72
70	中国电力建设股份有限公司	5.86	22.15	0.13	14.50	42.63
71	中国中铁股份有限公司	5.43	21.54	0.24	14.87	42.08
72	庞大汽贸集团股份有限公司	6.58	23.04	0.06	12.26	41.94
73	中国南方航空股份有限公司	9.41	25.56	0.11	6.63	41.70
74	山煤国际能源集团股份有限公司	7.27	23.78	0.00	9.73	40.78
75	国电电力发展股份有限公司	11.23	26.65	0.13	2.41	40.42
76	国机汽车股份有限公司	5.17	21.15	0.16	13.88	40.35
77	中国铝业股份有限公司	7.91	24.39	0.08	7.84	40.23
78	山东钢铁股份有限公司	10.22	26.08	0.02	3.55	39.88
79	华电国际电力股份有限公司	9.14	25.37	0.12	3.80	38.42
80	上海物资贸易股份有限公司	4.35	19.73	0.06	13.59	37.73
81	湖南华菱钢铁股份有限公司	7.66	24.16	0.05	5.80	37.68
82	大唐国际发电股份有限公司	8.07	24.53	0.07	4.28	36.96

（续表）

排名	公司名称	资产负债率	产权比率	利息保障倍数	流动比率	债权人权益
83	中铁二局股份有限公司	3.10	16.86	0.11	14.23	34.29
84	中国东方航空股份有限公司	6.54	23.00	0.13	3.84	33.51
85	中国太平洋保险（集团）股份有限公司	4.60	20.20	0.00	0.00	24.81
86	中国人寿保险股份有限公司	3.71	18.38	0.00	0.00	22.09
87	新华人寿保险股份有限公司	1.14	9.65	N/A	5.90	16.70
88	中国平安保险（集团）股份有限公司	1.57	11.27	0.46	0.00	13.31
89	中国银行股份有限公司	0.99	8.10	0.00	0.00	9.09
90	招商银行股份有限公司	0.79	7.54	N/A	N/A	8.33
91	交通银行股份有限公司	0.88	7.39	0.00	0.00	8.27
92	中国建设银行股份有限公司	0.84	7.12	0.00	0.00	7.96
93	中国工商银行股份有限公司	0.83	7.04	0.00	0.00	7.87
94	中国光大银行股份有限公司	0.34	3.30	0.00	0.00	3.64
95	中国农业银行股份有限公司	0.29	2.86	0.00	0.00	3.14
96	中信银行股份有限公司	0.29	2.83	0.00	0.00	3.12
97	中国民生银行股份有限公司	0.26	2.72	N/A	N/A	2.99
98	上海浦东发展银行股份有限公司	0.19	1.91	0.00	0.00	2.10
99	兴业银行股份有限公司	0.00	0.95	0.00	0.00	0.95
100	长城科技股份有限公司	N/A	N/A	N/A	N/A	0.00

表6-14 100家企业股东权益得分排名

排名	公司名称	总资产报酬率	净利润增长率	净资产收益率	每股收益	每股股利增长率	股东权益
1	联想集团有限公司	N/A	15.98	18.26	19.64	N/A	53.88
2	中国移动有限公司	N/A	47.61	N/A	N/A	N/A	47.61
3	中国海外发展有限公司	N/A	15.96	18.25	12.87	N/A	47.08
4	珠海格力电器股份有限公司	9.85	9.74	12.22	11.78	3.27	46.85
5	腾讯控股有限公司	N/A	24.60	N/A	22.02	N/A	46.62

（续表）

排名	公司名称	总资产报酬率	净利润增长率	净资产收益率	每股收益	每股股利增长率	股东权益
6	中国电信股份有限公司	N/A	23.95	21.73	N/A	N/A	45.68
7	中国海洋石油有限公司	19.81	16.02	N/A	8.47	N/A	44.30
8	中国太平保险控股有限公司	N/A	17.90	15.99	8.78	N/A	42.67
9	长城汽车股份有限公司	12.22	9.46	11.12	7.65	1.35	41.81
10	海尔电器集团有限公司	N/A	15.96	18.75	7.05	N/A	41.76
11	中兴通讯股份有限公司	5.91	10.07	9.29	3.93	12.22	41.41
12	国药控股股份有限公司	10.39	12.15	12.19	5.73	N/A	40.47
13	恒大地产集团有限公司	N/A	16.24	17.34	6.82	N/A	40.41
14	中信泰富有限公司	N/A	15.83	15.56	8.18	N/A	39.57
15	碧桂园控股有限公司	N/A	15.96	17.53	5.76	N/A	39.25
16	中国建材股份有限公司	N/A	24.00	N/A	15.04	N/A	39.04
17	美的集团股份有限公司	9.79	10.09	11.00	7.36	0.39	38.63
18	中国平安保险（集团）股份有限公司	5.10	9.78	9.69	12.22	1.35	38.15
19	中国人民财产保险股份有限公司	5.70	12.25	13.29	6.29	N/A	37.53
20	上海汽车集团股份有限公司	8.39	9.64	10.26	7.46	1.51	37.26
21	青岛海尔股份有限公司	8.52	9.68	10.96	5.86	1.48	36.51
22	中国通信服务股份有限公司	N/A	15.96	15.22	5.02	N/A	36.19
23	华域汽车系统股份有限公司	8.64	9.73	10.42	5.84	1.55	36.18
24	潍柴动力股份有限公司	7.27	9.79	9.95	7.40	1.35	35.76
25	兴业银行股份有限公司	5.15	9.65	10.34	7.32	1.81	34.26
26	上海浦东发展银行股份有限公司	5.17	9.65	10.31	7.42	1.63	34.18
27	中国神华能源股份有限公司	7.54	9.50	9.56	6.08	1.44	34.13
28	新华人寿保险股份有限公司	5.09	9.81	9.65	6.48	2.12	33.15
29	新希望六和股份有限公司	7.99	9.61	9.41	4.57	1.35	32.92
30	招商银行股份有限公司	5.21	9.62	9.74	6.82	1.50	32.89
31	万科企业股份有限公司	6.26	9.60	10.28	5.24	1.35	32.73
32	保利房地产（集团）股份有限公司	6.47	9.65	10.55	4.66	1.35	32.69
33	国机汽车股份有限公司	6.05	9.64	10.14	5.16	1.56	32.55

(续表)

排名	公司名称	总资产报酬率	净利润增长率	净资产收益率	每股收益	每股股利增长率	股东权益
34	中国人民保险集团股份有限公司	N/A	24.67	N/A	7.53	N/A	32.19
35	华电国际电力股份有限公司	6.30	9.80	10.39	3.87	1.73	32.09
36	华能国际电力股份有限公司	6.68	9.58	10.26	3.89	1.35	31.76
37	中国民生银行股份有限公司	5.19	9.60	10.37	5.00	1.35	31.52
38	上海医药集团股份有限公司	6.86	9.67	9.11	4.31	1.57	31.51
39	中国建筑股份有限公司	5.96	9.63	10.06	3.89	1.74	31.28
40	中国人寿保险股份有限公司	5.35	9.73	9.39	4.66	1.99	31.13
41	中国化学工程股份有限公司	6.78	9.55	9.67	3.67	1.45	31.10
42	厦门建发股份有限公司	6.09	9.54	9.85	4.27	1.35	31.09
43	中国铁建股份有限公司	5.57	10.09	9.54	4.23	1.64	31.07
44	TCL集团股份有限公司	6.55	9.84	10.23	3.09	1.35	31.06
45	中国建设银行股份有限公司	5.29	9.61	10.34	4.21	1.36	30.81
46	中国国际海运集装箱（集团）股份有限公司	6.20	9.65	9.36	4.25	1.35	30.80
47	中国太平洋保险（集团）股份有限公司	5.29	9.68	9.13	4.82	1.83	30.75
48	中国北车股份有限公司	6.74	9.75	9.38	3.35	1.35	30.57
49	武汉钢铁股份有限公司	5.16	10.23	8.31	2.63	4.23	30.57
50	中国南车股份有限公司	6.64	9.72	9.63	3.17	1.35	30.51
51	中国工商银行股份有限公司	5.28	9.60	10.30	3.95	1.35	30.48
52	中国交通建设股份有限公司	5.84	9.65	9.46	4.11	1.19	30.24
53	中信银行股份有限公司	5.09	9.60	9.98	4.24	1.35	30.14
54	交通银行股份有限公司	5.10	9.61	9.75	4.17	1.42	30.05
55	宝山钢铁股份有限公司	5.90	9.57	8.53	3.09	2.88	29.98
56	中国农业银行股份有限公司	5.16	9.62	10.22	3.49	1.40	29.89
57	中国葛洲坝集团股份有限公司	5.82	9.81	9.35	3.45	1.35	29.78
58	中国光大银行股份有限公司	5.13	9.62	10.04	3.63	1.35	29.77
59	中国石油天然气股份有限公司	6.98	9.48	9.08	3.57	0.60	29.72
60	中国银行股份有限公司	5.15	9.62	9.87	3.61	1.35	29.60
61	国电电力发展股份有限公司	5.87	9.56	9.60	3.09	1.35	29.46

（续表）

排名	公司名称	总资产报酬率	净利润增长率	净资产收益率	每股收益	每股股利增长率	股东权益
62	中国东方航空股份有限公司	5.75	9.81	9.52	2.93	1.35	29.37
63	中国中铁股份有限公司	5.38	9.63	9.27	3.35	1.70	29.33
64	中国联合网络通信股份有限公司	4.92	9.66	10.12	2.77	1.85	29.32
65	中国石油化工股份有限公司	6.34	9.42	8.93	3.21	1.35	29.25
66	华润创业有限公司	N/A	22.74	N/A	6.26	N/A	28.99
67	上海建工集团股份有限公司	5.42	9.62	9.19	3.35	1.35	28.93
68	河北钢铁股份有限公司	4.74	12.22	8.06	2.53	1.35	28.90
69	兖州煤业股份有限公司	5.49	10.00	8.64	3.31	1.35	28.78
70	中国电力建设股份有限公司	5.52	9.60	9.47	3.39	0.77	28.76
71	中国国际航空股份有限公司	5.51	9.65	8.79	3.01	1.64	28.60
72	江西铜业股份有限公司	6.21	9.47	8.69	4.03	0.20	28.59
73	鞍钢股份有限公司	5.07	9.68	8.10	2.65	2.63	28.13
74	中国冶金科工股份有限公司	5.18	9.75	8.98	2.81	1.00	27.73
75	苏宁云商集团股份有限公司	5.09	10.28	8.24	2.63	1.35	27.59
76	京东商城电子商务有限公司	4.18	11.32	9.47	2.47	N/A	27.43
77	上海电气集团股份有限公司	5.54	9.60	8.54	2.79	0.94	27.40
78	中国南方航空股份有限公司	5.06	9.54	8.52	2.75	1.35	27.22
79	大唐国际发电股份有限公司	4.84	9.33	8.40	2.67	1.51	26.75
80	中国长城计算机深圳股份有限公司	4.59	10.08	8.15	2.47	1.35	26.65
81	新兴铸管股份有限公司	5.39	9.48	8.53	2.85	0.20	26.44
82	中国远洋控股股份有限公司	4.64	9.86	8.04	2.47	1.35	26.37
83	马鞍山钢铁股份有限公司	4.69	9.79	7.97	2.45	1.35	26.25
84	山西太钢不锈钢股份有限公司	4.83	9.42	8.08	2.55	1.35	26.23
85	五矿发展股份有限公司	4.76	9.44	8.17	2.79	0.89	26.06
86	中铁二局股份有限公司	4.80	9.40	8.47	2.77	0.58	26.02
87	上海物资贸易股份有限公司	4.60	9.46	8.04	2.45	1.35	25.90
88	庞大汽贸集团股份有限公司	4.63	9.40	8.00	2.49	1.35	25.87
89	湖南华菱钢铁股份有限公司	4.57	9.42	7.94	2.43	1.35	25.71

(续表)

排名	公司名称	总资产报酬率	净利润增长率	净资产收益率	每股收益	每股股利增长率	股东权益
90	铜陵有色金属集团股份有限公司	4.88	9.33	8.12	2.77	0.39	25.48
91	四川长虹电器股份有限公司	4.57	9.11	7.90	2.41	1.35	25.33
92	甘肃酒钢集团宏兴钢铁股份有限公司	4.55	9.04	7.87	2.41	1.35	25.22
93	中国中煤能源股份有限公司	4.70	9.16	7.96	2.51	0.10	24.43
94	中国石化上海石油化工股份有限公司	4.61	8.86	7.25	2.25	1.35	24.32
95	山东钢铁股份有限公司	2.97	4.38	6.19	1.95	1.35	16.84
96	中国粮油控股有限公司	11.29	N/A	N/A	5.24	N/A	16.53
97	山煤国际能源集团股份有限公司	2.51	5.31	4.03	0.66	1.35	13.85
98	冠捷科技有限公司	N/A	N/A	N/A	13.34	N/A	13.34
99	中国铝业股份有限公司	0.00	2.19	1.70	0.33	1.35	5.56
100	长城科技股份有限公司	N/A	N/A	N/A	N/A	N/A	0.00

表6-15 100家企业劳动者权益得分排名

排名	公司名称	劳动仲裁事件数	工资增长率	人力资本投资水平	劳动者权益
1	中国粮油控股有限公司	114.60	N/A	N/A	114.60
2	冠捷科技有限公司	114.60	N/A	N/A	114.60
3	中国建材股份有限公司	114.60	N/A	N/A	114.60
4	保利房地产（集团）股份有限公司	114.60	N/A	N/A	114.60
5	中国太平保险控股有限公司	114.60	N/A	N/A	114.60
6	中国人民保险集团股份有限公司	114.60	N/A	N/A	114.60
7	中国海洋石油有限公司	114.60	N/A	N/A	114.60
8	腾讯控股有限公司	114.60	N/A	N/A	114.60
9	中国石油化工股份有限公司	106.70	N/A	N/A	106.70
10	碧桂园控股有限公司	57.30	39.69	N/A	96.99
11	国机汽车股份有限公司	36.88	11.65	38.20	86.73
12	联想集团有限公司	57.30	27.42	N/A	84.72
13	中国海外发展有限公司	57.30	27.38	N/A	84.68

（续表）

排名	公司名称	劳动仲裁事件数	工资增长率	人力资本投资水平	劳动者权益
14	中国国际海运集装箱（集团）股份有限公司	38.20	12.32	33.19	83.71
15	潍柴动力股份有限公司	38.20	33.59	7.79	79.59
16	华润创业有限公司	57.30	21.53	N/A	78.83
17	中信泰富有限公司	57.30	21.30	N/A	78.60
18	海尔电器集团有限公司	57.30	20.06	N/A	77.36
19	中国通信服务股份有限公司	57.30	19.35	N/A	76.65
20	京东商城电子商务有限公司	57.30	18.29	N/A	75.59
21	恒大地产集团有限公司	51.37	24.05	N/A	75.42
22	华电国际电力股份有限公司	57.30	16.93	N/A	74.23
23	中国移动有限公司	55.32	18.37	N/A	73.70
24	中兴通讯股份有限公司	32.93	13.35	27.19	73.47
25	大唐国际发电股份有限公司	38.20	26.08	7.74	72.02
26	中国铝业股份有限公司	32.93	38.20	0.06	71.19
27	中国远洋控股股份有限公司	57.30	N/A	12.38	69.68
28	山东钢铁股份有限公司	38.20	25.66	5.05	68.91
29	中国人民财产保险股份有限公司	39.52	29.26	N/A	68.78
30	马鞍山钢铁股份有限公司	38.20	17.66	7.90	63.76
31	中国南车股份有限公司	38.20	23.10	0.02	61.32
32	新希望六和股份有限公司	57.30	N/A	3.73	61.03
33	中国北车股份有限公司	35.57	23.25	0.04	58.86
34	兖州煤业股份有限公司	38.20	8.30	12.35	58.84
35	湖南华菱钢铁股份有限公司	38.20	14.03	5.94	58.17
36	庞大汽贸集团股份有限公司	38.20	10.41	9.40	58.02
37	中国葛洲坝集团股份有限公司	36.88	12.81	8.08	57.77
38	长城汽车股份有限公司	36.88	14.90	5.48	57.27
39	华域汽车系统股份有限公司	38.20	14.35	4.32	56.87
40	上海建工集团股份有限公司	36.88	19.64	0.00	56.53
41	招商银行股份有限公司	38.20	17.85	0.37	56.42
42	万科企业股份有限公司	38.20	17.18	0.00	55.38

（续表）

排名	公司名称	劳动仲裁事件数	工资增长率	人力资本投资水平	劳动者权益
43	中国化学工程股份有限公司	38.20	10.28	5.97	54.45
44	中国平安保险（集团）股份有限公司	36.88	17.39	0.11	54.38
45	中国中煤能源股份有限公司	36.88	16.47	0.12	53.48
46	四川长虹电器股份有限公司	38.20	12.62	1.93	52.75
47	交通银行股份有限公司	38.20	14.42	0.06	52.68
48	铜陵有色金属集团股份有限公司	38.20	14.28	0.02	52.49
49	TCL集团股份有限公司	36.88	14.91	0.03	51.83
50	中国工商银行股份有限公司	38.20	13.40	0.11	51.71
51	美的集团股份有限公司	38.20	13.49	0.01	51.69
52	中国电力建设股份有限公司	38.20	13.07	0.06	51.34
53	上海医药集团股份有限公司	38.20	13.08	0.02	51.30
54	中信银行股份有限公司	38.20	12.79	0.30	51.29
55	中国交通建设股份有限公司	38.20	12.96	0.02	51.18
56	兴业银行股份有限公司	38.20	12.30	0.37	50.87
57	国药控股股份有限公司	35.57	14.88	0.13	50.57
58	中国神华能源股份有限公司	38.20	12.12	0.08	50.40
59	中国建筑股份有限公司	38.20	11.90	0.03	50.13
60	上海汽车集团股份有限公司	38.20	11.91	0.00	50.11
61	中国太平洋保险（集团）股份有限公司	32.93	16.94	0.01	49.88
62	中国长城计算机深圳股份有限公司	38.20	11.62	0.00	49.82
63	青岛海尔股份有限公司	38.20	11.56	0.00	49.76
64	中国银行股份有限公司	36.88	12.50	0.16	49.54
65	苏宁云商集团股份有限公司	34.25	14.95	0.01	49.20
66	中国中铁股份有限公司	36.88	12.18	0.07	49.14
67	厦门建发股份有限公司	38.20	10.90	0.00	49.11
68	中国石化上海石油化工股份有限公司	38.20	10.87	0.00	49.07
69	宝山钢铁股份有限公司	36.88	11.97	0.05	48.90
70	中国光大银行股份有限公司	34.25	14.16	0.43	48.85
71	山煤国际能源集团股份有限公司	38.20	10.35	0.05	48.60

(续表)

排名	公司名称	劳动仲裁事件数	工资增长率	人力资本投资水平	劳动者权益
72	中国冶金科工股份有限公司	38.20	10.22	0.14	48.55
73	珠海格力电器股份有限公司	38.20	9.36	0.12	47.68
74	中国联合网络通信股份有限公司	30.30	17.08	0.05	47.43
75	上海电气集团股份有限公司	38.20	9.05	0.03	47.28
76	华能国际电力股份有限公司	38.20	8.37	0.03	46.60
77	中国铁建股份有限公司	34.25	12.26	0.06	46.57
78	江西铜业股份有限公司	38.20	8.33	0.00	46.53
79	中国石油天然气股份有限公司	34.25	11.89	0.05	46.19
80	鞍钢股份有限公司	38.20	7.69	0.04	45.93
81	中国建设银行股份有限公司	32.93	12.25	0.21	45.39
82	中国民生银行股份有限公司	32.93	12.00	0.01	44.94
83	中国电信股份有限公司	25.69	19.11	N/A	44.79
84	武汉钢铁股份有限公司	35.57	8.04	0.00	43.61
85	国电电力发展股份有限公司	38.20	4.61	0.80	43.61
86	上海物资贸易股份有限公司	36.88	6.11	0.00	42.99
87	中铁二局股份有限公司	35.57	6.37	0.01	41.94
88	五矿发展股份有限公司	38.20	3.66	0.02	41.88
89	上海浦东发展银行股份有限公司	36.88	1.94	0.13	38.95
90	甘肃酒钢集团宏兴钢铁股份有限公司	38.20	0.31	0.02	38.53
91	新兴铸管股份有限公司	38.20	0.15	0.07	38.42
92	山西太钢不锈钢股份有限公司	36.88	1.00	0.00	37.89
93	中国国际航空股份有限公司	25.03	11.50	0.10	36.63
94	新华人寿保险股份有限公司	18.44	16.58	0.06	35.08
95	中国农业银行股份有限公司	19.76	9.52	0.25	29.53
96	中国南方航空股份有限公司	15.81	12.57	0.05	28.43
97	中国人寿保险股份有限公司	14.49	11.70	0.04	26.23
98	河北钢铁股份有限公司	7.90	11.29	0.07	19.26
99	中国东方航空股份有限公司	0.00	13.02	0.05	13.07
100	长城科技股份有限公司	N/A	N/A	N/A	0.00

表 6-16 100 家企业消费者权益得分排名

排名	公司名称	行政处罚事件数	售后服务体系建设程度	消费者权益
1	上海浦东发展银行股份有限公司	34.30	34.30	68.60
2	兴业银行股份有限公司	34.30	34.30	68.60
3	中国人寿保险股份有限公司	34.30	34.30	68.60
4	新华人寿保险股份有限公司	34.30	34.30	68.60
5	交通银行股份有限公司	34.30	34.30	68.60
6	中信银行股份有限公司	34.30	34.30	68.60
7	国药控股股份有限公司	34.30	34.30	68.60
8	中国民生银行股份有限公司	34.30	34.30	68.60
9	上海建工集团股份有限公司	34.30	34.30	68.60
10	中国建设银行股份有限公司	34.30	34.30	68.60
11	河北钢铁股份有限公司	34.30	34.30	68.60
12	中国人民财产保险股份有限公司	34.30	34.30	68.60
13	招商银行股份有限公司	34.30	34.30	68.60
14	中国南方航空股份有限公司	34.30	34.30	68.60
15	厦门建发股份有限公司	34.30	34.30	68.60
16	中国铁建股份有限公司	34.30	34.30	68.60
17	中国光大银行股份有限公司	34.30	34.30	68.60
18	中国平安保险（集团）股份有限公司	34.30	34.30	68.60
19	山西太钢不锈钢股份有限公司	34.30	34.30	68.60
20	中国电信股份有限公司	34.30	34.30	68.60
21	中国铝业股份有限公司	34.30	34.30	68.60
22	华能国际电力股份有限公司	34.30	34.30	68.60
23	中国建筑股份有限公司	34.30	34.30	68.60
24	苏宁云商集团股份有限公司	34.30	34.30	68.60
25	中国联合网络通信股份有限公司	34.30	34.30	68.60
26	中国冶金科工股份有限公司	34.30	34.30	68.60
27	冠捷科技有限公司	34.30	34.30	68.60
28	青岛海尔股份有限公司	34.30	34.30	68.60

(续表)

排名	公司名称	行政处罚事件数	售后服务体系建设程度	消费者权益
29	中国电力建设股份有限公司	34.30	34.30	68.60
30	中国东方航空股份有限公司	34.30	34.30	68.60
31	中国国际航空股份有限公司	34.30	34.30	68.60
32	中国太平保险控股有限公司	34.30	34.30	68.60
33	宝山钢铁股份有限公司	34.30	34.30	68.60
34	中国南车股份有限公司	34.30	34.30	68.60
35	美的集团股份有限公司	34.30	34.30	68.60
36	中国神华能源股份有限公司	34.30	34.30	68.60
37	恒大地产集团有限公司	34.30	34.30	68.60
38	TCL集团股份有限公司	34.30	34.30	68.60
39	联想集团有限公司	34.30	34.30	68.60
40	中国葛洲坝集团股份有限公司	34.30	34.30	68.60
41	长城汽车股份有限公司	34.30	34.30	68.60
42	京东商城电子商务有限公司	34.30	34.30	68.60
43	万科企业股份有限公司	34.30	34.30	68.60
44	珠海格力电器股份有限公司	34.30	34.30	68.60
45	中国移动有限公司	34.30	34.30	68.60
46	中兴通讯股份有限公司	34.30	34.30	68.60
47	上海物资贸易股份有限公司	34.30	17.15	51.45
48	中国农业银行股份有限公司	34.30	17.15	51.45
49	庞大汽贸集团股份有限公司	34.30	17.15	51.45
50	中国工商银行股份有限公司	34.30	17.15	51.45
51	中国太平洋保险（集团）股份有限公司	34.30	17.15	51.45
52	中国银行股份有限公司	34.30	17.15	51.45
53	甘肃酒钢集团宏兴钢铁股份有限公司	34.30	17.15	51.45
54	马鞍山钢铁股份有限公司	34.30	17.15	51.45
55	五矿发展股份有限公司	34.30	17.15	51.45
56	国电电力发展股份有限公司	34.30	17.15	51.45

(续表)

排名	公司名称	行政处罚事件数	售后服务体系建设程度	消费者权益
57	四川长虹电器股份有限公司	34.30	17.15	51.45
58	新兴铸管股份有限公司	34.30	17.15	51.45
59	中国长城计算机深圳股份有限公司	34.30	17.15	51.45
60	山东钢铁股份有限公司	34.30	17.15	51.45
61	铜陵有色金属集团股份有限公司	34.30	17.15	51.45
62	中国中铁股份有限公司	34.30	17.15	51.45
63	中国交通建设股份有限公司	34.30	17.15	51.45
64	中信泰富有限公司	34.30	17.15	51.45
65	鞍钢股份有限公司	34.30	17.15	51.45
66	中国中煤能源股份有限公司	34.30	17.15	51.45
67	中国通信服务股份有限公司	34.30	17.15	51.45
68	上海电气集团股份有限公司	34.30	17.15	51.45
69	武汉钢铁股份有限公司	34.30	17.15	51.45
70	上海汽车集团股份有限公司	34.30	17.15	51.45
71	中国建材股份有限公司	34.30	17.15	51.45
72	保利房地产（集团）股份有限公司	34.30	17.15	51.45
73	中国石化上海石油化工股份有限公司	34.30	17.15	51.45
74	潍柴动力股份有限公司	34.30	17.15	51.45
75	华电国际电力股份有限公司	34.30	17.15	51.45
76	江西铜业股份有限公司	34.30	17.15	51.45
77	华润创业有限公司	34.30	17.15	51.45
78	中国北车股份有限公司	34.30	17.15	51.45
79	上海医药集团股份有限公司	34.30	17.15	51.45
80	碧桂园控股有限公司	34.30	17.15	51.45
81	中国海外发展有限公司	34.30	17.15	51.45
82	中国人民保险集团股份有限公司	34.30	17.15	51.45
83	海尔电器集团有限公司	34.30	17.15	51.45
84	中铁二局股份有限公司	34.30	0.00	34.30

(续表)

排名	公司名称	行政处罚事件数	售后服务体系建设程度	消费者权益
85	山煤国际能源集团股份有限公司	34.30	0.00	34.30
86	大唐国际发电股份有限公司	34.30	0.00	34.30
87	湖南华菱钢铁股份有限公司	34.30	0.00	34.30
88	中国石油化工股份有限公司	34.30	0.00	34.30
89	国机汽车股份有限公司	34.30	0.00	34.30
90	中国石油天然气股份有限公司	34.30	0.00	34.30
91	中国国际海运集装箱（集团）股份有限公司	34.30	0.00	34.30
92	华域汽车系统股份有限公司	34.30	0.00	34.30
93	兖州煤业股份有限公司	34.30	0.00	34.30
94	中国粮油控股有限公司	34.30	0.00	34.30
95	新希望六和股份有限公司	34.30	0.00	34.30
96	中国化学工程股份有限公司	34.30	0.00	34.30
97	中国远洋控股股份有限公司	34.30	0.00	34.30
98	中国海洋石油有限公司	34.30	0.00	34.30
99	腾讯控股有限公司	34.30	0.00	34.30
100	长城科技股份有限公司	N/A	N/A	0.00

表6－17　100家企业信息披露得分排名

排名	公司名称	社会责任信息披露程度	上市信息披露程度	信息披露
1	武汉钢铁股份有限公司	33.64	37.85	71.49
2	中国东方航空股份有限公司	33.64	37.85	71.49
3	华电国际电力股份有限公司	33.64	37.85	71.49
4	中国北车股份有限公司	33.64	37.85	71.49
5	中国工商银行股份有限公司	29.44	37.85	67.29
6	中国银行股份有限公司	29.44	37.85	67.29
7	中国中铁股份有限公司	29.44	37.85	67.29
8	中国光大银行股份有限公司	29.44	37.85	67.29

(续表)

排名	公司名称	社会责任信息披露程度	上市信息披露程度	信息披露
9	中国石油天然气股份有限公司	29.44	37.85	67.29
10	中国建筑股份有限公司	29.44	37.85	67.29
11	中国国际航空股份有限公司	29.44	37.85	67.29
12	恒大地产集团有限公司	29.44	37.85	67.29
13	中国人民保险集团股份有限公司	29.44	37.85	67.29
14	中国海洋石油有限公司	29.44	37.85	67.29
15	中国葛洲坝集团股份有限公司	37.85	28.39	66.24
16	中国交通建设股份有限公司	25.23	37.85	63.08
17	中国铝业股份有限公司	25.23	37.85	63.08
18	中国南车股份有限公司	25.23	37.85	63.08
19	中国人寿保险股份有限公司	33.64	28.39	62.03
20	碧桂园控股有限公司	33.64	28.39	62.03
21	万科企业股份有限公司	33.64	28.39	62.03
22	中国电力建设股份有限公司	21.03	37.85	58.88
23	江西铜业股份有限公司	21.03	37.85	58.88
24	中国民生银行股份有限公司	29.44	28.39	57.83
25	招商银行股份有限公司	29.44	28.39	57.83
26	中国铁建股份有限公司	29.44	28.39	57.83
27	中国平安保险（集团）股份有限公司	29.44	28.39	57.83
28	华能国际电力股份有限公司	29.44	28.39	57.83
29	上海汽车集团股份有限公司	29.44	28.39	57.83
30	上海医药集团股份有限公司	29.44	28.39	57.83
31	TCL集团股份有限公司	29.44	28.39	57.83
32	国电电力发展股份有限公司	16.82	37.85	54.67
33	新兴铸管股份有限公司	16.82	37.85	54.67
34	保利房地产（集团）股份有限公司	16.82	37.85	54.67
35	交通银行股份有限公司	25.23	28.39	53.62
36	中信银行股份有限公司	25.23	28.39	53.62

(续表)

排名	公司名称	社会责任信息披露程度	上市信息披露程度	信息披露
37	河北钢铁股份有限公司	25.23	28.39	53.62
38	中国石油化工股份有限公司	25.23	28.39	53.62
39	中国电信股份有限公司	25.23	28.39	53.62
40	中国中煤能源股份有限公司	25.23	28.39	53.62
41	宝山钢铁股份有限公司	25.23	28.39	53.62
42	美的集团股份有限公司	25.23	28.39	53.62
43	华润创业有限公司	25.23	28.39	53.62
44	中国远洋控股股份有限公司	25.23	28.39	53.62
45	珠海格力电器股份有限公司	25.23	28.39	53.62
46	中国移动有限公司	25.23	28.39	53.62
47	中国农业银行股份有限公司	33.64	18.93	52.57
48	中国粮油控股有限公司	21.03	28.39	49.42
49	中铁二局股份有限公司	21.03	28.39	49.42
50	中国太平洋保险（集团）股份有限公司	21.03	28.39	49.42
51	中国建设银行股份有限公司	21.03	28.39	49.42
52	五矿发展股份有限公司	21.03	28.39	49.42
53	湖南华菱钢铁股份有限公司	21.03	28.39	49.42
54	中国南方航空股份有限公司	21.03	28.39	49.42
55	中国国际海运集装箱（集团）股份有限公司	21.03	28.39	49.42
56	中国冶金科工股份有限公司	21.03	28.39	49.42
57	京东商城电子商务有限公司	21.03	28.39	49.42
58	中兴通讯股份有限公司	21.03	28.39	49.42
59	中国联合网络通信股份有限公司	29.44	18.93	48.36
60	中国神华能源股份有限公司	29.44	18.93	48.36
61	新华人寿保险股份有限公司	16.82	28.39	45.21
62	甘肃酒钢集团宏兴钢铁股份有限公司	16.82	28.39	45.21
63	新希望六和股份有限公司	16.82	28.39	45.21
64	四川长虹电器股份有限公司	25.23	18.93	44.16

（续表）

排名	公司名称	社会责任信息披露程度	上市信息披露程度	信息披露
65	铜陵有色金属集团股份有限公司	25.23	18.93	44.16
66	上海电气集团股份有限公司	25.23	18.93	44.16
67	青岛海尔股份有限公司	25.23	18.93	44.16
68	中国石化上海石油化工股份有限公司	25.23	18.93	44.16
69	海尔电器集团有限公司	33.64	9.46	43.11
70	联想集团有限公司	4.21	37.85	42.06
71	大唐国际发电股份有限公司	12.62	28.39	41.00
72	国机汽车股份有限公司	12.62	28.39	41.00
73	华域汽车系统股份有限公司	12.62	28.39	41.00
74	兖州煤业股份有限公司	12.62	28.39	41.00
75	中国建材股份有限公司	12.62	28.39	41.00
76	中国长城计算机深圳股份有限公司	21.03	18.93	39.95
77	山西太钢不锈钢股份有限公司	21.03	18.93	39.95
78	鞍钢股份有限公司	21.03	18.93	39.95
79	苏宁云商集团股份有限公司	21.03	18.93	39.95
80	腾讯控股有限公司	21.03	18.93	39.95
81	中信泰富有限公司	29.44	9.46	38.90
82	兴业银行股份有限公司	0.00	37.85	37.85
83	庞大汽贸集团股份有限公司	0.00	37.85	37.85
84	上海浦东发展银行股份有限公司	8.41	28.39	36.80
85	中国化学工程股份有限公司	8.41	28.39	36.80
86	山煤国际能源集团股份有限公司	16.82	18.93	35.75
87	山东钢铁股份有限公司	16.82	18.93	35.75
88	厦门建发股份有限公司	25.23	9.46	34.70
89	中国海外发展有限公司	25.23	9.46	34.70
90	马鞍山钢铁股份有限公司	12.62	18.93	31.54
91	潍柴动力股份有限公司	12.62	18.93	31.54
92	长城汽车股份有限公司	12.62	18.93	31.54

(续表)

排名	公司名称	社会责任信息披露程度	上市信息披露程度	信息披露
93	上海建工集团股份有限公司	21.03	9.46	30.49
94	中国太平保险控股有限公司	25.23	4.73	29.96
95	国药控股股份有限公司	12.62	9.46	22.08
96	冠捷科技有限公司	0.00	18.93	18.93
97	上海物资贸易股份有限公司	0.00	9.46	9.46
98	中国人民财产保险股份有限公司	0.00	9.46	9.46
99	中国通信服务股份有限公司	0.00	9.46	9.46
100	长城科技股份有限公司	N/A	N/A	0.00

表6-18　100家企业公平运营得分排名

排名	公司名称	侵犯知识产权事件数	受贿贿赂事件数	严重违法事件数	公平运营
1	上海物资贸易股份有限公司	50.50	50.50	50.50	151.50
2	上海浦东发展银行股份有限公司	50.50	50.50	50.50	151.50
3	兴业银行股份有限公司	50.50	50.50	50.50	151.50
4	庞大汽贸集团股份有限公司	50.50	50.50	50.50	151.50
5	新华人寿保险股份有限公司	50.50	50.50	50.50	151.50
6	中信银行股份有限公司	50.50	50.50	50.50	151.50
7	中国太平洋保险（集团）股份有限公司	50.50	50.50	50.50	151.50
8	中国民生银行股份有限公司	50.50	50.50	50.50	151.50
9	山煤国际能源集团股份有限公司	50.50	50.50	50.50	151.50
10	上海建工集团股份有限公司	50.50	50.50	50.50	151.50
11	河北钢铁股份有限公司	50.50	50.50	50.50	151.50
12	大唐国际发电股份有限公司	50.50	50.50	50.50	151.50
13	五矿发展股份有限公司	50.50	50.50	50.50	151.50
14	国电电力发展股份有限公司	50.50	50.50	50.50	151.50
15	湖南华菱钢铁股份有限公司	50.50	50.50	50.50	151.50
16	招商银行股份有限公司	50.50	50.50	50.50	151.50

(续表)

排名	公司名称	侵犯知识产权事件数	受贿贿赂事件数	严重违法事件数	公平运营
17	四川长虹电器股份有限公司	50.50	50.50	50.50	151.50
18	新兴铸管股份有限公司	50.50	50.50	50.50	151.50
19	中国南方航空股份有限公司	50.50	50.50	50.50	151.50
20	中国长城计算机深圳股份有限公司	50.50	50.50	50.50	151.50
21	国机汽车股份有限公司	50.50	50.50	50.50	151.50
22	山东钢铁股份有限公司	50.50	50.50	50.50	151.50
23	厦门建发股份有限公司	50.50	50.50	50.50	151.50
24	中国铁建股份有限公司	50.50	50.50	50.50	151.50
25	铜陵有色金属集团股份有限公司	50.50	50.50	50.50	151.50
26	中国光大银行股份有限公司	50.50	50.50	50.50	151.50
27	中国平安保险（集团）股份有限公司	50.50	50.50	50.50	151.50
28	中国交通建设股份有限公司	50.50	50.50	50.50	151.50
29	山西太钢不锈钢股份有限公司	50.50	50.50	50.50	151.50
30	华域汽车系统股份有限公司	50.50	50.50	50.50	151.50
31	华能国际电力股份有限公司	50.50	50.50	50.50	151.50
32	中国建筑股份有限公司	50.50	50.50	50.50	151.50
33	鞍钢股份有限公司	50.50	50.50	50.50	151.50
34	中国中煤能源股份有限公司	50.50	50.50	50.50	151.50
35	中国通信服务股份有限公司	50.50	50.50	50.50	151.50
36	苏宁云商集团股份有限公司	50.50	50.50	50.50	151.50
37	中国粮油控股有限公司	50.50	50.50	50.50	151.50
38	中国联合网络通信股份有限公司	50.50	50.50	50.50	151.50
39	上海电气集团股份有限公司	50.50	50.50	50.50	151.50
40	新希望六和股份有限公司	50.50	50.50	50.50	151.50
41	武汉钢铁股份有限公司	50.50	50.50	50.50	151.50
42	中国冶金科工股份有限公司	50.50	50.50	50.50	151.50
43	冠捷科技有限公司	50.50	50.50	50.50	151.50
44	上海汽车集团股份有限公司	50.50	50.50	50.50	151.50

(续表)

排名	公司名称	侵犯知识产权事件数	受贿贿赂事件数	严重违法事件数	公平运营
45	中国建材股份有限公司	50.50	50.50	50.50	151.50
46	青岛海尔股份有限公司	50.50	50.50	50.50	151.50
47	中国化学工程股份有限公司	50.50	50.50	50.50	151.50
48	中国电力建设股份有限公司	50.50	50.50	50.50	151.50
49	中国东方航空股份有限公司	50.50	50.50	50.50	151.50
50	保利房地产（集团）股份有限公司	50.50	50.50	50.50	151.50
51	中国石化上海石油化工股份有限公司	50.50	50.50	50.50	151.50
52	中国国际航空股份有限公司	50.50	50.50	50.50	151.50
53	中国太平保险控股有限公司	50.50	50.50	50.50	151.50
54	宝山钢铁股份有限公司	50.50	50.50	50.50	151.50
55	潍柴动力股份有限公司	50.50	50.50	50.50	151.50
56	华电国际电力股份有限公司	50.50	50.50	50.50	151.50
57	中国南车股份有限公司	50.50	50.50	50.50	151.50
58	华润创业有限公司	50.50	50.50	50.50	151.50
59	中国神华能源股份有限公司	50.50	50.50	50.50	151.50
60	中国北车股份有限公司	50.50	50.50	50.50	151.50
61	上海医药集团股份有限公司	50.50	50.50	50.50	151.50
62	恒大地产集团有限公司	50.50	50.50	50.50	151.50
63	TCL集团股份有限公司	50.50	50.50	50.50	151.50
64	联想集团有限公司	50.50	50.50	50.50	151.50
65	中国葛洲坝集团股份有限公司	50.50	50.50	50.50	151.50
66	碧桂园控股有限公司	50.50	50.50	50.50	151.50
67	长城汽车股份有限公司	50.50	50.50	50.50	151.50
68	京东商城电子商务有限公司	50.50	50.50	50.50	151.50
69	万科企业股份有限公司	50.50	50.50	50.50	151.50
70	中国远洋控股股份有限公司	50.50	50.50	50.50	151.50
71	中国海外发展有限公司	50.50	50.50	50.50	151.50
72	珠海格力电器股份有限公司	50.50	50.50	50.50	151.50

（续表）

排名	公司名称	侵犯知识产权事件数	受贿贿赂事件数	严重违法事件数	公平运营
73	中国移动有限公司	50.50	50.50	50.50	151.50
74	中国人民保险集团股份有限公司	50.50	50.50	50.50	151.50
75	海尔电器集团有限公司	50.50	50.50	50.50	151.50
76	中国海洋石油有限公司	50.50	50.50	50.50	151.50
77	腾讯控股有限公司	50.50	50.50	50.50	151.50
78	中国人寿保险股份有限公司	50.50	45.45	50.50	146.45
79	中国铝业股份有限公司	50.50	45.45	50.50	146.45
80	兖州煤业股份有限公司	50.50	45.45	50.50	146.45
81	江西铜业股份有限公司	50.50	45.45	50.50	146.45
82	中国农业银行股份有限公司	50.50	40.40	50.50	141.40
83	中铁二局股份有限公司	50.50	40.40	50.50	141.40
84	国药控股股份有限公司	37.88	50.50	50.50	138.88
85	甘肃酒钢集团宏兴钢铁股份有限公司	37.88	50.50	50.50	138.88
86	中国中铁股份有限公司	37.88	50.50	50.50	138.88
87	中信泰富有限公司	37.88	50.50	50.50	138.88
88	中国国际海运集装箱（集团）股份有限公司	37.88	50.50	50.50	138.88
89	中国银行股份有限公司	50.50	35.35	50.50	136.35
90	中国工商银行股份有限公司	50.50	30.30	50.50	131.30
91	中国建设银行股份有限公司	50.50	30.30	50.50	131.30
92	中国石油天然气股份有限公司	37.88	40.40	50.50	128.78
93	交通银行股份有限公司	50.50	25.25	50.50	126.25
94	中国人民财产保险股份有限公司	50.50	25.25	50.50	126.25
95	中兴通讯股份有限公司	25.25	50.50	50.50	126.25
96	马鞍山钢铁股份有限公司	50.50	10.10	50.50	111.10
97	美的集团股份有限公司	6.31	50.50	50.50	107.31
98	中国电信股份有限公司	12.63	35.35	50.50	98.48
99	中国石油化工股份有限公司	25.25	5.05	50.50	80.80
100	长城科技股份有限公司	N/A	N/A	N/A	0.00

表6-19 100家企业环境保护得分排名

排名	公司名称	环保处罚事件数	绿色发展能力	环境保护
1	山煤国际能源集团股份有限公司	61.80	61.80	123.60
2	山西太钢不锈钢股份有限公司	61.80	61.80	123.60
3	鞍钢股份有限公司	61.80	61.80	123.60
4	兖州煤业股份有限公司	61.80	61.80	123.60
5	中国联合网络通信股份有限公司	61.80	61.80	123.60
6	上海电气集团股份有限公司	61.80	61.80	123.60
7	中国冶金科工股份有限公司	61.80	61.80	123.60
8	青岛海尔股份有限公司	61.80	61.80	123.60
9	中国电力建设股份有限公司	61.80	61.80	123.60
10	中国国际航空股份有限公司	61.80	61.80	123.60
11	美的集团股份有限公司	61.80	61.80	123.60
12	中国北车股份有限公司	61.80	61.80	123.60
13	上海医药集团股份有限公司	61.80	61.80	123.60
14	TCL集团股份有限公司	61.80	61.80	123.60
15	万科企业股份有限公司	61.80	61.80	123.60
16	中国远洋控股股份有限公司	61.80	61.80	123.60
17	珠海格力电器股份有限公司	61.80	61.80	123.60
18	中国海洋石油有限公司	61.80	61.80	123.60
19	马鞍山钢铁股份有限公司	60.83	61.80	122.63
20	中国石油天然气股份有限公司	59.87	61.80	121.67
21	武汉钢铁股份有限公司	59.87	61.80	121.67
22	中国石化上海石油化工股份有限公司	59.87	61.80	121.67
23	华能国际电力股份有限公司	57.94	61.80	119.74
24	中国化学工程股份有限公司	56.97	61.80	118.77
25	中国中铁股份有限公司	52.14	61.80	113.94
26	中国石油化工股份有限公司	47.32	61.80	109.12
27	中国工商银行股份有限公司	61.80	41.20	103.00
28	中国银行股份有限公司	61.80	41.20	103.00

(续表)

排名	公司名称	环保处罚事件数	绿色发展能力	环境保护
29	甘肃酒钢集团宏兴钢铁股份有限公司	61.80	41.20	103.00
30	中国建设银行股份有限公司	61.80	41.20	103.00
31	河北钢铁股份有限公司	61.80	41.20	103.00
32	五矿发展股份有限公司	61.80	41.20	103.00
33	湖南华菱钢铁股份有限公司	61.80	41.20	103.00
34	中国南方航空股份有限公司	61.80	41.20	103.00
35	中国长城计算机深圳股份有限公司	61.80	41.20	103.00
36	国机汽车股份有限公司	61.80	41.20	103.00
37	山东钢铁股份有限公司	61.80	41.20	103.00
38	中国光大银行股份有限公司	61.80	41.20	103.00
39	中国平安保险（集团）股份有限公司	61.80	41.20	103.00
40	中国交通建设股份有限公司	61.80	41.20	103.00
41	中国国际海运集装箱（集团）股份有限公司	61.80	41.20	103.00
42	华域汽车系统股份有限公司	61.80	41.20	103.00
43	中国通信服务股份有限公司	61.80	41.20	103.00
44	中国粮油控股有限公司	61.80	41.20	103.00
45	新希望六和股份有限公司	61.80	41.20	103.00
46	上海汽车集团股份有限公司	61.80	41.20	103.00
47	中国建材股份有限公司	61.80	41.20	103.00
48	中国东方航空股份有限公司	61.80	41.20	103.00
49	潍柴动力股份有限公司	61.80	41.20	103.00
50	江西铜业股份有限公司	61.80	41.20	103.00
51	华润创业有限公司	61.80	41.20	103.00
52	中国葛洲坝集团股份有限公司	61.80	41.20	103.00
53	长城汽车股份有限公司	61.80	41.20	103.00
54	中国海外发展有限公司	61.80	41.20	103.00
55	中国人民保险集团股份有限公司	61.80	41.20	103.00
56	中兴通讯股份有限公司	61.80	41.20	103.00
57	腾讯控股有限公司	61.80	41.20	103.00

（续表）

排名	公司名称	环保处罚事件数	绿色发展能力	环境保护
58	新兴铸管股份有限公司	60.83	41.20	102.03
59	中国中煤能源股份有限公司	60.83	41.20	102.03
60	中国南车股份有限公司	60.83	41.20	102.03
61	中国移动有限公司	60.83	41.20	102.03
62	铜陵有色金属集团股份有限公司	59.87	41.20	101.07
63	中国电信股份有限公司	59.87	41.20	101.07
64	中国神华能源股份有限公司	59.87	41.20	101.07
65	中铁二局股份有限公司	58.90	41.20	100.10
66	中国铝业股份有限公司	58.90	41.20	100.10
67	宝山钢铁股份有限公司	58.90	41.20	100.10
68	华电国际电力股份有限公司	58.90	41.20	100.10
69	大唐国际发电股份有限公司	56.01	41.20	97.21
70	国电电力发展股份有限公司	54.08	41.20	95.28
71	中国铁建股份有限公司	48.28	41.20	89.48
72	中国农业银行股份有限公司	61.80	20.60	82.40
73	新华人寿保险股份有限公司	61.80	20.60	82.40
74	交通银行股份有限公司	61.80	20.60	82.40
75	中信银行股份有限公司	61.80	20.60	82.40
76	中国太平洋保险（集团）股份有限公司	61.80	20.60	82.40
77	中国民生银行股份有限公司	61.80	20.60	82.40
78	招商银行股份有限公司	61.80	20.60	82.40
79	四川长虹电器股份有限公司	61.80	20.60	82.40
80	厦门建发股份有限公司	61.80	20.60	82.40
81	苏宁云商集团股份有限公司	61.80	20.60	82.40
82	恒大地产集团有限公司	61.80	20.60	82.40
83	中国建筑股份有限公司	23.66	41.20	64.86
84	上海物资贸易股份有限公司	61.80	0.00	61.80
85	上海浦东发展银行股份有限公司	61.80	0.00	61.80
86	兴业银行股份有限公司	61.80	0.00	61.80

(续表)

排名	公司名称	环保处罚事件数	绿色发展能力	环境保护
87	中国人寿保险股份有限公司	61.80	0.00	61.80
88	庞大汽贸集团股份有限公司	61.80	0.00	61.80
89	上海建工集团股份有限公司	61.80	0.00	61.80
90	中国人民财产保险股份有限公司	61.80	0.00	61.80
91	中信泰富有限公司	61.80	0.00	61.80
92	冠捷科技有限公司	61.80	0.00	61.80
93	保利房地产（集团）股份有限公司	61.80	0.00	61.80
94	中国太平保险控股有限公司	61.80	0.00	61.80
95	联想集团有限公司	61.80	0.00	61.80
96	碧桂园控股有限公司	61.80	0.00	61.80
97	京东商城电子商务有限公司	61.80	0.00	61.80
98	海尔电器集团有限公司	61.80	0.00	61.80
99	国药控股股份有限公司	60.83	0.00	60.83
100	长城科技股份有限公司	N/A	N/A	0.00

表6-20 100家企业慈善公益得分排名

排名	公司名称	公益活跃度	企业慈善基金建设程度	慈善公益
1	中国东方航空股份有限公司	51.80	8.71	60.51
2	腾讯控股有限公司	0.08	51.80	51.88
3	中国远洋控股股份有限公司	0.26	46.14	46.40
4	苏宁云商集团股份有限公司	0.09	34.82	34.91
5	万科企业股份有限公司	0.09	26.12	26.21
6	中国海洋石油有限公司	0.31	17.41	17.72
7	交通银行股份有限公司	0.30	17.41	17.71
8	中国移动有限公司	0.18	17.41	17.59
9	中国建设银行股份有限公司	0.16	17.41	17.57
10	TCL集团股份有限公司	0.13	17.41	17.55
11	中国光大银行股份有限公司	0.12	17.41	17.53

(续表)

排名	公司名称	公益活跃度	企业慈善基金建设程度	慈善公益
12	中国神华能源股份有限公司	0.12	17.41	17.53
13	中国国际航空股份有限公司	0.10	17.41	17.51
14	海尔电器集团有限公司	0.03	17.41	17.45
15	中国化学工程股份有限公司	0.00	17.41	17.41
16	中国南方航空股份有限公司	0.88	8.71	9.58
17	中国铝业股份有限公司	0.62	8.71	9.33
18	上海医药集团股份有限公司	0.18	8.71	8.88
19	中国葛洲坝集团股份有限公司	0.17	8.71	8.87
20	新华人寿保险股份有限公司	0.13	8.71	8.84
21	招商银行股份有限公司	0.13	8.71	8.84
22	华润创业有限公司	0.10	8.71	8.81
23	中国海外发展有限公司	0.10	8.71	8.81
24	厦门建发股份有限公司	0.08	8.71	8.78
25	珠海格力电器股份有限公司	0.07	8.71	8.77
26	中国石化上海石油化工股份有限公司	0.06	8.71	8.76
27	美的集团股份有限公司	0.06	8.71	8.76
28	铜陵有色金属集团股份有限公司	0.04	8.71	8.75
29	恒大地产集团有限公司	0.04	8.71	8.75
30	中国民生银行股份有限公司	0.03	8.71	8.74
31	鞍钢股份有限公司	0.03	8.71	8.74
32	保利房地产（集团）股份有限公司	0.00	8.71	8.71
33	京东商城电子商务有限公司	0.00	8.71	8.71
34	中兴通讯股份有限公司	0.00	8.71	8.71
35	宝山钢铁股份有限公司	7.08	0.00	7.08
36	中国电力建设股份有限公司	2.68	0.22	2.90
37	国电电力发展股份有限公司	1.18	0.00	1.18
38	中国冶金科工股份有限公司	0.70	0.00	0.70
39	上海汽车集团股份有限公司	0.66	0.00	0.66

（续表）

排名	公司名称	公益活跃度	企业慈善基金建设程度	慈善公益
40	上海建工集团股份有限公司	0.17	0.43	0.60
41	碧桂园控股有限公司	0.45	0.00	0.45
42	中国联合网络通信股份有限公司	0.30	0.00	0.30
43	中国工商银行股份有限公司	0.28	0.00	0.28
44	中国银行股份有限公司	0.28	0.00	0.28
45	中国人民财产保险股份有限公司	0.28	0.00	0.28
46	中国铁建股份有限公司	0.19	0.00	0.19
47	中国农业银行股份有限公司	0.17	0.00	0.17
48	中国国际海运集装箱（集团）股份有限公司	0.17	0.00	0.17
49	中国粮油控股有限公司	0.17	0.00	0.17
50	上海物资贸易股份有限公司	0.16	0.00	0.16
51	中国石油化工股份有限公司	0.14	0.00	0.14
52	中国平安保险（集团）股份有限公司	0.14	0.00	0.14
53	中铁二局股份有限公司	0.13	0.00	0.13
54	中信银行股份有限公司	0.13	0.00	0.13
55	中国人寿保险股份有限公司	0.11	0.00	0.11
56	四川长虹电器股份有限公司	0.11	0.00	0.11
57	中国中铁股份有限公司	0.11	0.00	0.11
58	中信泰富有限公司	0.11	0.00	0.11
59	中国太平保险控股有限公司	0.11	0.00	0.11
60	中国太平洋保险（集团）股份有限公司	0.10	0.00	0.10
61	新希望六和股份有限公司	0.10	0.00	0.10
62	中国人民保险集团股份有限公司	0.10	0.00	0.10
63	中国交通建设股份有限公司	0.08	0.00	0.08
64	中国建筑股份有限公司	0.08	0.00	0.08
65	山煤国际能源集团股份有限公司	0.07	0.00	0.07
66	中国长城计算机深圳股份有限公司	0.07	0.00	0.07
67	华域汽车系统股份有限公司	0.07	0.00	0.07

（续表）

排名	公司名称	公益活跃度	企业慈善基金建设程度	慈善公益
68	兖州煤业股份有限公司	0.07	0.00	0.07
69	中国中煤能源股份有限公司	0.07	0.00	0.07
70	武汉钢铁股份有限公司	0.07	0.00	0.07
71	长城汽车股份有限公司	0.07	0.00	0.07
72	甘肃酒钢集团宏兴钢铁股份有限公司	0.06	0.00	0.06
73	马鞍山钢铁股份有限公司	0.06	0.00	0.06
74	五矿发展股份有限公司	0.06	0.00	0.06
75	湖南华菱钢铁股份有限公司	0.04	0.00	0.04
76	国机汽车股份有限公司	0.04	0.00	0.04
77	山西太钢不锈钢股份有限公司	0.04	0.00	0.04
78	上海电气集团股份有限公司	0.04	0.00	0.04
79	青岛海尔股份有限公司	0.04	0.00	0.04
80	潍柴动力股份有限公司	0.04	0.00	0.04
81	大唐国际发电股份有限公司	0.03	0.00	0.03
82	中国石油天然气股份有限公司	0.03	0.00	0.03
83	中国电信股份有限公司	0.03	0.00	0.03
84	江西铜业股份有限公司	0.03	0.00	0.03
85	华能国际电力股份有限公司	0.02	0.00	0.02
86	中国南车股份有限公司	0.02	0.00	0.02
87	新兴铸管股份有限公司	0.01	0.00	0.01
88	上海浦东发展银行股份有限公司	0.00	0.00	0.00
89	兴业银行股份有限公司	0.00	0.00	0.00
90	庞大汽贸集团股份有限公司	0.00	0.00	0.00
91	国药控股股份有限公司	0.00	0.00	0.00
92	河北钢铁股份有限公司	0.00	0.00	0.00
93	山东钢铁股份有限公司	0.00	0.00	0.00
94	中国通信服务股份有限公司	0.00	0.00	0.00
95	冠捷科技有限公司	0.00	0.00	0.00

(续表)

排名	公司名称	公益活跃度	企业慈善基金建设程度	慈善公益
96	中国建材股份有限公司	0.00	0.00	0.00
97	华电国际电力股份有限公司	0.00	0.00	0.00
98	中国北车股份有限公司	0.00	0.00	0.00
99	联想集团有限公司	0.00	0.00	0.00
100	长城科技股份有限公司	N/A	N/A	0.00

表6-21 100家企业社会稳定得分排名

排名	公司名称	发生群体性事件数	万元产值就业数	社会稳定
1	山东钢铁股份有限公司	52.10	N/A	52.10
2	中信泰富有限公司	52.10	N/A	52.10
3	兖州煤业股份有限公司	52.10	N/A	52.10
4	华电国际电力股份有限公司	52.10	N/A	52.10
5	联想集团有限公司	52.10	N/A	52.10
6	中国葛洲坝集团股份有限公司	26.05	26.05	52.10
7	碧桂园控股有限公司	52.10	N/A	52.10
8	长城汽车股份有限公司	52.10	N/A	52.10
9	京东商城电子商务有限公司	52.10	N/A	52.10
10	中国海外发展有限公司	52.10	N/A	52.10
11	中国人民保险集团股份有限公司	52.10	N/A	52.10
12	中兴通讯股份有限公司	52.10	N/A	52.10
13	海尔电器集团有限公司	52.10	N/A	52.10
14	腾讯控股有限公司	52.10	N/A	52.10
15	中国远洋控股股份有限公司	26.05	21.61	47.66
16	中国太平保险控股有限公司	26.05	0.94	26.99
17	苏宁云商集团股份有限公司	26.05	0.78	26.83
18	中国通信服务股份有限公司	26.05	0.76	26.81
19	华润创业有限公司	26.05	0.70	26.75

（续表）

排名	公司名称	发生群体性事件数	万元产值就业数	社会稳定
20	四川长虹电器股份有限公司	26.05	0.48	26.53
21	中国农业银行股份有限公司	26.05	0.45	26.50
22	中国电信股份有限公司	26.05	0.44	26.49
23	新希望六和股份有限公司	26.05	0.42	26.47
24	中国北车股份有限公司	26.05	0.39	26.44
25	潍柴动力股份有限公司	26.05	0.38	26.43
26	中国联合网络通信股份有限公司	26.05	0.38	26.43
27	中国东方航空股份有限公司	26.05	0.37	26.42
28	中国中煤能源股份有限公司	26.05	0.36	26.41
29	美的集团股份有限公司	26.05	0.36	26.41
30	中国南方航空股份有限公司	26.05	0.36	26.41
31	TCL集团股份有限公司	26.05	0.35	26.40
32	中国南车股份有限公司	26.05	0.35	26.40
33	恒大地产集团有限公司	26.05	0.34	26.39
34	中国电力建设股份有限公司	26.05	0.34	26.39
35	马鞍山钢铁股份有限公司	26.05	0.32	26.37
36	中国化学工程股份有限公司	26.05	0.31	26.36
37	中国银行股份有限公司	26.05	0.31	26.36
38	中国建设银行股份有限公司	26.05	0.31	26.36
39	中国国际航空股份有限公司	26.05	0.31	26.36
40	中国人民财产保险股份有限公司	26.05	0.30	26.35
41	冠捷科技有限公司	26.05	0.29	26.34
42	青岛海尔股份有限公司	26.05	0.29	26.34
43	中国冶金科工股份有限公司	26.05	0.28	26.33
44	庞大汽贸集团股份有限公司	26.05	0.26	26.31
45	湖南华菱钢铁股份有限公司	26.05	0.26	26.31
46	中国铝业股份有限公司	26.05	0.25	26.30

(续表)

排名	公司名称	发生群体性事件数	万元产值就业数	社会稳定
47	鞍钢股份有限公司	26.05	0.25	26.30
48	交通银行股份有限公司	26.05	0.25	26.30
49	中国长城计算机深圳股份有限公司	26.05	0.24	26.29
50	珠海格力电器股份有限公司	26.05	0.24	26.29
51	中国平安保险（集团）股份有限公司	26.05	0.24	26.29
52	中国光大银行股份有限公司	26.05	0.23	26.28
53	中国中铁股份有限公司	26.05	0.23	26.28
54	招商银行股份有限公司	26.05	0.21	26.26
55	中国太平洋保险（集团）股份有限公司	26.05	0.21	26.26
56	上海医药集团股份有限公司	26.05	0.20	26.25
57	中国移动有限公司	26.05	0.20	26.25
58	山西太钢不锈钢股份有限公司	26.05	0.20	26.25
59	中信银行股份有限公司	26.05	0.19	26.24
60	中国工商银行股份有限公司	26.05	0.19	26.24
61	新华人寿保险股份有限公司	26.05	0.19	26.24
62	上海电气集团股份有限公司	26.05	0.18	26.23
63	中国神华能源股份有限公司	26.05	0.17	26.22
64	中国海洋石油有限公司	26.05	0.17	26.22
65	大唐国际发电股份有限公司	26.05	0.17	26.22
66	上海浦东发展银行股份有限公司	26.05	0.17	26.22
67	兴业银行股份有限公司	26.05	0.14	26.19
68	华能国际电力股份有限公司	26.05	0.14	26.19
69	中国建筑股份有限公司	26.05	0.14	26.19
70	中国民生银行股份有限公司	26.05	0.14	26.19
71	中国交通建设股份有限公司	26.05	0.13	26.18
72	武汉钢铁股份有限公司	26.05	0.13	26.18
73	万科企业股份有限公司	26.05	0.13	26.18

(续表)

排名	公司名称	发生群体性事件数	万元产值就业数	社会稳定
74	甘肃酒钢集团宏兴钢铁股份有限公司	26.05	0.13	26.18
75	中铁二局股份有限公司	26.05	0.12	26.17
76	上海建工集团股份有限公司	26.05	0.12	26.17
77	国药控股股份有限公司	26.05	0.12	26.17
78	上海汽车集团股份有限公司	26.05	0.11	26.16
79	中国人寿保险股份有限公司	26.05	0.11	26.16
80	中国石油天然气股份有限公司	26.05	0.11	26.16
81	山煤国际能源集团股份有限公司	26.05	0.10	26.15
82	宝山钢铁股份有限公司	26.05	0.09	26.14
83	铜陵有色金属集团股份有限公司	26.05	0.09	26.14
84	中国石化上海石油化工股份有限公司	26.05	0.07	26.12
85	中国国际海运集装箱（集团）股份有限公司	26.05	0.07	26.12
86	华域汽车系统股份有限公司	26.05	0.05	26.10
87	江西铜业股份有限公司	26.05	0.05	26.10
88	厦门建发股份有限公司	26.05	0.04	26.09
89	国机汽车股份有限公司	26.05	0.02	26.07
90	河北钢铁股份有限公司	26.05	0.02	26.07
91	中国粮油控股有限公司	26.05	0.02	26.07
92	五矿发展股份有限公司	26.05	0.02	26.07
93	国电电力发展股份有限公司	26.05	0.00	26.05
94	新兴铸管股份有限公司	26.05	0.00	26.05
95	中国铁建股份有限公司	19.54	0.20	19.73
96	保利房地产（集团）股份有限公司	19.54	0.12	19.65
97	中国石油化工股份有限公司	19.54	0.06	19.60
98	中国建材股份有限公司	9.77	0.05	9.82
99	上海物资贸易股份有限公司	0.98	0.01	0.99
100	长城科技股份有限公司	N/A	N/A	0.00

表6-22 100家企业财政贡献得分排名

排名	公司名称	资产税费率	纳税增长率	财政贡献
1	珠海格力电器股份有限公司	32.56	18.54	51.10
2	美的集团股份有限公司	18.84	31.82	50.66
3	联想集团有限公司	33.00	15.77	48.77
4	中国建筑股份有限公司	25.51	17.30	42.81
5	中国石化上海石油化工股份有限公司	22.55	19.78	42.33
6	中兴通讯股份有限公司	17.25	24.90	42.15
7	长城汽车股份有限公司	17.76	20.87	38.63
8	腾讯控股有限公司	N/A	37.55	37.55
9	华润创业有限公司	4.36	33.00	37.36
10	潍柴动力股份有限公司	9.92	25.15	35.07
11	上海建工集团股份有限公司	15.20	18.77	33.97
12	恒大地产集团有限公司	N/A	33.82	33.82
13	保利房地产（集团）股份有限公司	N/A	33.48	33.48
14	中国移动有限公司	N/A	33.32	33.32
15	中信泰富有限公司	N/A	33.13	33.13
16	碧桂园控股有限公司	N/A	33.03	33.03
17	中铁二局股份有限公司	15.02	16.69	31.71
18	中国人民财产保险股份有限公司	11.78	18.89	30.67
19	中国中煤能源股份有限公司	7.93	22.61	30.55
20	中国电信股份有限公司	N/A	29.52	29.52
21	中国海外发展有限公司	12.90	16.57	29.47
22	中国人民保险集团股份有限公司	8.74	20.69	29.43
23	海尔电器集团有限公司	14.69	14.48	29.17
24	中国铁建股份有限公司	11.84	17.03	28.87
25	厦门建发股份有限公司	11.78	17.08	28.86
26	中国冶金科工股份有限公司	13.54	15.16	28.70
27	中国长城计算机深圳股份有限公司	13.27	15.19	28.46
28	中国石油化工股份有限公司	13.80	14.60	28.40

(续表)

排名	公司名称	资产税费率	纳税增长率	财政贡献
29	中国平安保险（集团）股份有限公司	5.71	22.49	28.20
30	国药控股股份有限公司	9.43	18.55	27.98
31	中国葛洲坝集团股份有限公司	8.60	19.35	27.94
32	上海电气集团股份有限公司	11.21	16.60	27.81
33	冠捷科技有限公司	12.67	15.14	27.80
34	TCL集团股份有限公司	10.36	16.86	27.22
35	中国石油天然气股份有限公司	13.48	13.67	27.15
36	中国人寿保险股份有限公司	3.74	23.34	27.09
37	上海医药集团股份有限公司	8.14	18.84	26.99
38	中国建设银行股份有限公司	9.42	17.56	26.98
39	华域汽车系统股份有限公司	9.35	17.48	26.83
40	中国北车股份有限公司	11.01	15.30	26.31
41	中国建材股份有限公司	8.35	17.90	26.26
42	中国神华能源股份有限公司	9.63	16.60	26.23
43	中国东方航空股份有限公司	9.76	16.42	26.18
44	中国国际海运集装箱（集团）股份有限公司	6.94	19.09	26.03
45	中国太平洋保险（集团）股份有限公司	5.54	20.47	26.01
46	宝山钢铁股份有限公司	8.36	17.59	25.95
47	万科企业股份有限公司	8.81	16.91	25.72
48	中国电力建设股份有限公司	9.14	16.50	25.63
49	中国海洋石油有限公司	12.20	13.31	25.51
50	中国国际航空股份有限公司	5.93	18.70	24.63
51	江西铜业股份有限公司	9.07	15.42	24.49
52	上海汽车集团股份有限公司	7.94	16.05	23.99
53	中国光大银行股份有限公司	4.32	19.43	23.75
54	湖南华菱钢铁股份有限公司	3.75	19.83	23.59
55	大唐国际发电股份有限公司	8.67	14.84	23.52
56	中国南车股份有限公司	8.53	14.96	23.49
57	招商银行股份有限公司	4.91	18.47	23.38

（续表）

排名	公司名称	资产税费率	纳税增长率	财政贡献
58	中信银行股份有限公司	4.34	18.74	23.08
59	山煤国际能源集团股份有限公司	6.96	15.55	22.51
60	中国化学工程股份有限公司	3.66	18.78	22.44
61	上海浦东发展银行股份有限公司	5.11	17.13	22.24
62	中国远洋控股股份有限公司	7.35	14.80	22.15
63	四川长虹电器股份有限公司	5.82	16.24	22.06
64	华电国际电力股份有限公司	5.86	16.16	22.02
65	中国工商银行股份有限公司	5.41	16.61	22.02
66	中国交通建设股份有限公司	4.85	16.98	21.83
67	中国民生银行股份有限公司	4.41	17.41	21.82
68	苏宁云商集团股份有限公司	3.68	18.14	21.82
69	中国太平保险控股有限公司	4.92	16.74	21.65
70	交通银行股份有限公司	4.49	17.15	21.63
71	中国中铁股份有限公司	5.43	15.96	21.39
72	中国银行股份有限公司	5.01	16.34	21.34
73	国电电力发展股份有限公司	5.40	15.92	21.32
74	京东商城电子商务有限公司	3.64	17.43	21.06
75	中国农业银行股份有限公司	5.18	15.65	20.83
76	庞大汽贸集团股份有限公司	6.03	14.45	20.48
77	兴业银行股份有限公司	4.92	15.32	20.24
78	新希望六和股份有限公司	5.71	13.92	19.63
79	中国铝业股份有限公司	4.73	14.72	19.45
80	铜陵有色金属集团股份有限公司	4.95	14.25	19.20
81	马鞍山钢铁股份有限公司	5.33	13.86	19.19
82	中国联合网络通信股份有限公司	4.94	12.86	17.79
83	新华人寿保险股份有限公司	3.77	13.85	17.62
84	中国南方航空股份有限公司	4.80	12.79	17.59
85	国机汽车股份有限公司	5.65	11.85	17.50
86	五矿发展股份有限公司	4.44	11.31	15.75

(续表)

排名	公司名称	资产税费率	纳税增长率	财政贡献
87	山东钢铁股份有限公司	3.74	11.20	14.95
88	山西太钢不锈钢股份有限公司	3.65	11.16	14.81
89	中国粮油控股有限公司	5.15	9.33	14.48
90	甘肃酒钢集团宏兴钢铁股份有限公司	1.91	12.38	14.29
91	武汉钢铁股份有限公司	1.31	11.37	12.68
92	河北钢铁股份有限公司	3.93	8.45	12.39
93	鞍钢股份有限公司	3.98	7.85	11.83
94	新兴铸管股份有限公司	0.65	10.94	11.60
95	上海物资贸易股份有限公司	5.53	6.03	11.56
96	兖州煤业股份有限公司	8.64	N/A	8.64
97	中国通信服务股份有限公司	3.87	1.89	5.76
98	青岛海尔股份有限公司	5.72	0.00	5.72
99	华能国际电力股份有限公司	2.80	1.87	4.68
100	长城科技股份有限公司	N/A	N/A	0.00

表6-23 100家企业科技创新得分排名

排名	公司名称	研发投入占比	千人拥有专利数	科技创新
1	海尔电器集团有限公司	N/A	44.50	44.50
2	中兴通讯股份有限公司	17.06	22.16	39.22
3	腾讯控股有限公司	N/A	23.59	23.59
4	中国化学工程股份有限公司	22.25	0.49	22.74
5	新希望六和股份有限公司	14.42	0.00	14.42
6	中国移动有限公司	N/A	11.28	11.28
7	中国海洋石油有限公司	1.46	9.16	10.62
8	珠海格力电器股份有限公司	4.48	5.97	10.44
9	宝山钢铁股份有限公司	3.23	7.14	10.37

（续表）

排名	公司名称	研发投入占比	千人拥有专利数	科技创新
10	青岛海尔股份有限公司	4.17	5.28	9.45
11	中国南车股份有限公司	6.60	0.20	6.80
12	武汉钢铁股份有限公司	1.36	5.25	6.60
13	山西太钢不锈钢股份有限公司	4.07	2.43	6.51
14	上海电气集团股份有限公司	5.63	0.47	6.10
15	湖南华菱钢铁股份有限公司	6.03	0.00	6.03
16	四川长虹电器股份有限公司	2.80	2.80	5.60
17	中国北车股份有限公司	4.72	0.20	4.92
18	联想集团有限公司	4.07	0.02	4.09
19	新兴铸管股份有限公司	2.37	1.49	3.87
20	中国长城计算机深圳股份有限公司	3.52	0.23	3.76
21	中国通信服务股份有限公司	3.75	0.00	3.75
22	招商银行股份有限公司	3.60	0.02	3.62
23	鞍钢股份有限公司	0.17	3.45	3.62
24	中国电力建设股份有限公司	1.62	1.89	3.51
25	兖州煤业股份有限公司	N/A	3.47	3.47
26	河北钢铁股份有限公司	2.74	0.72	3.46
27	华域汽车系统股份有限公司	3.44	0.00	3.44
28	冠捷科技有限公司	N/A	3.33	3.33
29	中国国际海运集装箱（集团）股份有限公司	N/A	3.29	3.29
30	美的集团股份有限公司	N/A	3.26	3.26
31	大唐国际发电股份有限公司	2.78	0.29	3.07
32	马鞍山钢铁股份有限公司	2.12	0.91	3.03
33	中国石油化工股份有限公司	0.01	2.90	2.90
34	铜陵有色金属集团股份有限公司	2.79	0.03	2.82
35	中铁二局股份有限公司	1.94	0.64	2.58

(续表)

排名	公司名称	研发投入占比	千人拥有专利数	科技创新
36	京东商城电子商务有限公司	2.47	0.00	2.47
37	甘肃酒钢集团宏兴钢铁股份有限公司	2.00	0.45	2.46
38	中国电信股份有限公司	0.29	2.06	2.35
39	江西铜业股份有限公司	1.80	0.54	2.34
40	中国葛洲坝集团股份有限公司	1.69	0.63	2.31
41	山东钢铁股份有限公司	1.91	0.33	2.25
42	中国中煤能源股份有限公司	2.13	0.03	2.16
43	潍柴动力股份有限公司	1.03	1.07	2.10
44	长城汽车股份有限公司	0.10	1.75	1.85
45	中国冶金科工股份有限公司	1.58	0.09	1.68
46	上海建工集团股份有限公司	1.41	0.15	1.56
47	五矿发展股份有限公司	0.03	1.29	1.32
48	中国铝业股份有限公司	0.32	0.97	1.29
49	TCL集团股份有限公司	0.13	0.79	0.91
50	中国神华能源股份有限公司	0.01	0.89	0.89
51	上海医药集团股份有限公司	0.85	0.01	0.87
52	庞大汽贸集团股份有限公司	0.86	0.00	0.87
53	中国石油天然气股份有限公司	0.00	0.82	0.82
54	上海汽车集团股份有限公司	0.02	0.39	0.40
55	中国建材股份有限公司	N/A	0.40	0.40
56	山煤国际能源集团股份有限公司	0.20	0.00	0.20
57	中国远洋控股股份有限公司	0.17	0.02	0.18
58	华电国际电力股份有限公司	N/A	0.18	0.18
59	中国东方航空股份有限公司	N/A	0.18	0.18
60	万科企业股份有限公司	N/A	0.17	0.17
61	华能国际电力股份有限公司	0.06	0.06	0.13

(续表)

排名	公司名称	研发投入占比	千人拥有专利数	科技创新
62	中国工商银行股份有限公司	N/A	0.09	0.09
63	中国建设银行股份有限公司	N/A	0.09	0.09
64	中国建筑股份有限公司	0.01	0.06	0.08
65	中国粮油控股有限公司	N/A	0.07	0.07
66	中国石化上海石油化工股份有限公司	0.07	0.00	0.07
67	国电电力发展股份有限公司	0.06	0.00	0.06
68	中国民生银行股份有限公司	N/A	0.05	0.05
69	中国国际航空股份有限公司	0.05	0.00	0.05
70	国药控股股份有限公司	N/A	0.04	0.04
71	中国农业银行股份有限公司	N/A	0.03	0.03
72	厦门建发股份有限公司	N/A	0.03	0.03
73	中国中铁股份有限公司	0.02	0.01	0.03
74	交通银行股份有限公司	N/A	0.03	0.03
75	中国交通建设股份有限公司	0.01	0.01	0.03
76	中国铁建股份有限公司	0.02	0.00	0.03
77	中国南方航空股份有限公司	N/A	0.02	0.02
78	中国银行股份有限公司	N/A	0.02	0.02
79	中信银行股份有限公司	N/A	0.02	0.02
80	兴业银行股份有限公司	N/A	0.01	0.01
81	中国光大银行股份有限公司	N/A	0.01	0.01
82	碧桂园控股有限公司	N/A	0.01	0.01
83	恒大地产集团有限公司	N/A	0.00	0.00
84	中国人民保险集团股份有限公司	N/A	0.00	0.00
85	上海浦东发展银行股份有限公司	N/A	0.00	0.00
86	中国联合网络通信股份有限公司	0.00	0.00	0.00
87	中国人民财产保险股份有限公司	N/A	0.00	0.00
88	苏宁云商集团股份有限公司	N/A	0.00	0.00
89	中国太平保险控股有限公司	N/A	0.00	0.00

(续表)

排名	公司名称	研发投入占比	千人拥有专利数	科技创新
90	中国太平洋保险（集团）股份有限公司	N/A	0.00	0.00
91	中国人寿保险股份有限公司	0.00	0.00	0.00
92	中国平安保险（集团）股份有限公司	N/A	0.00	0.00
93	上海物资贸易股份有限公司	0.00	0.00	0.00
94	新华人寿保险股份有限公司	N/A	0.00	0.00
95	国机汽车股份有限公司	N/A	0.00	0.00
96	中信泰富有限公司	N/A	0.00	0.00
97	保利房地产（集团）股份有限公司	N/A	0.00	0.00
98	华润创业有限公司	N/A	0.00	0.00
99	中国海外发展有限公司	N/A	0.00	0.00
100	长城科技股份有限公司	N/A	N/A	0.00

五、中国企业社会责任指数编制说明

中国企业社会责任指数将企业社会责任作为一个评价系统，遵循系统的集合性、相关性、层次性和整体性分析的数理原理，评估指标体系及数据获取方式如表6-24所示。

表6-24 中国企业社会责任指数评估指标体系及数据获取方式

一级指标	二级指标	三级指标	数据计算或采集方式	数据属性
自我责任	债权人权益	资产负债率	负债总额/资产总额×100%（数据采自企业年度报告，审计报告）	逆
		产权比率	负债总额/所有者权益总额×100%（数据采自企业年度报告，审计报告）	逆
		利息保障倍数	息税前利润/利息费用（数据采自企业年度报告，审计报告）	正
		流动比率	流动资产/流动负债×100%（数据采自企业年度报告，审计报告）	正

(续表)

一级指标	二级指标	三级指标	数据计算或采集方式	数据属性
自我责任	股东权益	总资产报酬率	息税前利润/资产平均余额×100%（数据采自企业年度报告，审计报告）	正
		净利润增长率	净利润增长额/上期净利润×100%（数据采自企业年度报告，审计报告）	正
		净资产收益率	净利润/平均净资产×100%（数据采自企业年度报告，审计报告）	正
		每股收益	净利润/加权平均股数（数据采自企业年度报告，审计报告）	正
		每股股利增长率	本期每股股利增长额/上期每股股利×100%（数据采自企业年度报告，审计报告）	正
	劳动者权益	劳动仲裁事件数	查询中国裁判文书网	逆
		工资增长率	本期职工工资增长额/上期职工工资额×100%（数据采自企业年度报告，审计报告）	正
		人力资本投资水平	职工教育经费/营业收入×100%（数据采自企业年度报告，审计报告）	正
	消费者权益	行政处罚事件数	查询全国企业信用信息公示系统	逆
		售后服务体系建设程度	赋分标准：一、是否存在在线服务；二、是否存在服务热线，如有各得1分。（查询企业官网）	正
行业责任	信息披露	社会责任信息披露程度	赋分标准：一、社会责任报告发布次数：0次（0分）；1-5次（1分）；6-10次（2分）；11-15次（3分）。二、社会责任报告发布是否定期：否（1分）；是（2分）。三、社会责任报告易获取程度：企业官网首页（4分）；官网次页（3分）；官网再次页（2分）；仅在关键定量指标数据库能够获得（1分）。（查询企业官网、关键定量指标数据库）	正
		上市信息披露程度	赋分标准：一、是否发布招股说明书，二、在发行债券等时是否发布募集说明书，三、在发行股票等时是否发布上市公告书；四、是否发布定期报告（包括年度报告、中期报告和季度报告）；五、在发生重大事项时是否发布临时报告。如有各得1分。（查询上海证券交易所网站和巨潮咨询网）	正

(续表)

一级指标	二级指标	三级指标	数据计算或采集方式	数据属性
行业责任	公平运营	侵犯知识产权事件数	查询中国裁判文书网	逆
		受贿、贿赂事件数	查询人民检察院案件信息公开网	逆
		严重违法事件数	查询全国企业信用信息公示系统	逆
社区责任	环境保护	环保处罚事件数	查询国家环保总局及地方环保局	逆
		绿色发展能力	赋分标准：一、是否设有专门的环保部门；二、是否投入资金和技术以减少污染；三是否投入资金和技术以节约能耗。如有各得1分。（查询企业官网、企业社会责任报告）	正
	慈善公益	公益活跃度	赋分标准：一、参与救灾活动次数；二、参与扶贫活动次数；三、参与安老助孤活动次数；四、参与支教助学活动次数；五、参与扶残助医活动次数，每参与一次得0.01分（查询企业官网、企业社会责任报告）	正
		企业慈善基金建设程度	赋分标准：一、是否建有企业慈善基金：否（0分）；是（1分）。二、企业慈善基金是否进行信息披露：否（0分）；发布基金会年度报告或审计报告（1分）；同时发布基金会年度报告和审计报告（2分）。（查询企业官网、企业公益基金网站）	正
国家责任	社会稳定	发生群体性事件数	查询新闻网站	逆
		万元产值就业数	就业人数/营业收入（万元）（数据采自企业年度报告，审计报告）	正
	财政贡献	资产税费率	纳税总额/平均资产总额×100%（数据采自企业年度报告，审计报告）	正
		纳税增长率	纳税增长额/上期纳税总额×100%（数据采自企业年度报告，审计报告）	正
	科技创新	研发投入占比	研发成本/营业收入×100%（数据采自企业年度报告，审计报告）	正
		千人拥有专利数	专利拥有数/职工人数（千人）（专利拥有数可查询国家知识产权局）	正

表 6-25　中国企业社会责任指数各级指标权重

一级指标	二级指标	三级指标
自我责任 (0.3731)	债权人权益 (0.1288)	资产负债率 (0.0322)
		产权比率 (0.0322)
		利息保障倍数 (0.0322)
		流动比率 (0.0322)
	股东权益 (0.0611)	总资产报酬率 (0.01222)
		净利润增长率 (0.01222)
		净资产收益率 (0.01222)
		每股收益 (0.01222)
		每股股利增长率 (0.01222)
	劳动者权益 (0.1146)	劳动仲裁事件数 (0.0382)
		工资增长率 (0.0382)
		人力资本投资水平 (0.0382)
	消费者权益 (0.0686)	行政处罚事件数 (0.0343)
		售后服务体系建设程度 (0.0343)
行业责任 (0.2272)	信息披露 (0.0757)	社会责任信息披露程度 (0.03785)
		上市信息披露程度 (0.03785)
	公平运营 (0.1515)	侵犯知识产权事件数 (0.0505)
		受贿、贿赂事件数 (0.0505)
		严重违法事件数 (0.0505)
社区责任 (0.2272)	环境保护 (0.1236)	环保处罚事件数 (0.0618)
		绿色发展能力 (0.0618)
	慈善公益 (0.1036)	公益活跃度 (0.0518)
		企业慈善基金建设程度 (0.0518)
国家责任 (0.1626)	社会稳定 (0.0521)	发生群体性事件数 (0.02605)
		万元产值就业数 (0.02605)
	财政贡献 (0.0660)	资产税费率 (0.0330)
		纳税增长率 (0.0330)
	科技创新 (0.0445)	研发投入占比 (0.02225)
		千人拥有专利数 (0.02225)

六、数据缺失补充办法和计算说明

本指数评估企业数量较多,评估指标类型复杂。所以,在一些三级指标上难免出现缺失数据。研究团队根据统计学知识和指数开发经验,利用以下三种方法对缺失数据进行补充。

第一种是平均法。寻找缺失数据所属企业前三年的对应数值,将前三年数值的平均数作为缺失数据的代替值。

第二种是代替法。寻找与缺失数据所属企业同行业、同类型的其他企业(比如在营业收入等关键指标上相近的同一行业内企业),而后将该企业的对应数值作为缺失数据的代替值。

第三种是均摊法。在上述两种方法都无效的情况下,将本项指标的权重分摊给其他本级指标。

最后,需要说明的是,由于长城科技股份有限公司被母公司中国电子信息产业集团有限公司私有化收购,故数据完全缺失。

第七章　大型民企在社会责任中的卓越担当

自中共十五大确认了"非公有制经济是中国社会主义市场经济的重要组成部分"以后，中国政府一直强调要鼓励和引导非公有制经济健康发展。因此，作为非公有制经济的其中一种重要形式，私营企业或者说是民营企业在十五大之后取得了长足发展，并真正发展成为国民经济的重要组成部分。依照在中国共产党第十八届中央委员会第三次全体会议通过的《中共中央关于全面深化改革若干重大问题的决定》中的表述：以民营企业为代表的非公有制经济同公有制经济一样，"都是社会主义市场经济的重要组成部分，都是我国经济社会发展的重要基础"。据统计，我国民营企业的数量已占全国企业数量的70%以上，吸纳了城镇就业人数的80%和每年新增就业人数的90%。并且，民营经济占税收的比重已超过50%，占GDP的比重也已超过60%。而从政治层面来看，自2002年十六大有7位民营企业家当选代表之后，2007年的十七大又有17人成为代表。到了2012年的十八大，民营企业家代表人数已经增至24人。

一、民营企业的社会责任履行状况不如国有企业？

然而，尽管民营企业在推动中国经济发展，参与中国政治建设上发挥着日益举足轻重的作用。但在企业社会责任的履行上，民营企业却一直呈现出难以令人安心的状态。尽管这并不是说国有企业不会发生严重的产品质量事故、环境污染事件，但就总体上而言，相对于国有企业，民营企业追求利润最大化的倾向更加明显；对企业社会责任的关注更少；出现相关产品质量事故、环境污染事件的几率更高。正因如此，民营企业在赢得债权人、股东、劳动者和消费者等利益相关者的信任上变得更加困难。

而有关的企业社会责任评价报告也同样反映了这一点。譬如，根据中国社科院企业社会责任研究中心发布的《中国企业社会责任研究报告（2015）》，民营企业的社会责任发展指数得分普遍低于国有企业，尤其是中央企业。而且，从整体来看，国有企业在企业社会责任信息披露方面也要好于民营企业。在此方面，商道纵横发布的《价值发现之旅2015：中国企业社会责任报告研究》给出了更为具体的数据：2015年，中国境内共发布1601份社会责任报告，其中，国有企业发布831份社会责任报告，占当年发布总数的52%，民营企业则发布了393份社会责任报告占比25%。

二、民营企业的社会责任履行状况并不糟糕

那么，民营企业的社会责任履行状况确实那么糟糕吗？从整体情况来看，民营企业的社会责任履行状况的确不如国有企业。这在很大程度上是因为：自十五大提出国有企业要"抓好大的，放活小的"之后，国有企业占企业总数比例下降，而大中型国有企业占国有企业总数比例上升。如此一来的结果就是，大多数国有企业具有足够的资源和意愿去承担社会责任。相较于国有企业来说，民营企业中则存在着更多的小型甚至微型企业。而大多数小微企业尚处初创阶段，首要目的是在残酷的市场竞争中生存下来。因此，它们更多的是关注如何获取利润，对社会责任则较少关注。在某些情况下，它们甚至会突破法律界限，以此来赢得利润，实现生存。事实上，绝大多数被查获的"黑作坊"就是处在生存边缘的小微企业。

即便从整体情况来看，民营企业的社会责任履行状况也在逐年改善。根

据《中国企业社会责任研究报告（2015）》的发现，民营企业的社会责任发展指数持续上升，而国有企业的社会责任发展指数却出现下降态势，两者的差距正在逐步缩小。与此同时，《价值发现之旅2015：中国企业社会责任报告研究》同样发现，民营企业的社会责任报告发布数量在不断增加，而国有企业的社会责任报告发布数量自2012年后就开始呈连续下降趋势，两者的差距同样正在缩小。而且，更为重要的是，根据近年来中国社会科学院发布的《中国慈善发展报告》，民营企业向来就是"慈善捐赠脊梁"，其捐赠的金额占年度捐赠总额的40%—50%，而国有企业的捐赠额则通常只占20%左右。

如此一来，民营企业的社会责任履行状况似乎并没有想象的那么糟糕。从整体情况来看，民营企业同国有企业的差距正在逐步缩小，并且，在某些社会责任领域，民营企业要比国有企业做得更好。而如果将同等规模的民营企业和国有企业进行对比的话，民营企业同国有企业在社会责任履行方面的差距可能并不存在。事实上，有些民营企业要比同等规模的国有企业做得更好。

表7-1　2016中国企业社会责任指数总排名

排名	股票代码	企业名称（简称）	自我责任	行业责任	社区责任	国家责任	总分
1	BABA（US）	阿里巴巴集团	312.69	157.14	200.00	78.60	748.44
2	00883（HK）	中国海洋石油	207.46	200.00	166.67	109.95	684.08
3	00941（HK）	中国移动	237.47	185.71	196.49	30.15	649.83
4	000063（SA）	中兴通讯	188.84	185.71	166.67	55.19	596.41
5	00291（HK）	华润创业	185.66	171.43	133.33	101.97	592.39
6	000333（SA）	美的集团	195.06	171.43	100.00	124.73	591.22
7	00700（HK）	腾讯控股	195.19	157.14	166.67	70.99	589.99
8	00728（HK）	中国电信	196.37	154.76	98.25	134.36	583.74
9	601088（HA）	中国神华	222.98	185.71	128.07	42.77	579.54
10	600005（HA）	武钢股份	170.60	185.71	133.33	76.60	566.25

（续表）

排名	股票代码	企业名称(简称)	自我责任	行业责任	社区责任	国家责任	总分
11	600585（HA）	海螺水泥	235.95	157.14	100.00	57.21	550.30
12	000651（SA）	格力电器	174.65	157.14	100.00	117.70	549.49
13	600019（HA）	宝钢股份	199.72	200.00	119.30	25.53	544.56
14	000100（SA）	TCL集团	172.81	185.71	131.58	49.60	539.70
15	000876（SA）	新希望六和	229.59	142.86	100.00	65.81	538.25
16	01339（HK）	中国人保集团	152.98	185.71	133.33	63.83	535.86
17	00656（HK）	复星国际	176.41	171.43	133.33	52.05	533.22
18	600050（HA）	中国联通	177.01	185.71	98.25	70.50	531.48
19	03699（HK）	万达地产	221.16	171.43	100.00	37.43	530.02
20	00338（HK）	上海石化	230.79	185.71	92.98	19.96	529.45
21	601766（HA）	中国中车	171.92	171.43	133.33	52.05	528.73
22	000039（SA）	中集集团	175.49	185.71	100.00	66.50	527.70
23	600022（HA）	山东钢铁	183.47	142.86	100.00	100.14	526.47
24	00992（HK）	联想集团	144.76	185.71	133.33	61.67	525.48
25	600006（HA）	东风集团	173.83	157.14	133.33	57.71	522.02
26	000825（SA）	太钢不锈	164.76	185.71	98.25	70.25	518.97
27	601633（HA）	长城汽车	195.22	157.14	100.00	65.97	518.34
28	601607（HA）	上海医药	198.41	185.71	100.00	32.21	516.34
29	03323（HK）	中国建材	155.60	185.71	100.00	69.85	511.16
30	600029（HA）	南方航空	162.72	171.43	133.33	43.65	511.13
31	601989（HA）	中国重工	162.96	171.43	100.00	75.91	510.30
32	601898（HA）	中煤能源	178.41	171.43	98.25	56.61	504.70
33	000778（SA）	新兴铸管	174.25	185.71	100.00	44.61	504.58
34	YZC（US）	兖州煤业	166.97	157.14	96.49	81.32	501.93
35	G92（SI）	中国航油（新加坡）	228.11	157.14	100.00	16.01	501.27
36	002024（SS）	苏宁云商	175.59	171.43	133.33	19.30	499.65

(续表)

排名	股票代码	企业名称(简称)	自我责任	行业责任	社区责任	国家责任	总分
37	000002（SA）	万科	168.28	171.43	131.58	27.97	499.26
38	600690（HA）	青岛海尔	189.36	157.14	100.00	51.30	497.80
39	00902（HK）	华能国际	171.50	185.71	98.25	41.96	497.42
40	600362（HA）	江西铜业	206.39	171.43	100.00	17.74	495.56
41	601111（HA）	中国国航	173.22	171.43	100.00	50.62	495.26
42	00606（HK）	中国粮油	190.13	185.71	98.25	20.22	494.31
43	00688（HK）	中国海外发展	203.45	171.43	100.00	19.36	494.25
44	000656（SA）	中国中冶	154.20	171.43	100.00	68.04	493.67
45	601318（HA）	中国平安	155.79	200.00	100.00	37.13	492.92
46	01800（HK）	中国交通建设	183.13	185.71	100.00	23.84	492.69
47	000898（SA）	鞍钢股份	188.39	157.14	100.00	47.00	492.54
48	03333（HK）	恒大地产	159.90	185.71	100.00	46.79	492.41
49	000709（SA）	河钢股份	160.67	185.71	100.00	44.52	490.90
50	600839（HA）	长虹电器	168.42	157.14	100.00	64.98	490.54
51	01099（HK）	国药控股	208.61	171.43	100.00	10.38	490.42
52	601727（HA）	上海电气	170.51	185.71	100.00	32.44	488.67
53	01169（HK）	海尔电器	206.01	157.14	100.00	23.95	487.10
54	JD（US）	京东	162.37	157.14	133.33	32.72	485.57
55	600048（HA）	保利地产	167.18	157.14	131.58	29.09	485.00
56	000630（SA）	铜陵有色	170.59	185.71	100.00	27.57	483.88
57	00323（HK）	马钢股份	168.75	157.14	100.00	55.93	481.83
58	601628（HA）	中国人寿	148.45	90.48	133.33	108.33	480.59
59	000338（SA）	潍柴动力	177.04	157.14	100.00	46.37	480.56
60	601669（HA）	中国电建	148.10	171.43	100.00	58.97	478.50
61	01109（HK）	华润置地	179.22	171.43	96.49	30.17	477.31
62	601186（HA）	中国铁建	156.24	185.71	100.00	34.98	476.93

（续表）

排名	股票代码	企业名称(简称)	自我责任	行业责任	社区责任	国家责任	总分
63	601117（HA）	中国化学	171.84	142.86	98.25	63.94	476.88
64	000932（SA）	华菱钢铁	141.82	185.71	100.00	48.07	475.60
65	600036（HA）	招商银行	139.86	171.43	133.33	30.96	475.58
66	600068（HA）	葛洲坝	155.74	171.43	100.00	47.43	474.60
67	600170（HA）	上海建工	156.47	185.71	100.00	29.52	471.71
68	00552（HK）	中国通信服务	189.02	100.00	100.00	82.69	471.71
69	601991（HA）	大唐发电	154.06	185.71	92.98	37.73	470.49
70	601857（HA）	中国石油	203.69	135.71	98.25	28.32	465.97
71	601919（HA）	中国远洋	167.25	171.43	96.49	30.16	465.33
72	601600（HA）	中国铝业	155.46	185.71	84.21	39.78	465.16
73	601336（HA）	新华保险	145.78	142.86	100.00	75.85	464.49
74	600115（HA）	东方航空	162.35	171.43	100.00	29.40	463.18
75	600741（HA）	华域汽车	205.41	142.86	100.00	14.11	462.38
76	02328（HK）	中国财险	173.09	142.86	98.25	46.81	461.01
77	601601（HA）	太平洋保险	151.84	171.43	100.00	34.99	458.27
78	600153（HA）	厦门建发	167.56	171.43	100.00	18.93	457.92
79	000001（SA）	平安银行	139.67	185.71	100.00	32.46	457.85
80	600307（HA）	酒钢宏兴	163.16	142.86	100.00	51.16	457.17
81	600104（HA）	上汽集团	96.01	185.71	131.58	40.76	454.06
82	600000（HA）	浦发银行	134.13	185.71	100.00	30.55	450.39
83	00966（HK）	中国太平	152.01	157.14	100.00	38.55	447.70
84	00288（HK）	万洲国际	195.36	100.00	100.00	50.34	445.71
85	600016（HA）	民生银行	138.74	169.05	100.00	37.36	445.15
86	600528（HA）	中铁二局	163.66	157.14	98.25	25.97	445.01
87	601939（HA）	中国建设银行	133.98	171.43	100.00	39.36	444.77
88	01071（HK）	华电国际	168.96	157.14	82.46	34.02	442.58

（续表）

排名	股票代码	企业名称(简称)	自我责任	行业责任	社区责任	国家责任	总分
89	02007（HK）	碧桂园	159.29	142.86	98.25	40.45	440.84
90	601166（HA）	兴业银行	141.35	171.43	100.00	27.81	440.59
91	601998（HA）	中信银行	126.98	185.71	100.00	27.59	440.29
92	600335（HA）	国机汽车	157.23	171.43	100.00	10.24	438.90
93	600795（HA）	国电电力	164.57	185.71	47.37	36.50	434.15
94	000066（SA）	长城电脑	154.56	142.86	100.00	33.68	431.10
95	601328（HA）	交通银行	139.36	152.38	100.00	36.42	428.16
96	600028（HA）	中国石化	202.89	121.43	71.93	29.32	425.57
97	600871（HA）	石化油服	163.65	142.86	100.00	17.79	424.30
98	600822（HA）	上海物贸	201.90	100.00	100.00	18.76	420.66
99	000878（SA）	云南铜业	144.15	157.14	100.00	18.32	419.62
100	601818（HA）	光大银行	137.33	140.48	100.00	41.35	419.16
101	601398（HA）	工商银行	137.97	135.71	100.00	44.94	418.62
102	600058（HA）	五矿发展	136.27	157.14	100.00	22.89	416.30
103	601988（HA）	中国银行	134.30	135.71	100.00	42.17	412.19
104	600546（HA）	山煤国际	130.30	142.86	100.00	27.52	400.67
105	601258（HA）	庞大集团	168.27	100.00	100.00	28.50	396.77
106	601390（HA）	中国中铁	155.83	185.71	7.02	45.76	394.32
107	00903（HK）	冠捷科技	160.06	100.00	100.00	30.00	390.06
108	601288（HA）	中国农业银行	131.86	85.71	100.00	56.66	374.23
109	601668（HA）	中国建筑	167.39	171.43	0.00	33.15	371.98
110	00267（HK）	中信股份	141.46	100.00	96.49	31.92	369.88

注：（US）代表在美国上市的股票；（HK）代表在香港上市的股票；（SA）代表在深圳上市的A股；（HA）代表在上海上市的A股；（SI）代表在新加坡上市的股票；（SS）代表在深圳中小板上市的股票。

2016中国企业社会责任指数的总分和总排名是根据四个一级指标（自我责任、行业责任、社区责任和国家责任）的得分加总而成（见表7-1，表中数据为标准化后的得分）。每个一级指标下设两到四个不等的二级指标。

2016中国企业社会责任指数的评估对象是从《财富》（中文网）"2015年中国500强"中挑选的前100家企业。同时，考虑到"中国500强"排行榜的变动性，此次评估又加上了虽然掉出2015年中国企业前100强，但存在于2014年中国企业前100强中的10家企业。在这110家企业中，如果按照企业的性质划分，国有企业占比最大，共有89家，民营企业仅有21家。

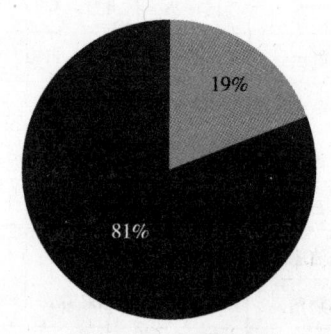

图7-1 民营企业和国有企业数量对比

从最后结果来看，2016中国企业社会责任指数排名前三的企业分别是阿里巴巴集团控股有限公司、中国海洋石油有限公司、中国移动有限公司。阿里巴巴集团在国家责任指标上排名第六，在自我责任、社区责任两项指标上排名第一。从自我责任来看，自成立以来至今，阿里巴巴集团已经成为中国市值最高的互联网巨头。而就社区责任来说，通过成立阿里巴巴公益基金会，并将重点集中在水环境保护和唤醒公众环境保护意识及行动两个领域，阿里巴巴集团有效地推动了中国环保事业的发展。

中国海洋石油在国家责任这项指标上排名第四。在社区责任指标上，它同腾讯控股、中兴通讯并列第三。在行业责任指标上，它则是同中国平安保险（集团）股份有限公司、宝山钢铁股份有限公司并列第一。从行业责任来看，自2005年起，中国海洋石油已经连续11年发布可持续发展报告。而且，在2015年，中国海洋石油的《复杂地质条件下的长输海底管道技术研究与应用》获得了国家安全生产监督管理总局第六届安全生产科技成果奖一等奖。由此证明了中国海洋石油在安全生产上的高标准以及对员工的负责。

中国移动在自我责任、行业责任和社区责任三项指标上均排名第二。从自我责任来看,由于其在 4G 上的领先优势,中国移动在流量业务上实现了快速增长,从而实现了利润的持续增长。在行业责任上,中国移动自 2006 年起就开始发布企业社会责任报告,一直延续至今。就社区责任来看,从 2007 年起,中国移动启动了"绿色行动计划",实现了设备耗电平均每年降低 10% 以上。而且,由于在公益事业上的突出贡献,中国移动在 2015 年荣获了第九届中华慈善奖"最具爱心捐赠企业"奖。

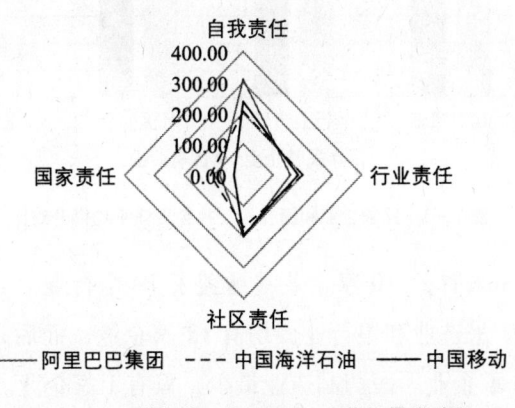

图 7-2 总排名前三企业四项一级指标得分对比

根据企业的性质来看,阿里巴巴集团是民营企业社会责任排行榜的头名。而在国有企业社会责任排行榜上,占据榜首的是中国海洋石油。

表 7-3 民营企业和国有企业总排名前三企业

排名	民营企业	国有企业
1	阿里巴巴集团	中国海洋石油
2	中兴通讯	中国移动
3	美的集团	华润创业

图 7-3 反映的是国有企业与民营企业在四项一级指标上的平均得分对比。国有企业在自我责任、社区责任和国家责任三项指标上的平均得分要高于民营企业。在行业责任这项指标上,国有企业和民营企业的平均得分持平。

究其原因，正如前所述，此次选取的是"中国 500 强"中的前 100 家企业。因此，能够位于其中的多是大型民营企业。而大型民营企业在履行社会责任的意愿和能力上都不比国有企业差。

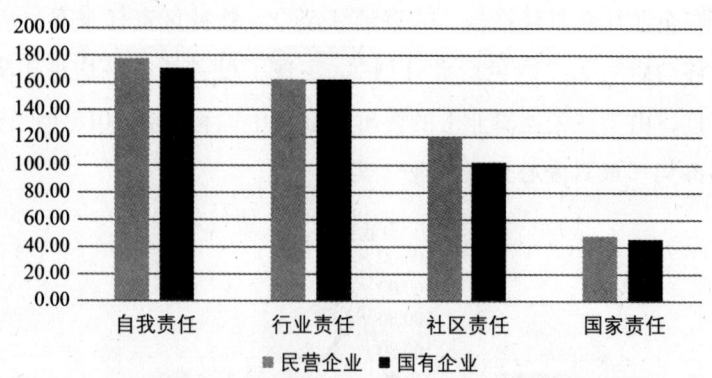

图 7-3　民营企业和国有企业社会责任平均得分对比

而就行业分布来看，110 家企业共涵盖了 19 个行业。其中，集中程度最高的行业是金属矿采选业和银行业，均有 13 家企业，而后是建筑业与批发和零售业，都有 10 家企业。医药制造业最少，只有 1 家企业。

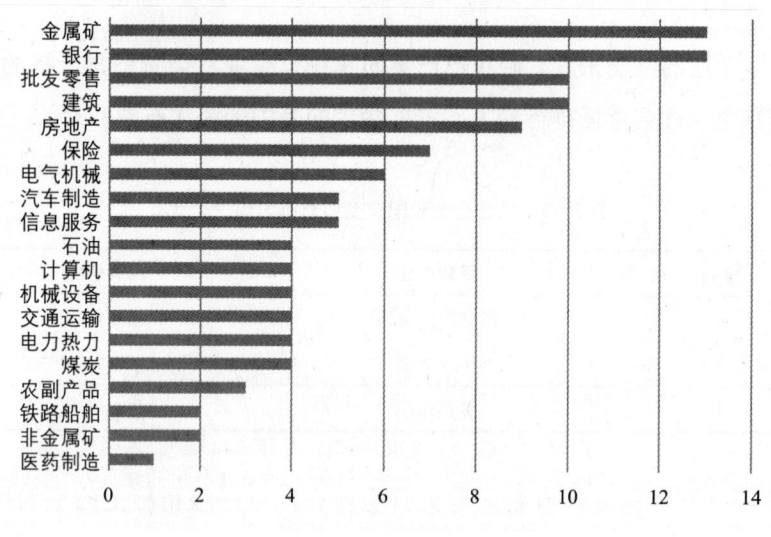

图 7-4　各行业企业数量

就各行业的企业社会责任平均得分来看,排名前三的分别是信息传输、软件和信息技术服务业、非金属矿物制品业、石油和天然气开采与加工业。银行业因在自我责任和国家责任两项指标上得分较差而排名最末。

表7-4 各行业企业社会责任平均得分对比

行业简称	自我责任	行业责任	社区责任	国家责任	平均得分
信息服务	199.00	157.00	132.00	78.00	565.00
非金属矿	196.00	171.00	100.00	64.00	531.00
石油	211.00	161.00	107.00	47.00	526.00
电气机械	184.00	164.00	105.00	72.00	526.00
铁路船舶	167.00	171.00	117.00	64.00	520.00
医药制造	198.00	186.00	100.00	32.00	516.00
批发零售	194.00	151.00	120.00	34.00	499.00
煤炭	175.00	164.00	106.00	52.00	497.00
金属矿	171.00	173.00	103.00	48.00	494.00
农副产品	205.00	143.00	99.00	45.00	493.00
房地产	178.00	168.00	110.00	34.00	490.00
汽车制造	170.00	160.00	113.00	45.00	487.00
机械设备	171.00	175.00	100.00	40.00	486.00
计算机	162.00	154.00	125.00	45.00	486.00
交通运输	166.00	171.00	107.00	38.00	484.00
保险	154.00	156.00	109.00	58.00	477.00
电力热力	165.00	179.00	80.00	38.00	461.00
建筑	161.00	173.00	80.00	43.00	458.00
银行	137.00	153.00	102.00	37.00	429.00

从图7-5中可以看出,对信息传输、软件和信息技术服务业、非金属矿物制品业、石油和天然气开采与加工业三个行业得分贡献最大的是自我责任指标。

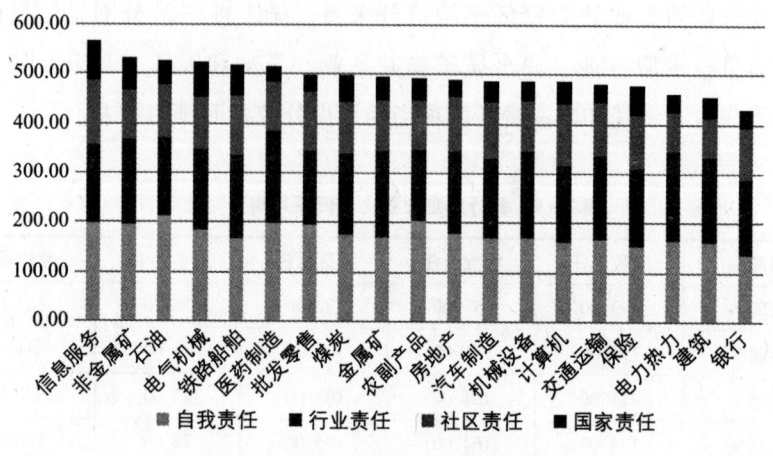

图7-5 各行业企业社会责任得分对比

(一) 分项指标排名：自我责任

自我责任涵盖债权人权益、股东权益、劳动者权益和消费者权益四项二级指标。其中，债权人权益以资产负债率来加以反映，考察的是企业的长期偿债能力；股东权益以每股收益来加以反映，试图探讨企业回报股东的能力；劳动者权益以工资增长率来加以反映，考察企业对劳动者的保障能力；消费者权益以产品投诉次数来加以反映，探讨的是企业对消费者权益的保障程度。

表7-5 自我责任得分排名前二十企业

排名	公司名称	债权人权益	股东权益	劳动者权益	消费者权益	自我责任
1	阿里巴巴集团	94.13	100.00	19.51	99.06	312.69
2	中国移动	88.83	29.42	19.53	99.69	237.47
3	海螺水泥	96.98	16.72	22.24	100.00	235.95
4	上海石化	100.00	13.06	17.73	100.00	230.79
5	新希望六和	94.95	15.54	19.10	100.00	229.59
6	中国航油（新加坡）	97.32	13.59	17.21	100.00	228.11

(续表)

排名	公司名称	债权人权益	股东权益	劳动者权益	消费者权益	自我责任
7	中国神华	89.13	14.73	19.12	100.00	222.98
8	万达地产	66.82	33.74	21.55	99.06	221.16
9	国药控股	72.28	15.58	20.75	100.00	208.61
10	中国海洋石油	79.13	13.55	14.79	100.00	207.46
11	江西铜业	71.81	12.66	21.92	100.00	206.39
12	海尔电器	69.69	15.85	20.47	100.00	206.01
13	华域汽车	55.86	18.13	31.42	100.00	205.41
14	中国石油	76.15	12.69	15.79	99.06	203.69
15	中国海外发展	60.77	21.97	20.71	100.00	203.45
16	中国石化	73.56	12.94	18.28	98.11	202.89
17	上海物贸	0.27	1.63	100.00	100.00	201.90
18	宝钢股份	70.16	12.27	17.30	100.00	199.72
19	上海医药	59.95	15.57	22.88	100.00	198.41
20	中国电信	64.40	12.89	19.39	99.69	196.37

从表7-5可以看出，阿里巴巴集团、中国移动、海螺水泥在自我责任这项指标上位列前三，阿里巴巴集团因为在资产负债率和每股收益两项指标上得分最高，因而排名榜首。根据数据显示，阿里巴巴集团2015年度的资产负债率仅为32.01%，在110家企业中排名第五。与此同时，阿里巴巴集团在2015年的每股收益为26.86元，远远高于其他企业。事实上，自2014年9月在纳斯达克上市后，阿里巴巴集团就一直呈高歌猛进之势。2015年，阿里巴巴集团的市值已经达到2028亿美元，成为中国市值最高的互联网巨头。据估计，阿里巴巴集团平均每分钟创收21万元，仅双11当天的成交额就超过912亿元。如此的增长速度自然是阿里巴巴集团债权人和股东的福音。

中国移动虽然未能在任何一项二级指标上占据首位，但它的资产负债率和每股收益得分不错。在资产负债率上，中国移动排名第七。在每股收益上，它排名第三。根据《财富》(中文网)评出的"中国500强",中国移动排名第五。2015年,中国移动的数据业务收入首次超过语音业务收入,占总收入的比重达到52%。由此保证了中国移动在资产负债率和每股收益两项指标上排名靠前。

海螺水泥之所以能够在自我责任这项指标上排名第三,并不是因为它的盈利水平有多高。事实上,由于中国经济增速的下滑,水泥市场需求减弱,行业盈利水平开始大幅下降。海螺水泥2015年的主营业务收入就较上年同期减少了15.66%。它的得分点一是在于产品质量过关,没有针对其产品的投诉;二是在于负债水平情况良好。其资产负债率仅为30.13%,在110家企业中排名第三。作为国内水泥制造行业的龙头企业,同时也是亚洲最大的水泥生产企业,海螺水泥的自我责任可以说做得相当不错。

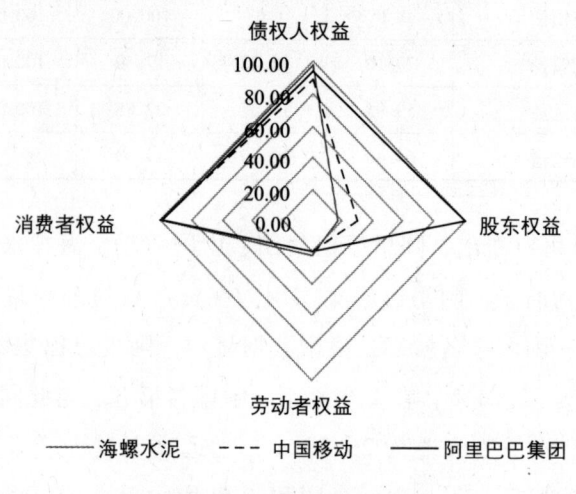

图7-6 自我责任得分排名前三企业

与此同时,就四项二级指标来看,债权人权益得分最高的前三家企业分别是上海石化工股份有限公司、中国航油(新加坡)股份有限公司、海螺水泥。石油行业的资产负债率普遍较低,国际石油企业的平均资产率为20%—30%。尽管上海石化,中国航油(新加坡)的表现不错,但中国石化、中国石油、中国海洋石油的资产负债率则已超过40%。

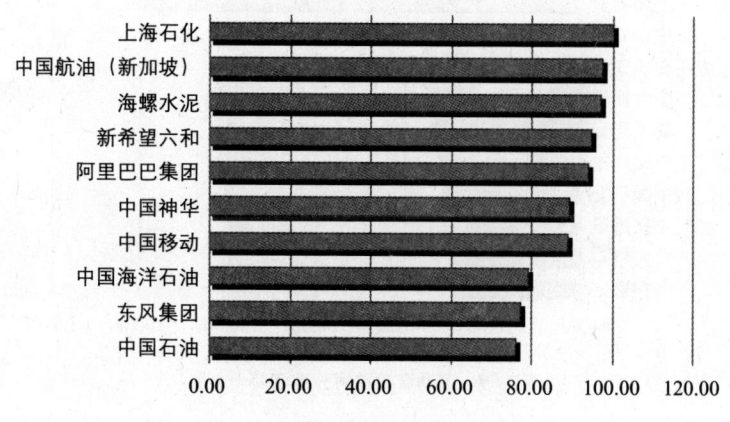

图 7-7 债权人权益得分排名前十企业

股东权益得分最高的前三家企业分别是阿里巴巴集团、大连万达商业地产股份有限公司、中国移动,这是仅有的三家每股收益超过 4 元的企业。

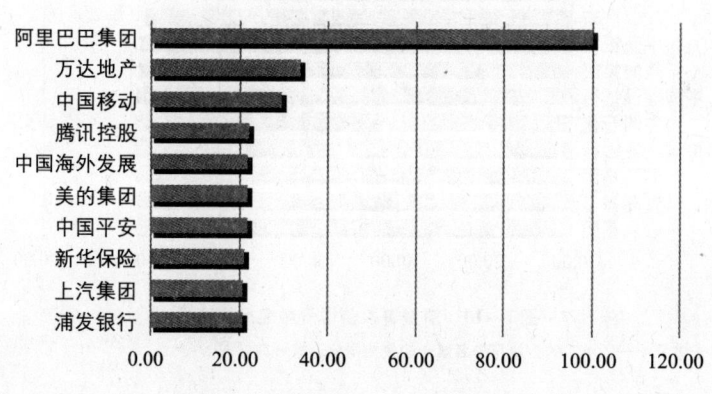

图 7-8 股东权益得分排名前十企业

劳动者权益得分最高的前三家企业分别是上海物资贸易股份有限公司、中铁二局股份有限公司、中国交通建设股份有限公司。近年来,中国的经济发展面临诸多挑战,反映到劳动者权益上,就是 110 家企业中有 40 家企业的工资出现了下降趋势。

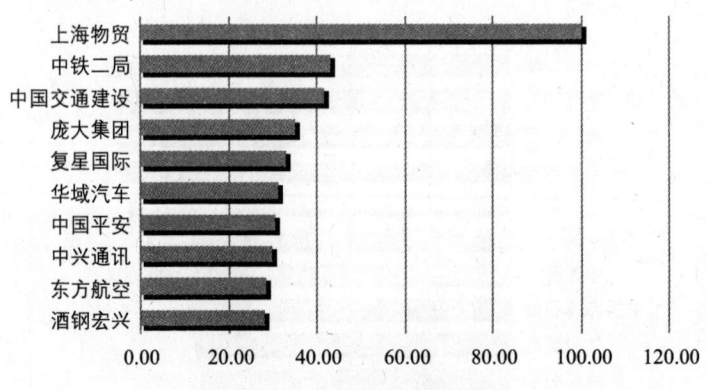

图7-9 劳动者权益得分排名前十企业

产品投诉次数这项指标,则有60家企业未曾发现针对其产品的投诉。相反,投诉次数最多的三家企业分别是上海汽车集团股份有限公司、东风汽车集团股份有限公司、长城汽车股份有限公司。

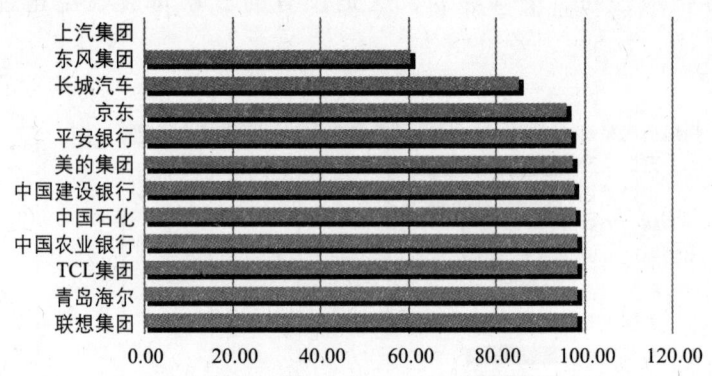

图7-10 消费者权益得分排名后十企业

注:由于排名十一、十二的企业与排名第十的企业同分,故一并置入。

(二)分项指标排名:行业责任

行业责任包括信息披露和公平运营两项指标。前者以社会责任信息披露程度进行反映,考察的是企业社会责任报告或可持续发展报告的发布情报;后者以失信记录次数进行反映,试图发现企业是否存在破坏行业公平竞争的行为。

表7-6 行业责任得分排名前二十企业

排名	公司名称	信息披露	公平运营	行业责任
1	中国平安	100.00	100.00	200.00
2	中国海洋石油	100.00	100.00	200.00
3	宝钢股份	100.00	100.00	200.00
4	中国移动	86.00	100.00	186.00
5	上汽集团	86.00	100.00	186.00
6	中国中铁	86.00	100.00	186.00
7	中国铁建	86.00	100.00	186.00
8	中国交通建设	86.00	100.00	186.00
9	中国人保集团	86.00	100.00	186.00
10	中国联通	86.00	100.00	186.00
11	联想集团	86.00	100.00	186.00
12	中国神华	86.00	100.00	186.00
13	中国铝业	86.00	100.00	186.00
14	华能国际	86.00	100.00	186.00
15	浦发银行	86.00	100.00	186.00
16	中国建材	86.00	100.00	186.00
17	上海建工	86.00	100.00	186.00
18	恒大地产	86.00	100.00	186.00
19	TCL集团	86.00	100.00	186.00
20	武钢股份	86.00	100.00	186.00

表7-6显示，行业责任得分排名前二十的企业事实上并无多大差距。尤其是就公平运营来说，由于前二十家企业均未发现失信记录，所以其得分均为100分。也正是因为如此，行业责任得分排名前二十企业的主要差距就是在于信息披露得分的不同。因此，由于中国平安、中国海洋石油和宝钢在信息披露方面得分较高，所以这三家公司占据了前三名的位置。

自2004年发布平安企业文化建设报告以来，中国平安已经连续12年发布关于企业社会责任履行状况的报告。2015年,中国平安继续积极披露企业社会责任履行状况,并在社会责任履行方面获得了社会的普遍好评,赢得世界环保大会颁发的国际碳金奖——碳金社会公民奖和中国青少年发展基金会颁发的希望工程2015杰出贡献。

中国海洋石油从2005年起发布企业可持续发展报告。从2008年起,它又在中文报告的基础上发布英文报告。2015年,中国海洋石油持续发布中英文版可持续发展报告,并在安全生产领域获得了国家安全生产科技最高奖。

宝钢早在2003年就开始发布企业环境报告在,至今已经连续13年发布企业社会责任报告。2015年,宝钢继续发布企业社会责任报告,并连续第六次荣获"中华慈善奖"。

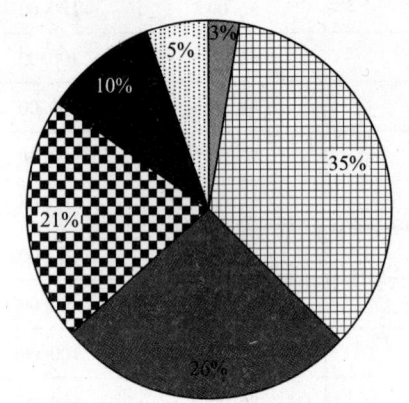

图7-11　信息披露各得分段企业数量

如果单从信息披露这一指标来看,得分最高的为7分,共有三家企业,得分最低的为0分,共有6家企业。大多数企业的得分在4分及以上。换句话说,在110家企业中,84.55%的企业对社会责任的信息披露较为重视,做到了定期发布企业社会责任报告或可持续发展报告,且公众可以较为容易地获取这一报告。

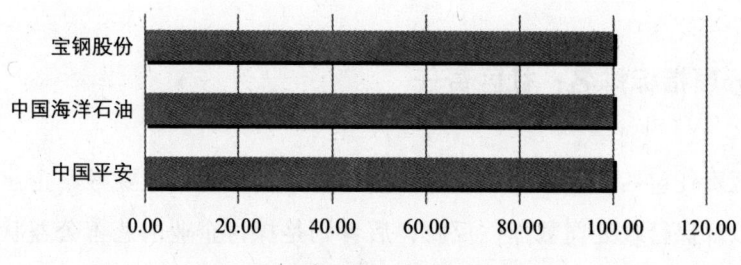

图7-12 信息披露得分排名前三企业

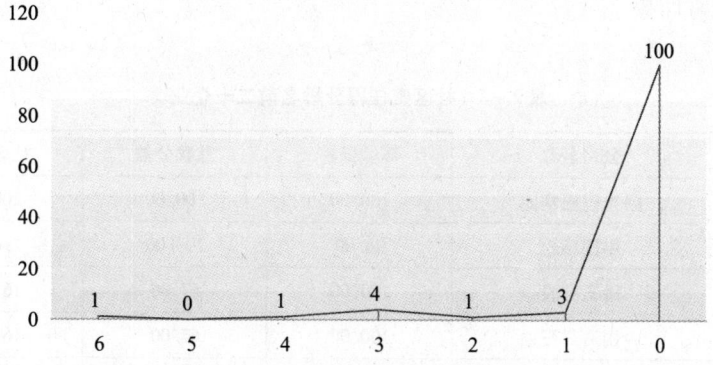

图7-13 失信记录次数各区段企业数量

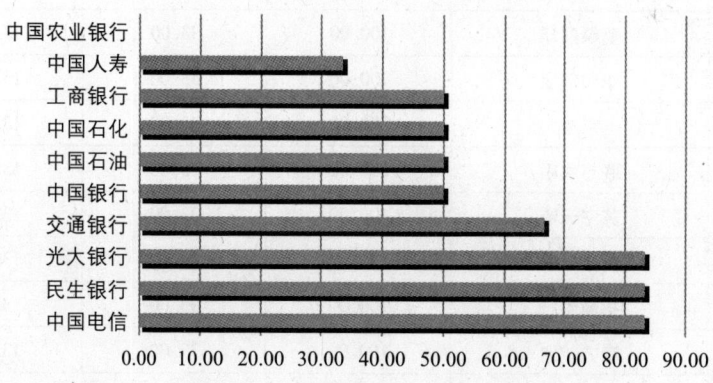

图7-14 公平运营得分排名后十企业

从公平运营指标来看，大部分企业的信用较为良好。在110家企业中，有100家企业没有在"全国法院失信被执行人名单信息公布与查询"平台上发现失信记录。其中，共有10家企业被发现存在失信记录，而发现失信记录最多的企业是中国农业银行股份有限公司，共有6次。

(三) 分项指标排名：社区责任

社区责任包括环境保护和慈善公益两个指标。前者主要考察企业的环保力度，以环保行政处罚数加以反映；后者则是探讨企业的慈善公益状况，以企业慈善基金建设程度加以反映。可以说，社区责任反映了人们对企业社会责任的通常印象。

表7-7 社区责任得分排名前二十企业

排名	公司名称	环境保护	慈善公益	社区责任
1	阿里巴巴集团	100.00	100.00	200.00
2	中国移动	96.00	100.00	196.00
3	腾讯控股	100.00	67.00	167.00
4	中国海洋石油	100.00	67.00	167.00
5	中兴通讯	100.00	67.00	167.00
6	东风集团	100.00	33.00	133.00
7	复星国际	100.00	33.00	133.00
8	华润创业	100.00	33.00	133.00
9	京东	100.00	33.00	133.00
10	联想集团	100.00	33.00	133.00
11	苏宁云商	100.00	33.00	133.00
12	武钢股份	100.00	33.00	133.00
13	招商银行	100.00	33.00	133.00
14	南方航空	100.00	33.00	133.00
15	中国人保集团	100.00	33.00	133.00
16	中国人寿	100.00	33.00	133.00
17	中国中车	100.00	33.00	133.00
18	TCL集团	98.00	33.00	132.00
19	保利地产	98.00	33.00	132.00
20	上汽集团	98.00	33.00	132.00

从表 7-7 可以看出，企业在社区责任这项指标上的得分差距并不明显。在环境保护这项指标上，社区责任得分排名前 20 企业的得分几乎没有差距。而在慈善公益上，这 20 家的得分差距也并没有多大。阿里巴巴集团凭借在两项二级指标上排名均为第一，从而在社区责任一项上位列第一。中国移动因在环保行政处罚数上得分略低，屈居第二。

凭借其良好的发展态势，从 2010 年起，阿里巴巴集团决定将 0.3% 的营业收入投入到环保事业中。自阿里巴巴公益基金会在 2011 年 12 月成立后，阿里巴巴集团环境资助的重点主要集中在水环境保护和唤醒公众环境保护意识及行动两个领域。到 2016 财年，阿里巴巴集团已经资助了 120 个环保项目。与此同时，阿里巴巴公益基金会的成立更好地推动了企业公益事业的开展。为了保证公益基金的使用更加高效，阿里巴巴集团还设立了员工公益委员会——"公益合伙人"，以此来决定公益基金的使用。

中国移动自 2007 年开始启动以节能减排为核心的"绿色行动计划"，实现了设备耗电平均每年降低 10% 以上。与此同时，借助农村基站资源，中国移动在江苏推出了"蓝天卫士"高清视频监控平台，以实现对农村大范围区域内的 24 小时远程监控和管理。利用这一平台，从 2013 年至 2015 年夏收秋种期间，江苏的秸秆焚烧案件总体下降了 51.2%。此外，中国移动在 2007 年成立了中国移动慈善基金会。基金会重点关注教育均等、弱势群体帮扶等领域，实施了一系列长期性的公益项目。2015 年，中国移动慈善基金会的公益捐赠额达 3830 万元，累计捐赠金额达 1.96 亿元。

从环境保护这一指标来看，通过对各个地方环保局的查询，在 110 家企业中，共有 30 家企业因相关环境问题被处以环保行政处罚。

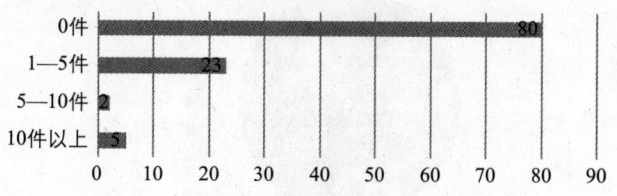

图 7-15 环保行政处罚数各区段企业数量

其中，处罚数在 10 件以上的有 5 家企业，分别是中国建筑股份有限公司、中国中铁股份有限公司、国电电力发展股份有限公司、中国石油化工股份有限公司、华电国际电力股份有限公司。

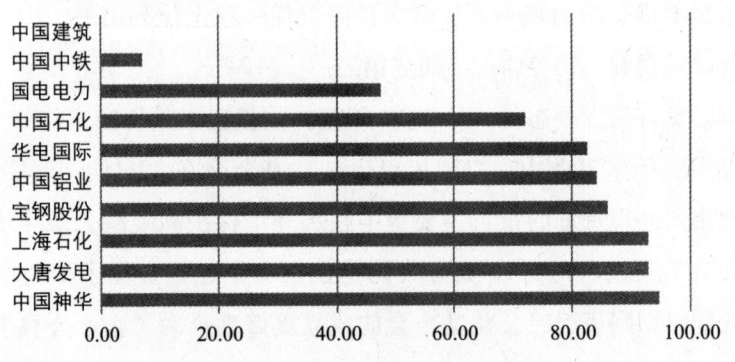

图 7-16　环境保护得分排名后十企业

自 2008 年汶川地震开始，中国的民间慈善事业经历了飞速发展，大量企业成立了自己的企业基金会。在此次考察的 110 家企业，共有 22 家企业建立了自己的慈善基金。这些企业慈善基金会在推动推动公益事业方面发挥了巨大的作用。以阿里巴巴公益基金会为例，借助互联网平台，阿里巴巴基金会为社会公众搭建了一个人人可参与的公益平台。2016 财年，阿里巴巴集团推动了超过 33 亿人参与公益事业，其中，2.8 多亿买家、150 多万卖家通过阿里巴巴平台参与公益。并且，就企业慈善来看，阿里巴巴公益基金会在 2016 财年向国内外项目捐赠了约 2.3 亿（其中仅基金会就为 1.4 亿）；与此同时，通过阿里巴巴平台的捐赠额达到 1.9 亿。阿里巴巴公益金共资助了 73 个国内外项目，其中在环境保护领域共资助了 47 个项目。

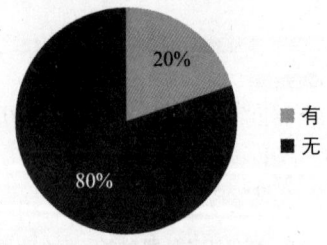

图 7-17　是否建有公益基金企业数量对比

其中，在慈善公益指标上排名前五的企业分别是阿里巴巴集团、中国移动、腾讯控股、中兴通讯和中国海洋石油。

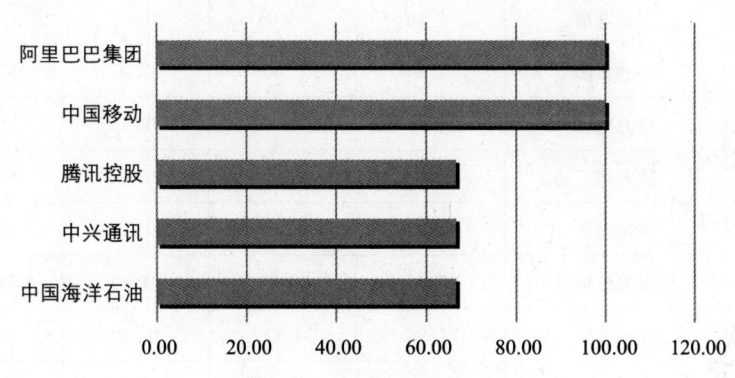

图7-18　慈善公益排名前五企业

注：因从第六名到第二十三名的企业得分均相同，故只列前五企业。

（四）分项指标排名：国家责任

国家责任由社会稳定、财政贡献、科技创新三个二级指标构成。其中，社会稳定以万元产值就业数来加以反映，考察的是企业行为对社会稳定的影响；财政贡献以纳税增长率来加以反映，探讨的是企业对国家财政的贡献；科技创新以千人拥有专利数来加以反映，它试图考察企业对国家持续向前发展的作用。

从表7-8可以看出，中国电信股份有限公司、美的集团股份有限公司、珠海格力电器股份有限公司在国家责任这项指标上排名前三。中国电信在社会稳定和财政贡献两项指标上表现出色，因此，中国电信在国家责任上排名第一。美的集团由于在科技创新上得分较高，在社会稳定上得分不错，所以排名第二。格力电器虽然未曾任何一项二级指标上排名第一，但胜在所有二级指标上都表现相对出色，因此排名第三。

表7-8 国家责任得分排名前二十企业

排名	公司名称	社会稳定	财政贡献	科技创新	国家责任
1	中国电信	42.16	92.03	0.17	134.36
2	美的集团	31.86	5.60	87.27	124.73
3	格力电器	34.31	3.86	79.53	117.70
4	中国海洋石油	3.43	6.51	100.00	109.95
5	华润创业	100.00	1.97	0.00	101.97
6	阿里巴巴集团	47.55	16.85	14.20	78.60
7	武钢股份	21.98	4.53	50.09	76.60
8	腾讯控股	12.25	17.48	41.26	70.99
9	中国联通	39.71	27.67	3.12	70.50
10	新希望六和	44.90	18.13	2.77	65.81
11	中国人保集团	22.55	41.28	0.00	63.83
12	海螺水泥	45.02	12.19	0.00	57.21
13	中兴通讯	40.20	10.36	4.64	55.19
14	复星国际	30.74	21.31	0.00	52.05
15	TCL集团	33.49	10.42	5.68	49.60
16	中国神华	24.51	10.59	7.67	42.77
17	万达地产	24.02	13.36	0.04	37.43
18	中国移动	16.67	13.11	0.37	30.15
19	宝钢股份	10.29	9.51	5.73	25.53
20	上海石化	6.32	13.30	0.34	19.96

此外，从图7-19中可以发现，财政贡献对中国电信的国家责任得分贡献最大；对美的集团得分贡献最大的是科技创新，而对格力电器得分贡献最大的同样是科技创新。

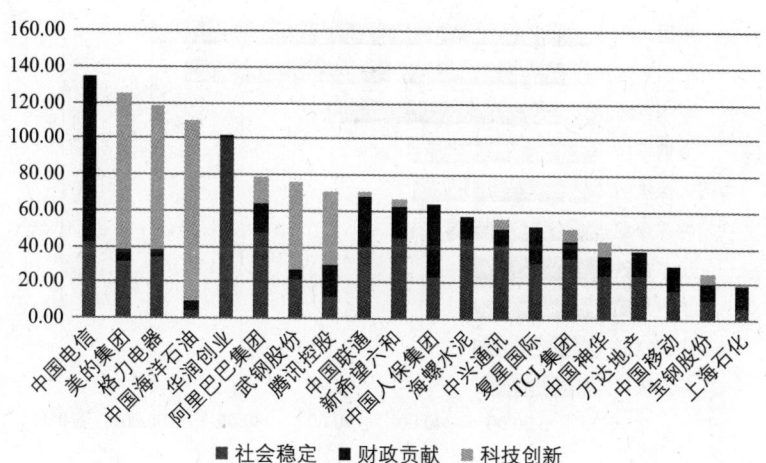

图 7-19 国家责任得分排名前二十企业

从社会稳定这项指标来说，排名前三的企业分别是华润创业有限公司、中国通信服务股份有限公司、中国建材股份有限公司。

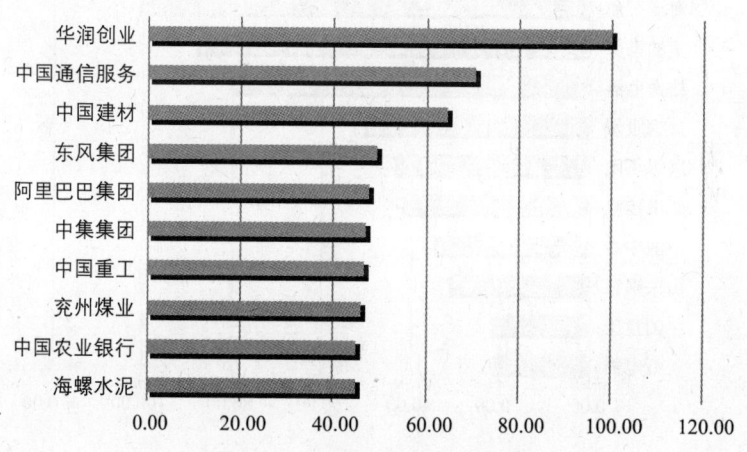

图 7-20 社会稳定得分排名前十企业

在财政贡献指标上排名前三的企业则是中国人寿保险股份有限公司、中国电信、新华人寿保险股份有限公司。需要注意的是，在110家企业中，有16家企业的纳税增长率为负数。

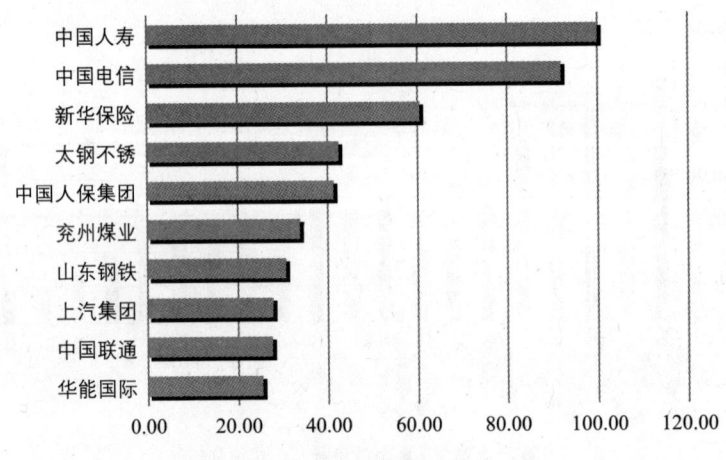

图7-21 财政贡献得分排名前十企业

就科技创新来说,中国海洋石油、美的集团、格力电器三家企业表现十分出色,位列前三位。

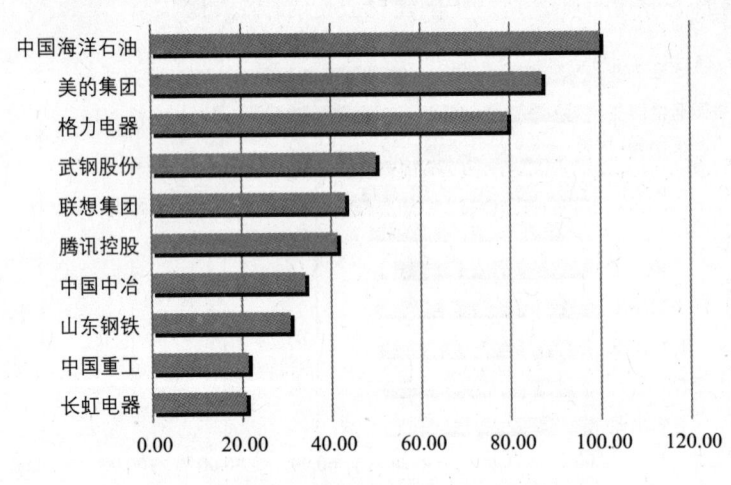

图7-22 科技创新得分排名前十企业

(五)研究结论:大型民营企业在企业社会责任中的卓越担当

从2016年中国企业社会责任指数的最终结果来看,民营企业的表现非常亮眼。在总排行榜的前十名中,共有四家民营企业入围。其中,阿里巴巴集团排名第一位,中兴通讯排名第四位,美的集团排名第六位,腾讯控股排名第七位。与此同时,就具体指标得分来看,民营企业在自我责任、社区责任和国家责任三项指标上的平均得分要高于国有企业。在行业责任这项指标上,民营企业和国有企业的平均得分持平。

当然,仍需注意的是,从整体上来看,民营企业在社会责任的履行方面仍然不如国有企业。毕竟,民营企业中多有小微企业,而这些企业往往处在生存阶段,因此,它们很少关注企业社会责任,通常也不会发布企业社会责任报告,甚至还时不时地违法经营以实现生存。因此,对民营企业在社会责任履行方面整体不如国有企业的判断并不错误。事实上,在此次评估的110家企业中,只有21家是民营企业便在一定程度上反映了上述判断。

但无论如何,至少大型民营企业在社会责任履行方面并不差。而且,从意愿的角度来看,民营企业比国有企业更愿意积极履行社会责任。因为唯有通过积极履行社会责任等方式,民营企业才有可能获得政治资本,得到融资便利。而这是国有企业较少碰到的问题。

三、发展建议:企业社会责任的硬法与软法之治

尽管大型民营企业在社会责任履行方面做得并不差,但从整体上来看,民营企业在社会责任的履行方面仍然不如国有企业。事实上,就总体而言,无论是民营企业,还是国有企业,它们的社会责任都尚存诸多需要改进的地方。民营企业多有产品质量和环境污染问题,而国有企业普遍在慈善公益上做得不够。因此,不论是何种性质的企业,在社会责任方面都应做得更多。

而就其具体路径来看,主要包括企业社会责任的"硬法化"和"软法化"两条路径。前者是由政府创制关于企业社会责任的规范体系,并依靠国家强制力来保障实施。后者则是由多主体来制定针对企业社会责任的规范体系。这一规范体系将会依靠社会力量,而不是国家强制力来保障实施。前者有助于增强对企业社会责任的硬性规定和刚性约束,从而遏制企业仅追求利润而忽视社会公益。后者则是经由利益诱导、舆论指引和社会压力,推动企业

能够更加积极地投入到社会公益当中。

(一) 企业社会责任的"硬法化"

"硬法"路径针对的是企业的消极责任,即避免企业的相关决策和行为损害利益相关方的基本权益。为此,需要运用法律强制手段来约束企业。一旦违反相关法律,企业便会受到相应的法律制裁。这就要求企业社会责任做到如下几点。

1. 对现有关于企业社会责任的法律条款进行更新。譬如,中国应尽快加入国际劳工组织涉及废除强迫劳动的第二十九号和一百零五号公约。事实上,相对于国际标准而言,中国许多涉及企业社会责任的法律条款仍显滞后。因此,需要对现有关于企业社会责任的法律条款进行更新,在考虑中国具体国情的基础上,使其逐渐跟上国际标准。

2. 严格落实关于企业社会责任的法律条款。譬如,加大环保资金投入,从国家层面以文件形式要求地方各级政府解决环保部门执法人员不足问题。正如桃源铝厂污染事件所揭示出来的,许多环境污染事故的出现在很大程度上应归咎于环境执法的不严。所以,加大执法力度是推进企业履行社会责任的一大重要措施。

3. 要求发展型企业建立企业社会责任委员会。对资产总额超过4000万的企业(即本研究团队所称的发展型企业),应立法要求其建立企业社会责任委员会,该委员会至少有三名董事组成,其中必须有一名董事为独立董事。只有通过完善公司治理结构,才能使社会责任意识真正渗透进公司内部。

4. 规定社会型企业用于社会责任的支出标准。对资产总额超过4亿的企业(即本研究团队所称的社会型企业),应立法要求其在每一财政年度用于社会责任的支出不得少于企业近三个财政年度平均净利润的1%。对于所谓的社会型企业,推进社会责任既在其能力范围之内,也是其持续进一步发展的应有路径。

5. 强制发展型企业和社会型企业必须发布企业社会责任报告。强制职工人数在300人以上的企业（包括发展型企业和社会型企业），必须发布企业社会责任报告。其内容应当包括企业负债情况、股东收益情况、工资增长情况、产品质量情况、公平运营程度、环保投入程度、慈善公益状况、解决就业人数、纳税增长情况以及研发投入程度等。为此，必须在《公司法》中引入相关条款，做出具体规定。

6. 进一步提高股东派生诉讼制度在司法实务中的可操作性。股东派生诉讼对于企业维护利益相关者的权益具有十分重要的意义。中国虽然在新修订的《公司法》中引入了股东派生诉讼制度，但由于缺乏对股东提起诉讼的激励机制，且又缺乏对股东提起恶意诉讼的约束机制，因此还需进一步完善这一制度。譬如，赋予原告股东费用补偿请求权，以及在胜诉后直接受偿的权利；限制原告股东的处分权利，并明确恶意诉讼败诉股东的赔偿责任等。

（二）企业社会责任的"软法化"

"软法"路径则是对应企业的积极责任，即提升利益相关方的权益。通过利益诱导、舆论压力，软法在一定程度上可以促使企业承担积极责任。

1. 制定企业社会责任促进法。尽管在中国的各部门法当中，已经存在着与企业社会责任相关的法律条款。但由于所处部门法不同，立法的背景、原则和调整方法并不一样，所以相关法律条款无法协同配合。通过制定社会责任促进法，可以整体推进社会责任的履行。需要注意的是，企业社会责任促进法应以"软法"为其主要形式，即应以激励企业履行社会责任为主。

2. 构建针对企业履行社会责任的激励机制。譬如，对于企业社会责任做得不错的民营企业，可以在贷款利率上给予一定比例的优惠。尽管企业社会责任强调的是"责任"一词，但依然需要把握企业追求利润最大化的特性，借助于此来推动企业履行社会责任。

3. 各行业均应制定出企业行为准则。虽然各个企业所需履行的社会责任大致相当，但不同行业的企业在履行社会责任上的侧重点不同。譬如，对于石油和天然气开采与加工业、煤炭开采和选洗业内的企业，其应注重的是对环境的保护。对于电气机械和器材制造业、机械设备制造业内的企业,更应强调其在技术创新上的贡献。因此,各个行业应该根据自身行业特点,制定出切合实际的企业行为准则。

4. 建立具有公信力的第三方评估。除了要借助国家的力量,最为关键的是还要发挥社会的力量来监督企业社会责任的履行。换句话说,通过第三方评估,直接曝光企业社会责任履行较差的企业,可以迅速集聚社会公众对该企业的关注,给予其极大的舆论压力,从而提高该企业的社会责任意识。而且,对单个案例的重视还有可能转变为对行业整体情况的关注,进而提升整个行业的社会责任意识,并在社会中广泛普及社会责任的理念。

第八章　要投资不要投机！

——社会责任投资的重要意义

一、社会责任投资理念

　　对投资者而言，其通常的目的就是通过向特定的领域投放一定数额的资金或货币等价物，以此在将来的某个时刻实现资金或货币等价物的增值。股票市场作为一个集聚资金，实现资金最大化利用，并以此来实现增值的领域，无疑是投资者获得回报，应对通货膨胀风险的绝佳领域。美国经济学家杰里米·希格尔在其著作《股票：从长远来看》中指出："长期来看，股票的回报不仅超过其他所有金融资产的回报，并且在将通货膨胀考虑在内时，股票比债券远为安全，也更具可预测性。"因此，"股票明显就是那些寻求资本长期增值的投资者的绝佳选择"。英国三位经济学家埃尔罗伊·迪姆森、保罗·马什、迈克·斯汤腾则通过研究瑞典、比利时、澳大利亚等16个国家在过去100年的股票回报率，证明希格尔的论断具有普适性。

　　股票的长期回报率较高意味着：要想在股票市场中实现长期、稳定的收益，应该对具有投资价值的股票进行长期持有——正如沃伦·巴菲特所主张的那样。然而，就现有中国的股市情况而言，长期投资却被认为是不正常和不理性的。事实上，《红色资本主义》的作者之一弗雷泽·豪伊声称："中国股市里的每个人都是投机者。"而其一大表现就是中国股市的暴涨暴跌。考虑到中国经济自改革开放后的持续增长，这就充分揭示了在中国股市中的投资回报与经济的基本面缺乏如其他市场那样显著的相关性。对此，吴敬琏批评道：中国股市就像一个赌场，而且是个没有规矩的赌场。

这个没有规矩的赌场一方面说明了政府没有建立起足够完善的发行、交易、退市等基础制度，尤其是没有实现严格的信息披露制度，由此导致某些享有信息优势的投资者可以实现股价操纵、内幕交易，从而侵害普通投资者的利益。另一方面，没有规矩的赌场也意味着普通投资者因为信息的不对称，而只能根据市场上的相关传言和对政府政策的捕风捉影来进行盲目投资。更糟糕的是，这种情形培养了中国股市中投资者的投机心态。中国股市过高的股票换手率便是这种心态的最好表现。而由此造成的结果便是类似2015年股灾的反复发生。

要从根本上解决，或至少是缓解这一问题，首先需要做的无疑就是建立健全的股票发行、交易和退市制度，敦促上市企业实现完整、有效的信息披露。其次便是在制度健全的基础上培养投资者健康的投资心态。也即是说，使投资者，尤其是普通投资者养成这样一种观念：即投资股票事实上是投资于其所代表的企业，投资所获得的收益应当来自于企业的成长。尽管投机并非完全不可行——事实上，股市也无法完全刨除投机的因素，但对普通投资者而言，投机意味着极大的不确定性和风险性，即使其能带来丰厚的收益，也注定只是建立在运气的基础之上。而运气注定是无法人为控制的。对赌徒而言，投机或许是值得期待的，但对普通的投资者来说，稳定的投资才有可能迎来可预期的收益。

那么，该如何选择股票进行投资？或者更确切地说，什么样的企业具有投资的价值。大多数投资者可能会根据企业的盈利状况、财务表现等经济指标来进行判断，但一种新兴的评价方式强调通过评估企业社会责任履行的状况，来判断这一企业是否具有投资价值。之所以相信社会责任履行较好的企业具有投资价值，是因为这样的企业能够减少与利益相关者的摩擦，降低生产成本——如能够以相对较低的薪酬留住职工，增强消费者的购买意愿并提高其忠诚度。这样的企业无疑会拥有可持续发展的良好前景，并因而具有投资价值。尽管并非所有的企业社会责任行为都能带来企业业绩的提升，但某些社会责任行为，如慈善捐助、环境保护，确实对于企业的财务业绩有着极强的正效应。而这也就意味着，社会责任履行较好的企业确实具有投资价值，并且，对于投资者而言，社会责任履行较好企业的投资价值更具稳定性和可预期性。

事实上，这种社会责任投资理念已经为欧美等西方国家所普遍认可。美国社会投资论坛基金的报告指出：2016年初，在美国根据社会责任投资理念管理的资产总额达到8.72万亿美元，占有专业团队管理投资资产总额的21.64%。并且，相较于2014年，社会责任投资已经增长了33%。与此同时，按照晨星的判断，欧洲根据社会责任投资理念管理的资产总额是美国的两倍。自2008年兴业社会责任基金得以发行之后，社会责任投资理念也开始引入中国。尽管社会责任投资尚属新兴领域，走向成熟可能还需相当长的时间，但随着政府、社会以及企业对社会责任的不断重视，以及中国股市基础性制度的逐步完善，社会责任投资无疑将会成为一个重要的投资理念。

中国企业社会责任指数作为国内第一个拥有完整理论支持、利用客观数据对企业履行社会责任状况进行评估的指数，可以为上市公司的社会责任履行状况提供一个较好的评估。基于此，本研发团队推出了《2016中国上市企业社会责任指数报告》。（虽然上市公司的称谓可能更为普遍。但鉴于此次考察的是公司履行社会责任的状况，而企业社会责任是更为常用的说法。并且，相对于公司来说，企业的内涵和外延更广，与它的社会属性联系更为紧密。因此本报告将会采用上市企业社会责任的说法。）

《2016中国上市企业社会责任指数报告》的评估对象是在上海证券交易所和深圳证券交易所上市的所有中国企业。其中，在上海证券交易所上市的企业共有1102家，在深圳证券交易所上市的企业共有1835家。在这1835家企业中，主板上市的企业共有466家，中小板上市的企业共有812家，创业板上市的企业则有557家。

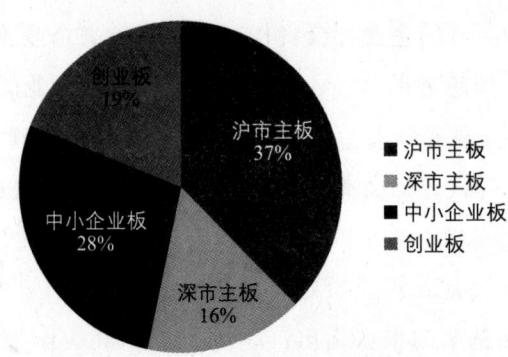

图8-1 各板块上市企业数量对比

在总共 2937 家企业中，如果按照企业的性质划分，民营企业占比最大，共有 1878 家，国有企业则有 1059 家。

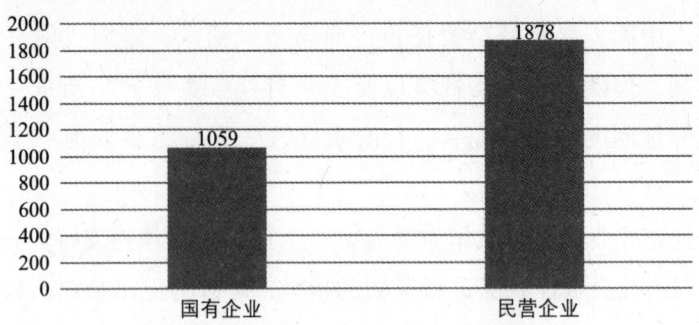

图8-2 国有企业与民营企业数量对比

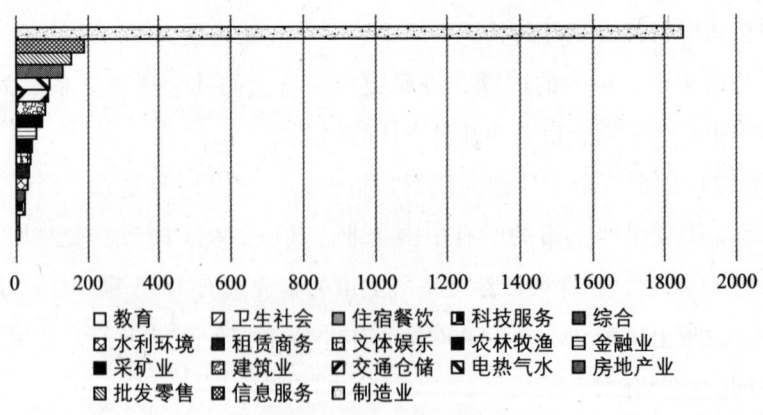

图8-3 各行业企业数量对比

而就行业分布来看，2937家企业共涵盖了18个行业。其中，集中程度最高的行业是制造业，共有1851家企业，而后分别是信息传输、软件和信息技术服务业190家，批发和零售业151家以及房地产业129家。

从最终的评估结果来看，2016中国上市企业社会责任指数排名前三的企业分别是中兴通讯股份有限公司（000063）、紫金矿业集团股份有限公司（601899）、比亚迪股份有限公司（002594）。

中兴通讯（000063）成为排名第一的主要原因在于它在行业责任、社区责任和国家责任三个方面的出色表现。从行业责任来看，中兴通讯未曾发现相关失信记录，并从2008年开始定期发布企业社会责任报告。而就社区责任来说，从2012年10月起，中兴通讯成立了全国性非公募基金会，它的公益活动主要集中在关爱滇西抗战老兵、重大灾难救助、弱势群体救助、环境保护和海外公益发展等方面。此外，在信息披露方面，中兴通信基金会自成立后便一直定期发布工作报告和审计报告。最后，就国家责任来看，中兴通讯因其在千人拥有专利数上的不错表现而得分较高。

紫金矿业（601899）的得分点主要在行业责任和社区责任两个指标上。紫金矿业同样从2008年起开始定期发布企业社会责任报告，并且，在2007年8月和2012年9月，分别成立了陈景河教育基金会和紫金矿业慈善基金会。在两大基金会的组织下，紫金矿业在闽西教育事业和新农村建设等方面开展公益活动。在信息披露方面，紫金矿业同样做得不错。

比亚迪（002594）的出色表现主要集中在社区责任和国家责任两个方面。从社区责任来看，在2010年7月成立了比亚迪慈善基金会，致力于依靠比亚迪在新能源产业的成果，解决偏远无电地区的用电需求。比亚迪慈善基金会同样实现了定期发布工作报告和审计报告。与此同时，就国家责任来看，2015年纳税总额较2014年增长了50%，并且，它在科技创新方面同样做得不错。

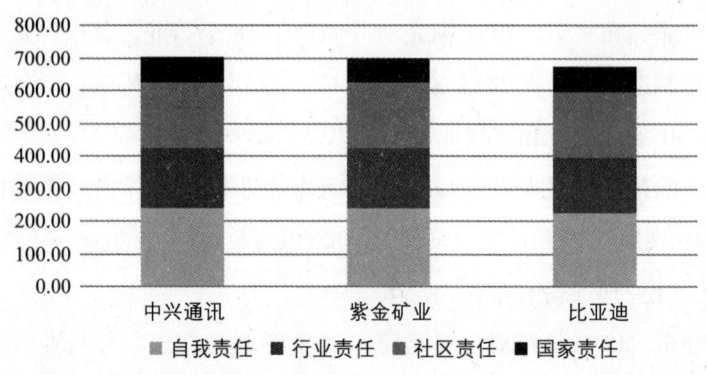

图 8-4 总排名前三企业得分对比

根据企业的性质来看，中兴通讯（000063）是国有企业社会责任排行榜的头名。而在民营企业社会责任排行榜上，占据榜首的是比亚迪（002594）。

表 8-1 民营企业和国有企业总排名前三企业

排名	民营企业	国有企业
1	比亚迪（002594）	中兴通讯（000063）
2	万通地产（600246）	紫金矿业（601899）
3	马应龙（600993）	天津港（600717）

图 8-5 反映的是国有企业与民营企业在四项一级指标上的平均得分对比。国有企业在自我责任和社区责任两项指标上的平均得分要低于民营企业。在国家责任这项指标上与民营企业持平。在行业责任指标上则要高于民营企业。由此表明，从整体情况来看，民营企业的社会责任履行状况并不像人们想象中的那么差。

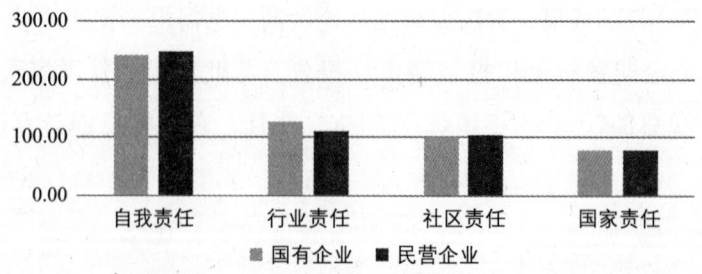

图 8-5 民营企业和国有企业社会责任平均得分对比

就各行业的企业社会责任平均得分来看，排名前三的分别是金融业、交通仓储以及采矿业。

表8-2 各行业企业社会责任平均得分对比

行业简称	自我责任	行业责任	社区责任	国家责任	平均得分
金融业	236.99	147.45	107.08	76.29	567.81
交通仓储	244.99	129.18	102.66	76.29	553.12
采矿业	242.21	125.56	102.63	76.60	547.00
电热气水	241.42	128.12	99.65	77.52	546.71
文体娱乐	249.16	116.43	101.25	76.63	543.47
房地产业	238.64	121.59	106.12	76.87	543.22
信息服务	248.58	111.40	102.24	78.14	540.36
制造业	245.95	113.41	102.40	77.81	539.57
建筑业	239.25	121.25	101.17	76.92	538.59
卫生社会	245.98	114.29	100.00	76.98	537.25
批发零售	241.63	115.02	103.87	76.61	537.13
科技服务	248.37	111.43	101.79	75.11	536.70
综合	240.07	116.00	101.93	76.96	534.96
租赁商务	244.33	110.42	101.35	77.23	533.33
水利环境	246.10	109.68	99.89	77.06	532.73
农林牧渔	243.51	109.30	102.24	77.53	532.58
住宿餐饮	243.73	110.00	99.65	76.67	530.05
教育	242.37	100.00	100.00	76.39	518.76

二、各行业企业社会责任排名

行业排名：金融业

按照国家统计局的划分，金融业主要分为货币金融服务、资本市场服务、保险业和其他金融业四个大类。本次的评估对象共有58家企业隶属于金融业。

表8-3 金融业排名前十企业

排名	企业名称	自我责任	行业责任	社区责任	国家责任	总分
1	招商银行（600036）	236.17	171.43	150.00	76.01	633.60
2	长江证券（000783）	234.58	157.14	150.00	75.94	617.67
3	中国平安（601318）	239.70	200.00	100.00	76.08	615.78
4	安信信托（600816）	251.42	185.71	100.00	76.13	613.27
5	北京银行（601169）	228.27	157.14	150.00	76.10	611.51
6	国泰君安（601211）	241.38	142.86	150.00	76.39	610.62
7	爱建集团（600643）	244.51	185.71	100.00	76.38	606.60
8	东方证券（600958）	237.48	142.86	148.25	77.38	605.97
9	兴业证券（601377）	233.00	142.86	150.00	76.43	602.28
10	广发证券（000776）	232.93	142.86	150.00	75.96	601.75

从表8-3中可以看出，在金融业内，招商银行股份有限公司（600036）、长江证券股份有限公司（000783）、中国平安保险（集团）股份有限公司（601318）的企业社会责任得分位列前三。招商银行的得分点主要在于社区责任。在58家隶属金融业的企业中，招商银行的社区责任得分同长江证券等6家企业并列第一。中国平安则是借助于它在行业责任指标上的较高得分排名第三位。

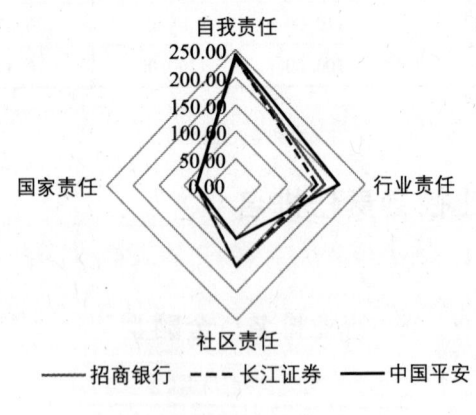

图8-6 金融业排名前三企业得分对比

行业排名:交通运输、仓储和邮政业

交通运输、仓储和邮政业主要包括铁路运输业、道路运输业、水上运输业、航空运输业、管道运输业、装卸搬运和运输代理业、仓储业、邮政业八个大类。本次共有87家企业隶属于交通运输、仓储和邮政业。

表8-4 交通运输、仓储和邮政业排名前十企业

排名	企业名称	自我责任	行业责任	社区责任	国家责任	总分
1	天津港(600717)	246.74	185.71	150.00	76.28	658.74
2	南方航空(600029)	235.56	171.43	150.00	75.90	632.89
3	上海机场(600009)	256.28	171.43	100.00	76.19	603.90
4	厦门空港(600897)	256.41	171.43	96.49	76.17	600.50
5	中海发展(600026)	238.82	185.71	100.00	75.49	600.02
6	中海集运(601866)	237.62	185.71	100.00	76.38	599.72
7	中海海盛(600896)	247.41	171.43	98.25	76.10	593.19
8	深高速(600548)	243.69	171.43	100.00	76.00	591.13
9	外运发展(600270)	257.35	157.14	100.00	75.83	590.32
10	白云机场(600004)	254.71	157.14	100.00	76.37	588.22

从表8-4中可以看出,在交通运输、仓储和邮政业中,社会责任得分最高的三家企业分别是天津港股份有限公司(600717)、中国南方航空股份有限公司(600029)、上海国际机场股份有限公司(600009)。在87家属于交通运输、仓储和邮政业的企业中,天津港因为行业责任和社区责任得分较高而排名第一。南方航空的得分点则主要在社区责任这项指标上。上海机场因为自我责任得分较高而排在第三位。

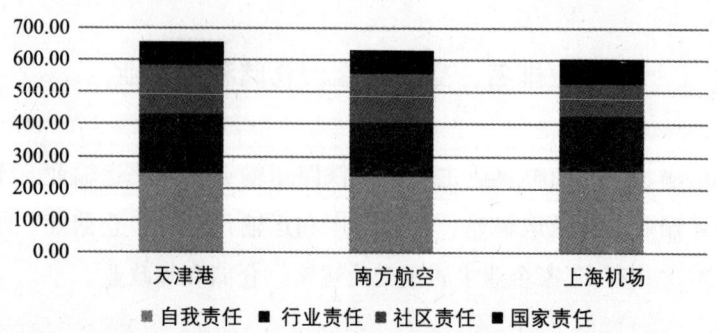

图8-7 交通运输、仓储和邮政业排名前三企业得分对比

行业排名：采矿业

采矿业主要分为煤炭开采和洗选业、石油和天然气开采业、黑色金属矿采选业、有色金属矿采选业、非金属矿采选业、开采辅助活动、其他采矿业七个大类。本次的评估对象共有72家企业隶属于采矿业。

表8-5 采矿业排名前十企业

排名	企业名称	自我责任	行业责任	社区责任	国家责任	总分
1	紫金矿业（601899）	238.56	185.71	198.25	76.03	698.55
2	中国神华（601088）	249.46	185.71	144.74	76.32	656.24
3	广汇能源（600256）	236.22	157.14	148.25	75.95	617.56
4	兰花科创（600123）	240.75	185.71	100.00	76.72	603.18
5	中色股份（000758）	238.69	185.71	100.00	76.06	600.47
6	露天煤业（002128）	247.12	171.43	100.00	75.95	594.50
7	湖南黄金（002155）	245.01	171.43	100.00	76.10	592.54
8	金岭矿业（000655）	255.20	157.14	100.00	78.11	590.45
9	中煤能源（601898）	237.49	171.43	98.69	76.63	584.24
10	上海能源（600508）	245.66	157.14	100.00	76.65	579.45

从表8-5来看，在采矿业中，社会责任得分排名前三的企业分别是紫金

矿业集团股份有限公司（601899）、中国神华能源股份有限公司（601088）和广汇能源股份有限公司（600256）。紫金矿业因为在行业责任和社区责任两项指标上排名第一，故其总得分在所有隶属采矿业的企业中位列首位。中国神华同紫金矿业一样在行业责任指标上排名第一，只是因为社区责任表现没有足够出色而位列次位。广汇能源虽然没有在任一指标上排名首位，但其胜在各项指标上得分较为平均，故排名第三。

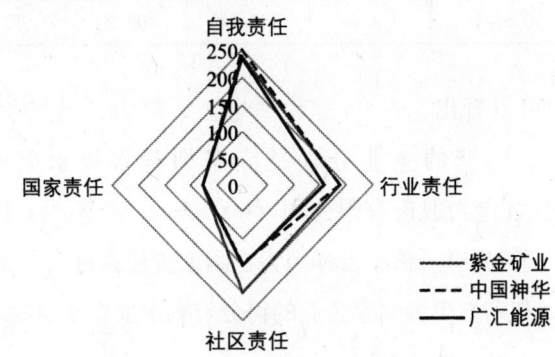

图8-8 采矿业排名前三企业得分对比

行业排名：电力、热力、燃气及水生产和供应业

电力、热力、燃气及水生产和供应业主要分为电力、热力生产和供应业，燃气生产和供应业，水的生产和供应业三个大类。此次共有94家隶属电力、热力、燃气及水生产和供应业的企业被纳入评估。

表8-9 电力、热力、燃气及水生产和供应业排名前十企业

排名	企业名称	自我责任	行业责任	社区责任	国家责任	总分
1	梅雁吉祥（600868）	251.93	100.00	100.00	176.32	628.25
2	长江电力（600900）	248.94	185.71	100.00	77.57	612.22
3	东方市场（000301）	249.67	185.71	100.00	75.86	611.24
4	深圳能源（000027）	240.80	185.71	100.00	75.91	602.42

(续表)

排名	企业名称	自我责任	行业责任	社区责任	国家责任	总分
5	华能国际（600011）	239.89	185.71	100.00	76.35	601.96
6	节能风电（601016）	238.87	185.71	100.00	76.96	601.54
7	创业环保（600874）	241.51	171.43	100.00	80.62	593.56
8	三峡水利（600116）	244.74	171.43	100.00	76.06	592.23
9	韶能股份（000601）	242.66	171.43	100.00	76.48	590.57
10	川投能源（600674）	253.44	157.14	100.00	79.71	590.30

从表8-9中可以看出，在94家隶属电力、热力、燃气及水生产和供应业的企业中，排名前三的企业分别是广东梅雁吉祥水电股份有限公司（600868）、中国长江电力股份有限公司（600900）、江苏吴江中国东方丝绸市场股份有限公司（000301）。梅雁吉祥因为在国家责任指标上的绝佳表现而排在第一位。长江电力和东方市场两家企业的得分点则主要在于自我责任指标上。

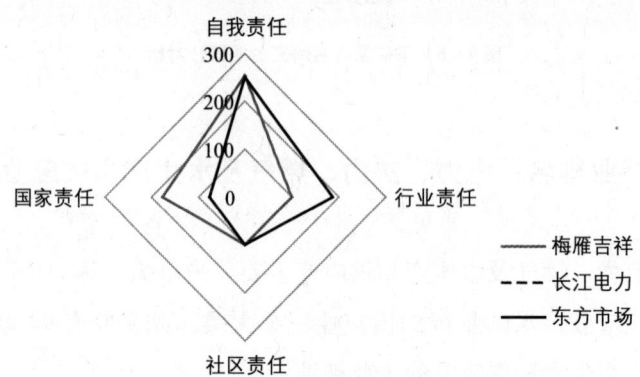

图8-9 电力、热力、燃气及水生产和供应业排名前三企业得分对比

行业排名：文化、体育和娱乐业

文化、体育和娱乐业主要包括新闻和出版业，广播、电视、电影和影视录音制作业，文化艺术业，体育，娱乐业五个大类。此次评估对象中共有41家企业隶属于文化、体育和娱乐业。

表 8 – 10　文化、体育和娱乐业排名前十企业

排名	企业名称	自我责任	行业责任	社区责任	国家责任	总分
1	华谊兄弟（300027）	246.37	128.57	150.00	76.20	601.14
2	华闻传媒（000793）	250.77	171.43	100.00	76.24	598.44
3	博瑞传播（600880）	252.81	157.14	100.00	76.72	586.67
4	光线传媒（300251）	253.81	142.86	100.00	75.87	572.55
5	中南传媒（601098）	251.56	142.86	100.00	76.60	571.02
6	新文化（300336）	250.46	142.86	100.00	76.36	569.68
7	华数传媒（000156）	249.05	142.86	100.00	76.90	568.81
8	华媒控股（000607）	249.43	142.86	100.00	76.24	568.53
9	北京文化（000802）	249.34	142.86	100.00	76.30	568.50
10	时代出版（600551）	248.92	142.86	100.00	76.32	568.09

从表 8 – 10 中可以看出，华谊兄弟传媒股份有限公司（300027）、华闻传媒投资集团股份有限公司（000793）、成都博瑞传播股份有限公司（600880）在隶属文化、体育和娱乐业的企业中分列前三位。华谊兄弟的得分点主要在于社区责任这项指标上。华闻传媒则是依靠其在行业责任上的出色表现位列第二。博瑞传播的四项指标得分较为平均，排在第三位。

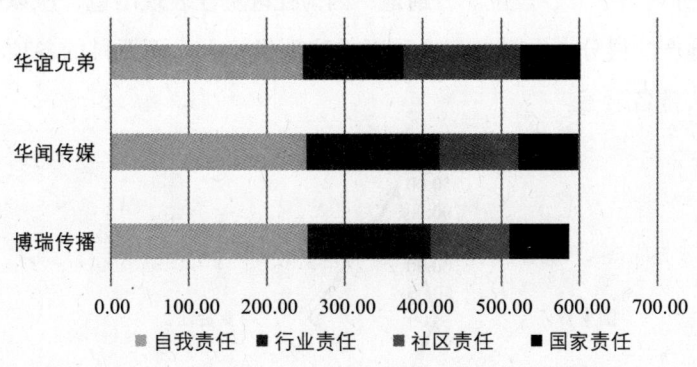

图 8 – 10　文化、体育和娱乐业排名前三企业得分对比

行业排名：房地产业

按照国家统计局的划分，房地产业中只有房地产业一个大类。此次共有

129家隶属房地产业的企业被纳入评估。

表8-11 房地产业排名前十企业

排名	企业名称	自我责任	行业责任	社区责任	国家责任	总分
1	万通地产（600246）	231.53	157.14	200.00	76.05	664.72
2	格力地产（600185）	241.24	171.43	150.00	77.39	640.06
3	万科A（000002）	238.61	171.43	148.25	76.08	634.37
4	苏宁环球（000718）	239.66	157.14	150.00	76.16	622.96
5	保利地产（600048）	237.91	157.14	148.25	76.07	619.37
6	世联行（002285）	243.12	142.86	150.00	77.02	613.00
7	南京高科（600064）	243.50	185.71	100.00	74.82	604.03
8	海航创新（600555）	241.06	185.71	100.00	76.17	602.95
9	黑牡丹（600510）	239.46	185.71	100.00	77.05	602.22
10	冠城大通（600067）	240.35	185.71	100.00	76.01	602.07

从表8-11可以看出，在隶属房地产业的企业中，北京万通地产股份有限公司（600246）、格力地产股份有限公司（600185）、万科企业股份有限公司（000002）分列一、二、三位。万通地产因为社区责任表现出色，所以排在第一位。格力地产的得分点主要在于自我责任这项指标上，而万科的各项指标得分较为平均，排名第三。

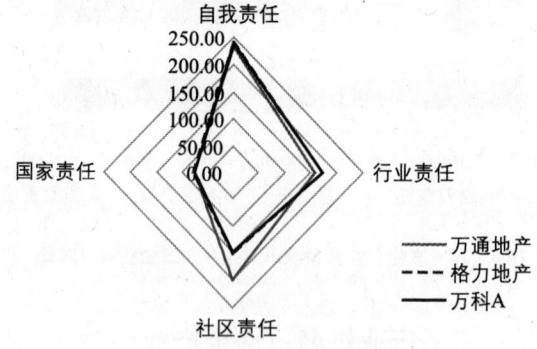

图8-11 房地产业排名前三企业得分比较

行业排名：信息传输、软件和信息技术服务业

信息传输、软件和信息技术服务业主要包括电信、广播电视和卫星传输服务，互联网和相关服务，软件和信息技术服务业三个大类。此次共有190家企业隶属于信息传输、软件和信息技术服务业。

表8-12 信息传输、软件和信息技术服务业排名前十企业

排名	企业名称	自我责任	行业责任	社区责任	国家责任	总分
1	国脉科技（002093）	241.30	185.71	100.00	76.86	603.88
2	太极股份（002368）	239.90	185.71	100.00	76.05	601.66
3	中国联通（600050）	238.53	185.71	98.25	76.57	599.06
4	华东电脑（600850）	240.29	171.43	98.25	85.99	595.96
5	中信国安（000839）	246.78	171.43	100.00	76.92	595.13
6	二六三（002467）	252.10	114.29	150.00	76.26	592.64
7	石基信息（002153）	258.13	157.14	100.00	76.03	591.30
8	海虹控股（000503）	255.39	157.14	100.00	77.69	590.23
9	榕基软件（002474）	248.93	114.29	150.00	76.45	589.67
10	恺英网络（002517）	248.38	114.29	150.00	76.13	588.79

从表8-12来看，国脉科技股份有限公司（002093）、太极计算机股份有限公司（002368）、中国联合网络通信股份有限公司（600050）排在前三位。三家企业的得分点均主要在行业责任这项指标上。

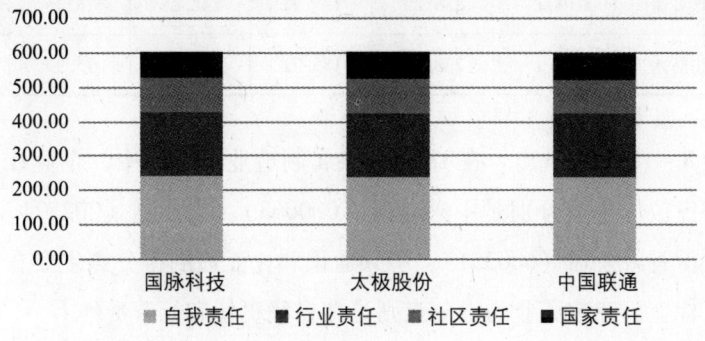

图8-12 信息传输、软件和信息技术服务业排名前三企业得分对比

行业排名：制造业

制造业主要包括农副食品加工业，食品制造业，酒、饮料和精制茶制造业，烟草制品业，纺织业，纺织服装、服饰业，皮革、毛皮、羽毛及其制品和制鞋业，木材加工和木、竹、藤、棕、草制品业，家具制造业等31个大类。共有1851家隶属制造业的企业被纳入此次评估。

表8–13 制造业排名前十企业

排名	企业名称	自我责任	行业责任	社区责任	国家责任	总分
1	中兴通讯（000063）	239.61	185.71	200.00	76.23	701.56
2	比亚迪（002594）	224.70	171.43	200.00	76.72	672.85
3	亚宝药业（600351）	246.85	185.71	150.00	76.45	659.01
4	宝钢股份（600019）	242.81	200.00	135.96	76.15	654.92
5	伊利股份（600887）	243.24	185.71	148.25	76.20	653.40
6	华润双鹤（600062）	255.18	171.43	150.00	76.61	653.22
7	海正药业（600267）	239.35	185.71	150.00	75.99	651.06
8	武钢股份（600005）	233.08	185.71	150.00	78.21	647.00
9	TCL集团（000100）	236.20	185.71	148.25	76.26	646.42
10	华新水泥（600801）	238.52	185.71	144.74	75.99	644.95

从表8–13可以看出，在1851家隶属制造业的企业中，企业社会责任得分排在前三位的企业分别是中兴通讯（000063）、比亚迪（002594）、亚宝药业集团股份有限公司（600351）。中兴通讯和比亚迪的得分点主要在于社区责任这项指标上。亚宝药业的得分点则是在自我责任和行业责任上。

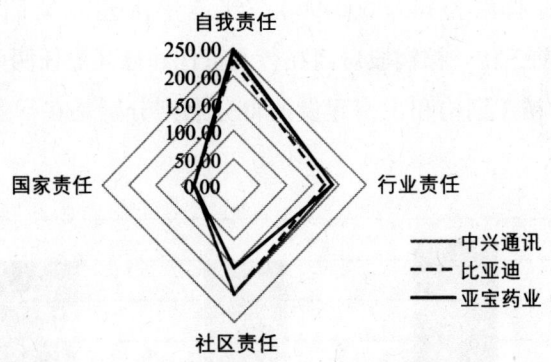

图 8-13 制造业排名前三企业得分对比

行业排名：建筑业

建筑业主要包括房屋建筑业、土木工程建筑业、建筑安装业、建筑装饰和其他建筑业四个大类。此次共有 81 家隶属建筑业的企业被纳入评估。

表 8-14 建筑业排名前 10 企业

排名	企业名称	自我责任	行业责任	社区责任	国家责任	总分
1	棕榈股份（002431）	235.95	185.71	150.00	77.16	648.82
2	精工钢构（600496）	237.42	185.71	100.00	77.35	600.48
3	中南建设（000961）	231.24	142.86	150.00	75.94	600.03
4	中国交建（601800）	237.26	185.71	100.00	75.87	598.84
5	中国铁建（601186）	235.86	185.71	100.00	76.13	597.70
6	上海建工（600170）	232.54	185.71	100.00	76.19	594.44
7	葛洲坝（600068）	235.45	171.43	100.00	76.51	583.38
8	中国中冶（601618）	233.77	171.43	100.00	77.61	582.81
9	中国电建（601669）	233.21	171.43	100.00	76.82	581.46
10	中国核建（601611）	231.52	171.43	100.00	75.99	578.94

从表 8-14 可以看出，棕榈园林股份有限公司（002431）、长江精工钢结

构(集团)股份有限公司(600496)、江苏中南建设集团股份有限公司(000961)分列前三位。棕榈股份因在行业责任和社区责任两个指标上表现出色而排名第一。精工钢构和中南建设的得分点则分别是在行业责任和社区责任两项指标上。

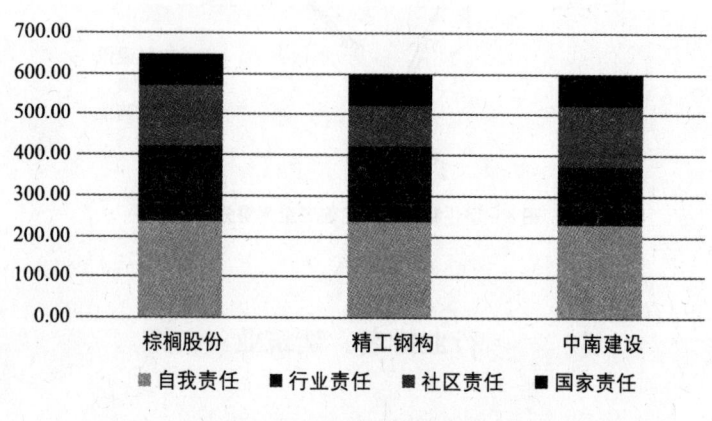

图8-14 建筑业排名前三企业得分对比

行业排名:卫生和社会工作

卫生和社会工作行业主要分为卫生、社会工作两个大类。此次评估对象中共有6家企业隶属于卫生和社会工作行业。

表8-15 卫生和社会工作行业排名前六企业

排名	企业名称	自我责任	行业责任	社区责任	国家责任	总分
1	爱尔眼科(300015)	244.46	157.14	100.00	76.48	578.07
2	通策医疗(600763)	249.47	128.57	100.00	76.61	554.66
3	美年健康(002044)	249.78	100.00	100.00	77.15	526.93
4	泰格医药(300347)	248.27	100.00	100.00	76.30	524.57
5	迪安诊断(300244)	243.17	100.00	100.00	77.44	520.61
6	宜华健康(000150)	240.73	100.00	100.00	77.88	518.61

从表 8-15 可以看出，在卫生和社会工作行业中，爱尔眼科医院集团股份有限公司（300015）、通策医疗投资股份有限公司（600763）、美年大健康产业控股股份有限公司（002044）三家企业分列一、二、三位。爱尔眼科的得分点主要在于行业责任这项指标上。通策医疗和美年健康则分别因在行业责任和自我责任上表现出色而排在第二、三位。

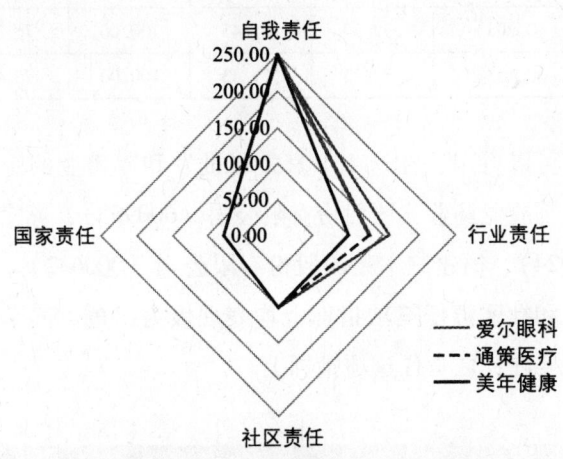

图 8-15 卫生和社会工作排名前三企业得分对比

行业排名：批发和零售业

批发和零售业主要包括批发业、零售业两个大类。此次共有 151 家企业隶属批发和零售业。

表 8-16 批发和零售业排名前十企业

排名	企业名称	自我责任	行业责任	社区责任	国家责任	总分
1	马应龙（600993）	252.61	185.71	150.00	76.23	664.56
2	苏宁云商（002024）	236.94	171.43	150.00	75.65	634.02
3	三木集团（000632）	232.16	157.14	150.00	75.87	615.18
4	飞亚达 A（000026）	244.38	185.71	100.00	76.69	606.78

（续表）

排名	企业名称	自我责任	行业责任	社区责任	国家责任	总分
5	上海医药（601607）	244.52	185.71	100.00	76.02	606.25
6	益民集团（600824）	249.26	185.71	94.74	76.02	605.73
7	西安民生（000564）	234.81	185.71	100.00	76.25	596.78
8	国药一致（000028）	247.29	171.43	100.00	75.91	594.63
9	福日电子（600203）	239.37	171.43	100.00	76.78	587.58
10	建发股份（600153）	238.23	171.43	100.00	75.99	585.65

从表8-16可以看出，在这151家隶属批发和零售业的企业中，排名前三的企业分别是马应龙药业集团股份有限公司（600993）、苏宁云商集团股份有限公司（002024）、福建三木集团股份有限公司（000632）。马应龙在自我责任、行业责任和社区责任三项指标上均表现极为出色。苏宁云商和三木集团的得分点则主要在社区责任这项指标上。

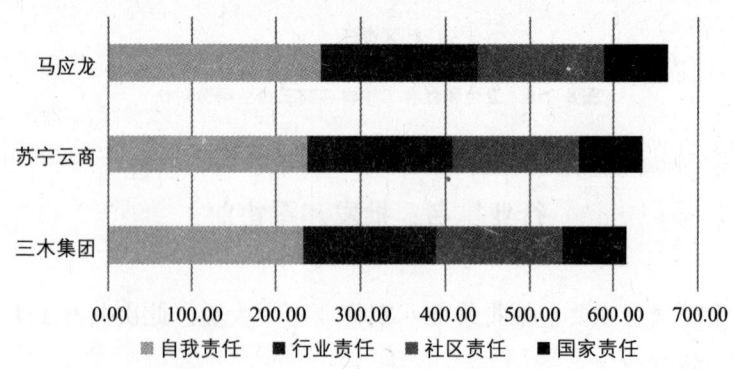

图8-16　批发和零售业排名前三企业得分对比

行业排名：科学研究和技术服务业

科学研究和技术服务业主要包括研究和试验发展、专业技术服务业、科技推广和应用服务业三个大类。共有25家隶属科学研究和技术服务业的企业被纳入此次评估。

表8-17 科学研究和技术服务业排名前十企业

排名	企业名称	自我责任	行业责任	社区责任	国家责任	总分
1	中源协和（600645）	246.97	128.57	150.00	76.31	601.85
2	华电重工（601226）	240.52	142.86	100.00	90.32	573.69
3	华测检测（300012）	252.02	142.86	100.00	77.16	572.04
4	延华智能（002178）	245.52	142.86	100.00	76.24	564.62
5	中材节能（603126）	243.49	142.86	100.00	76.03	562.38
6	中国海诚（002116）	238.23	142.86	100.00	76.46	557.54
7	华建集团（600629）	233.71	142.86	100.00	76.09	552.65
8	合诚股份（603909）	273.73	100.00	100.00	75.96	549.70
9	苏州设计（300500）	255.56	100.00	100.00	77.70	533.26
10	柏堡龙（002776）	255.78	100.00	100.00	76.53	532.31

从表8-17可以看出，中源协和细胞基因工程股份有限公司（600645）、华电重工股份有限公司（601226）、华测检测认证集团股份有限公司（300012）分列科学研究和技术服务业企业的前三位。中源协和因在社区责任上的出色表现而排在第一位。华电重工则是因为在国家责任指标上表现不错而排名第二。华测检测排在第三位则是因为它在自我责任和行业责任两项指标上得分较高。

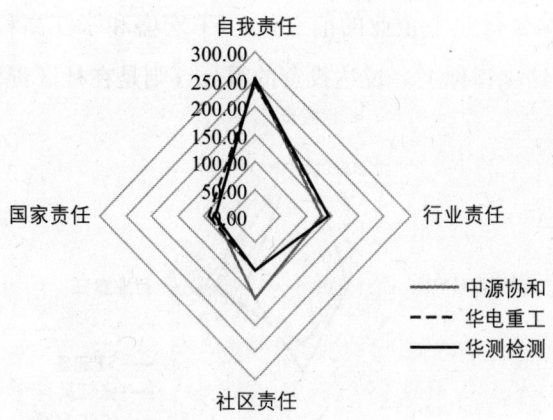

图8-17 科学研究和技术服务业排名前三企业得分对比

行业排名：综合行业

隶属综合行业的企业主要是指主营业务横跨两个及两个以上领域的企业。此次评估对象中共有 25 家企业隶属于综合行业。

表 8-18 综合行业排名前十企业

排名	企业名称	自我责任	行业责任	社区责任	国家责任	总分
1	ST 宏盛（600817）	245.04	171.43	100.00	76.03	592.50
2	张江高科（600895）	241.84	157.14	100.00	76.17	575.15
3	悦达投资（600805）	248.09	100.00	148.25	78.39	574.72
4	中国宝安（000009）	239.29	157.14	100.00	76.50	572.93
5	新潮实业（600777）	247.34	142.86	100.00	82.00	572.20
6	力合股份（000532）	246.45	142.86	100.00	76.16	565.46
7	天宸股份（600620）	250.92	128.57	100.00	79.18	558.68
8	江苏吴中（600200）	239.14	142.86	100.00	75.82	557.82
9	大连国际（000881）	222.00	157.14	100.00	76.47	555.62
10	ST 江泉（600212）	251.56	100.00	100.00	77.19	528.75

从表 8-18 可以看出，西安宏盛科技发展股份有限公司（600817）、上海张江高科技园区开发股份有限公司（600895）、江苏悦达投资股份有限公司（600805）位列综合行业中企业的前三位。ST 宏盛和张江高科的得分点都主要是在行业责任这项指标上。悦达投资的得分点则是在社区责任这项指标上。

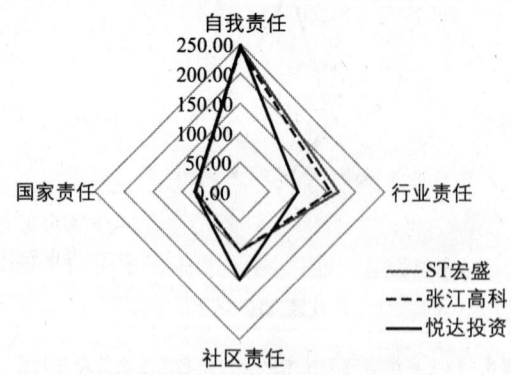

图 8-18 综合行业排名前三企业得分对比

行业排名：租赁和商务服务业

租赁和商务服务业主要分为租赁业、商务服务业两个大类。共有38家隶属租赁和商务服务业的企业被纳入此次评估。

表8-19 租赁和商务服务业排名前十企业

排名	企业名称	自我责任	行业责任	社区责任	国家责任	总分
1	农产品（000061）	237.89	185.71	100.00	76.40	600.01
2	中国国旅（601888）	251.43	171.43	100.00	76.12	598.98
3	浙江东日（600113）	244.22	157.14	100.00	78.12	579.48
4	中青旅（600138）	246.21	157.14	100.00	76.06	579.41
5	深圳华强（000062）	246.66	100.00	150.00	76.05	572.71
6	海印股份（000861）	238.60	157.14	100.00	75.94	571.68
7	巴士在线（002188）	254.35	100.00	100.00	103.17	557.52
8	蓝色光标（300058）	236.89	142.86	100.00	76.18	555.93
9	分众传媒（002027）	266.27	100.00	100.00	76.01	542.28
10	海宁皮城（002344）	243.00	114.29	100.00	76.37	533.65

从表8-19可以看出，在38家隶属租赁和商务服务业的企业中，深圳市农产品股份有限公司（000061）、中国国旅股份有限公司（601888）、浙江东日股份有限公司（600113）位列前三位。农产品因为在行业责任指标上得分较高而排名首位。中国国旅则是因为在自我责任和行业责任上表现不错而排名第二。浙江东日胜在四项指标得分较为平均，排在第三位。

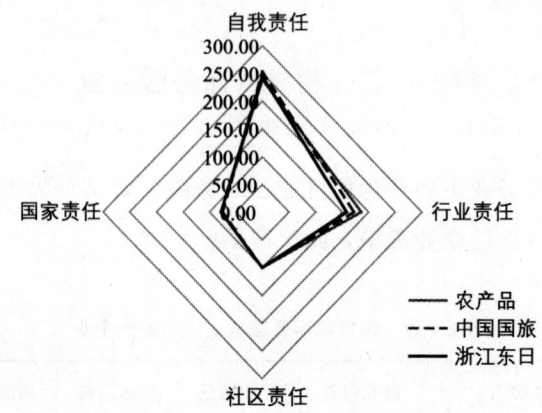

图 8-19 租赁和商务服务业排名前 3 企业得分对比

行业排名:水利、环境和公共设施管理业

水利、环境和公共设施管理业包括水利管理业、生态保护和环境治理业、公共设施管理业三个大类。此次评估对象中共有 31 家企业隶属于水利、环境和公共设施管理业。

表 8-20 水利、环境和公共设施管理业排名前十企业

排名	企业名称	自我责任	行业责任	社区责任	国家责任	总分
1	华侨城 A（000069）	240.30	185.71	100.00	76.01	602.02
2	高能环境（603588）	246.45	157.14	100.00	83.57	587.16
3	碧水源（300070）	254.82	142.86	100.00	76.26	573.94
4	伟明环保（603568）	246.13	142.86	98.25	77.06	564.29
5	中国天楹（000035）	240.90	142.86	100.00	76.81	560.57
6	桂林旅游（000978）	244.07	128.57	100.00	76.74	549.38
7	长白山（603099）	256.32	100.00	100.00	76.30	532.62
8	中电环保（300172）	248.86	100.00	100.00	81.13	529.99
9	九华旅游（603199）	254.96	100.00	98.25	76.50	529.70
10	北部湾旅（603869）	253.61	100.00	100.00	75.97	529.58

从表 8-20 可以看出，深圳华侨城股份有限公司（000069）、北京高能时代环境技术股份有限公司（603588）、北京碧水源科技股份有限公司（300070）在所有的水利、环境和公共设施管理业企业中排在第一、二、三位。其中，华侨城 A 的得分点在行业责任指标上。高能环境的得分点在国家责任指标上。碧水源的得分点则是在自我责任指标上。

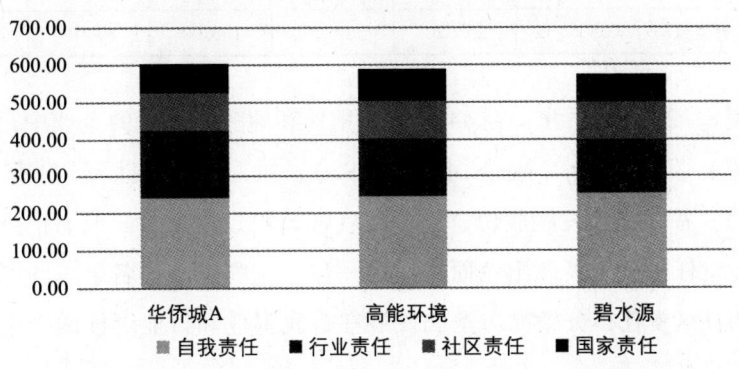

图 8-20 水利、环境和公共设施管理业排名前三企业得分对比

行业排名：农、林、牧、渔业

农、林、牧、渔业主要包括农业，林业，畜牧业，渔业，农、林、牧、渔服务业五个大类。共有 44 家隶属租赁和商务服务业的企业被纳入此次评估。

表 8-21 农、林、牧、渔业排名前十企业

排名	企业名称	自我责任	行业责任	社区责任	国家责任	总分
1	平潭发展（000592）	227.31	185.71	100.00	76.07	589.09
2	雏鹰农牧（002477）	241.64	114.29	150.00	76.52	582.45
3	圣农发展（002299）	240.83	157.14	100.00	77.64	575.61
4	温氏股份（300498）	254.29	142.86	100.00	76.07	573.22
5	登海种业（002041）	250.94	142.86	100.00	78.93	572.72

（续表）

排名	企业名称	自我责任	行业责任	社区责任	国家责任	总分
6	大湖股份（600257）	242.86	100.00	150.00	76.46	569.32
7	海南橡胶（601118）	244.41	142.86	98.25	77.28	562.79
8	罗牛山（000735）	239.40	142.86	100.00	76.34	558.59
9	牧原股份（002714）	246.47	128.57	100.00	79.55	554.59
10	香梨股份（600506）	255.20	114.29	100.00	83.01	552.49

从表 8-21 可以看出，在 44 家隶属租赁和商务服务业的企业中，中福海峡（平潭）发展股份有限公司（000592）、雏鹰农牧集团股份有限公司（002477）、福建圣农发展股份有限公司（002299）占据前三位。平潭发展因为在行业责任指标上表现出色而排在第一位。雏鹰农牧排名第二的原因则是在于它的社区责任得分较高。圣农发展在自我责任和行业责任两个指标上表现不错，排名第三。

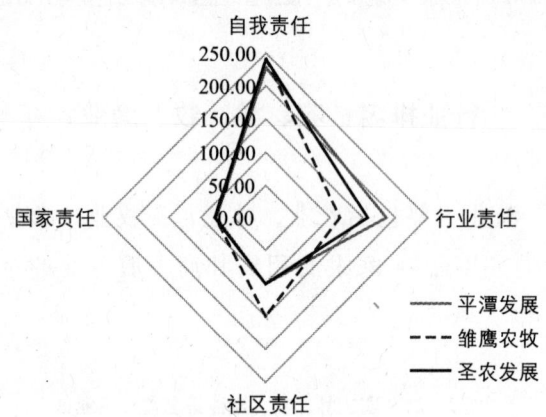

图 8-21　租赁和商务服务业排名前三企业得分对比

行业排名：住宿和餐饮业

住宿和餐饮业主要分为住宿业、餐饮业两个大类。此次评估共有 10 家企业隶属于住宿和餐饮业。

表 8-22 住宿和餐饮业排名前十企业

排名	企业名称	自我责任	行业责任	社区责任	国家责任	总分
1	金陵饭店（601007）	244.67	157.14	100.00	76.54	578.35
2	全聚德（002186）	252.94	142.86	98.25	76.42	570.46
3	大东海A（000613）	248.91	100.00	100.00	77.76	526.67
4	全新好（000007）	250.62	100.00	100.00	76.05	526.67
5	岭南控股（000524）	249.56	100.00	100.00	76.42	525.99
6	西安饮食（000721）	245.40	100.00	100.00	77.03	522.44
7	首旅酒店（600258）	239.12	100.00	100.00	76.72	515.84
8	锦江股份（600754）	239.25	100.00	98.25	76.57	514.07
9	华天酒店（000428）	236.77	100.00	100.00	76.61	513.38
10	中科云网（002306）	230.09	100.00	100.00	76.57	506.66

从表 8-22 可以看出，金陵饭店股份有限公司（601007）、中国全聚德（集团）股份有限公司（002186）、海南大东海旅游中心股份有限公司（000613）在 10 家隶属住宿和餐饮业的企业中位列前三位。金陵饭店和全聚德的得分点主要在行业责任指标上。大东海 A 则是因为四项指标的得分都还不错而排名第三。

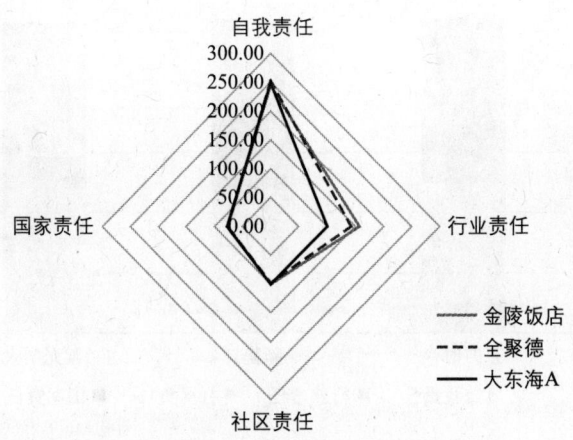

图 8-22 住宿和餐饮业排名前三企业得分对比

行业排名：教育

按照国家统计局的划分，教育行业就有教育一个大类。共有三家隶属教育行业的企业被纳入此次评估。

表 8-23 教育行业排名前三企业

排名	企业名称	自我责任	行业责任	社区责任	国家责任	总分
1	东方时尚（603377）	245.47	100.00	100.00	76.50	521.96
2	新南洋（600661）	242.41	100.00	100.00	76.72	519.13
3	紫光学大（000526）	239.24	100.00	100.00	75.94	515.18

在此次评估对象中，隶属教育行业的企业只有3家。其中东方时尚驾驶学校股份有限公司（603377）排在第一位。它主要是因为在自我责任这项指标上表现出色，因此位列首位。

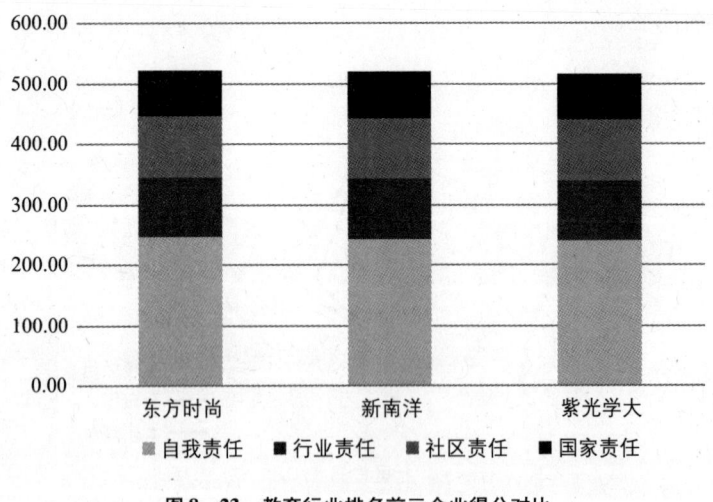

图 8-23 教育行业排名前三企业得分对比

分项指标排名：自我责任

自我责任涵盖债权人权益、股东权益、劳动者权益和消费者权益四项二级指标。其中，债权人权益以资产负债率来加以反映，考察的是企业的长期偿债能力；股东权益以每股收益来加以反映，试图探讨企业回报股东的能力；劳动者权益以工资增长率来加以反映，考察企业对劳动者的保障能力；消费者权益以产品投诉次数来加以反映，探讨的内容是企业对消费者权益的保障程度。

表8-24 自我责任得分排名前二十企业

排名	企业名称	债权人权益	股东权益	劳动者权益	消费者权益	自我责任
1	大东南股份（002263）	91.80	54.17	100.00	100.00	345.96
2	山西焦化（600740）	77.24	50.07	81.27	100.00	308.59
3	恒天海龙（000677）	93.20	54.32	58.63	100.00	306.15
4	贵州茅台（600519）	93.43	100.00	2.64	100.00	296.07
5	荣丰控股（000668）	93.82	55.02	35.67	100.00	284.51
6	益丰药房（603939）	91.60	83.80	2.66	98.82	276.89
7	宏图高科（600122）	83.87	55.47	37.16	100.00	276.50
8	合诚股份（603909）	96.27	74.82	2.64	100.00	273.73
9	金徽酒（603919）	94.85	75.09	2.67	100.00	272.60
10	哈森股份（603958）	94.67	73.70	2.66	100.00	271.03
11	醋化股份（603968）	91.86	76.53	2.63	100.00	271.03
12	银龙股份（603969）	98.70	68.49	2.64	100.00	269.84
13	阳光电源（300274）	82.65	56.51	30.53	100.00	269.69
14	分众传媒（002027）	81.47	82.18	2.62	100.00	266.27
15	吉林敖东（000623）	97.21	64.88	2.67	100.00	264.77
16	金雷风电（300443）	96.72	64.40	2.67	100.00	263.78
17	赛升药业（300485）	99.62	61.50	2.66	100.00	263.78
18	思维列控（603508）	97.50	62.46	2.65	100.00	262.62
19	博敏电子（603936）	85.30	74.55	2.66	99.71	262.21
20	天孚通信（300394）	99.37	59.45	2.67	100.00	261.49

从表 8-24 可以看出，浙江大东南股份有限公司（002263）、山西焦化股份有限公司（600740）、恒天海龙股份有限公司（000677）在自我责任这项指标上位列前三，大东南股份因为在债权人权益和劳动者权益两项指标上的突出表现，排名榜首。山西焦化和恒天海龙除了在消费者权益指标上表现出色外，在其他几项指标上并无突出表现，但相对较为平均的得分还是使得它们跻身第二和第三位。

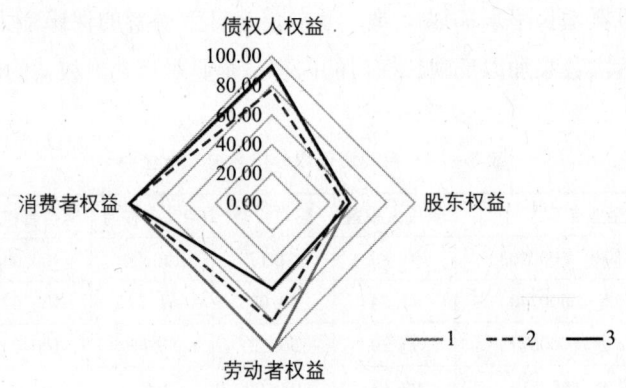

图 8-24　自我责任得分排名前三企业

从表 8-24 可以看出，就四项二级指标来看，债权人权益得分最高的前三家企业分别是北京赛升药业股份有限公司（300485）、苏州天孚光通信股份有限公司（300394）和天津银龙预应力材料股份有限公司（603969），这是仅有的三家资产负债率低于10%的企业。

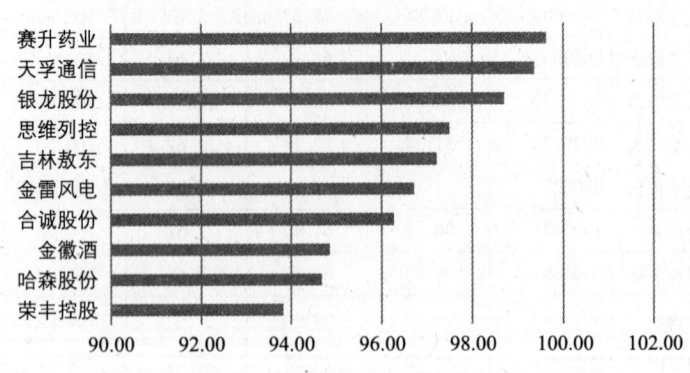

图 8-25　债权人权益得分排名前十企业

股东权益得分最高的前三家企业分别是贵州茅台酒股份有限公司（600519）、益丰大药房连锁股份有限公司（603939）、分众传媒信息技术股份有限公司（002027）。三家企业的每股收益都超过7元。

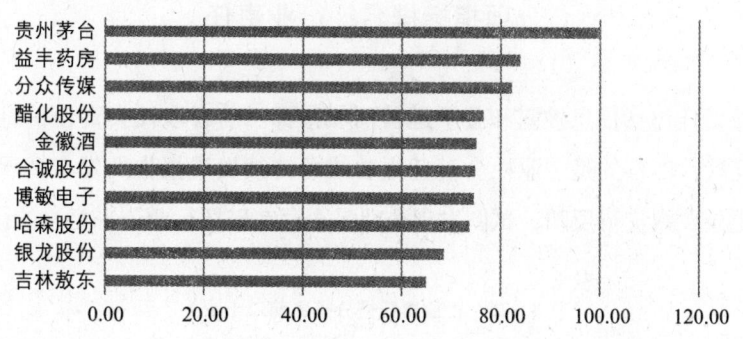

图8-26　股东权益得分排名前十企业

劳动者权益得分最高的前三家企业分别是大东南股份（002263）、山西焦化（600740）、恒天海龙（000677）。如前所述，它们同样是自我责任得分排名前三的企业。此外，江苏宏图高科技股份有限公司（600122）、荣丰控股集团股份有限公司（000668）和阳光电源股份有限公司（300274）三家上市公司在劳动者权益方面也有不错表现。

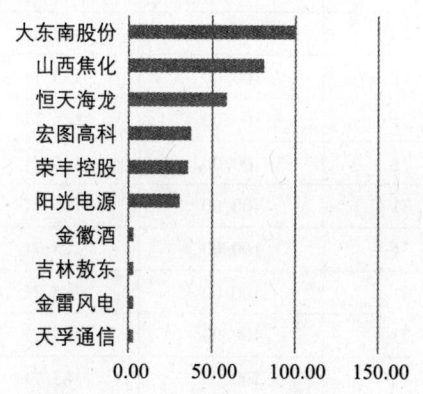

图8-27　劳动者权益得分排名前十企业

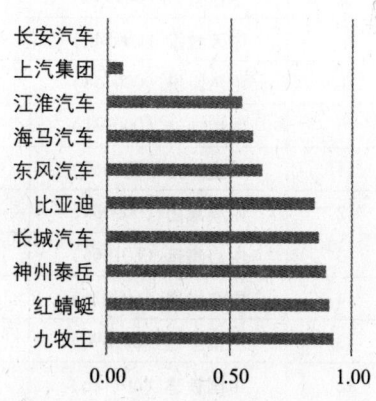

图8-28　消费者权益得分排名后十企业

大部分企业未曾发现针对其产品和服务的投诉，但还是有513家企业存在或多或少针对其产品和服务的投诉。其中，发现产品投诉次数最多的是隶属汽车行业的企业,如重庆长安汽车股份有限公司(000625)、上海汽车集团股份有限公司(600104)、安徽江淮汽车股份有限公司(600418)。

分项指标排名:行业责任

行业责任包括信息披露和公平运营两项指标。前者以社会责任信息披露程度进行反映,考察的是企业社会责任报告或可持续发展报告的发布情况;后者以失信记录次数进行反映,试图发现企业是否存在破坏行业公平竞争的行为。

表8-25 行业责任得分排名前二十企业

排名	企业名称	信息披露	公平运营	行业责任
1	中国平安(601318)	100.00	100.00	200.00
2	江南嘉捷(601313)	100.00	100.00	200.00
3	宝钢股份(600019)	100.00	100.00	200.00
4	棕榈股份(002431)	85.71	100.00	185.71
5	紫金矿业(601899)	85.71	100.00	185.71
6	中兴通讯(000063)	85.71	100.00	185.71
7	中信银行(601998)	85.71	100.00	185.71
8	中天城投(000540)	85.71	100.00	185.71
9	中色股份(000758)	85.71	100.00	185.71
10	中粮地产(000031)	85.71	100.00	185.71
11	中金岭南(000060)	85.71	100.00	185.71
12	中集集团(000039)	85.71	100.00	185.71
13	中海集运(601866)	85.71	100.00	185.71
14	中海发展(600026)	85.71	100.00	185.71
15	中国中铁(601390)	85.71	100.00	185.71
16	中国铁建(601186)	85.71	100.00	185.71
17	中国神华(601088)	85.71	100.00	185.71
18	中国铝业(601600)	85.71	100.00	185.71
19	中国联通(600050)	85.71	100.00	185.71
20	中国交建(601800)	85.71	100.00	185.71

表 8-25 显示,行业责任得分排名前二十的企业差距并不大。就公平运营而言,前 20 家企业均未发现失信记录,所以其得分均为 100 分。由此导致这 20 家企业的得分差距主要在于信息披露得分的不同。中国平安(601318)、江南嘉捷电梯股份有限公司(601313)和宝山钢铁股份有限公司(600019)三家公司在信息披露方面得分并列第一,因而占据了前三名的位置。

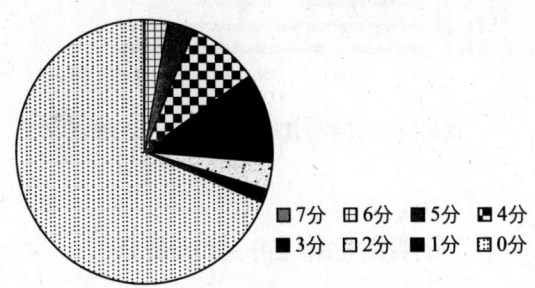

图 8-29 信息披露各得分段企业数量对比

单从信息披露这一指标来看,得分最高的为 7 分,共有 5 家企业;得分最低的为 0 分,共有 1954 家企业。在这 2937 家企业中,仅有 437 家企业得分是在 4 分及以上。换句话说,只有 15.35% 的企业对社会责任的信息披露较为重视,做到了定期发布企业社会责任报告或可持续发展报告,且公众可以较为容易地获取这一报告。

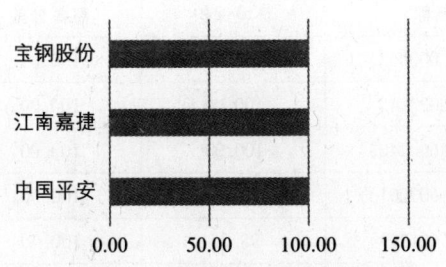

图 8-30 信息披露得分排名前三企业

从公平运营指标来看,大部分企业的信用较为良好。在所有企业中,只有 24 家企业存在失信记录,其余企业没有在"全国法院失信被执行人名单信息公布与查询"平台上发现失信记录。值得一提的是,中国农业银行股份有限公司（601288）的失信记录次数最多，共有六次。

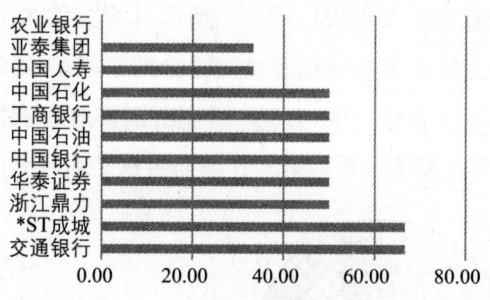

图 8-31 公平运营得分排名后十一企业

分项指标排名：社区责任

社区责任包括环境保护和慈善公益两个指标。前者主要考察企业的环保力度，以环保行政处罚数加以反映；后者则是探讨企业的慈善公益状况，以企业慈善基金建设程度加以反映。可以说，社区责任反映了人们对企业社会责任的通常印象。

表 8-26 社区责任得分排名前二十企业

排名	企业名称	环境保护	慈善公益	社区责任
1	中兴通讯（000063）	100.00	100.00	200.00
2	比亚迪（002594）	100.00	100.00	200.00
3	万通地产（600246）	100.00	100.00	200.00
4	奥康国际（603001）	100.00	100.00	200.00
5	紫金矿业（601899）	98.25	100.00	198.25
6	马应龙（600993）	100.00	50.00	150.00
7	亚宝药业（600351）	100.00	50.00	150.00
8	天津港（600717）	100.00	50.00	150.00
9	华润双鹤（600062）	100.00	50.00	150.00
10	海正药业（600267）	100.00	50.00	150.00

(续表)

排名	企业名称	环境保护	慈善公益	社区责任
11	棕榈股份（002431）	100.00	50.00	150.00
12	武钢股份（600005）	100.00	50.00	150.00
13	格力地产（600185）	100.00	50.00	150.00
14	泸州老窖（000568）	100.00	50.00	150.00
15	中国中车（601766）	100.00	50.00	150.00
16	福耀玻璃（600660）	100.00	50.00	150.00
17	苏宁云商（002024）	100.00	50.00	150.00
18	招商银行（600036）	100.00	50.00	150.00
19	南方航空（600029）	100.00	50.00	150.00
20	浙江龙盛（600352）	100.00	50.00	150.00

从表 8-26 可以看出，这 20 家企业在社区责任这项指标上的得分差距同样并不明显。在环境保护这项指标上，社区责任得分排名前 20 企业的得分几乎没有差距。而在慈善公益这项指标上，这 20 家企业的得分差距也并没有多大。中兴通讯（000063）、比亚迪（002594）、万通地产（600246）、浙江奥康鞋业股份有限公司（603001）凭借在两项二级指标上得分均为第一，从而在社区责任指标上并列第一。紫金矿业（601899）因为在环境保护这项指标上得分略低，屈居第二。

从环境保护这一指标来看，通过对各个地方环保局的查询，在 2937 家企业中，共有 146 家企业因相关环境问题被客以环保行政处罚。

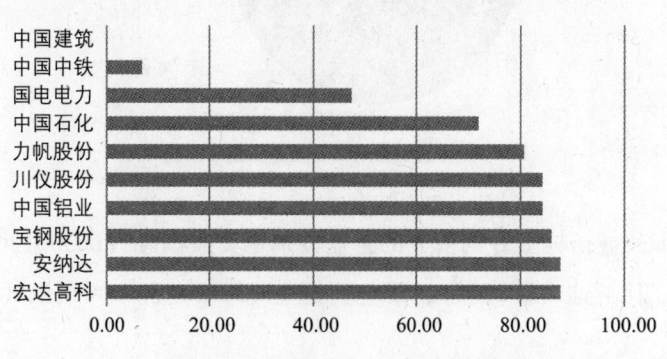

图 8-32 环境保护得分排名后十企业

其中，处罚数在 10 件以上的有 5 家企业，分别是中国建筑股份有限公司（601668）、中国中铁股份有限公司（601390）、国电电力发展股份有限公司（600795）、中国石油化工股份有限公司（600028）和力帆实业（集团）股份有限公司（601777）。

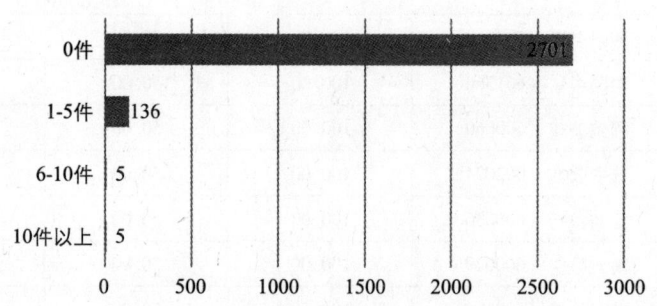

图 8-33　环保行政处罚数各区段企业数量

自 2008 年汶川地震开始，中国的民间慈善事业经历了飞速发展，许多企业纷纷成立了自己的企业慈善基金会。在此次考察的 2937 家企业，共有 155 家企业建立了自己的慈善基金。这些企业慈善基金会在推动公益事业方面发挥了巨大的作用。

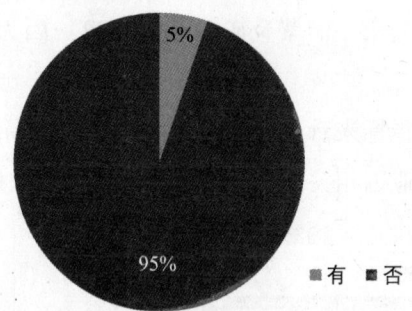

图 8-34　是否建有慈善基金会企业数量对比

在慈善公益指标上并列前五的企业分别是奥康国际（603001）、万通地产（600246）、比亚迪（002594）、紫金矿业（601899）和中兴通讯（000063）。

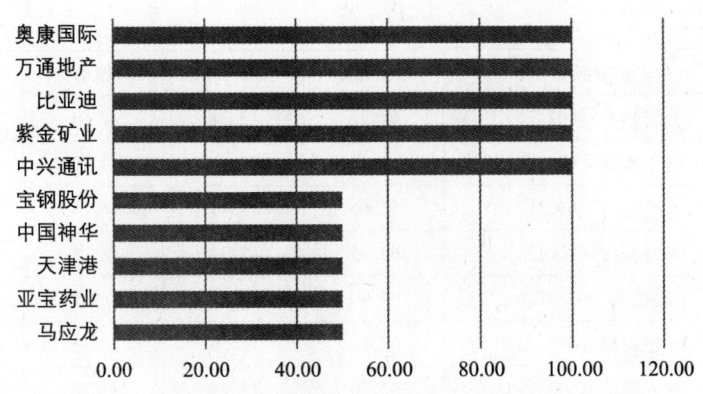

图 8-35 慈善公益得分排名前十企业

注：此外还有 144 家企业的慈善公益得分与宝钢股份等企业相同。鉴于篇幅原因，此处未列出。

分项指标排名：国家责任

国家责任由社会稳定、财政贡献、科技创新三个二级指标构成。其中，社会稳定以万元产值就业数来加以反映，考察的是企业行为对社会稳定的影响；财政贡献以纳税增长率来加以反映，探讨的内容是企业对国家财政的贡献；科技创新以千人拥有专利数来加以反映，它试图考察企业对国家持续向前发展的作用。

表 8-27 国家责任得分排名前二十企业

排名	企业名称	社会稳定	财政贡献	科技创新	国家责任
1	梅雁吉祥（600868）	62.97	13.35	100.00	176.32
2	珈伟股份（300317）	62.78	100.00	0.16	162.94
3	航天长峰（600855）	62.58	13.68	54.42	130.68
4	星美联合（000892）	62.85	67.23	0.00	130.08
5	金盾股份（300411）	62.76	50.54	4.57	117.87
6	智云股份（300097）	63.14	53.75	0.46	117.34
7	中国嘉陵（600877）	62.58	13.64	39.43	115.64
8	佳士科技（300193）	100.00	14.30	0.25	114.55

（续表）

排名	企业名称	社会稳定	财政贡献	科技创新	国家责任
9	立讯精密（002475）	63.28	13.34	37.91	114.53
10	国电南瑞（600406）	62.64	12.44	39.37	114.44
11	置信电气（600517）	62.66	13.41	36.88	112.95
12	环能科技（300425）	62.95	47.23	0.25	110.43
13	凯瑞德（002072）	94.90	13.34	0.00	108.24
14	华信国际（002018）	62.58	14.56	30.95	108.09
15	华光股份（600475）	62.70	13.33	31.68	107.71
16	九洲电气（300040）	62.76	43.46	1.13	107.35
17	浪潮软件（600756）	62.95	13.42	29.37	105.75
18	友邦吊顶（002718）	62.79	13.34	29.11	105.24
19	一拖股份（601038）	62.81	13.65	27.00	103.46
20	巴士在线（002188）	64.44	38.59	0.14	103.17

从表 8-27 可以看出，梅雁吉祥（600868）、深圳珈伟光伏照明股份有限公司（300317）、北京航天长峰股份有限公司（600855）在国家责任这项指标上排名前三。图 8-36 显示，对梅雁吉祥得分贡献最大的是科技创新。而对珈伟股份得分贡献最大的则是财政贡献。对航天长峰来说，贡献最大的是社会稳定。

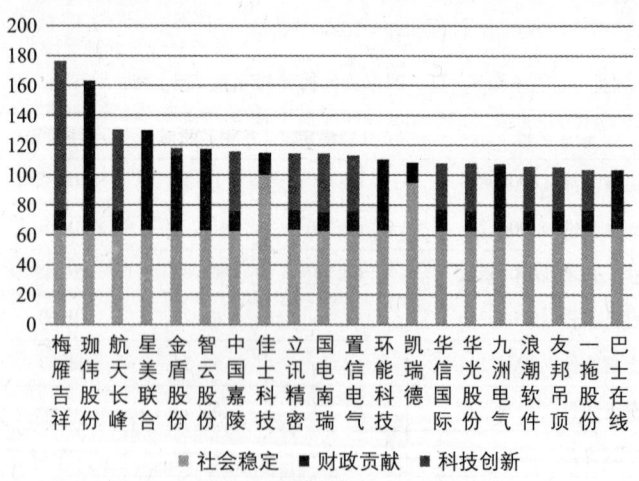

图 8-36 国家责任排名前二十企业

从社会稳定这项指标来说，排名前三的企业分别是深圳市佳士科技股份有限公司（300193）、凯瑞德控股股份有限公司（002072）、青岛东方铁塔股份有限公司（002545）。

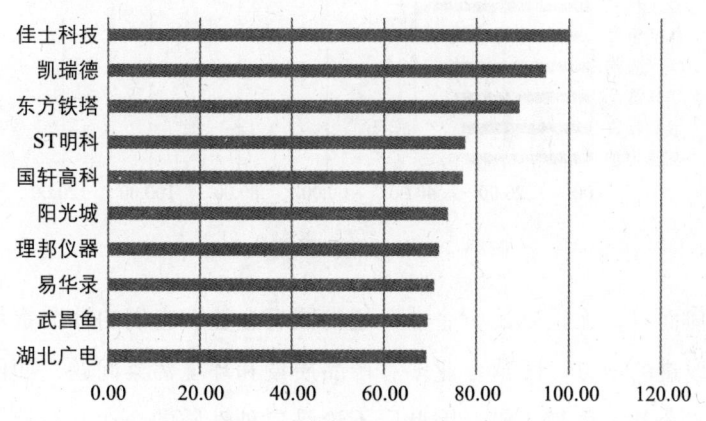

图8-37 社会稳定排名前十企业

在财政贡献指标上排名前三的企业则是珈伟股份（300317）、星美联合股份有限公司（000892）、大连智云自动化装备股份有限公司（300097）。

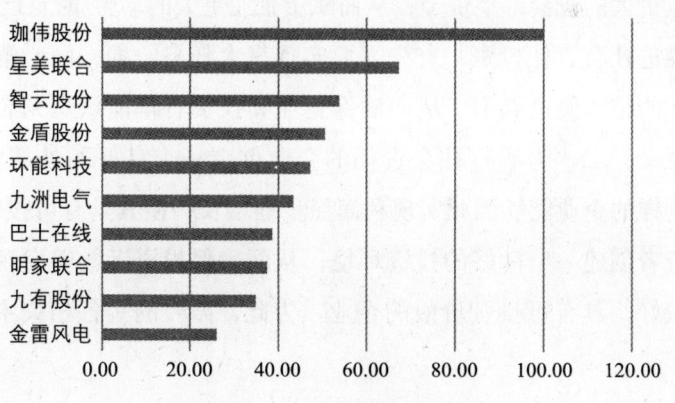

图8-38 财政贡献排名前十企业

在科技创新指标上排名前三的企业分别是梅雁吉祥（600868）、航天长峰（600855）、中国嘉陵工业股份有限公司（集团）（600877）。

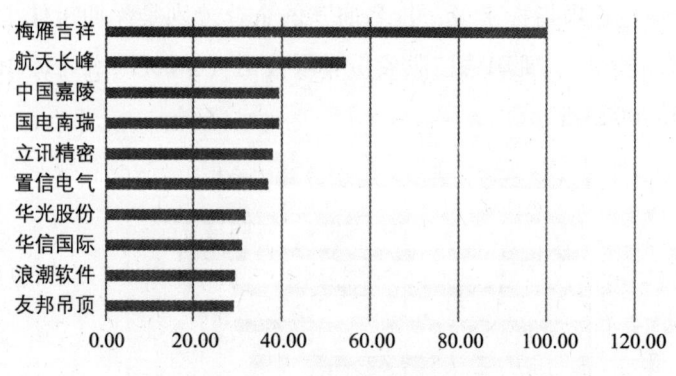

图 8-39 科技创新排名前十企业

就总体而言,无论是民营企业,还是国有企业,它们的社会责任都尚存诸多需要改进的地方。民营企业多有产品质量和环境污染问题,而国有企业普遍在慈善公益上做得不够。因此,不论是何种性质的企业,在社会责任方面都应做得更多。

对此,我们可以通过推进社会责任投资来达成这一目标。因为社会责任投资可以直接作用于企业的"利润最大化"逻辑,通过给予社会责任履行较好的企业以更大的机会筹集资金,从而赋予企业更大的动力履行社会责任。

而要推进社会责任投资,首先需要实现三大任务。即,一、塑造企业履行社会责任的整体舆论氛围,从而确保企业和投资者都能认识到企业社会责任的重要意义;二、为履行社会责任的企业创造一个良好的外部发展环境,从而确保这样的企业能够因此实现利润稳步地增长,使其具有可投资的价值;三、为投资者创建一个良好的投资环境,从而确保投资者能够发现社会责任履行状况较好,具有可投资价值的企业。为此,需要的是各相关主体的协力共进。

二、政 府

在推进社会责任投资的过程中,政府最需要做的无疑就是为社会责任投资提供一个良好的外部环境。这就对政府提出以下几点要求:

1. 设立推进企业社会责任的协调机构。可以借鉴国外经验，在相关部门内建立"企业社会责任推进办公室"，构建推进企业履行社会责任的激励和保障机制：如制定整体的企业社会责任推进战略；协调各部门间有关企业社会责任的激励措施。由此不仅确保企业积极履行社会责任，并且还能从中实现利润增长。

2. 制定企业社会责任促进法。尽管在中国的各部门法当中，已经存在着与企业社会责任相关的法律条款。但由于所处部门法不同，立法的背景、原则和调整方法并不一样，所以相关法律条款无法协同配合。通过制定社会责任促进法，设立相关激励措施（如融资更为便利），可以引导、激励企业履行社会责任，并从中获益。

3. 严格落实关于企业社会责任的法律条款。现有许多履行社会责任情况较好的企业并不具有可投资性，这一方面是因为中国股市本身的不完善，另一方面则是由于责任履行情况较差企业的违法成本不高，由此导致许多企业不能因为履行社会责任而从中获益，甚至徒增成本。所以，加大执法力度，惩罚履责情况较差的企业是激励企业履行社会责任，凸显其可投资性的一大重要措施。

4. 建立足够完善的发行、交易、退市等制度，确保中国股市不再是一个没有规矩的赌场。要推进社会责任投资，首先需要的是打击中国股市的过度投机，确立起价值投资的理念。为此，需要中国股市建立起健全的基础性制度，从而使投资者真正能够发现可进行价值投资的股票。

5. 完善企业信息披露制度。如前所述，企业履行社会责任的状况同企业的收益情况呈正相关关系。而要使投资者发现履责情况较好的企业，需要完善企业的信息披露制度。除了要求公司必须呈交企业年度报告外，还应要求企业发布社会责任报告或可持续发展报告。其内容应当包括企业负债情况、股东收益情况、工资增长情况、产品质量情况、环保投入程度、慈善公益状况等。

三、社　会

企业履行社会责任所生成的结果更多的是直接作用于社会，而能够影响企业"利润最大化"逻辑的力量也多是来自于社会，因此，在推进社会责任投资的过程中，社会力量应当发挥重要作用。这就对社会有以下几点要求：

1. 借助新闻媒体等媒介，塑造推动社会责任投资的良好舆论氛围。社会责任投资在中国尚属新兴事物，需要新闻媒体的大力宣扬和倡导。而且，通过新闻媒介对社会责任履行较好的企业进行褒奖和宣传，对做得不好的企业进行批评和警示，既有助于推动企业履行社会责任，也有利于为投资者提供企业的相关信息。

2. 发挥非营利组织的作用，鼓励其进行社会责任投资。国外社会责任投资的资金中有很大一部分来自非营利组织。我们可以借鉴相关经验，鼓励非营利组织进行社会责任投资，如相关环保组织可以投资"绿色企业"。

3. 建立具有公信力的第三方评估。通过第三方评估，直接曝光企业社会责任履行较差的企业，可以迅速集聚社会公众对该企业的关注，给予其极大的舆论压力，从而提高该企业的社会责任意识，并在社会中广泛普及社会责任的理念。而且，通过第三方评估可以为投资者提供必要的相关信息，从而确保其发现履责情况较好、具有可投资价值的企业。

四、企　业

企业作为社会责任投资的载体，需要培养起健全的履责理念，并且能够回应投资者要求其履行社会责任的相关主张。这就对企业有以下几点要求：

1. 对资产规模达到一定程度的上市公司，应立法要求其建立企业社会责任委员会。该委员会至少有三名董事组成，其中必须有一名董事为独立董事。只有通过完善公司治理结构，才能使社会责任意识真正渗透进公司内部，并使它能够回应投资者要求其履行社会责任的相关主张。

2. 降低股东倡议门槛，增强责任投资者影响企业决策的能力。目前国内股东在股东大会提出提案的门槛还过高（一般需要持有3%以上的股份），从而导致社会责任投资者影响企业决策的能力较低。通过降低股东倡议门槛，社会责任投资者可以更好地推进企业履行社会责任，而且，这也有助于更好地推动关注企业社会责任的投资者进行社会责任投资。

表8–28　2016中国上市企业社会责任指数总排名（六星级企业1–500）

排名	股票号	企业名称	自我责任	行业责任	社区责任	国家责任	总分
1	000063	中兴通讯	239.61	185.71	200.00	76.23	701.56
2	601899	紫金矿业	238.56	185.71	198.25	76.03	698.55
3	002594	比亚迪	224.70	171.43	200.00	76.72	672.85
4	600246	万通地产	231.53	157.14	200.00	76.05	664.72
5	600993	马应龙	252.61	185.71	150.00	76.23	664.56
6	600351	亚宝药业	246.85	185.71	150.00	76.45	659.01
7	600717	天津港	246.74	185.71	150.00	76.28	658.74
8	601088	中国神华	249.46	185.71	144.74	76.32	656.24
9	600019	宝钢股份	242.81	200.00	135.96	76.15	654.92
10	600887	伊利股份	243.24	185.71	148.25	76.20	653.40
11	600062	华润双鹤	255.18	171.43	150.00	76.61	653.22
12	600267	海正药业	239.35	185.71	150.00	75.99	651.06
13	002431	棕榈股份	235.95	185.71	150.00	77.16	648.82
14	600005	武钢股份	233.08	185.71	150.00	78.21	647.00
15	000100	TCL集团	236.20	185.71	148.25	76.26	646.42
16	600801	华新水泥	238.52	185.71	144.74	75.99	644.95
17	600185	格力地产	241.24	171.43	150.00	77.39	640.06
18	000568	泸州老窖	254.35	157.14	150.00	76.45	637.95
19	601766	中国中车	239.31	171.43	150.00	76.15	636.89
20	600660	福耀玻璃	251.00	157.14	150.00	76.28	634.42
21	000002	万科A	238.61	171.43	148.25	76.08	634.37
22	002024	苏宁云商	236.94	171.43	150.00	75.65	634.02

（续表）

排名	股票号	企业名称	自我责任	行业责任	社区责任	国家责任	总分
23	600036	招商银行	236.17	171.43	150.00	76.01	633.60
24	600029	南方航空	235.56	171.43	150.00	75.90	632.89
25	600352	浙江龙盛	246.59	157.14	150.00	76.16	629.89
26	600868	梅雁吉祥	251.93	100.00	100.00	176.32	628.25
27	601313	江南嘉捷	246.36	200.00	100.00	79.99	626.35
28	002216	三全食品	241.78	157.14	150.00	76.76	625.68
29	000718	苏宁环球	239.66	157.14	150.00	76.16	622.96
30	600210	紫江企业	239.11	157.14	150.00	76.22	622.47
31	002263	大东南	345.96	100.00	100.00	76.04	622.00
32	600048	保利地产	237.91	157.14	148.25	76.07	619.37
33	002548	金新农	248.65	142.86	150.00	76.64	618.14
34	000783	长江证券	234.58	157.14	150.00	75.94	617.67
35	600256	广汇能源	236.22	157.14	148.25	75.95	617.56
36	002385	大北农	247.57	142.86	150.00	76.28	616.70
37	601318	中国平安	239.70	200.00	100.00	76.08	615.78
38	002246	北化股份	250.38	185.71	100.00	79.33	615.43
39	600271	航天信息	253.16	185.71	100.00	76.33	615.20
40	000632	三木集团	232.16	157.14	150.00	75.87	615.18
41	600809	山西汾酒	248.82	142.86	146.49	76.35	614.52
42	600197	伊力特	252.03	185.71	100.00	76.19	613.94
43	600816	安信信托	251.42	185.71	100.00	76.13	613.27
44	002285	世联行	243.12	142.86	150.00	77.02	613.00
45	600900	长江电力	248.94	185.71	100.00	77.57	612.22
46	601169	北京银行	228.27	157.14	150.00	76.10	611.51
47	600572	康恩贝	242.27	142.86	150.00	76.20	611.33
48	000301	东方市场	249.67	185.71	100.00	75.86	611.24
49	601211	国泰君安	241.38	142.86	150.00	76.39	610.62
50	600600	青岛啤酒	248.12	185.71	100.00	76.23	610.07
51	002018	华信国际	244.54	157.14	100.00	108.09	609.77

(续表)

排名	股票号	企业名称	自我责任	行业责任	社区责任	国家责任	总分
52	600226	升华拜克	246.60	185.71	100.00	77.06	609.38
53	000026	飞亚达A	244.38	185.71	100.00	76.69	606.78
54	600643	爱建集团	244.51	185.71	100.00	76.38	606.60
55	603001	奥康国际	246.63	83.33	200.00	76.41	606.37
56	601607	上海医药	244.52	185.71	100.00	76.02	606.25
57	600958	东方证券	237.48	142.86	148.25	77.38	605.97
58	600824	益民集团	249.26	185.71	94.74	76.02	605.73
59	600078	澄星股份	236.25	142.86	150.00	76.06	605.17
60	600064	南京高科	243.50	185.71	100.00	74.82	604.03
61	600009	上海机场	256.28	171.43	100.00	76.19	603.90
62	000060	中金岭南	242.14	185.71	100.00	76.04	603.89
63	002093	国脉科技	241.30	185.71	100.00	76.86	603.88
64	600123	兰花科创	240.75	185.71	100.00	76.72	603.18
65	600555	海航创新	241.06	185.71	100.00	76.17	602.95
66	002340	格林美	240.11	185.71	100.00	76.67	602.50
67	000027	深圳能源	240.80	185.71	100.00	75.91	602.42
68	300317	珈伟股份	239.40	100.00	100.00	162.94	602.34
69	601377	兴业证券	233.00	142.86	150.00	76.43	602.28
70	600510	黑牡丹	239.46	185.71	100.00	77.05	602.22
71	000528	柳工	239.54	185.71	100.00	76.88	602.13
72	600815	厦工股份	232.30	142.86	150.00	76.96	602.12
73	600067	冠城大通	240.35	185.71	100.00	76.01	602.07
74	000069	华侨城A	240.30	185.71	100.00	76.01	602.02
75	600011	华能国际	239.89	185.71	100.00	76.35	601.96
76	002390	信邦制药	240.14	185.71	100.00	76.10	601.95
77	600645	中源协和	246.97	128.57	150.00	76.31	601.85
78	000776	广发券	232.93	142.86	150.00	75.96	601.75
79	600879	航天电子	242.14	171.43	100.00	88.17	601.74
80	002368	太极股份	239.90	185.71	100.00	76.05	601.66

（续表）

排名	股票号	企业名称	自我责任	行业责任	社区责任	国家责任	总分
81	601016	节能风电	238.87	185.71	100.00	76.96	601.54
82	000039	中集集团	239.43	185.71	100.00	76.37	601.52
83	600389	江山股份	239.44	185.71	100.00	76.18	601.33
84	600487	亨通光电	238.81	185.71	100.00	76.78	601.31
85	600978	宜华生活	243.48	128.57	150.00	79.18	601.23
86	600309	万华化学	238.80	185.71	100.00	76.65	601.16
87	300027	华谊兄弟	246.37	128.57	150.00	76.20	601.14
88	601369	陕鼓动力	240.85	185.71	98.25	76.32	601.13
89	000778	新兴铸管	238.20	185.71	100.00	76.63	600.54
90	600897	厦门空港	256.41	171.43	96.49	76.17	600.50
91	600496	精工钢构	237.42	185.71	100.00	77.35	600.48
92	000758	中色股份	238.69	185.71	100.00	76.06	600.47
93	002415	海康威视	251.57	171.43	100.00	77.38	600.38
94	600606	绿地控股	231.52	142.86	150.00	75.96	600.34
95	600623	华谊集团	245.60	128.57	150.00	76.15	600.32
96	600135	乐凯胶片	253.13	171.43	100.00	75.63	600.19
97	000961	中南建设	231.24	142.86	150.00	75.94	600.03
98	600026	中海发展	238.82	185.71	100.00	75.49	600.02
99	000333	美的集团	248.52	171.43	100.00	80.06	600.01
100	000061	农产品	237.89	185.71	100.00	76.40	600.01
101	601996	丰林集团	252.47	171.43	100.00	76.08	599.99
102	601866	中海集运	237.62	185.71	100.00	76.38	599.72
103	600000	浦发银行	237.74	185.71	100.00	76.03	599.49
104	600495	晋西车轴	251.52	171.43	100.00	76.47	599.42
105	600052	浙江广厦	230.48	142.86	150.00	75.93	599.27
106	600050	中国联通	238.53	185.71	98.25	76.57	599.06
107	601888	中国国旅	251.43	171.43	100.00	76.12	598.98
108	601800	中国交建	237.26	185.71	100.00	75.87	598.84
109	002271	东方雨虹	250.44	171.43	100.00	76.72	598.59

（续表）

排名	股票号	企业名称	自我责任	行业责任	社区责任	国家责任	总分
110	002250	联化科技	250.91	171.43	100.00	76.11	598.45
111	000793	华闻传媒	250.77	171.43	100.00	76.24	598.44
112	601727	上海电气	236.57	185.71	100.00	76.09	598.37
113	000630	铜陵有色	236.41	185.71	100.00	76.23	598.35
114	000550	江铃汽车	250.37	171.43	100.00	76.36	598.16
115	600658	电子城	250.57	171.43	100.00	76.15	598.15
116	002233	塔牌集团	250.51	171.43	100.00	76.07	598.01
117	601179	中国西电	244.50	171.43	96.49	85.58	598.00
118	603555	贵人鸟	242.30	128.57	150.00	76.97	597.84
119	000680	山推股份	235.33	185.71	100.00	76.78	597.82
120	600141	兴发集团	235.77	185.71	100.00	76.23	597.71
121	601186	中国铁建	235.86	185.71	100.00	76.13	597.70
122	600688	上海石化	249.78	171.43	100.00	76.37	597.58
123	000540	中天城投	235.97	185.71	100.00	75.67	597.35
124	600329	中新药业	249.58	171.43	100.00	76.26	597.28
125	000800	一汽轿车	234.23	185.71	100.00	77.14	597.09
126	600531	豫光金铅	232.59	185.71	100.00	78.70	597.00
127	603919	金徽酒	272.60	100.00	148.25	76.01	596.86
128	000564	西安民生	234.81	185.71	100.00	76.25	596.78
129	000709	河钢股份	234.57	185.71	100.00	76.40	596.68
130	000623	吉林敖东	264.77	157.14	100.00	74.15	596.05
131	600850	华东电脑	240.29	171.43	98.25	85.99	595.96
132	600889	南京化纤	253.12	171.43	94.74	76.66	595.94
133	000031	中粮地产	234.17	185.71	100.00	75.90	595.78
134	000839	中信国安	246.78	171.43	100.00	76.92	595.13
135	600196	复星医药	247.18	171.43	100.00	76.32	594.93
136	300038	梅泰诺	246.67	171.43	100.00	76.77	594.87
137	000825	太钢不锈	233.41	185.71	98.25	77.40	594.77
138	000028	国药一致	247.29	171.43	100.00	75.91	594.63

(续表)

排名	股票号	企业名称	自我责任	行业责任	社区责任	国家责任	总分
139	601579	会稽山	246.90	171.43	100.00	76.26	594.59
140	002128	露天煤业	247.12	171.43	100.00	75.95	594.50
141	600170	上海建工	232.54	185.71	100.00	76.19	594.44
142	000423	东阿阿胶	260.42	157.14	100.00	76.72	594.29
143	600298	安琪酵母	245.96	171.43	100.00	76.76	594.14
144	601099	太平洋	232.03	185.71	100.00	76.14	593.89
145	002265	西仪股份	245.67	171.43	100.00	76.66	593.76
146	002007	华兰生物	260.19	157.14	100.00	76.24	593.57
147	600874	创业环保	241.51	171.43	100.00	80.62	593.56
148	000001	平安银行	231.64	185.71	100.00	76.02	593.37
149	600183	生益科技	244.65	171.43	100.00	77.16	593.24
150	600896	中海海盛	247.41	171.43	98.25	76.10	593.19
151	002467	二六三	252.10	114.29	150.00	76.26	592.64
152	600282	南钢股份	229.52	185.71	100.00	77.31	592.54
153	002155	湖南黄金	245.01	171.43	100.00	76.10	592.54
154	600817	ST 宏盛	245.04	171.43	100.00	76.03	592.50
155	600075	新疆天业	244.97	171.43	100.00	76.08	592.48
156	601998	中信银行	230.78	185.71	100.00	75.90	592.40
157	603456	九洲药业	253.35	171.43	91.23	76.34	592.35
158	600116	三峡水利	244.74	171.43	100.00	76.06	592.23
159	002545	东方铁塔	246.26	142.86	100.00	102.68	591.80
160	002508	老板电器	251.20	114.29	150.00	76.26	591.74
161	000538	云南白药	257.98	157.14	100.00	76.53	591.66
162	600962	国投中鲁	241.89	171.43	100.00	78.00	591.32
163	002153	石基信息	258.13	157.14	100.00	76.03	591.30
164	600176	中国巨石	243.17	171.43	100.00	76.59	591.19
165	600362	江西铜业	243.61	171.43	100.00	76.12	591.16
166	002470	金正大	250.52	114.29	150.00	76.34	591.15
167	600548	深高速	243.69	171.43	100.00	76.00	591.13

(续表)

排名	股票号	企业名称	自我责任	行业责任	社区责任	国家责任	总分
168	000601	韶能股份	242.66	171.43	100.00	76.48	590.57
169	002222	福晶科技	254.85	157.14	100.00	78.48	590.47
170	000655	金岭矿业	255.20	157.14	100.00	78.11	590.45
171	300037	新宙邦	255.42	157.14	100.00	77.82	590.39
172	600270	外运发展	257.35	157.14	100.00	75.83	590.32
173	300077	国民技术	254.84	157.14	100.00	78.33	590.32
174	600674	川投能源	253.44	157.14	100.00	79.71	590.30
175	000503	海虹控股	255.39	157.14	100.00	77.69	590.23
176	002595	豪迈科技	255.75	157.14	100.00	77.17	590.06
177	600436	片仔癀	255.65	157.14	100.00	77.01	589.80
178	002474	榕基软件	248.93	114.29	150.00	76.45	589.67
179	000858	五粮液	256.23	157.14	100.00	76.26	589.63
180	601231	环旭电子	243.51	171.43	98.25	76.40	589.59
181	601139	深圳燃气	240.04	171.43	100.00	78.07	589.54
182	002161	远望谷	253.25	157.14	100.00	78.78	589.17
183	000592	平潭发展	227.31	185.71	100.00	76.07	589.09
184	000932	华菱钢铁	227.17	185.71	100.00	76.14	589.02
185	000581	威孚高科	255.70	157.14	100.00	76.17	589.01
186	002203	海亮股份	241.32	171.43	100.00	76.26	589.01
187	603808	歌力思	255.54	157.14	100.00	76.28	588.96
188	601788	光大证券	240.93	171.43	100.00	76.56	588.92
189	002517	恺英网络	248.38	114.29	150.00	76.13	588.79
190	601991	大唐发电	233.71	185.71	92.98	76.24	588.65
191	600323	瀚蓝环境	240.74	171.43	100.00	76.31	588.48
192	600315	上海家化	260.19	100.00	150.00	78.23	588.43
193	000563	陕国投A	255.06	157.14	100.00	76.12	588.32
194	000869	张裕A	255.21	157.14	100.00	75.95	588.30
195	002042	华孚色纺	240.28	171.43	100.00	76.54	588.24
196	600004	白云机场	254.71	157.14	100.00	76.37	588.22

（续表）

排名	股票号	企业名称	自我责任	行业责任	社区责任	国家责任	总分
197	600877	中国嘉陵	224.32	100.00	148.25	115.64	588.20
198	002382	蓝帆医疗	253.50	157.14	100.00	77.45	588.08
199	000157	中联重科	239.76	171.43	100.00	76.86	588.05
200	002348	高乐股份	257.27	142.86	100.00	87.79	587.92
201	000726	鲁泰A	253.97	157.14	100.00	76.68	587.80
202	000635	英力特	254.32	157.14	100.00	76.22	587.69
203	600203	福日电子	239.37	171.43	100.00	76.78	587.58
204	600519	贵州茅台	296.07	114.29	100.00	77.07	587.43
205	002063	远光软件	253.28	157.14	100.00	76.90	587.32
206	600059	古越龙山	253.75	157.14	100.00	76.30	587.20
207	603588	高能环境	246.45	157.14	100.00	83.57	587.16
208	603005	晶方科技	253.77	157.14	100.00	76.24	587.15
209	000663	永安林业	243.56	157.14	100.00	86.41	587.12
210	000895	双汇发展	253.66	157.14	100.00	76.26	587.06
211	002287	奇正藏药	253.54	157.14	100.00	76.25	586.93
212	600980	北矿科技	245.91	142.86	100.00	98.14	586.91
213	600765	中航重机	234.03	171.43	100.00	81.44	586.90
214	000819	岳阳兴长	253.67	157.14	100.00	76.08	586.90
215	600880	博瑞传播	252.81	157.14	100.00	76.72	586.67
216	600037	歌华有线	253.50	157.14	100.00	76.03	586.66
217	600884	杉杉股份	252.42	142.86	98.25	93.05	586.57
218	600585	海螺水泥	253.34	157.14	100.00	76.07	586.56
219	300016	北陆药业	253.13	157.14	100.00	76.21	586.49
220	600876	洛阳玻璃	238.70	171.43	94.74	81.58	586.45
221	002254	泰和新材	252.51	157.14	100.00	76.70	586.35
222	601636	旗滨集团	238.84	171.43	100.00	76.06	586.33
223	002230	科大讯飞	251.77	157.14	100.00	77.37	586.28
224	002082	栋梁新材	253.19	157.14	100.00	75.92	586.26
225	600680	上海普天	238.11	157.14	100.00	91.01	586.26

(续表)

排名	股票号	企业名称	自我责任	行业责任	社区责任	国家责任	总分
226	002544	杰赛科技	238.06	171.43	100.00	76.67	586.16
227	600207	安彩高科	238.04	171.43	100.00	76.62	586.09
228	600195	中牧股份	252.46	157.14	100.00	76.36	585.96
229	002409	雅克科技	252.86	157.14	100.00	75.89	585.89
230	000006	深振业A	238.54	171.43	100.00	75.89	585.86
231	600761	安徽合力	251.44	142.86	100.00	91.38	585.67
232	600153	建发股份	238.23	171.43	100.00	75.99	585.65
233	300019	硅宝科技	250.24	157.14	100.00	78.17	585.55
234	601111	中国国航	237.86	171.43	100.00	76.14	585.43
235	600704	物产中大	238.06	171.43	100.00	75.81	585.30
236	601166	兴业银行	237.83	171.43	100.00	75.96	585.22
237	601601	中国太保	237.64	171.43	100.00	76.10	585.17
238	600252	中恒集团	251.99	157.14	100.00	75.97	585.11
239	603788	宁波高发	251.26	157.14	100.00	76.62	585.02
240	000088	盐田港	251.06	157.14	100.00	76.65	584.85
241	600160	巨化股份	251.26	157.14	100.00	76.36	584.76
242	300296	利亚德	242.59	114.29	150.00	77.80	584.68
243	002399	海普瑞	251.51	157.14	100.00	75.99	584.63
244	600750	江中药业	255.77	142.86	100.00	85.97	584.60
245	000999	华润三九	251.01	157.14	100.00	76.41	584.56
246	601126	四方股份	248.50	142.86	100.00	93.05	584.40
247	600383	金地集团	237.03	171.43	100.00	75.93	584.39
248	600012	皖通高速	251.23	157.14	100.00	76.00	584.38
249	600810	神马股份	236.38	171.43	100.00	76.51	584.31
250	000400	许继电气	246.10	157.14	100.00	81.01	584.26
251	002064	华峰氨纶	246.26	157.14	100.00	80.84	584.25
252	601898	中煤能源	237.49	171.43	98.69	76.63	584.24
253	600970	中材国际	234.89	171.43	100.00	77.82	584.14
254	300003	乐普医疗	250.23	157.14	100.00	76.72	584.10

(续表)

排名	股票号	企业名称	自我责任	行业责任	社区责任	国家责任	总分
255	002461	珠江啤酒	243.31	114.29	150.00	76.45	584.04
256	000729	燕京啤酒	250.15	157.14	100.00	76.52	583.82
257	300209	天泽信息	255.40	100.00	150.00	78.21	583.61
258	600085	同仁堂	250.21	157.14	100.00	76.25	583.60
259	600740	山西焦化	308.59	100.00	98.25	76.67	583.51
260	000627	天茂集团	250.00	157.14	100.00	76.26	583.40
261	600068	葛洲坝	235.45	171.43	100.00	76.51	583.38
262	600219	南山铝业	249.91	157.14	100.00	76.21	583.26
263	002204	大连重工	238.33	171.43	96.49	76.99	583.23
264	600775	南京熊猫	248.89	157.14	100.00	77.18	583.21
265	002252	上海莱士	257.07	100.00	150.00	76.12	583.20
266	601989	中国重工	234.64	171.43	100.00	77.01	583.09
267	600255	鑫科材料	247.26	157.14	100.00	78.55	582.95
268	002331	皖通科技	249.27	157.14	100.00	76.45	582.87
269	002106	莱宝高科	248.49	157.14	100.00	77.23	582.86
270	002314	南山控股	243.12	157.14	100.00	82.57	582.83
271	601618	中国中冶	233.77	171.43	100.00	77.61	582.81
272	000677	恒天海龙	306.15	100.00	100.00	76.56	582.70
273	600335	国机汽车	235.44	171.43	100.00	75.82	582.68
274	300067	安诺其	248.85	157.14	100.00	76.68	582.67
275	601985	中国核电	235.19	171.43	100.00	75.98	582.60
276	002070	众和股份	234.34	171.43	100.00	76.70	582.47
277	002477	雏鹰农牧	241.64	114.29	150.00	76.52	582.45
278	600845	宝信软件	248.82	157.14	100.00	76.34	582.31
279	603899	晨光文具	253.12	100.00	150.00	79.01	582.13
280	603338	浙江鼎力	255.61	150.00	100.00	76.26	581.88
281	600835	上海机电	243.59	142.86	98.25	97.17	581.86
282	600317	营口港	247.10	157.14	100.00	77.39	581.63
283	603369	今世缘	254.55	100.00	150.00	77.06	581.62

(续表)

排名	股票号	企业名称	自我责任	行业责任	社区责任	国家责任	总分
284	002644	佛慈制药	254.80	100.00	150.00	76.68	581.48
285	601669	中国电建	233.21	171.43	100.00	76.82	581.46
286	603339	四方冷链	255.16	100.00	150.00	76.26	581.43
287	600718	东软集团	243.93	157.14	100.00	80.27	581.34
288	002529	海源机械	251.78	100.00	150.00	79.52	581.30
289	600452	涪陵电力	248.22	157.14	100.00	75.91	581.27
290	002440	闰土股份	255.17	100.00	150.00	76.10	581.27
291	600657	信达地产	233.81	171.43	100.00	75.88	581.12
292	002172	澳洋科技	237.10	171.43	96.49	76.08	581.11
293	600111	北方稀土	247.84	157.14	100.00	76.06	581.04
294	002740	爱迪尔	253.80	100.00	150.00	77.24	581.03
295	600218	全柴动力	245.95	157.14	100.00	77.77	580.86
296	300005	探路者	240.47	114.29	150.00	76.08	580.84
297	603737	三棵树	249.13	100.00	150.00	81.62	580.75
298	603798	康普顿	254.25	100.00	150.00	76.45	580.70
299	601600	中国铝业	234.70	185.71	84.21	76.05	580.67
300	002084	海鸥卫浴	246.12	157.14	100.00	77.38	580.64
301	600115	东方航空	233.18	171.43	100.00	75.95	580.56
302	600702	沱牌舍得	244.98	157.14	100.00	78.28	580.40
303	600865	百大集团	253.92	100.00	150.00	76.42	580.34
304	600125	铁龙物流	247.22	157.14	100.00	75.95	580.31
305	600716	凤凰股份	234.44	142.86	100.00	102.90	580.20
306	600332	白云山	247.12	157.14	100.00	75.92	580.19
307	600018	上港集团	248.59	157.14	98.25	76.06	580.04
308	300040	九洲电气	247.51	128.57	96.49	107.35	579.92
309	600872	中炬高新	246.54	157.14	100.00	76.19	579.88
310	600261	阳光照明	245.84	157.14	100.00	76.86	579.84
311	000690	宝新能源	246.66	157.14	100.00	76.01	579.82
312	601919	中国远洋	235.95	171.43	96.49	75.87	579.74

(续表)

排名	股票号	企业名称	自我责任	行业责任	社区责任	国家责任	总分
313	002304	洋河股份	260.68	142.86	100.00	76.19	579.73
314	000651	格力电器	242.91	157.14	100.00	79.66	579.70
315	002782	可立克	253.18	100.00	150.00	76.38	579.56
316	600113	浙江东日	244.22	157.14	100.00	78.12	579.48
317	600508	上海能源	245.66	157.14	100.00	76.65	579.45
318	600138	中青旅	246.21	157.14	100.00	76.06	579.41
319	603589	口子窖	253.17	100.00	150.00	76.23	579.40
320	600377	宁沪高速	246.21	157.14	100.00	75.90	579.26
321	002497	雅化集团	252.50	100.00	150.00	76.63	579.13
322	600460	士兰微	243.80	157.14	100.00	78.17	579.11
323	002165	红宝丽	246.02	157.14	100.00	75.91	579.08
324	600017	日照港	245.52	157.14	100.00	76.28	578.95
325	603567	珍宝岛	252.52	100.00	150.00	76.42	578.94
326	601611	中国核建	231.52	171.43	100.00	75.99	578.94
327	600350	山东高速	245.51	157.14	100.00	76.21	578.87
328	600367	红星发展	244.97	157.14	100.00	76.63	578.75
329	600251	冠农股份	244.69	157.14	100.00	76.88	578.71
330	000917	电广传媒	245.02	157.14	100.00	76.50	578.67
331	600071	凤凰光学	244.55	157.14	100.00	76.95	578.64
332	600239	云南城投	231.25	171.43	100.00	75.95	578.62
333	600787	中储股份	245.37	157.14	100.00	76.11	578.62
334	600652	游久游戏	252.95	100.00	150.00	75.65	578.59
335	600860	京城股份	241.55	157.14	100.00	79.76	578.46
336	601007	金陵饭店	244.67	157.14	100.00	76.54	578.35
337	601001	大同煤业	233.80	171.43	96.49	76.60	578.32
338	600016	民生银行	233.15	169.05	100.00	76.11	578.31
339	603818	曲美家居	251.70	100.00	150.00	76.58	578.28
340	002038	双鹭药业	259.26	142.86	100.00	76.13	578.25
341	600118	中国卫星	245.00	157.14	100.00	76.10	578.24

(续表)

排名	股票号	企业名称	自我责任	行业责任	社区责任	国家责任	总分
342	600216	浙江医药	251.87	100.00	150.00	76.32	578.19
343	600243	青海华鼎	244.28	157.14	100.00	76.77	578.19
344	002378	章源钨业	244.67	157.14	100.00	76.34	578.15
345	600284	浦东建设	244.33	157.14	100.00	76.63	578.10
346	300015	爱尔眼科	244.46	157.14	100.00	76.48	578.07
347	300047	天源迪科	244.54	157.14	100.00	76.30	577.98
348	600386	北巴传媒	244.79	157.14	100.00	76.04	577.98
349	600060	海信电器	243.44	157.14	100.00	77.36	577.95
350	600811	东方集团	244.62	100.00	148.25	85.08	577.95
351	000666	经纬纺机	244.05	157.14	100.00	76.52	577.72
352	600875	东方电气	235.64	157.14	98.25	86.68	577.71
353	600066	宇通客车	242.75	157.14	100.00	77.81	577.70
354	002481	双塔食品	251.54	100.00	150.00	76.11	577.66
355	000969	安泰科技	243.66	157.14	100.00	76.85	577.66
356	601939	建设银行	230.23	171.43	100.00	75.99	577.65
357	002010	传化股份	251.01	100.00	150.00	76.59	577.60
358	600483	福能股份	244.27	157.14	100.00	76.18	577.59
359	600894	广日股份	257.76	142.86	100.00	76.96	577.58
360	603799	华友钴业	231.91	171.43	98.25	75.95	577.54
361	600098	广州发展	244.56	157.14	100.00	75.82	577.53
362	600578	京能电力	244.18	157.14	100.00	76.18	577.51
363	002678	珠江钢琴	251.21	100.00	150.00	76.29	577.50
364	603366	日出东方	250.82	100.00	150.00	76.65	577.46
365	600990	四创电子	237.58	142.86	100.00	96.99	577.42
366	002737	葵花药业	251.06	100.00	150.00	76.34	577.41
367	603311	金海环境	250.78	100.00	150.00	76.61	577.39
368	600337	美克家居	247.76	142.86	100.00	86.73	577.34
369	002267	陕天然气	244.04	157.14	100.00	76.05	577.24
370	600780	通宝能源	244.00	157.14	100.00	76.07	577.22

（续表）

排名	股票号	企业名称	自我责任	行业责任	社区责任	国家责任	总分
371	600096	云天化	230.03	171.43	100.00	75.74	577.20
372	601718	际华集团	243.57	157.14	100.00	76.44	577.15
373	603198	迎驾贡酒	250.55	100.00	150.00	76.52	577.07
374	600055	华润万东	243.67	157.14	100.00	76.25	577.06
375	600033	福建高速	243.75	157.14	100.00	76.03	576.93
376	600720	祁连山	243.44	157.14	100.00	76.29	576.88
377	000806	银河生物	250.39	100.00	150.00	76.38	576.77
378	600206	有研新材	255.67	142.86	100.00	78.23	576.76
379	600505	西昌电力	242.33	157.14	100.00	77.24	576.72
380	000012	南玻A	243.02	157.14	100.00	76.43	576.59
381	600841	上柴股份	246.77	157.14	96.49	76.16	576.57
382	600171	上海贝岭	254.44	142.86	100.00	79.21	576.51
383	000425	徐工机械	240.71	157.14	100.00	78.63	576.48
384	300387	富邦股份	251.60	142.86	100.00	81.97	576.43
385	002375	亚厦股份	239.94	157.14	100.00	78.92	576.00
386	600468	百利电气	241.98	157.14	100.00	76.86	575.98
387	002080	中材科技	241.19	157.14	100.00	77.61	575.95
388	002224	三力士	256.33	142.86	100.00	76.75	575.94
389	600223	鲁商置业	229.05	171.43	100.00	75.45	575.93
390	002174	游族网络	256.63	142.86	100.00	76.44	575.93
391	600500	中化国际	242.33	157.14	100.00	76.40	575.87
392	601808	中海油服	242.77	157.14	100.00	75.95	575.86
393	603025	大豪科技	256.90	142.86	100.00	76.06	575.82
394	600439	瑞贝卡	241.88	157.14	100.00	76.63	575.65
395	002299	圣农发展	240.83	157.14	100.00	77.64	575.61
396	600797	浙大网新	242.37	157.14	100.00	76.04	575.55
397	000407	胜利股份	242.09	157.14	100.00	76.13	575.36
398	600827	百联股份	241.87	157.14	100.00	76.35	575.35
399	600190	锦州港	242.17	157.14	100.00	75.99	575.30

（续表）

排名	股票号	企业名称	自我责任	行业责任	社区责任	国家责任	总分
400	600269	赣粤高速	241.91	157.14	100.00	76.21	575.27
401	300354	东华测试	255.34	142.86	100.00	77.05	575.25
402	002372	伟星新材	255.11	142.86	100.00	77.28	575.25
403	600895	张江高科	241.84	157.14	100.00	76.17	575.15
404	600063	皖维高新	241.95	157.14	100.00	76.03	575.12
405	600798	宁波海运	241.95	157.14	100.00	76.03	575.12
406	600177	雅戈尔	241.78	157.14	100.00	76.19	575.11
407	600327	大东方	241.89	157.14	100.00	76.00	575.03
408	600855	航天长峰	244.32	100.00	100.00	130.68	575.00
409	603828	柯利达	241.50	157.14	100.00	76.32	574.97
410	600193	创兴资源	256.38	142.86	100.00	75.73	574.96
411	601028	玉龙股份	251.69	142.86	100.00	80.35	574.90
412	600158	中体产业	241.25	157.14	100.00	76.49	574.88
413	600456	宝钛股份	241.37	157.14	100.00	76.36	574.87
414	000539	粤电力A	241.75	157.14	100.00	75.91	574.81
415	002081	金螳螂	240.75	157.14	100.00	76.87	574.77
416	600151	航天机电	238.93	157.14	100.00	78.67	574.75
417	002202	金风科技	240.66	157.14	100.00	76.92	574.72
418	600805	悦达投资	248.09	100.00	148.25	78.39	574.72
419	000671	阳光城	230.18	157.14	100.00	87.31	574.63
420	600820	隧道股份	235.78	157.14	96.49	85.07	574.48
421	600690	青岛海尔	240.83	157.14	100.00	76.46	574.43
422	000547	航天发展	252.30	142.86	100.00	79.23	574.38
423	600873	梅花生物	241.90	157.14	98.25	77.05	574.34
424	002300	太阳电缆	240.88	157.14	100.00	76.31	574.34
425	002253	川大智胜	252.64	142.86	100.00	78.75	574.25
426	002654	万润科技	247.10	100.00	150.00	77.11	574.21
427	600549	厦门钨业	241.06	157.14	100.00	75.99	574.19
428	002475	立讯精密	245.35	114.29	100.00	114.53	574.16

（续表）

排名	股票号	企业名称	自我责任	行业责任	社区责任	国家责任	总分
429	601222	林洋能源	252.75	142.86	100.00	78.47	574.08
430	300240	飞力达	247.84	100.00	150.00	76.17	574.01
431	002417	三元达	240.09	157.14	100.00	76.73	573.96
432	300070	碧水源	254.82	142.86	100.00	76.26	573.94
433	000728	国元证券	240.46	157.14	100.00	76.17	573.78
434	000900	现代投资	240.20	157.14	100.00	76.40	573.74
435	300021	大禹节水	237.18	157.14	100.00	79.39	573.72
436	601226	华电重工	240.52	142.86	100.00	90.32	573.69
437	002092	中泰化学	243.87	157.14	96.49	76.17	573.67
438	002419	天虹商场	240.54	157.14	100.00	75.92	573.60
439	000831	ST 五稀	254.86	142.86	100.00	75.87	573.59
440	600260	凯乐科技	239.25	157.14	100.00	77.19	573.58
441	601519	大智慧	253.28	142.86	100.00	77.41	573.55
442	300259	新天科技	253.54	142.86	100.00	77.14	573.54
443	000089	深圳机场	254.03	142.86	100.00	76.62	573.51
444	002439	启明星辰	247.23	100.00	150.00	76.25	573.47
445	600089	特变电工	239.56	157.14	100.00	76.75	573.45
446	601515	东风股份	254.84	142.86	100.00	75.62	573.32
447	300086	康芝药业	254.18	142.86	100.00	76.23	573.27
448	300498	温氏股份	254.29	142.86	100.00	76.07	573.22
449	300353	东土科技	252.59	142.86	100.00	77.74	573.18
450	600166	福田汽车	237.61	157.14	100.00	78.41	573.17
451	600143	金发科技	245.20	100.00	150.00	77.92	573.12
452	002635	安洁科技	252.61	142.86	100.00	77.64	573.10
453	600100	同方股份	240.45	157.14	100.00	75.41	573.00
454	002435	长江润发	246.46	100.00	150.00	76.50	572.96
455	600056	中国医药	240.28	157.14	100.00	75.53	572.95
456	002079	苏州固锝	253.37	142.86	100.00	76.71	572.94
457	000009	中国宝安	239.29	157.14	100.00	76.50	572.93

（续表）

排名	股票号	企业名称	自我责任	行业责任	社区责任	国家责任	总分
458	600266	北京城建	239.82	157.14	100.00	75.93	572.89
459	600526	菲达环保	238.75	157.14	100.00	76.97	572.86
460	000596	古井贡酒	252.45	142.86	100.00	77.54	572.86
461	600120	浙江东方	246.54	100.00	150.00	76.25	572.78
462	000898	鞍钢股份	239.32	157.14	100.00	76.30	572.76
463	002570	贝因美	245.79	100.00	150.00	76.95	572.74
464	002041	登海种业	250.94	142.86	100.00	78.93	572.72
465	000062	深圳华强	246.66	100.00	150.00	76.05	572.71
466	002284	亚太股份	246.27	100.00	150.00	76.44	572.71
467	600308	华泰股份	239.32	157.14	100.00	76.17	572.64
468	600030	中信证券	239.41	157.14	100.00	76.08	572.63
469	601968	宝钢包装	239.67	157.14	100.00	75.81	572.63
470	600406	国电南瑞	243.89	114.29	100.00	114.44	572.62
471	600634	中技控股	239.38	157.14	100.00	76.06	572.59
472	600074	保千里	244.00	100.00	150.00	78.59	572.58
473	000902	新洋丰	253.03	142.86	100.00	76.68	572.56
474	300251	光线传媒	253.81	142.86	100.00	75.87	572.55
475	002445	中南文化	245.49	100.00	150.00	77.02	572.51
476	600227	赤天化	239.55	157.14	100.00	75.73	572.42
477	002065	东华软件	253.18	142.86	100.00	76.37	572.41
478	000559	万向钱潮	238.87	157.14	100.00	76.38	572.39
479	600161	天坛生物	238.82	157.14	100.00	76.41	572.37
480	601006	大秦铁路	252.88	142.86	100.00	76.59	572.32
481	002043	兔宝宝	251.52	142.86	100.00	77.93	572.31
482	002078	太阳纸业	239.06	157.14	100.00	76.04	572.24
483	000541	佛山照明	252.57	142.86	100.00	76.81	572.24
484	600777	新潮实业	247.34	142.86	100.00	82.00	572.20
485	002489	浙江永强	245.36	100.00	150.00	76.84	572.20
486	600999	招商证券	238.49	157.14	100.00	76.47	572.11

（续表）

排名	股票号	企业名称	自我责任	行业责任	社区责任	国家责任	总分
487	600987	航民股份	251.83	142.86	100.00	77.39	572.09
488	000338	潍柴动力	238.60	157.14	100.00	76.33	572.07
489	300349	金卡股份	252.60	142.86	100.00	76.62	572.07
490	300012	华测检测	252.02	142.86	100.00	77.16	572.04
491	000021	深科技	238.16	157.14	100.00	76.67	571.98
492	000892	星美联合	241.89	100.00	100.00	130.08	571.97
493	600109	国金证券	238.33	157.14	100.00	76.45	571.93
494	000762	西藏矿业	252.69	142.86	100.00	76.35	571.90
495	002535	林州重机	237.84	157.14	100.00	76.87	571.85
496	600330	天通股份	251.67	142.86	100.00	77.32	571.85
497	600888	新疆众和	237.22	157.14	96.49	80.98	571.84
498	600310	桂东电力	238.30	157.14	100.00	76.25	571.69
499	000861	海印股份	238.60	157.14	100.00	75.94	571.68
500	000560	昆百大A	245.73	100.00	150.00	75.93	571.66

表8-29 2016中国上市企业社会责任指数总排名（五星级企业501-1000）

排名	股票号	企业名称	总分	排名	股票号	企业名称	总分	排名	股票号	企业名称	总分
501	600388	龙净环保	571.64	531	002286	保龄宝	570.60	561	600356	恒丰纸业	569.46
502	300315	掌趣科技	571.62	532	000402	金融街	570.59	562	000530	大冷股份	569.43
503	603822	嘉澳环保	571.55	533	601717	郑煤机	570.52	563	000565	渝三峡A	569.41
504	600837	海通证券	571.52	534	600992	贵绳股份	570.50	564	002269	美邦服饰	569.38
505	600428	中远航运	571.46	535	002186	全聚德	570.46	565	002152	广电运通	569.33
506	000790	泰和健康	571.39	536	000786	北新建材	570.46	566	600736	苏州高新	569.32
507	600021	上海电力	571.37	537	000782	美达股份	570.41	567	600257	大湖股份	569.32
508	600173	卧龙地产	571.37	538	300285	国瓷材料	570.38	568	603678	火炬电子	569.24
509	000536	华映科技	571.33	539	600325	华发股份	570.33	569	300185	通裕重工	569.21
510	600031	三一重工	571.30	540	000731	四川美丰	570.23	570	601969	海南矿业	569.19
511	600685	中船防务	571.29	541	600369	西南证券	570.21	571	002028	思源电气	569.18

(续表)

排名	股票号	企业名称	总分	排名	股票号	企业名称	总分	排名	股票号	企业名称	总分
512	600103	青山纸业	571.27	542	002353	杰瑞股份	570.03	572	601188	龙江交通	569.14
513	600027	华电国际	571.27	543	601958	金钼股份	570.02	573	000050	深天马A	569.02
514	603355	莱克电气	571.23	544	600221	海南航空	569.97	574	000848	承德露露	568.92
515	600917	重庆燃气	571.22	545	601113	华鼎股份	569.96	575	600208	新湖中宝	568.91
516	601872	招商轮船	571.11	546	601333	广深铁路	569.92	576	600836	界龙实业	568.91
517	000983	西山煤电	571.10	547	002001	新和成	569.91	577	600051	宁波联合	568.82
518	600687	刚泰控股	571.10	548	002511	中顺洁柔	569.90	578	000156	华数传媒	568.81
519	002281	光迅科技	571.09	549	600020	中原高速	569.85	579	300486	东杰智能	568.76
520	601890	亚星锚链	571.08	550	600983	惠而浦	569.79	580	000877	天山股份	568.73
521	601098	中南传媒	571.02	551	002433	太安堂	569.79	581	300174	元力股份	568.72
522	002008	大族激光	571.00	552	600489	中金黄金	569.72	582	000777	中核科技	568.72
523	600422	昆药集团	570.98	553	300336	新文化	569.68	583	600839	四川长虹	568.65
524	000753	漳州发展	570.89	554	002236	大华股份	569.67	584	603116	红蜻蜓	568.62
525	002039	黔源电力	570.89	555	002076	雪莱特	569.65	585	002367	康力电梯	568.60
526	300237	美晨科技	570.88	556	000901	航天科技	569.58	586	000607	华媒控股	568.53
527	000876	新希望	570.78	557	603611	诺力股份	569.57	587	300248	新开普	568.51
528	300181	佐力药业	570.74	558	600502	安徽水利	569.56	588	300193	佳士科技	568.50
529	600693	东百集团	570.72	559	000686	东北证券	569.55	589	000802	北京文化	568.50
530	002121	科陆电子	570.61	560	002543	万和电气	569.54	590	600982	宁波热电	568.50
591	000695	滨海能源	568.49	621	603699	纽威股份	566.85	651	601999	出版传媒	565.72
592	600303	曙光股份	568.48	622	002062	宏润建设	566.78	652	000807	云铝股份	565.71
593	600734	实达集团	568.43	623	000725	京东方A	566.75	653	601101	昊华能源	565.66
594	600249	两面针	568.37	624	600984	建设机械	566.73	654	600187	国中水务	565.65
595	600778	友好集团	568.37	625	600517	置信电气	566.72	655	000797	中国武夷	565.51
596	000525	红太阳	568.17	626	601928	凤凰传媒	566.70	656	601566	九牧王	565.49
597	601877	正泰电器	568.13	627	300025	华星创业	566.61	657	300411	金盾股份	565.48
598	000502	绿景控股	568.12	628	002739	万达院线	566.60	658	000532	力合股份	565.46
599	600551	时代出版	568.09	629	002280	联络互动	566.55	659	601339	百隆东方	565.39
600	000780	平庄能源	568.08	630	002624	完美世界	566.55	660	600741	华域汽车	565.34

（续表）

排名	股票号	企业名称	总分	排名	股票号	企业名称	总分	排名	股票号	企业名称	总分
601	002557	洽洽食品	568.02	631	002483	润邦股份	566.46	661	000422	湖北宜化	565.12
602	000878	云南铜业	567.89	632	002035	华帝股份	566.44	662	600789	鲁抗医药	565.05
603	002142	宁波银行	567.88	633	600373	中文传媒	566.44	663	002187	广百股份	564.96
604	300418	昆仑万维	567.81	634	000875	吉电股份	566.41	664	300097	智云股份	564.94
605	002482	广田集团	567.78	635	002179	中航光电	566.34	665	002718	友邦吊顶	564.89
606	600808	马钢股份	567.67	636	600796	钱江生化	566.34	666	002073	软控股份	564.89
607	002296	辉煌科技	567.67	637	600322	天房发展	566.28	667	000960	锡业股份	564.81
608	002394	联发股份	567.60	638	300013	新宁物流	566.19	668	000822	山东海化	564.78
609	600851	海欣股份	567.34	639	603188	亚邦股份	566.17	669	603123	翠微股份	564.77
610	600819	耀皮玻璃	567.34	640	000810	创维数字	566.13	670	002154	报喜鸟	564.67
611	002396	星网锐捷	567.32	641	002786	银宝山新	566.07	671	000727	华东科技	564.62
612	002189	利达光电	567.28	642	601633	长城汽车	566.06	672	002178	延华智能	564.62
613	601177	杭齿前进	567.22	643	603883	老百姓	566.04	673	600053	九鼎投资	564.60
614	600015	华夏银行	567.19	644	002310	东方园林	565.98	674	002760	凤形股份	564.58
615	002029	七匹狼	567.16	645	600273	嘉化能源	565.95	675	601368	绿城水务	564.53
616	600867	通化东宝	567.03	646	000516	国际医学	565.93	676	002771	真视通	564.51
617	000401	冀东水泥	567.02	647	300207	欣旺达	565.91	677	002345	潮宏基	564.51
618	600188	兖州煤业	566.97	648	601021	春秋航空	565.87	678	600486	扬农化工	564.34
619	601199	江南水务	566.90	649	600104	上汽集团	565.84	679	603568	伟明环保	564.29
620	300048	合康变频	566.87	650	600611	大众交通	565.78	680	000413	东旭光电	564.25
681	600886	国投电力	564.21	711	603126	中材节能	562.38	741	600812	华北制药	560.61
682	002637	赞宇科技	564.20	712	600420	现代制药	562.33	742	000035	中国天楹	560.57
683	000652	泰达股份	564.12	713	601127	小康股份	562.29	743	000837	秦川机床	560.56
684	600433	冠豪高新	564.10	714	000612	焦作万方	562.16	744	601238	广汽集团	560.54
685	600829	人民同泰	563.94	715	000997	新大陆	562.00	745	002110	三钢闽光	560.40
686	600882	华联矿业	563.91	716	300007	汉威电子	562.00	746	600995	文山电力	560.40
687	000158	常山股份	563.77	717	300179	四方达	561.99	747	000520	长航凤凰	560.36
688	300080	易成新能	563.76	718	600331	宏达股份	561.93	748	600653	申华控股	560.35
689	002422	科伦药业	563.73	719	601880	大连港	561.92	749	002015	霞客环保	560.28

(续表)

排名	股票号	企业名称	总分	排名	股票号	企业名称	总分	排名	股票号	企业名称	总分
690	600288	大恒科技	563.69	720	000903	云内动力	561.91	750	300014	亿纬锂能	560.20
691	600079	人福医药	563.59	721	600528	中铁二局	561.87	751	002319	乐通股份	560.13
692	000571	新大洲A	563.58	722	000883	湖北能源	561.85	752	000756	新华制药	560.06
693	002046	轴研科技	563.56	723	600077	宋都股份	561.83	753	000768	中航飞机	560.00
694	600802	福建水泥	563.50	724	002504	弘高创意	561.74	754	000993	闽东电力	559.95
695	600360	华微电子	563.50	725	002423	ST中特	561.71	755	600803	新奥股份	559.92
696	000838	财信发展	563.45	726	600240	华业资本	561.66	756	600967	北方创业	559.91
697	002583	海能达	563.33	727	600573	惠泉啤酒	561.56	757	000517	荣安地产	559.86
698	002048	宁波华翔	563.17	728	000668	荣丰控股	561.44	758	601225	陕西煤业	559.70
699	603101	汇嘉时代	563.12	729	600667	太极实业	561.44	759	601328	交通银行	559.70
700	300262	巴安水务	563.01	730	300425	环能科技	561.42	760	000885	同力水泥	559.61
701	000429	粤高速A	562.93	731	002144	宏达高科	561.36	761	000065	北方国际	559.49
702	300110	华仁药业	562.91	732	603993	洛阳钼业	561.35	762	601008	连云港	559.46
703	600259	广晟有色	562.84	733	600986	科达股份	561.12	763	002022	科华生物	559.38
704	600163	中闽能源	562.83	734	300059	东方财富	560.98	764	002198	嘉应制药	559.37
705	300041	回天新材	562.81	735	0000534	万泽股份	560.87	765	300062	中能电气	559.35
706	601118	海南橡胶	562.79	736	002045	国光电器	560.80	766	002166	莱茵生物	559.18
707	002067	景兴纸业	562.76	737	600022	山东钢铁	560.72	767	002387	黑牛食品	559.18
708	601688	华泰证券	562.58	738	600711	盛屯矿业	560.68	768	002719	麦趣尔	559.10
709	600162	香江控股	562.50	739	002251	步步高	560.66	769	601518	吉林高速	559.02
710	000815	美利云	562.44	740	600277	亿利洁能	560.62	770	300034	钢研高纳	558.98
771	600129	太极集团	558.95	801	300017	网宿科技	557.23	831	600979	广安爱众	555.59
772	300124	汇川技术	558.93	802	601992	金隅股份	557.20	832	600592	龙溪股份	555.58
773	002456	欧菲光	558.92	803	601107	四川成渝	557.10	833	002237	恒邦股份	555.57
774	300024	机器人	558.90	804	000712	锦龙股份	557.09	834	000732	泰禾集团	555.56
775	601933	永辉超市	558.89	805	600616	金枫酒业	557.07	835	002264	新华都	555.55
776	000970	中科三环	558.85	806	601117	中国化学	557.05	836	600198	大唐电信	555.42
777	600823	世茂股份	558.84	807	000523	广州浪奇	556.96	837	002262	恩华药业	555.39
778	300001	特锐德	558.72	808	000830	鲁西化工	556.90	838	000701	厦门信达	555.31

（续表）

排名	股票号	企业名称	总分	排名	股票号	企业名称	总分	排名	股票号	企业名称	总分
779	002097	山河智能	558.69	809	600684	珠江实业	556.88	839	601886	江河集团	555.25
780	600620	天宸股份	558.68	810	600966	博汇纸业	556.81	840	601058	赛轮金宇	555.21
781	000735	罗牛山	558.59	811	600583	海油工程	556.81	841	002736	国信证券	555.10
782	601336	新华保险	558.54	812	002162	悦心健康	556.74	842	601555	东吴证券	554.76
783	600543	莫高股份	558.52	813	002405	四维图新	556.73	843	600763	通策医疗	554.66
784	300026	红日药业	558.45	814	000911	南宁糖业	556.66	844	002702	海欣食品	554.59
785	000046	泛海控股	558.31	815	601699	潞安环能	556.59	845	002714	牧原股份	554.59
786	601168	西部矿业	558.27	816	603000	人民网	556.56	846	601901	方正证券	554.51
787	000672	上峰水泥	558.17	817	603019	中科曙光	556.50	847	600633	浙报传媒	554.47
788	000996	中国中期	558.14	818	002133	广宇集团	556.22	848	600871	石化油服	554.36
789	601608	中信重工	557.93	819	000750	国海证券	556.22	849	600755	厦门国贸	554.19
790	600372	中航电子	557.86	820	600997	开滦股份	556.14	850	000166	申万宏源	554.18
791	600200	江苏吴中	557.82	821	000792	盐湖股份	556.09	851	600262	北方股份	554.07
792	300299	富春通信	557.67	822	600998	九州通	556.05	852	600117	西宁特钢	553.96
793	600969	郴电国际	557.66	823	600893	中航动力	556.04	853	601198	东兴证券	553.85
794	002260	德奥通航	557.62	824	300153	科泰电源	555.98	854	300033	同花顺	553.81
795	002116	中国海诚	557.54	825	600768	宁波富邦	555.94	855	601857	中国石油	553.74
796	002188	巴士在线	557.52	826	300058	蓝色光标	555.93	856	000589	黔轮胎A	553.71
797	600792	云煤能源	557.37	827	300039	上海凯宝	555.82	857	000927	一汽夏利	553.45
798	000498	山东路桥	557.35	828	600297	广汇汽车	555.82	858	601628	中国人寿	553.33
799	002193	山东如意	557.26	829	002025	航天电器	555.71	859	600094	大名城	553.26
800	601155	新城控股	557.24	830	000881	大连国际	555.62	860	000488	晨鸣纸业	553.22
861	603939	益丰药房	553.22	891	300242	明家联合	551.22	921	000912	泸天化	547.72
862	600858	银座股份	553.13	892	600375	ST星马	551.09	922	601818	光大银行	547.40
863	300443	金雷风电	553.11	893	002674	兴业科技	551.08	923	600345	长江通信	547.39
864	600973	宝胜股份	553.08	894	600726	华电能源	550.95	924	600881	亚泰集团	547.38
865	300274	阳光电源	552.97	895	600959	江苏有线	550.93	925	600919	江苏银行	547.24
866	002640	跨境通	552.87	896	600058	五矿发展	550.89	926	600560	金自天正	547.19
867	600981	汇鸿集团	552.78	897	600535	天士力	550.87	927	603968	醋化股份	547.06

(续表)

排名	股票号	企业名称	总分	排名	股票号	企业名称	总分	排名	股票号	企业名称	总分
868	300132	青松股份	552.77	898	002014	永新股份	550.86	928	600604	市北高新	547.00
869	600122	宏图高科	552.68	899	600647	同达创业	550.70	929	600070	浙江富润	546.95
870	600629	华建集团	552.65	900	600649	城投控股	550.42	930	600596	新安股份	546.85
871	002006	精功科技	552.57	901	000707	双环科技	550.37	931	601918	ST新集	546.84
872	000897	津滨发展	552.54	902	000829	天音控股	550.31	932	600635	大众公用	546.57
873	600705	中航资本	552.53	903	300198	纳川股份	550.28	933	600644	乐山电力	546.57
874	600506	香梨股份	552.49	904	603958	哈森股份	550.20	934	600418	江淮汽车	546.55
875	002639	雪人股份	552.47	905	600756	浪潮软件	550.12	935	600498	烽火通信	546.54
876	600708	光明地产	552.33	906	600588	用友网络	549.94	936	002656	摩登大道	546.52
877	600376	首开股份	552.21	907	600511	国药股份	549.73	937	600462	九有股份	546.41
878	001696	宗申动力	552.20	908	603909	合诚股份	549.70	938	600547	山东黄金	546.20
879	002411	必康股份	552.07	909	601003	柳钢股份	549.49	939	600475	华光股份	545.95
880	600291	西水股份	552.07	910	000978	桂林旅游	549.38	940	002679	福建金森	545.92
881	000066	长城电脑	551.95	911	600582	天地科技	549.30	941	600679	上海凤凰	545.56
882	600831	广电网络	551.81	912	600485	信威集团	549.21	942	600619	海立股份	545.33
883	600642	申能股份	551.78	913	600664	哈药股份	549.13	943	603969	银龙股份	545.27
884	601666	平煤股份	551.62	914	600307	酒钢宏兴	548.87	944	600795	国电电力	544.95
885	601588	北辰实业	551.57	915	600614	鼎立股份	548.75	945	600546	ST山煤	544.94
886	002030	达安基因	551.47	916	601018	宁波港	548.68	946	000937	冀中能源	544.68
887	002641	永高股份	551.44	917	600655	豫园商城	548.37	947	002716	金贵银业	544.66
888	601000	唐山港	551.40	918	300197	铁汉生态	548.33	948	300168	万达信息	544.52
889	600328	兰太实业	551.36	919	600618	氯碱化工	547.97	949	002582	好想你	544.42
890	000597	东北制药	551.29	920	002597	金禾实业	547.90	950	600580	卧龙电气	544.34
951	600703	三安光电	544.12	976	600458	时代新材	541.23				
952	002243	通产丽星	544.06	977	600516	方大炭素	541.05				
953	600597	光明乳业	543.99	978	600791	京能置业	541.04				
954	600601	方正科技	543.52	979	002578	闽发铝业	540.93				
955	600561	江西长运	543.33	980	002527	新时达	540.84				
956	002589	瑞康医药	543.32	981	600746	江苏索普	540.77				

（续表）

排名	股票号	企业名称	总分	排名	股票号	企业名称	总分	排名	股票号	企业名称	总分
957	002563	森马服饰	543.14	982	300200	高盟新材	540.73				
958	300206	理邦仪器	542.93	983	600689	上海三毛	540.65				
959	600523	贵航股份	542.91	984	300211	亿通科技	540.57				
960	000951	中国重汽	542.89	985	002244	滨江集团	540.51				
961	601398	工商银行	542.74	986	300485	赛升药业	540.40				
962	601038	一拖股份	542.71	987	300480	光力科技	540.39				
963	002721	金一文化	542.56	988	300104	乐视网	540.34				
964	002016	世荣兆业	542.30	989	002749	国光股份	540.18				
965	002027	分众传媒	542.28	990	002465	海格通信	540.17				
966	000717	ST 韶钢	542.16	991	300223	北京君正	540.01				
967	002438	江苏神通	542.13	992	002449	国星光电	539.87				
968	300386	飞天诚信	541.91	993	600971	恒源煤电	539.83				
969	000977	浪潮信息	541.89	994	603806	福斯特	539.25				
970	600557	康缘药业	541.85	995	600091	ST 明科	539.19				
971	601988	中国银行	541.59	996	600459	贵研铂业	539.00				
972	000952	广济药业	541.51	997	300394	天孚通信	538.95				
973	000959	首钢股份	541.48	998	600525	长园集团	538.73				
974	002383	合众思壮	541.28	999	603508	思维列控	538.72				
975	300461	田中精机	541.24	1000	300488	恒锋工具	538.63				

表 8-30 2016 中国上市企业社会责任指数总排名（四星级企业 1001-1500）

排名	股票号	企业名称	总分	排名	股票号	企业名称	总分	排名	股票号	企业名称	总分
1001	603936	博敏电子	538.55	1031	300496	中科创达	536.11	1061	300183	东软载波	534.82
1002	300446	乐凯新材	538.33	1032	300103	达刚路机	535.98	1062	002333	罗普斯金	534.77
1003	600637	东方明珠	538.20	1033	600518	康美药业	535.94	1063	300494	盛天网络	534.76
1004	002759	天际股份	538.20	1034	002072	凯瑞德	535.94	1064	002621	三垒股份	534.74
1005	600776	东方通信	538.18	1035	300018	中元股份	535.89	1065	300357	我武生物	534.74
1006	600527	江南高纤	538.15	1036	300298	三诺生物	535.89	1066	002242	九阳股份	534.70

(续表)

排名	股票号	企业名称	总分	排名	股票号	企业名称	总分	排名	股票号	企业名称	总分
1007	600779	水井坊	538.14	1037	300267	尔康制药	535.88	1067	002315	焦点科技	534.68
1008	002601	佰利联	537.96	1038	300165	天瑞仪器	535.87	1068	300458	全志科技	534.64
1009	600818	中路股份	537.87	1039	002756	永兴特钢	535.83	1069	603988	中电电机	534.59
1010	300343	联创互联	537.82	1040	300406	九强生物	535.82	1070	300428	四通新材	534.54
1011	300365	恒华科技	537.75	1041	002308	威创股份	535.70	1071	300468	四方精创	534.54
1012	300482	万孚生物	537.70	1042	300146	汤臣倍健	535.60	1072	002502	骅威股份	534.52
1013	000982	中银绒业	537.65	1043	600563	法拉电子	535.60	1073	300436	广生堂	534.49
1014	600382	广东明珠	537.65	1044	300314	戴维医疗	535.49	1074	600522	中天科技	534.48
1015	002498	汉缆股份	537.60	1045	600698	湖南天雁	535.35	1075	601009	南京银行	534.47
1016	600503	华丽家族	537.52	1046	002625	龙生股份	535.35	1076	600725	ST云维	534.45
1017	600520	ST中发	537.50	1047	002565	上海绿新	535.33	1077	300463	迈克生物	534.43
1018	600595	中孚实业	537.16	1048	300305	裕兴股份	535.27	1078	600826	兰生股份	534.42
1019	002588	史丹利	537.08	1049	603398	邦宝益智	535.27	1079	002294	信立泰	534.36
1020	002643	万润股份	537.03	1050	600426	华鲁恒升	535.25	1080	600530	交大昂立	534.20
1021	300417	南华仪器	536.98	1051	300035	中科电气	535.19	1081	300453	三鑫医疗	534.12
1022	300143	星河生物	536.60	1052	300344	太空板业	535.14	1082	002780	三夫户外	534.11
1023	300445	康斯特	536.57	1053	600550	保变电气	535.12	1083	300399	京天利	534.09
1024	601558	华锐风电	536.55	1054	300427	红相电力	535.10	1084	002690	美亚光电	534.09
1025	300429	强力新材	536.46	1055	300307	慈星股份	535.03	1085	300352	北信源	534.04
1026	300470	日机密封	536.36	1056	300306	远方光电	535.02	1086	002553	南方轴承	533.99
1027	300403	地尔汉宇	536.24	1057	300371	汇中股份	534.93	1087	603566	普莱柯	533.97
1028	300487	蓝晓科技	536.23	1058	300481	濮阳惠成	534.90	1088	002074	国轩高科	533.92
1029	002450	康得新	536.16	1059	600276	恒瑞医药	534.90	1089	300109	新开源	533.91
1030	300419	浩丰科技	536.12	1060	300338	开元仪器	534.85	1090	300149	量子高科	533.88
1091	300377	赢时胜	533.85	1121	300120	经纬电材	533.19	1151	600537	亿晶光电	532.58
1092	300424	航新科技	533.82	1122	603519	立霸股份	533.17	1152	600191	华资实业	532.57
1093	603020	爱普股份	533.77	1123	600751	天海投资	533.17	1153	603023	威帝股份	532.56
1094	300308	中际装备	533.75	1124	300467	迅游科技	533.14	1154	000567	海德股份	532.55
1095	300250	初灵信息	533.73	1125	300439	美康生物	533.11	1155	300326	凯利泰	532.54

(续表)

排名	股票号	企业名称	总分	排名	股票号	企业名称	总分	排名	股票号	企业名称	总分
1096	002680	长生生物	533.71	1126	000711	京蓝科技	533.08	1156	600311	荣华实业	532.51
1097	300333	兆日科技	533.71	1127	300501	海顺新材	533.06	1157	002762	金发拉比	532.51
1098	002344	海宁皮城	533.65	1128	300148	天舟文化	533.04	1158	000096	广聚能源	532.50
1099	603518	维格娜丝	533.65	1129	002757	南兴装备	533.03	1159	300484	蓝海华腾	532.50
1100	000989	九芝堂	533.63	1130	000975	银泰资源	532.98	1160	002495	佳隆股份	532.50
1101	300447	全信股份	533.59	1131	300414	中光防雷	532.96	1161	002322	理工环科	532.47
1102	002631	德尔未来	533.58	1132	300448	浩云科技	532.96	1162	002695	煌上煌	532.46
1103	600479	千金药业	533.57	1133	600609	金杯汽车	532.95	1163	000722	湖南发展	532.45
1104	002195	二三四五	533.53	1134	300171	东富龙	532.87	1164	603729	龙韵股份	532.44
1105	300379	东方通	533.48	1135	002515	金字火腿	532.85	1165	002658	雪迪龙	532.42
1106	600891	秋林集团	533.44	1136	300335	迪森股份	532.84	1166	300342	天银机电	532.41
1107	300346	南大光电	533.43	1137	300127	银河磁体	532.80	1167	300199	翰宇药业	532.41
1108	300473	德尔股份	533.42	1138	002677	浙江美大	532.80	1168	300359	全通教育	532.40
1109	603989	艾华集团	533.41	1139	300002	神州泰岳	532.78	1169	002413	雷科防务	532.39
1110	300408	三环集团	533.40	1140	002334	英威腾	532.73	1170	300294	博雅生物	532.38
1111	300304	云意电气	533.39	1141	000665	湖北广电	532.69	1171	603998	方盛制药	532.36
1112	300455	康拓红外	533.33	1142	002661	克明面业	532.69	1172	300031	宝通科技	532.35
1113	300162	雷曼股份	533.31	1143	601100	恒立液压	532.69	1173	002783	凯龙股份	532.35
1114	600403	大有能源	533.28	1144	300437	清水源	532.66	1174	300264	佳创视讯	532.35
1115	300500	苏州设计	533.26	1145	300065	海兰信	532.66	1175	300401	花园生物	532.34
1116	000661	长春高新	533.24	1146	300202	聚龙股份	532.66	1176	000798	中水渔业	532.34
1117	002773	康弘药业	533.24	1147	600883	博闻科技	532.65	1177	002748	世龙实业	532.33
1118	603688	石英股份	533.23	1148	300327	中颖电子	532.65	1178	603999	读者传媒	532.32
1119	300163	先锋新材	533.22	1149	603099	长白山	532.62	1179	300122	智飞生物	532.32
1120	002725	跃岭股份	533.19	1150	002667	鞍重股份	532.60	1180	002776	柏堡龙	532.31
1181	002706	良信电器	532.29	1211	600370	三房巷	531.78	1241	300390	天华超净	531.24
1182	002619	巨龙管业	532.29	1212	002261	拓维信息	531.77	1242	300416	苏试试验	531.24
1183	300107	建新股份	532.28	1213	300139	晓程科技	531.76	1243	000915	山大华特	531.22
1184	002410	广联达	532.28	1214	002484	江海股份	531.72	1244	300191	潜能恒信	531.22

（续表）

排名	股票号	企业名称	总分	排名	股票号	企业名称	总分	排名	股票号	企业名称	总分
1185	300099	尤洛卡	532.28	1215	300452	山河药辅	531.70	1245	002275	桂林三金	531.22
1186	002127	南极电商	532.28	1216	002575	群兴玩具	531.70	1246	300495	美尚生态	531.21
1187	300235	方直科技	532.26	1217	600610	中毅达	531.67	1247	002546	新联电子	531.21
1188	002273	水晶光电	532.24	1218	002358	森源电气	531.62	1248	603959	百利科技	531.19
1189	300421	力星股份	532.24	1219	002365	永安药业	531.62	1249	300194	福安药业	531.18
1190	603010	万盛股份	532.23	1220	002698	博实股份	531.61	1250	300236	上海新阳	531.16
1191	603696	安记食品	532.21	1221	300483	沃施股份	531.52	1251	002349	精华制药	531.16
1192	603866	桃李面包	532.21	1222	002389	南洋科技	531.52	1252	002270	华明装备	531.15
1193	002393	力生制药	532.19	1223	600355	精伦电子	531.51	1253	002763	汇洁股份	531.14
1194	600569	安阳钢铁	532.18	1224	300150	世纪瑞尔	531.51	1254	002351	漫步者	531.14
1195	600501	航天晨光	532.17	1225	300137	先河环保	531.49	1255	002646	青青稞酒	531.14
1196	002104	恒宝股份	532.15	1226	300475	聚隆科技	531.49	1256	002540	亚太科技	531.13
1197	300189	神农基因	532.12	1227	300288	朗玛信息	531.44	1257	600233	大杨创世	531.12
1198	300066	三川智慧	532.08	1228	300395	菲利华	531.42	1258	002724	海洋王	531.12
1199	300076	GQY视讯	532.07	1229	603222	济民制药	531.41	1259	600381	ST春天	531.12
1200	300434	金石东方	532.06	1230	000685	中山公用	531.41	1260	603309	维力医疗	531.07
1201	300053	欧比特	532.01	1231	300341	麦迪电气	531.41	1261	300105	龙源技术	531.06
1202	002406	远东传动	531.93	1232	603015	弘讯科技	531.40	1262	300375	鹏翎股份	531.00
1203	002320	海峡股份	531.89	1233	300295	三六五网	531.36	1263	300239	东宝生物	531.00
1204	300456	耐威科技	531.88	1234	600890	中房股份	531.36	1264	300382	斯莱克	530.99
1205	603838	四通股份	531.88	1235	300214	日科化学	531.35	1265	000697	炼石有色	530.99
1206	002675	东诚药业	531.85	1236	002148	北纬通信	531.29	1266	300204	舒泰神	530.98
1207	002003	伟星股份	531.83	1237	300351	永贵电器	531.28	1267	002095	生意宝	530.96
1208	002587	奥拓电子	531.82	1238	600576	万家文化	531.27	1268	300270	中威电子	530.95
1209	000971	高升控股	531.80	1239	600201	生物股份	531.25	1269	002779	中坚科技	530.95
1210	603158	腾龙股份	531.78	1240	300154	瑞凌股份	531.25	1270	603306	华懋科技	530.94
1271	002753	永东股份	530.93	1301	002572	索菲亚	530.55	1331	600467	好当家	530.12
1272	300440	运达科技	530.93	1302	300141	和顺电气	530.52	1332	002612	朗姿股份	530.11
1273	002767	先锋电子	530.91	1303	002279	久其软件	530.52	1333	002507	涪陵榨菜	530.10

（续表）

排名	股票号	企业名称	总分	排名	股票号	企业名称	总分	排名	股票号	企业名称	总分
1274	002057	中钢天源	530.90	1304	300358	楚天科技	530.51	1334	600742	一汽富维	530.09
1275	002362	汉王科技	530.89	1305	601965	中国汽研	530.48	1335	002645	华宏科技	530.09
1276	300329	海伦钢琴	530.87	1306	002723	金莱特	530.44	1336	300366	创意信息	530.04
1277	300478	杭州高新	530.86	1307	300384	三联虹普	530.38	1337	603268	松发股份	530.04
1278	002177	御银股份	530.81	1308	000019	深深宝A	530.36	1338	300380	安硕信息	530.04
1279	300321	同大股份	530.78	1309	002398	建研集团	530.36	1339	002622	永大集团	530.03
1280	603997	继峰股份	530.77	1310	603006	联明股份	530.36	1340	600613	神奇制药	530.03
1281	002699	美盛文化	530.77	1311	000008	神州高铁	530.35	1341	300368	汇金股份	530.00
1282	300465	高伟达	530.77	1312	300369	绿盟科技	530.35	1342	002613	北玻股份	529.99
1283	300113	顺网科技	530.76	1313	002227	奥特迅	530.34	1343	300172	中电环保	529.99
1284	300412	迦南科技	530.75	1314	002791	坚朗五金	530.34	1344	002196	方正电机	529.99
1285	002709	天赐材料	530.75	1315	002666	德联集团	530.31	1345	300275	梅安森	529.95
1286	002338	奥普光电	530.75	1316	300479	神思电子	530.31	1346	300423	鲁亿通	529.92
1287	300136	信维通信	530.73	1317	300229	拓尔思	530.30	1347	300074	华平股份	529.91
1288	603022	新通联	530.73	1318	300177	中海达	530.29	1348	002168	深圳惠程	529.89
1289	002681	奋达科技	530.72	1319	002691	冀凯股份	530.29	1349	600587	新华医疗	529.87
1290	002158	汉钟精机	530.70	1320	002361	神剑股份	530.28	1350	300245	天玑科技	529.86
1291	600521	华海药业	530.69	1321	002558	世纪游轮	530.26	1351	600739	辽宁成大	529.86
1292	002603	以岭药业	530.66	1322	002561	徐家汇	530.25	1352	002649	博彦科技	529.85
1293	002054	德美化工	530.65	1323	603898	好莱客	530.22	1353	002369	卓翼科技	529.84
1294	300269	联建光电	530.63	1324	002191	劲嘉股份	530.19	1354	002194	武汉凡谷	529.82
1295	600299	安迪苏	530.63	1325	000673	当代东方	530.19	1355	603288	海天味业	529.82
1296	300286	安科瑞	530.62	1326	603889	新澳股份	530.18	1356	002685	华东重机	529.79
1297	000766	通化金马	530.61	1327	002412	汉森制药	530.16	1357	002298	中电鑫龙	529.76
1298	002107	沃华医药	530.59	1328	000068	华控赛格	530.15	1358	002750	龙津药业	529.74
1299	603669	灵康药业	530.58	1329	300050	世纪鼎利	530.15	1359	002337	赛象科技	529.74
1300	002585	双星新材	530.57	1330	300054	鼎龙股份	530.13	1360	300435	中泰股份	529.73
1361	603016	新宏泰	529.72	1391	000752	西藏发展	529.47	1421	600488	天药股份	529.11
1362	603600	永艺股份	529.72	1392	300188	美亚柏科	529.46	1422	002532	新界泵业	529.10

（续表）

排名	股票号	企业名称	总分	排名	股票号	企业名称	总分	排名	股票号	企业名称	总分
1363	300400	劲拓股份	529.71	1393	601137	博威合金	529.45	1423	300489	中飞股份	529.08
1364	603199	九华旅游	529.70	1394	300404	博济医药	529.45	1424	002026	山东威达	529.08
1365	300155	安居宝	529.70	1395	600838	上海九百	529.44	1425	300081	恒信移动	529.07
1366	002354	天神娱乐	529.69	1396	600722	金牛化工	529.44	1426	002341	新纶科技	529.06
1367	002521	齐峰新材	529.64	1397	600566	济川药业	529.44	1427	002708	光洋股份	529.05
1368	300144	宋城演艺	529.64	1398	002469	三维工程	529.42	1428	300151	昌红科技	529.04
1369	600854	春兰股份	529.64	1399	002726	龙大肉食	529.42	1429	300079	数码视讯	529.03
1370	002444	巨星科技	529.62	1400	000818	方大化工	529.41	1430	603088	宁波精达	529.02
1371	002735	王子新材	529.62	1401	603066	音飞储存	529.39	1431	002609	捷顺科技	529.01
1372	300098	高新兴	529.61	1402	002448	中原内配	529.39	1432	002446	盛路通信	529.00
1373	002380	科远股份	529.60	1403	000980	金马股份	529.38	1433	300316	晶盛机电	529.00
1374	002562	兄弟科技	529.59	1404	600985	雷鸣科化	529.38	1434	002790	瑞尔特	528.97
1375	300192	科斯伍德	529.58	1405	002033	丽江旅游	529.36	1435	600499	科达洁能	528.97
1376	603869	北部湾旅	529.58	1406	002293	罗莱生活	529.35	1436	002792	通宇通讯	528.96
1377	002555	三七互娱	529.58	1407	300410	正业科技	529.31	1437	300350	华鹏飞	528.95
1378	300170	汉得信息	529.57	1408	002581	未名医药	529.29	1438	002247	帝龙文化	528.95
1379	300291	华录百纳	529.57	1409	002509	天广中茂	529.27	1439	002099	海翔药业	528.94
1380	002550	千红制药	529.55	1410	002223	鱼跃医疗	529.27	1440	300442	普丽盛	528.94
1381	002669	康达新材	529.55	1411	300398	飞凯材料	529.25	1441	002732	燕塘乳业	528.93
1382	300212	易华录	529.55	1412	002391	长青股份	529.23	1442	300345	红宇新材	528.93
1383	300280	南通锻压	529.55	1413	300292	吴通控股	529.22	1443	300140	启源装备	528.93
1384	002741	光华科技	529.51	1414	002478	常宝股份	529.18	1444	600598	北大荒	528.90
1385	002020	京新药业	529.50	1415	300396	迪瑞医疗	529.18	1445	002598	山东章鼓	528.90
1386	300289	利德曼	529.49	1416	600529	山东药玻	529.15	1446	002360	同德化工	528.89
1387	000650	仁和药业	529.48	1417	300045	华力创通	529.15	1447	002138	顺络电子	528.88
1388	600513	联环药业	529.48	1418	300491	通合科技	529.14	1448	002768	国恩股份	528.88
1389	300138	晨光生物	529.48	1419	000554	泰山石油	529.13	1449	600612	老凤祥	528.86
1390	300052	中青宝	529.48	1420	600538	国发股份	529.12	1450	603315	福鞍股份	528.86

(续表)

排名	股票号	企业名称	总分	排名	股票号	企业名称	总分	排名	股票号	企业名称	总分
1451	002295	精艺股份	528.86	1476	002528	英飞拓	528.63				
1452	002602	世纪华通	528.85	1477	000888	峨眉山A	528.61				
1453	002473	圣莱达	528.84	1478	000519	江南红箭	528.61				
1454	002381	双箭股份	528.84	1479	300085	银之杰	528.59				
1455	601616	广电电气	528.83	1480	300246	宝莱特	528.58				
1456	600847	万里股份	528.80	1481	603333	明星电缆	528.57				
1457	600366	宁波韵升	528.80	1482	300145	中金环境	528.57				
1458	600735	新华锦	528.80	1483	002787	华源包装	528.56				
1459	300126	锐奇股份	528.79	1484	002700	新疆浩源	528.55				
1460	300466	赛摩电气	528.78	1485	002623	亚玛顿	528.54				
1461	300301	长方集团	528.78	1486	600650	锦江投资	528.52				
1462	600599	熊猫金控	528.78	1487	000662	天夏智慧	528.52				
1463	002327	富安娜	528.78	1488	300472	新元科技	528.51				
1464	002530	丰东股份	528.77	1489	600481	双良节能	528.50				
1465	300330	华虹计通	528.76	1490	002642	荣之联	528.49				
1466	600080	金花股份	528.75	1491	002352	鼎泰新材	528.48				
1467	600212	ST江泉	528.75	1492	600668	尖峰集团	528.46				
1468	002462	嘉事堂	528.74	1493	603328	依顿电子	528.45				
1469	002778	高科石化	528.73	1494	600054	黄山旅游	528.44				
1470	300247	乐金健康	528.72	1495	002428	云南锗业	528.43				
1471	600209	罗顿发展	528.72	1496	002729	好利来	528.42				
1472	600960	渤海活塞	528.71	1497	600006	东风汽车	528.42				
1473	002219	恒康医疗	528.70	1498	300195	长荣股份	528.40				
1474	300290	荣科科技	528.66	1499	002032	苏泊尔	528.39				
1475	002576	通达动力	528.63	1500	601801	皖新传媒	528.36				

表8-31 2016中国上市企业社会责任指数总排名（三星级企业1501—2000）

排名	股票号	企业名称	总分	排名	股票号	企业名称	总分	排名	股票号	企业名称	总分
1501	002192	融捷股份	528.34	1531	000639	西王食品	527.98	1561	000919	金陵药业	527.61
1502	000593	大通燃气	528.32	1532	600965	福成股份	527.97	1562	300272	开能环保	527.60
1503	002425	凯撒文化	528.31	1533	000022	深赤湾A	527.96	1563	300462	华铭智能	527.60
1504	300119	瑞普生物	528.30	1534	002213	特尔佳	527.94	1564	002687	乔治白	527.59
1505	600099	林海股份	528.30	1535	603085	天成自控	527.93	1565	300049	福瑞股份	527.59
1506	601689	拓普集团	528.29	1536	300196	长海股份	527.92	1566	002364	中恒电气	527.58
1507	600640	号百控股	528.28	1537	002472	双环传动	527.89	1567	002323	雅百特	527.58
1508	300225	金力泰	528.28	1538	600088	中视传媒	527.86	1568	002226	江南化工	527.53
1509	600136	当代明诚	528.27	1539	2185	华天科技	527.85	1569	000681	视觉中国	527.51
1510	002397	梦洁股份	528.25	1540	300258	精锻科技	527.85	1570	600305	恒顺醋业	527.51
1511	600378	天科股份	528.25	1541	002056	横店东磁	527.84	1571	002088	鲁阳节能	527.51
1512	300474	景嘉微	528.23	1542	300257	开山股份	527.84	1572	300433	蓝思科技	527.50
1513	002181	粤传媒	528.23	1543	603168	莎普爱思	527.84	1573	300220	金运激光	527.49
1514	300133	华策影视	528.23	1544	002123	梦网荣信	527.82	1574	002103	广博股份	527.49
1515	300281	金明精机	528.20	1545	600605	汇通能源	527.82	1575	002098	浔兴股份	527.48
1516	300464	星徽精密	528.16	1546	603169	兰石重装	527.82	1576	002615	哈尔斯	527.47
1517	002117	东港股份	528.14	1547	000799	酒鬼酒	527.81	1577	000300	聚飞光电	527.46
1518	603800	道森股份	528.13	1548	002518	科士达	527.77	1578	002339	积成电子	527.45
1519	300238	冠昊生物	528.13	1549	002514	宝馨科技	527.76	1579	002443	金洲管道	527.44
1520	002670	国盛金控	528.08	1550	603131	上海沪工	527.75	1580	002058	威尔泰	527.44
1521	300114	中航电测	528.07	1551	300147	香雪制药	527.72	1581	002533	金杯电工	527.43
1522	000688	建新矿业	528.06	1552	600302	标准股份	527.71	1582	002303	美盈森	527.42
1523	600727	鲁北化工	528.06	1553	300231	银信科技	527.71	1583	002347	泰尔股份	527.41
1524	002023	海特高新	528.04	1554	002366	台海核电	527.71	1584	002395	双象股份	527.41
1525	600137	浪莎股份	528.04	1555	300497	富祥股份	527.69	1585	000603	盛达矿业	527.40
1526	002245	澳洋顺昌	528.03	1556	300348	长亮科技	527.66	1586	002703	浙江世宝	527.40
1527	300449	汉邦高科	528.01	1557	300096	易联众	527.64	1587	603901	永创智能	527.40
1528	600229	城市传媒	528.01	1558	300205	天喻信息	527.64	1588	002324	普利特	527.39

（续表）

排名	股票号	企业名称	总分	排名	股票号	企业名称	总分	排名	股票号	企业名称	总分
1529	300112	万讯自控	528.01	1559	000859	国风塑业	527.64	1589	002113	天润数娱	527.38
1530	002651	利君股份	528.00	1560	600558	大西洋	527.62	1590	000929	兰州黄河	527.37
1591	603012	创力集团	527.36	1621	300164	通源石油	527.02	1651	300492	山鼎设计	526.72
1592	300459	金科娱乐	527.36	1622	600429	三元股份	527.01	1652	300340	科恒股份	526.70
1593	300095	华伍股份	527.36	1623	002538	司尔特	526.98	1653	600478	科力远	526.69
1594	600602	云赛智联	527.35	1624	300173	智慧松德	526.98	1654	000670	ST盈方	526.69
1595	300441	鲍斯股份	527.35	1625	002591	恒大高新	526.97	1655	002592	八菱科技	526.67
1596	300444	双杰电气	527.35	1626	300088	长信科技	526.96	1656	000613	大东海A	526.67
1597	000833	贵糖股份	527.32	1627	300115	长盈精密	526.93	1657	000007	全新好	526.67
1598	600114	东睦股份	527.32	1628	002044	美年健康	526.93	1658	601799	星宇股份	526.66
1599	603868	飞科电器	527.30	1629	600715	文投控股	526.92	1659	000916	华北高速	526.66
1600	300069	金利华电	527.29	1630	002049	紫光国芯	526.91	1660	300302	同有科技	526.64
1601	002460	赣锋锂业	527.28	1631	300451	创业软件	526.90	1661	300182	捷成股份	526.63
1602	002283	天润曲轴	527.26	1632	002373	千方科技	526.89	1662	600539	狮头股份	526.62
1603	600747	大连控股	527.26	1633	002414	高德红外	526.89	1663	002330	得利斯	526.58
1604	002638	勤上光电	527.26	1634	603766	隆鑫通用	526.87	1664	000025	特力A	526.58
1605	603789	星光农机	527.21	1635	300397	天和防务	526.86	1665	600211	西藏药业	526.57
1606	300432	富临精工	527.18	1636	300130	新国都	526.86	1666	603223	恒通股份	526.55
1607	002520	日发精机	527.17	1637	601798	蓝科高新	526.84	1667	300230	永利股份	526.55
1608	603778	乾景园林	527.15	1638	600321	国栋建设	526.84	1668	002151	北斗星通	526.53
1609	002569	步森股份	527.15	1639	600353	旭光股份	526.84	1669	000548	湖南投资	526.52
1610	601311	骆驼股份	527.14	1640	002012	凯恩股份	526.84	1670	002457	青龙管业	526.52
1611	000529	广弘控股	527.13	1641	300263	隆华节能	526.82	1671	000719	大地传媒	526.51
1612	002231	奥维通信	527.12	1642	600507	方大特钢	526.80	1672	000886	海南高速	526.48
1613	002282	博深工具	527.11	1643	300460	惠伦晶体	526.78	1673	000936	华西股份	526.45
1614	002584	西陇科学	527.09	1644	603167	渤海轮渡	526.77	1674	002738	中矿资源	526.45
1615	300471	厚普股份	527.09	1645	002108	沧州明珠	526.76	1675	300328	宜安科技	526.45
1616	600533	栖霞建设	527.08	1646	300389	艾比森	526.74	1676	600490	鹏欣资源	526.43
1617	002346	柘中股份	527.08	1647	002492	恒基达鑫	526.74	1677	300430	诚益通	526.43

（续表）

排名	股票号	企业名称	总分	排名	股票号	企业名称	总分	排名	股票号	企业名称	总分
1618	002499	科林环保	527.07	1648	300374	恒通科技	526.73	1678	002775	文科园林	526.41
1619	000513	丽珠集团	527.03	1649	000760	斯太尔	526.72	1679	002522	浙江众成	526.40
1620	300360	炬华科技	527.02	1650	300331	苏大维格	526.72	1680	600571	信雅达	526.39
1681	300476	胜宏科技	526.39	1711	002120	新海股份	525.94	1741	002730	电光科技	525.58
1682	300367	东方网力	526.38	1712	300378	鼎捷软件	525.92	1742	603979	金诚信	525.58
1683	002519	银河电子	526.36	1713	600076	康欣新材	525.90	1743	000987	越秀金控	525.57
1684	300339	润和软件	526.36	1714	000738	中航动控	525.90	1744	603026	石大胜华	525.55
1685	002278	神开股份	526.34	1715	000159	国际实业	525.89	1745	600365	通葡股份	525.54
1686	002560	通达股份	526.32	1716	002632	道明光学	525.87	1746	000713	丰乐种业	525.53
1687	300438	鹏辉能源	526.28	1717	002238	天威视讯	525.87	1747	600570	恒生电子	525.53
1688	002447	壹桥股份	526.24	1718	002734	利民股份	525.87	1748	600493	凤竹纺织	525.53
1689	300311	任子行	526.22	1719	300201	海伦哲	525.86	1749	002147	新光圆成	525.51
1690	300224	正海磁材	526.22	1720	002772	众兴菌业	525.80	1750	002766	索菱股份	525.51
1691	600857	宁波中百	526.21	1721	002211	宏达新材	525.79	1751	600419	天润乳业	525.51
1692	300108	双龙股份	526.20	1722	002424	贵州百灵	525.79	1752	300011	鼎汉技术	525.51
1693	300102	乾照光电	526.18	1723	002686	亿利达	525.79	1753	300075	数字政通	525.51
1694	000430	张家界	526.16	1724	002376	新北洋	525.79	1754	000418	小天鹅A	525.50
1695	000708	大冶特钢	526.14	1725	600615	丰华股份	525.78	1755	300493	润欣科技	525.50
1696	300233	金城医药	526.12	1726	600232	金鹰股份	525.77	1756	000045	深纺织A	525.44
1697	300383	光环新网	526.11	1727	600093	禾嘉股份	525.75	1757	300004	南风股份	525.42
1698	000636	风华高科	526.06	1728	00965	天保基建	525.75	1758	300277	海联讯	525.41
1699	002747	埃斯顿	526.05	1729	300160	秀强股份	525.74	1759	300222	科大智能	525.41
1700	300320	海达股份	526.04	1730	002150	通润装备	525.74	1760	600105	永鼎股份	525.38
1701	002605	姚记扑克	526.04	1731	300319	麦捷科技	525.69	1761	300036	超图软件	525.38
1702	000893	东凌国际	526.03	1732	002494	华斯股份	525.69	1762	002618	丹邦科技	525.36
1703	002086	东方海洋	526.02	1733	000633	ST合金	525.68	1763	300087	荃银高科	525.35
1704	300407	凯发电气	526.01	1734	000637	茂化实华	525.66	1764	300030	阳普医疗	525.32
1705	000524	岭南控股	525.99	1735	002559	亚威股份	525.64	1765	600770	综艺股份	525.31
1706	002034	美欣达	525.98	1736	002629	仁智油服	525.63	1766	002318	久立特材	525.30

（续表）

排名	股票号	企业名称	总分	排名	股票号	企业名称	总分	排名	股票号	企业名称	总分
1707	002402	和而泰	525.98	1737	603601	再升科技	525.63	1767	002143	印纪传媒	525.29
1708	002427	尤夫股份	525.97	1738	300490	华自科技	525.60	1768	300210	森远股份	525.26
1709	002134	天津普林	525.97	1739	002401	中海科技	525.59	1769	603703	盛洋科技	525.26
1710	002500	山西证券	525.96	1740	002031	巨轮智能	525.59	1770	002019	亿帆医药	525.26
1771	002549	凯美特气	525.22	1801	000553	沙隆达A	524.91	1831	300129	泰胜风能	524.53
1772	002131	利欧股份	525.20	1802	300310	宜通世纪	524.91	1832	300381	溢多利	524.52
1773	600590	泰豪科技	525.19	1803	002111	威海广泰	524.90	1833	600771	广誉远	524.52
1774	002485	希努尔	525.18	1804	002454	松芝股份	524.90	1834	002554	惠博普	524.51
1775	600182	S佳通	525.17	1805	600783	鲁信创投	524.89	1835	603701	德宏股份	524.51
1776	000518	四环生物	525.17	1806	002566	益盛药业	524.85	1836	601700	风范股份	524.50
1777	000889	茂业通信	525.16	1807	300101	振芯科技	524.84	1837	002180	艾派克	524.49
1778	002408	齐翔腾达	525.15	1808	300232	洲明科技	524.84	1838	002746	仙坛股份	524.49
1779	002765	蓝黛传动	525.14	1809	600313	农发种业	524.83	1839	600289	亿阳信通	524.47
1780	000823	超声电子	525.13	1810	300044	赛为智能	524.80	1840	600292	远达环保	524.44
1781	300393	中来股份	525.12	1811	002137	麦达数字	524.80	1841	600130	波导股份	524.41
1782	002604	龙力生物	525.12	1812	300373	扬杰科技	524.80	1842	600343	航天动力	524.39
1783	000610	西安旅游	525.10	1813	600101	明星电力	524.79	1843	000552	靖远煤电	524.39
1784	000748	长城信息	525.10	1814	002432	九安医疗	524.79	1844	600593	大连圣亚	524.39
1785	300073	当升科技	525.10	1815	002476	宝莫股份	524.76	1845	603027	千和味业	524.36
1786	002755	东方新星	525.09	1816	000030	富奥股份	524.73	1846	300324	旋极信息	524.36
1787	000545	金浦钛业	525.09	1817	002571	德力股份	524.72	1847	002567	唐人神	524.31
1788	002727	一心堂	525.08	1818	002633	申科股份	524.68	1848	600159	大龙地产	524.30
1789	603002	宏昌电子	525.06	1819	300255	常山药业	524.68	1849	603599	广信股份	524.29
1790	002328	新朋股份	525.06	1820	601678	滨化股份	524.67	1850	600577	精达股份	524.28
1791	601005	重庆钢铁	525.06	1821	300234	开尔新材	524.66	1851	600145	ST新亿	524.27
1792	600988	赤峰黄金	525.04	1822	000908	景峰医药	524.64	1852	002292	奥飞娱乐	524.27
1793	600630	龙头股份	525.03	1823	002657	中科金财	524.63	1853	002239	奥特佳	524.24
1794	300166	东方国信	525.03	1824	601218	吉鑫科技	524.63	1854	002662	京威股份	524.23
1795	300131	英唐智控	525.00	1825	600172	黄河旋风	524.62	1855	000850	华茂股份	524.19

(续表)

排名	股票号	企业名称	总分	排名	股票号	企业名称	总分	排名	股票号	企业名称	总分
1796	002487	大金重工	524.98	1826	300356	光一科技	524.61	1856	002650	加加食品	524.19
1797	000702	正虹科技	524.97	1827	002653	海思科	524.57	1857	002452	长高集团	524.18
1798	603636	南威软件	524.96	1828	300276	三丰智能	524.57	1858	002312	三泰控股	524.17
1799	000032	深桑达A	524.95	1829	300347	泰格医药	524.57	1859	601011	宝泰隆	524.16
1800	601677	明泰铝业	524.95	1830	300265	通光线缆	524.56	1860	002523	天桥起重	524.13
1861	000584	友利控股	524.12	1891	300203	聚光科技	523.83	1921	002388	新亚制程	523.42
1862	300169	天晟新材	524.12	1892	300042	朗科科技	523.82	1922	002479	富春环保	523.42
1863	002505	大康农业	524.10	1893	603108	润达医疗	523.80	1923	600023	浙能电力	523.42
1864	600199	金种子酒	524.10	1894	002436	兴森科技	523.76	1924	600885	宏发股份	523.40
1865	002288	超华科技	524.10	1895	002620	瑞和股份	523.76	1925	300184	力源信息	523.40
1866	603528	多伦科技	524.09	1896	600794	保税科技	523.74	1926	000967	盈峰环境	523.39
1867	603558	健盛集团	524.05	1897	002363	隆基机械	523.72	1927	000609	绵石投资	523.37
1868	300268	万福生科	524.03	1898	300260	新莱应材	523.71	1928	300187	永清环保	523.36
1869	002596	海南瑞泽	524.01	1899	000705	浙江震元	523.70	1929	600156	华升股份	523.32
1870	002403	爱仕达	524.01	1900	000716	黑芝麻	523.69	1930	600363	联创光电	523.31
1871	002761	多喜爱	524.00	1901	600861	北京城乡	523.68	1931	600676	交运股份	523.29
1872	002218	拓日新能	523.99	1902	300283	温州宏丰	523.67	1932	002758	华通医药	523.28
1873	300157	恒泰艾普	523.99	1903	000606	ST易桥	523.66	1933	600238	海南椰岛	523.26
1874	002552	宝鼎科技	523.99	1904	002536	西泵股份	523.64	1934	002627	宜昌交运	523.26
1875	300128	锦富新材	523.99	1905	002311	海大集团	523.61	1935	601233	桐昆股份	523.25
1876	603077	和邦生物	523.97	1906	002258	利尔化学	523.59	1936	002130	沃尔核材	523.25
1877	600892	大晟文化	523.96	1907	603608	天创时尚	523.58	1937	300213	佳讯飞鸿	523.23
1878	603300	华铁科技	523.96	1908	300159	新研股份	523.56	1938	600395	盘江股份	523.23
1879	002096	南岭民爆	523.95	1909	300043	星辉娱乐	523.56	1939	300271	华宇软件	523.22
1880	300092	科新机电	523.95	1910	002214	大立科技	523.55	1940	002712	思美传媒	523.21
1881	300217	东方电热	523.94	1911	002122	天马股份	523.48	1941	300094	国联水产	523.20
1882	300063	天龙集团	523.89	1912	600312	平高电气	523.48	1942	002040	南京港	523.20
1883	002255	海陆重工	523.88	1913	600694	大商股份	523.47	1943	002663	普邦园林	523.19
1884	300227	光韵达	523.87	1914	600095	哈高科	523.46	1944	300064	豫金刚石	523.18
1885	600275	武昌鱼	523.85	1915	601208	东材科技	523.45	1945	300010	立思辰	523.16

(续表)

排名	股票号	企业名称	总分	排名	股票号	企业名称	总分	排名	股票号	企业名称	总分
1886	000576	广东甘化	523.85	1916	002676	顺威股份	523.44	1946	002156	通富微电	523.15
1887	002317	众生药业	523.85	1917	300253	卫宁健康	523.44	1947	600843	上工申贝	523.15
1888	000813	德展健康	523.83	1918	300116	坚瑞沃能	523.43	1948	002453	天马精化	523.15
1889	002742	三圣股份	523.83	1919	300051	三五互联	523.43	1949	300334	津膜科技	523.14
1890	600285	羚锐制药	523.83	1920	300089	文化长城	523.43	1950	002441	众业达	523.14
1951	300318	博晖创新	523.13	1976	002139	拓邦股份	522.89				
1952	300273	和佳股份	523.13	1977	600975	新五丰	522.89				
1953	600444	国机通用	523.12	1978	002356	赫美集团	522.89				
1954	603598	引力传媒	523.11	1979	600976	健民集团	522.88				
1955	002217	合力泰	523.11	1980	300266	兴源环境	522.88				
1956	300123	太阳鸟	523.10	1981	601012	隆基股份	522.88				
1957	000821	京山轻机	523.09	1982	300426	唐德影视	522.86				
1958	600814	杭州解百	523.08	1983	002332	仙琚制药	522.86				
1959	002503	搜于特	523.06	1984	300284	苏交科	522.82				
1960	002580	圣阳股份	523.05	1985	002329	皇氏集团	522.82				
1961	002276	万马股份	523.05	1986	600594	益佰制药	522.81				
1962	603018	设计股份	523.04	1987	300072	三聚环保	522.80				
1963	600562	国睿科技	523.04	1988	002342	巨力索具	522.79				
1964	002290	禾盛新材	523.03	1989	600830	香溢融通	522.78				
1965	002466	天齐锂业	523.03	1990	000426	兴业矿业	522.78				
1966	002537	海立美达	523.02	1991	000543	皖能电力	522.77				
1967	300084	海默科技	523.02	1992	300413	快乐购	522.76				
1968	300190	维尔利	522.99	1993	002232	启明信息	522.74				
1969	300254	仟源医药	522.98	1994	000058	深赛格	522.73				
1970	600825	新华传媒	522.98	1995	002272	川润股份	522.72				
1971	600476	湘邮科技	522.94	1996	300218	安利股份	522.70				
1972	000570	苏常柴A	522.93	1997	002660	茂硕电源	522.70				
1973	002100	天康生物	522.92	1998	600753	东方银星	522.69				
1974	600862	中航高科	522.91	1999	000985	大庆华科	522.69				
1975	000920	南方汇通	522.90	2000	300392	腾信股份	522.67				

表 8-32 2016中国上市企业社会责任指数总排名（二星级企业 2001-2500）

排名	股票号	企业名称	总分	排名	股票号	企业名称	总分	排名	股票号	企业名称	总分
2001	002665	首航节能	522.67	2031	000721	西安饮食	522.44	2061	300061	康耐特	522.03
2002	603017	中衡设计	522.67	2032	002206	海利得	522.40	2062	002190	成飞集成	522.03
2003	002404	嘉欣丝绸	522.67	2033	300450	先导智能	522.39	2063	002350	北京科锐	522.03
2004	002126	银轮股份	522.67	2034	000416	民生控股	522.39	2064	000988	华工科技	522.03
2005	603918	金桥信息	522.66	2035	300385	雪浪环境	522.38	2065	000600	建投能源	521.99
2006	600108	亚盛集团	522.66	2036	600568	中珠控股	522.36	2066	300241	瑞丰光电	521.98
2007	002407	多氟多	522.65	2037	600575	皖江物流	522.34	2067	002693	双成药业	521.98
2008	002496	辉丰股份	522.65	2038	002614	蒙发利	522.29	2068	603609	禾丰牧业	521.97
2009	002664	信质电机	522.64	2039	002266	浙富控股	522.28	2069	603377	东方时尚	521.96
2010	000598	兴蓉环境	522.64	2040	300457	赢合科技	522.26	2070	002102	冠福股份	521.93
2011	002171	楚江新材	522.63	2041	002688	金河生物	522.23	2071	600237	铜峰电子	521.92
2012	002132	恒星科技	522.62	2042	300008	天海防务	522.22	2072	300180	华峰超纤	521.92
2013	002355	兴民智通	522.60	2043	002777	久远银海	522.22	2073	000757	浩物股份	521.91
2014	002513	ST蓝丰	522.58	2044	000700	模塑科技	522.21	2074	002124	天邦股份	521.90
2015	300161	华中数控	522.58	2045	002728	特一药业	522.19	2075	600178	东安动力	521.90
2016	600833	第一医药	522.57	2046	002036	联创电子	522.18	2076	300057	万顺股份	521.88
2017	002671	龙泉股份	522.56	2047	603698	航天工程	522.18	2077	600469	风神股份	521.88
2018	002268	卫士通	522.54	2048	300409	道氏技术	522.18	2078	000595	宝塔实业	521.86
2019	000905	厦门港务	522.54	2049	300362	天翔环境	522.17	2079	002785	万里石	521.85
2020	601929	吉视传媒	522.53	2050	000582	北部湾港	522.16	2080	300364	中文在线	521.84
2021	002722	金轮股份	522.53	2051	002634	棒杰股份	522.16	2081	603009	北特科技	521.83
2022	603011	合锻智能	522.53	2052	002050	三花股份	522.16	2082	002235	安妮股份	521.83
2023	600723	首商股份	522.52	2053	002085	万丰奥威	522.14	2083	300420	五洋科技	521.82
2024	000828	东莞控股	522.51	2054	600084	中葡股份	522.14	2084	002733	雄韬股份	521.82
2025	601158	重庆水务	522.50	2055	300134	大富科技	522.13	2085	002593	日上集团	521.81
2026	300337	银邦股份	522.49	2056	002668	奥马电器	522.13	2086	002215	诺普信	521.79
2027	002705	新宝股份	522.48	2057	600767	运盛医疗	522.09	2087	000585	东北电气	521.78
2028	300167	迪威视讯	522.47	2058	600624	复旦复华	522.07	2088	600155	宝硕股份	521.78

（续表）

排名	股票号	企业名称	总分	排名	股票号	企业名称	总分	排名	股票号	企业名称	总分
2029	600636	三爱富	522.47	2059	002101	广东鸿图	522.06	2089	600392	盛和资源	521.75
2030	000056	皇庭国际	522.45	2060	600007	中国国贸	522.04	2090	300221	银禧科技	521.73
2091	300219	鸿利智汇	521.73	2121	002542	中化岩土	521.38	2151	000887	中鼎股份	521.00
2092	603718	海利生物	521.72	2122	601002	晋亿实业	521.35	2152	002159	三特索道	520.99
2093	002696	百洋股份	521.72	2123	600695	绿庭投资	521.34	2153	002335	科华恒盛	520.99
2094	002568	百润股份	521.68	2124	002463	沪电股份	521.34	2154	600532	宏达矿业	520.98
2095	603029	天鹅股份	521.67	2125	000795	英洛华	521.32	2155	601388	怡球资源	520.97
2096	600290	华仪电气	521.67	2126	600738	兰州民百	521.31	2156	600215	长春经开	520.96
2097	601567	三星医疗	521.66	2127	600730	中国高科	521.31	2157	002209	达意隆	520.94
2098	002164	宁波东力	521.66	2128	300055	万邦达	521.31	2158	300499	高澜股份	520.91
2099	603028	赛福天	521.61	2129	002616	长青集团	521.29	2159	300297	蓝盾股份	520.89
2100	300208	恒顺众昇	521.61	2130	601069	西部黄金	521.28	2160	002491	通鼎互联	520.84
2101	002291	星期六	521.60	2131	600371	万向德农	521.28	2161	300431	暴风集团	520.84
2102	002752	昇兴股份	521.59	2132	600480	凌云股份	521.27	2162	600128	弘业股份	520.84
2103	300469	信息发展	521.58	2133	000099	中信海直	521.27	2163	002212	南洋股份	520.84
2104	300100	双林股份	521.57	2134	600898	三联商社	521.27	2164	300477	合纵科技	520.80
2105	300156	神雾环保	521.56	2135	002170	芭田股份	521.27	2165	002655	共达电声	520.77
2106	300175	朗源股份	521.56	2136	002141	蓉胜超微	521.26	2166	002160	常铝股份	520.76
2107	600559	老白干酒	521.55	2137	002626	金达威	521.25	2167	603686	龙马环卫	520.74
2108	002249	大洋电机	521.53	2138	600435	北方导航	521.25	2168	002551	尚荣医疗	520.73
2109	600869	智慧能源	521.52	2139	002606	大连电瓷	521.24	2169	002683	宏大爆破	520.71
2110	002421	达实智能	521.52	2140	002326	永太科技	521.21	2170	002697	红旗连锁	520.71
2111	002486	嘉麟杰	521.49	2141	300090	盛运环保	521.16	2171	600628	新世界	520.70
2112	603118	共进股份	521.48	2142	002512	达华智能	521.14	2172	002228	合兴包装	520.69
2113	002574	明牌珠宝	521.48	2143	600626	申达股份	521.13	2173	600859	王府井	520.69
2114	600097	开创国际	521.48	2144	600641	万业企业	521.13	2174	601010	文峰股份	520.69
2115	600731	湖南海利	521.47	2145	600279	重庆港九	521.13	2175	000619	海螺型材	520.69
2116	002075	沙钢股份	521.45	2146	300078	思创医惠	521.07	2176	300022	吉峰农机	520.67
2117	300332	天壕环境	521.45	2147	600864	哈投股份	521.07	2177	002091	江苏国泰	520.67

（续表）

排名	股票号	企业名称	总分	排名	股票号	企业名称	总分	排名	股票号	企业名称	总分
2118	603861	白云电器	521.44	2148	000682	东方电子	521.06	2178	600072	钢构工程	520.66
2119	002241	歌尔股份	521.43	2149	600769	祥龙电业	521.04	2179	000955	欣龙控股	520.66
2120	002464	金利科技	521.40	2150	300370	安控科技	521.01	2180	300249	依米康	520.62
2181	300244	迪安诊断	520.61	2211	600621	华鑫股份	520.34	2241	000957	中通客车	519.89
2182	002547	春兴精工	520.61	2212	000990	诚志股份	520.32	2242	002617	露笑科技	519.88
2183	603616	韩建河山	520.58	2213	603227	雪峰科技	520.26	2243	000715	中兴商业	519.85
2184	300032	金龙机电	520.57	2214	300287	飞利信	520.24	2244	002109	ST兴化	519.84
2185	600380	健康元	520.55	2215	002009	天奇股份	520.24	2245	002021	中捷资源	519.83
2186	000733	振华科技	520.55	2216	000935	四川双马	520.24	2246	300071	华谊嘉信	519.82
2187	600090	啤酒花	520.55	2217	002426	胜利精密	520.24	2247	000029	深深房A	519.81
2188	000421	南京公用	520.54	2218	600662	强生控股	520.21	2248	002599	盛通股份	519.81
2189	600338	西藏珠峰	520.49	2219	603726	朗迪集团	520.20	2249	600400	红豆股份	519.80
2190	000963	华东医药	520.48	2220	300228	富瑞特装	520.19	2250	601216	君正集团	519.79
2191	002715	登云股份	520.47	2221	002524	光正集团	520.19	2251	603618	杭电股份	519.78
2192	600449	宁夏建材	520.47	2222	000005	世纪星源	520.17	2252	603996	中新科技	519.74
2193	000966	长源电力	520.47	2223	000913	ST钱江	520.17	2253	600326	西藏天路	519.72
2194	600552	凯盛科技	520.46	2224	300256	星星科技	520.15	2254	000622	ST恒立	519.72
2195	002392	北京利尔	520.46	2225	000546	金圆股份	520.14	2255	002711	欧浦智网	519.70
2196	002701	奥瑞金	520.44	2226	300125	易世达	520.11	2256	600184	光电股份	519.69
2197	600168	武汉控股	520.44	2227	300391	康跃科技	520.10	2257	002053	云南能投	519.65
2198	002684	猛狮科技	520.43	2228	600639	浦东金桥	520.09	2258	300093	金刚玻璃	519.64
2199	002707	众信旅游	520.42	2229	000998	隆平高科	520.07	2259	601116	三江购物	519.64
2200	002371	七星电子	520.42	2230	000751	锌业股份	520.07	2260	002429	兆驰股份	519.61
2201	000816	智慧农业	520.40	2231	600222	太龙药业	520.07	2261	000561	烽火电子	519.59
2202	000812	陕西金叶	520.39	2232	300300	汉鼎宇佑	520.06	2262	002577	雷柏科技	519.59
2203	600834	申通地铁	520.38	2233	000566	海南海药	520.06	2263	002129	中环股份	519.57
2204	600316	洪都航空	520.37	2234	002297	博云新材	520.04	2264	002205	国统股份	519.57
2205	600757	长江传媒	520.37	2235	600848	上海临港	520.01	2265	002579	中京电子	519.56
2206	000948	南天信息	520.36	2236	600733	S前锋	520.00	2266	002526	山东矿机	519.56

（续表）

排名	股票号	企业名称	总分	排名	股票号	企业名称	总分	排名	股票号	企业名称	总分
2207	002229	鸿博股份	520.36	2237	300372	欣泰电气	519.98	2267	300282	汇冠股份	519.56
2208	002017	东信和平	520.36	2238	600536	中国软件	519.96	2268	603399	新华龙	519.54
2209	603166	福达股份	520.35	2239	002374	丽鹏股份	519.93	2269	300068	南都电源	519.48
2210	002004	华邦健康	520.35	2240	600438	通威股份	519.90	2270	300152	科融环境	519.45
2271	002531	天顺风能	519.43	2301	600482	中国动力	519.09	2331	300312	邦讯技术	518.70
2272	300158	振东制药	519.41	2302	000010	美丽生态	519.08	2332	002176	江特电机	518.68
2273	603368	柳州医药	519.40	2303	300363	博腾股份	519.08	2333	000938	紫光股份	518.67
2274	002325	洪涛股份	519.35	2304	600148	长春一东	519.05	2334	002510	天汽模	518.67
2275	000531	穗恒运A	519.35	2305	600638	新黄浦	519.04	2335	002313	日海通讯	518.65
2276	300056	三维丝	519.34	2306	603128	华贸物流	519.04	2336	600764	中电广通	518.63
2277	000899	赣能股份	519.34	2307	300355	蒙草生态	519.02	2337	002119	康强电子	518.61
2278	600446	金证股份	519.31	2308	300379	宝光股份	519.01	2338	000150	宜华健康	518.61
2279	600781	辅仁药业	519.30	2309	002055	得润电子	518.97	2339	600579	天华院	518.60
2280	002573	清新环境	519.30	2310	000510	金路集团	518.92	2340	002125	湘潭电化	518.55
2281	000153	丰原药业	519.28	2311	000811	烟台冰轮	518.88	2341	600220	江苏阳光	518.53
2282	600278	东方创业	519.28	2312	600706	曲江文旅	518.88	2342	600272	开开实业	518.51
2283	300006	莱美药业	519.27	2313	002636	金安国纪	518.86	2343	002379	ST鲁丰	518.49
2284	000958	东方能源	519.26	2314	600846	同济科技	518.85	2344	603111	康尼机电	518.47
2285	002225	濮耐股份	519.26	2315	600083	博信股份	518.85	2345	000836	鑫茂科技	518.44
2286	002713	东易日盛	519.25	2316	002052	同洲电子	518.83	2346	603069	海汽集团	518.44
2287	601020	华钰矿业	519.23	2317	002418	康盛股份	518.82	2347	002059	云南旅游	518.42
2288	002672	东江环保	519.22	2318	300020	银江股份	518.82	2348	300402	宝色股份	518.41
2289	002689	远大智能	519.20	2319	002781	奇信股份	518.80	2349	000011	深物业A	518.38
2290	002770	科迪乳业	519.18	2320	300278	华昌达	518.79	2350	601900	南方传媒	518.38
2291	000551	创元科技	519.18	2321	000419	通程控股	518.79	2351	300046	台基股份	518.37
2292	000949	新乡化纤	519.16	2322	002184	海得控制	518.78	2352	002731	萃华珠宝	518.30
2293	600785	新华百货	519.15	2323	000558	莱茵体育	518.78	2353	002115	三维通信	518.28
2294	600149	廊坊发展	519.14	2324	300082	奥克股份	518.78	2354	000976	春晖股份	518.28
2295	002692	远程电缆	519.13	2325	000796	凯撒旅游	518.76	2355	002377	国创高新	518.26

(续表)

排名	股票号	企业名称	总分	排名	股票号	企业名称	总分	排名	股票号	企业名称	总分
2296	600661	新南洋	519.13	2326	002359	齐星铁塔	518.76	2356	600405	动力源	518.23
2297	002090	金智科技	519.12	2327	603318	派思股份	518.74	2357	600477	杭萧钢构	518.23
2298	600745	中茵股份	519.11	2328	600666	奥瑞德	518.73	2358	601599	鹿港文化	518.22
2299	000826	启迪桑德	519.10	2329	002647	宏磊股份	518.72	2359	002437	誉衡药业	518.19
2300	002240	威华股份	519.09	2330	600729	重庆百货	518.71	2360	000809	铁岭新城	518.18
2361	600712	南宁百货	518.16	2391	000922	佳电股份	517.69	2421	002169	智光电气	517.23
2362	600119	长江投资	518.13	2392	600844	丹化科技	517.69	2422	002051	中工国际	517.22
2363	600589	广东榕泰	518.10	2393	000506	中润资源	517.68	2423	000533	万家乐	517.20
2364	002501	利源精制	518.09	2394	600082	海泰发展	517.66	2424	600069	银鸽投资	517.18
2365	000669	金鸿能源	518.07	2395	600719	大连热电	517.64	2425	002694	顾地科技	517.16
2366	000657	中钨高新	518.07	2396	000070	特发信息	517.64	2426	601908	京运通	517.13
2367	600107	美尔雅	518.06	2397	002468	艾迪西	517.64	2427	000048	康达尔	517.13
2368	600728	佳都科技	518.04	2398	002600	江粉磁材	517.62	2428	002197	证通电子	517.12
2369	000605	渤海股份	518.04	2399	600035	楚天高速	517.59	2429	000882	华联股份	517.05
2370	600354	敦煌种业	518.02	2400	300279	和晶科技	517.51	2430	000151	中成股份	516.98
2371	002370	亚太药业	517.99	2401	002301	齐心集团	517.51	2431	002316	键桥通讯	516.98
2372	000789	万年青	517.98	2402	000049	德赛电池	517.51	2432	002118	紫鑫药业	516.98
2373	600152	维科精华	517.98	2403	300376	易事特	517.48	2433	000573	粤宏远A	516.97
2374	600710	ST常林	517.98	2404	603021	山东华鹏	517.47	2434	600106	重庆路桥	516.94
2375	300261	雅本化学	517.96	2405	600127	金健米业	517.44	2435	600398	海澜之家	516.93
2376	002175	东方网络	517.94	2406	600410	华胜天成	517.44	2436	002094	青岛金王	516.92
2377	000586	汇源通信	517.93	2407	000557	西部创业	517.42	2437	600358	国旅联合	516.91
2378	002789	建艺集团	517.92	2408	000555	神州信息	517.40	2438	600167	联美控股	516.91
2379	300178	腾邦国际	517.91	2409	300309	吉艾科技	517.39	2439	300422	博世科	516.87
2380	600126	杭钢股份	517.87	2410	603008	喜临门	517.39	2440	002357	富临运业	516.84
2381	000018	神州长城	517.85	2411	600870	厦华电子	517.38	2441	600461	洪城水业	516.81
2382	000973	佛塑科技	517.79	2412	600390	ST金瑞	517.38	2442	000801	四川九洲	516.81
2383	002274	华昌化工	517.78	2413	600287	江苏舜天	517.33	2443	600648	外高桥	516.78
2384	000676	智度股份	517.77	2414	002455	百川股份	517.31	2444	300313	天山生物	516.72
2385	000404	华意压缩	517.77	2415	002480	新筑股份	517.31	2445	002590	万安科技	516.71

(续表)

排名	股票号	企业名称	总分	排名	股票号	企业名称	总分	排名	股票号	企业名称	总分
2386	600654	中安消	517.76	2416	600073	上海梅林	517.30	2446	600192	长城电工	516.71
2387	600470	六国化工	517.73	2417	002343	慈文传媒	517.27	2447	600697	欧亚集团	516.70
2388	000587	金州慈航	517.70	2418	002005	德豪润达	517.26	2448	600686	金龙汽车	516.70
2389	002114	罗平锌电	517.69	2419	300121	阳谷华泰	517.24	2449	002002	鸿达兴业	516.69
2390	002488	金固股份	517.69	2420	000739	普洛药业	517.23	2450	000599	青岛双星	516.64
2451	002611	东方精工	516.63	2476	600737	中粮屯河	516.29				
2452	002220	天宝股份	516.62	2477	600586	金晶科技	516.29				
2453	000910	大亚科技	516.60	2478	000544	中原环保	516.28				
2454	002451	摩恩电气	516.59	2479	600497	驰宏锌锗	516.24				
2455	002145	中核钛白	516.58	2480	002083	孚日股份	516.23				
2456	300118	东方日升	516.54	2481	002682	龙洲股份	516.19				
2457	002434	万里扬	516.53	2482	300325	德威新材	516.14				
2458	000090	天健集团	516.52	2483	600732	ST新梅	516.14				
2459	000514	渝开发	516.49	2484	600235	民丰特纸	516.13				
2460	002140	东华科技	516.48	2485	600714	金瑞矿业	516.13				
2461	600673	东阳光科	516.46	2486	002089	新海宜	516.11				
2462	600112	天成控股	516.44	2487	002541	鸿路钢构	516.11				
2463	600236	桂冠电力	516.43	2488	300322	硕贝德	516.08				
2464	600699	均胜电子	516.43	2489	300142	沃森生物	516.08				
2465	002071	长城影视	516.39	2490	600663	陆家嘴	516.07				
2466	002430	杭氧股份	516.39	2491	600401	海润光伏	516.05				
2467	600651	飞乐音响	516.38	2492	002157	正邦科技	516.02				
2468	300091	金通灵	516.38	2493	600696	匹凸匹	516.00				
2469	002201	九鼎新材	516.37	2494	002564	天沃科技	515.99				
2470	000678	襄阳轴承	516.36	2495	600622	嘉宝集团	515.99				
2471	600790	轻纺城	516.33	2496	600416	湘电股份	515.97				
2472	600540	新赛股份	516.33	2497	002652	扬子新材	515.94				
2473	000723	美锦能源	516.31	2498	002556	辉隆股份	515.94				
2474	603299	井神股份	516.31	2499	000616	海航投资	515.92				
2475	000036	华联控股	516.30	2500	300252	金信诺	515.92				

表 8-33 2016 中国上市企业社会责任指数总排名（一星级企业 2501-2847）

排名	股票号	企业名称	总分	排名	股票号	企业名称	总分	排名	股票号	企业名称	总分
2501	002037	久联发展	515.91	2531	000860	顺鑫农业	515.35	2561	002745	木林森	514.72
2502	600856	中天能源	515.89	2532	000501	鄂武商A	515.33	2562	002105	信隆健康	514.72
2503	600336	澳柯玛	515.89	2533	600081	东风科技	515.32	2563	002013	中航机电	514.71
2504	600300	维维股份	515.85	2534	600146	商赢环球	515.26	2564	600361	华联综超	514.71
2505	600258	首旅酒店	515.84	2535	002400	省广股份	515.24	2565	000420	吉林化纤	514.67
2506	000683	远兴能源	515.83	2536	000868	安凯客车	515.21	2566	600038	中直股份	514.65
2507	300111	向日葵	515.80	2537	002490	山东墨龙	515.21	2567	600318	新力金融	514.62
2508	000698	沈阳化工	515.79	2538	600448	华纺股份	515.20	2568	000590	启迪古汉	514.62
2509	600774	汉商集团	515.77	2539	000626	远大控股	515.19	2569	001979	招商蛇口	514.62
2510	002302	西部建设	515.77	2540	002384	东山精密	515.19	2570	000851	高鸿股份	514.61
2511	600463	空港股份	515.75	2541	000526	紫光学大	515.18	2571	002182	云海金属	514.56
2512	603030	全筑股份	515.72	2542	002047	宝鹰股份	515.18	2572	002539	云图控股	514.54
2513	002420	毅昌股份	515.71	2543	000880	潍柴重机	515.11	2573	000890	法尔胜	514.54
2514	000034	神州数码	515.68	2544	300323	华灿光电	515.10	2574	600512	腾达建设	514.51
2515	603606	东方电缆	515.64	2545	300293	蓝英装备	515.08	2575	002309	中利科技	514.46
2516	000403	ST生化	515.64	2546	600131	岷江水电	515.07	2576	600283	钱江水利	514.45
2517	002259	升达林业	515.61	2547	300243	瑞丰高材	515.07	2577	600759	洲际油气	514.38
2518	300135	宝利国际	515.57	2548	600866	ST星湖	515.04	2578	002112	三变科技	514.36
2519	300083	劲胜精密	515.55	2549	000004	国农科技	514.96	2579	600749	西藏旅游	514.36
2520	000417	合肥百货	515.51	2550	002630	华西能源	514.96	2580	000918	嘉凯城	514.34
2521	600391	成发科技	515.51	2551	600348	阳泉煤业	514.96	2581	000972	中基健康	514.30
2522	002659	中泰桥梁	515.49	2552	000687	华讯方舟	514.90	2582	002248	华东数控	514.30
2523	600180	瑞茂通	515.46	2553	600248	延长化建	514.89	2583	300117	嘉寓股份	514.27
2524	001896	豫能控股	515.46	2554	000820	金城股份	514.86	2584	600425	青松建化	514.27
2525	002277	友阿股份	515.43	2555	603779	威龙股份	514.83	2585	002586	围海股份	514.23
2526	603308	应流股份	515.42	2556	600150	中国船舶	514.77	2586	000014	沙河股份	514.23
2527	600677	航天通信	515.41	2557	002516	旷达科技	514.77	2587	600202	哈空调	514.22
2528	603117	万林股份	515.39	2558	000608	阳光股份	514.76	2588	000667	美好置业	514.20
2529	300405	科隆精化	515.38	2559	002628	成都路桥	514.75	2589	600409	三友化工	514.19

(续表)

排名	股票号	企业名称	总分	排名	股票号	企业名称	总分	排名	股票号	企业名称	总分
2530	600217	秦岭水泥	515.37	2560	002459	天业通联	514.73	2590	000852	石化机械	514.14
2591	002011	盾安环境	514.12	2621	000428	华天酒店	513.38	2651	600110	诺德股份	512.75
2592	600057	象屿股份	514.12	2622	603520	司太立	513.38	2652	600359	新农开发	512.70
2593	000511	ST 烯碳	514.11	2623	300415	伊之密	513.38	2653	002305	南国置业	512.68
2594	002648	卫星石化	514.07	2624	002068	黑猫股份	513.38	2654	000691	ST 亚太	512.68
2595	600754	锦江股份	514.07	2625	300023	宝德股份	513.37	2655	600175	美都能源	512.63
2596	000736	中房地产	514.04	2626	002234	民和股份	513.34	2656	002077	大港股份	512.58
2597	002087	新野纺织	513.97	2627	603885	吉祥航空	513.30	2657	600821	津劝业	512.58
2598	000537	广宇发展	513.95	2628	000703	恒逸石化	513.29	2658	600963	岳阳林纸	512.55
2599	002751	易尚展示	513.94	2629	600010	包钢股份	513.25	2659	600784	鲁银投资	512.55
2600	002416	爱施德	513.92	2630	600567	山鹰纸业	513.23	2660	000631	顺发恒业	512.54
2601	002493	荣盛石化	513.91	2631	000059	华锦股份	513.21	2661	000785	武汉中商	512.52
2602	002207	准油股份	513.83	2632	000926	福星股份	513.20	2662	600707	彩虹股份	512.51
2603	002173	ST 创辽	513.80	2633	600766	园城黄金	513.14	2663	000042	中洲控股	512.50
2604	000521	美菱电器	513.78	2634	002256	彩虹精化	513.14	2664	002061	ST 江化	512.47
2605	000921	海信科龙	513.75	2635	600340	华夏幸福	513.09	2665	000692	惠天热电	512.46
2606	002788	鹭燕医药	513.74	2636	600301	ST 南化	513.06	2666	002673	西部证券	512.43
2607	002534	杭锅股份	513.74	2637	600724	宁波富达	513.05	2667	600671	天目药业	512.39
2608	600061	国投安信	513.72	2638	002471	中超控股	513.04	2668	002167	东方锆业	512.39
2609	002442	龙星化工	513.68	2639	300176	鸿特精密	513.03	2669	000409	山东地矿	512.39
2610	600241	时代万恒	513.67	2640	000788	北大医药	512.97	2670	000055	方大集团	512.34
2611	601106	中国一重	513.58	2641	002717	岭南园林	512.97	2671	002506	协鑫集成	512.32
2612	000611	ST 天首	513.58	2642	600295	鄂尔多斯	512.95	2672	000909	数源科技	512.32
2613	600189	吉林森工	513.56	2643	600231	凌钢股份	512.95	2673	300028	金亚科技	512.30
2614	000759	中百集团	513.55	2644	000931	中关村	512.86	2674	002321	华英农业	512.24
2615	600008	首创股份	513.52	2645	600121	郑州煤电	512.85	2675	600132	重庆啤酒	512.21
2616	600701	ST 工新	513.48	2646	002200	云投生态	512.80	2676	000023	深天地 A	512.20
2617	000591	太阳能	513.46	2647	000923	河北宣工	512.80	2677	600028	中国石化	512.19
2618	000615	京汉股份	513.45	2648	600397	安源煤业	512.79	2678	000906	物产中拓	512.18

(续表)

排名	股票号	企业名称	总分	排名	股票号	企业名称	总分	排名	股票号	企业名称	总分
2619	600415	小商品城	513.42	2649	600086	东方金钰	512.78	2679	000628	高新发展	512.14
2620	300106	西部牧业	513.40	2650	000659	珠海中富	512.77	2680	002386	天原集团	512.13
2681	000507	珠海港	512.12	2711	600760	ST 黑豹	510.94	2741	600773	西藏城投	509.80
2682	600807	天业股份	512.09	2712	600333	长春燃气	510.93	2742	002607	亚夏汽车	509.70
2683	600556	慧球科技	512.06	2713	002183	怡亚通	510.92	2743	600346	ST 橡塑	509.67
2684	000925	众合科技	512.05	2714	000043	中航地产	510.83	2744	600713	南京医药	509.64
2685	600509	天富能源	512.05	2715	600692	亚通股份	510.77	2745	600393	粤泰股份	509.64
2686	600617	国新能源	512.03	2716	600806	ST 昆机	510.75	2746	000803	金宇车城	509.63
2687	000962	ST 东钽	512.00	2717	600268	国电南自	510.75	2747	600681	百川能源	509.60
2688	600782	新钢股份	511.97	2718	600515	海航基础	510.65	2748	600169	太原重工	509.53
2689	000979	中弘股份	511.96	2719	600748	上实发展	510.64	2749	300029	天龙光电	509.42
2690	002743	富煌钢构	511.93	2720	600743	华远地产	510.55	2750	002066	瑞泰科技	509.26
2691	600157	永泰能源	511.89	2721	600565	迪马股份	510.54	2751	000020	深华发A	509.24
2692	600385	山东金泰	511.84	2722	600421	仰帆控股	510.53	2752	600545	新疆城建	509.20
2693	600608	ST 沪科	511.77	2723	002199	ST 东晶	510.48	2753	600863	内蒙华电	509.19
2694	600320	振华重工	511.73	2724	000835	长城动漫	510.43	2754	000038	深大通	509.15
2695	000928	中钢国际	511.70	2725	600293	三峡新材	510.40	2755	000620	新华联	509.14
2696	000415	渤海金控	511.63	2726	600744	华银电力	510.40	2756	600139	西部资源	509.11
2697	300388	国祯环保	511.61	2727	600387	海越股份	510.38	2757	002060	粤水电	509.11
2698	002146	荣盛发展	511.49	2728	000863	三湘印象	510.35	2758	000617	ST 济柴	509.09
2699	002221	东华能源	511.45	2729	600396	金山股份	510.33	2759	002307	北新路桥	509.06
2700	600584	长电科技	511.44	2730	002149	西部材料	510.27	2760	600039	四川路桥	509.03
2701	000791	甘肃电投	511.33	2731	000078	海王生物	510.27	2761	000950	ST 建峰	508.86
2702	000017	深中华A	511.30	2732	000981	银亿股份	510.22	2762	600691	阳煤化工	508.79
2703	000939	凯迪生态	511.24	2733	600455	博通股份	510.14	2763	600491	龙元建设	508.66
2704	000411	英特集团	511.24	2734	601966	玲珑轮胎	510.10	2764	600368	五洲交通	508.65
2705	600408	安泰集团	511.23	2735	000767	漳泽电力	510.03	2765	600399	抚顺特钢	508.61
2706	600165	新日恒力	511.23	2736	000710	天兴仪表	510.01	2766	601258	庞大集团	508.59
2707	000995	ST 皇台	511.22	2737	601789	宁波建工	509.91	2767	603003	龙宇燃油	508.54

(续表)

排名	股票号	企业名称	总分	排名	股票号	企业名称	总分	排名	股票号	企业名称	总分
2708	600228	昌九生化	511.11	2738	002610	爱康科技	509.90	2768	000040	东旭蓝天	508.53
2709	000779	三毛派神	511.08	2739	600758	红阳能源	509.86	2769	600665	天地源	508.34
2710	600466	蓝光发展	510.97	2740	600804	鹏博士	509.84	2770	000693	ST 华泽	508.32
2771	600281	太化股份	508.30	2797	000656	金科股份	505.57	2823	600721	ST 百花	500.32
2772	601015	陕西黑猫	508.28	2798	002336	ST 人乐	505.49	2824	600800	天津磁卡	499.99
2773	300216	千山药机	508.22	2799	600853	龙建股份	505.25	2825	000504	ST 生物	499.56
2774	002769	普路通	508.08	2800	600242	中昌海运	505.17	2826	000505	ST 珠江	499.44
2775	600682	南京新百	508.06	2801	000755	山西三维	505.10	2827	600186	莲花健康	499.25
2776	000720	新能泰山	507.57	2802	000930	中粮生化	504.91	2828	600339	ST 天利	498.67
2777	600250	南纺股份	507.51	2803	000509	华塑控股	504.74	2829	600306	ST 商城	498.43
2778	002069	ST 獐岛	507.49	2804	600213	亚星客车	504.68	2830	000625	长安汽车	497.61
2779	000761	本钢板材	507.41	2805	600230	ST 沧大	504.66	2831	600319	ST 亚星	496.35
2780	000679	大连友谊	507.36	2806	300009	安科生物	504.55	2832	600265	ST 景谷	494.19
2781	002208	合肥城建	507.31	2807	002135	东南网架	504.53	2833	000968	ST 煤气	494.10
2782	600828	茂业商业	507.20	2808	600961	株冶集团	504.11	2834	601777	力帆股份	492.93
2783	000862	银星能源	507.19	2809	000953	河池化工	503.92	2835	600822	上海物贸	492.86
2784	002163	中航三鑫	507.14	2810	600225	天津松江	503.86	2836	600179	ST 黑化	491.78
2785	002210	飞马国际	507.12	2811	000856	ST 冀装	503.66	2837	600234	ST 山水	491.36
2786	600133	东湖高新	507.02	2812	002458	益生股份	503.64	2838	601288	农业银行	490.93
2787	000408	ST 金源	506.87	2813	002136	安纳达	503.49	2839	600581	ST 八钢	488.57
2788	600423	柳化股份	506.72	2814	601390	中国中铁	503.31	2840	002289	ST 宇顺	486.40
2789	002306	中科云网	506.66	2815	600793	ST 宜纸	503.28	2841	601668	中国建筑	484.27
2790	600683	京投发展	506.18	2816	000737	南风化工	502.60	2842	600603	ST 兴业	482.03
2791	600678	四川金顶	506.13	2817	000037	ST 南电 A	502.52	2843	000572	海马汽车	479.30
2792	000016	深康佳 A	506.12	2818	300226	上海钢联	501.54	2844	600247	ST 成城	472.61
2793	000629	ST 钒钛	506.06	2819	603100	川仪股份	501.50	2845	300215	电科院	451.46
2794	600280	中央商场	506.00	2820	000933	ST 神火	501.26	2846	000155	ST 川化	429.07
2795	000638	万方发展	505.73	2821	600675	ST 中企	500.93	2847	002608	ST 舜船	396.98
2796	600432	ST 吉恩	505.62	2822	000410	沈阳机床	500.92				

注: 此次评估中有 90 家企业的数据严重缺失, 故未处于排名当中。

参考文献

(一) 中文书籍

1. ［德］卡尔·恩吉施：《法律思维导论》，郑永流译，北京：法律出版社 2004 年版。

2. ［德］卡尔·马克思：《资本论》第 3 卷，北京：人民出版社 1975 年版。

3. ［德］马克斯·韦伯：《经济与社会》（上），林荣远译，北京：商务印书馆 1997 年版。

4. ［韩］李哲松：《韩国公司法》，吴日焕译，北京：中国政法大学出版社 2000 年版。

5. ［美］爱德华·弗里曼：《战略管理：利益相关者方法》，王彦华、梁豪译，上海：上海译文出版社 2006 年版。

6. ［美］戴维·C. 科顿：《当公司统治世界》，王道勇译，广州：广东人民出版社 2006 年版。

7. ［美］柯提斯·米尔霍普、［德］卡塔琳娜·皮斯托：《法律与资本主义》，罗培新译，北京：北京大学出版社 2010 年版。

8. ［美］理查德·A. 波斯纳：《法律的经济分析》，蒋兆康译，北京：经济管理出版社 2006 年版。

9. ［美］斯蒂芬·贝恩布里奇：《理论与实践中的新公司治理模式》，赵渊译，北京：法律出版社 2012 年版。

10. ［美］约翰·斯坦纳、乔治·斯坦纳：《企业、政府与社会》，诸大建、许艳芳等译，北京：人民邮电出版社2015年版。

11. ［美］詹姆斯·E. 波斯特：《企业与社会：公共战略、公共政策与伦理》，张志强译，北京：中国人民大学出版社2005年版。

12. 葛伟军：《英国公司法要义》，北京：法律出版社2014年版。

13. 蒋亚东等：《公司法律制度》，江苏：东南大学出版社2002年版。

14. 李伟阳、肖红军：《走出"丛林"：企业社会责任的新探索》，北京：经济管理出版社2012年版。

15. 梁慧星：《民法总论》（第四版），北京：法律出版社2011年版。

16. 楼建波、郭秀华：《企业社会责任专论》，北京：北京大学出版社2009年版。

17. 卢代富：《企业社会责任的经济学与法学分析》，北京：法律出版社2002年版。

18. 史正富、刘昶：《现代企业的产权革命》，上海：上海世纪出版集团2012年版。

19. 张维迎：《企业的企业家——契约理论》，上海：三联书店1995年版。

（二）中文论文

1. ［比］雅克·迪夫尼：《从第三部门到社会企业：概念与方法》，丁开杰、徐天祥译，载《经济社会体制比较》，2009年第4期。

2. ［美］劳伦斯·E. 米歇尔：《资本市场对企业社会责任的束缚：美国经验对中国的启示》，韩寒、邓峰译，载《中外法学》，2008年第1期。

3. ［日］上村达男：《美国、欧洲、中国及日本的公司法制度——以资本市场与市民社会的关系为视角》，吴祺译，载《证券法苑》（第四版），2011年版。

4. 蒋大兴、金剑锋：《论公司法的私法品格——检视私法的立场》，载《南京大学学报》（哲学人文科学社会科学版），2005年第1期。

5. 蒋大兴：《国企为何需要行政化的治理——一种被忽略的效率性的解

释》，载《现代法学》，2014 年第 5 期。

6. 蒋建湘：《企业社会责任的法律化》，载《中国法学》，2010 年第 5 期。

7. 李清池：《美国的公司法研究：传统、革命与展望》，载《中外法学》，2008 年第 2 期。

8. 李诗鸿：《公司契约理论新发展及其缺陷的反思》，载《华东政法大学学报》，2014 年第 5 期。

9. 李永军：《民法上的人及其理性基础》，载《法学研究》，2005 年第 5 期。

10. 罗培新：《我国企业社会责任的司法裁判困境及若干解决思路》，载《法学》，2007 年第 12 期。

11. 孟繁超、石求端：《企业社会责任的法律解读》，载《企业改革与管理》，2006 年第 10 期。

12. 史际春、肖竹、冯辉：《论企业社会责任：法律义务、道德责任及其他》，载《首都师范大学学报》，2008 年第 2 期。

13. 杨力：《国际化法科人才培养格局及协同》，载《法学》，2015 年第 6 期。

14. 杨力：《企业社会责任的制度化》，载《法学研究》，2014 年第 5 期。

15. 杨力：《以法治之道削弱制度特权》，载《法学》，2014 年第 7 期。

16. 杨力：《认真对待法治思维》，载《政法论丛》，2015 年第 2 期。

17. 杨力：《中国司法多边主义如何成为可能》，载《上海交通大学学报》（哲学社会科学版），2012 年第 2 期。

18. 张克文：《拟制犯罪和拟制刑事责任——法人犯罪否定论之回归》，载《法学研究》，2009 年第 3 期。

19. 张维迎：《从现代企业理论看国有企业改革》，载《改革》，1995 年第 1 期。

20. 赵钧：《责任法促：企业社会责任立法热议中》，载《WTO 经济导刊》，2015 年第 3 期。

(三) 英文专著

1. Adolf Berle and Gardiner Means, *The Modern Corporation and Private Property*, New Jersey: Transaction Publishers, 1932.

2. Amitai Etzioni, *The Moral Dimension: Toward a New Economics*, New York: Free Press, 1988.

3. Amitai Etzioni, *The Spirit of Community: Rights, Responsibilities and the Communitarian Agenda*, New York: Crown Publishers, 1993.

4. Burton G. Malkiel, *A Random Walk Down Wall Street*, New York: W. W. Norton & Company, Inc., 2007.

5. Duncan Kennedy, *Law and Economics from the Perspective of Critical Legal Studies*, in *The New Palgrave Dictionary of Economics and The Law* (Peter Newman ed.), London: Palgrave Macmillan, 1998.

6. Frank H. Easterbrook and Daniel Fischel, *The Economic Structure of Corporate Law*, Boston: Harvard University Press, 1991.

7. Harvey Leibenstein, *Inside the Firm: the Inefficiencies of Hierarchy*, Boston: Harvard University Press, 1987.

8. James Burnham, *The Managerial Revolution*, London: Penguin Books, 1962.

9. James Hurst, *Law and Economic Growth: The Legal History of the Lumber Industry in Wisconsin 1836 – 1915*, Cambridge: Harvard University Press, 1964.

10. James P. Hawley and Andrew T. Williams, *The Rise of Fiduciary Capitalism: How Institutional Investors Can Make Corporate American More Democratic*, Pennsylvania: University of Pennsylvania Press, 2000.

11. Joel Kurtzman, *The Death of Money*, New York: Simon and Schuster, 1993.

12. Kenneth Arrow, *The Limits of Organization*, New York: W. W. Norton and Company, 1974.

13. Lawrence E. Mitchell, *The Board as a Path Toward Corporate Social Responsibility*, *The New Corporate Accountability: Corporate Social Responsibility*

and *The Law*, Cambridge: Cambridge University Press, 2007.

14. Lawrence Mitchell, *Progressive Corporate Law , New Perspectives on Law , Culture , and Society*, Colorado: Westview Press, 1995.

15. Lynn Stout, *The Shareholder Value Myth*, California: Berrett-Koehler Publishers, 2012.

16. Mark J. Roe, *Political Determinants of Corporate Governance : Political Context, Corporate impact*, Oxford: Oxford University Press, 2003.

17. Mark J. Roe, *Strong Managers, Weak Owners: The Political Roots of American Corporate Finance*, Princeton: Princeton University Press, 1994.

18. Melvin Eisenberg, *The Structure of the Corporation*, Boston: Little Brown, 1976.

19. Michael C. Jensen, *Foundations of Organizational Strategy*, Cambridge: Harvard University Press, 2001. Paul G. Mahoney, *Wasting a Crisis : Why Securities Regulation Fails*, Illinois: University of Chicago Press, 2015.

20. Michael Useem, *Investor Capitalism : How Money Managers are Changing the Face of Corporate America*, New York: Basic Books / Harper Collins, 1996.

21. Oliver Williamson, *The Economic Institutions of Capitalism*, New York: The Free Press, 1985.

22. Ralph Nader, Mark Green and Joel Seligman, *Taming the Giant Corporation*, New York: W. W. Norton & Company, 1976.

23. Richard A. Posner, *Economic Analysis of Law*, New York: Little Brown and Company, 1973.

24. Robert Bellah, *The Good Society*, New York: Vintage, 1991.

25. Robert S. Lopez and Irving W. Raymond, *Medieval Trade in The Mediterranean World: Illustrative Documents*, New York: Columbia University Press, 2002.

26. Stephen A. Ross et al, *Corporate Finance*, 9th ed. , New York: McGraw-Hill Irwin, 2010.

27. Stephen Bainbridge, *The New Corporate Governance in Theory and Practice*,

Oxford: Oxford University Press, 2008.

28. Willaim O. Douglas, *Democracy and Finance*, Connecticut: Yale University Press, 1940.

29. William M. Dugger, *Corporate Hegemony*, New York: Green-wood Press, 1989.

（四）英文论文

1. Adolf A. Berle, "Corporate Powers as Powers in Trust", *Harvard Law Review*, Vol. 44, No. 7, 1931.

2. Adolf A. Berle, "For Whom Corporate Managers Are Trustees: A Note", *Harvard Business Review*, Vol. 45, No. 8, 1932.

3. Adolf A. Berle, "Modern Functions of the Corporate System", *Columbia Law Review*, Vol. 62, No. 3, 1962.

4. Alan O. Sykes, "The Boundaries of Vicarious Liability: An Economic Analysis of the Scope of Employment Rule and Related Legal Doctrines", *Harvard Law Review*, Vol. 101, 1988.

5. Alexander Buchholz, "Corporate Social Responsibility and Stock Market Performance," *Academy of Management Journal*, Vol. 21, 1978.

6. Amiram Gill, "Corporate Governance as Social Responsibility: A Research Agenda", *Berkeley Journal of International Law*, Vol. 26, No. 2, 2008.

7. Andrew S. Gold, "Theories of the Firm and Judicial Uncertainty", *Seattle University Law Review*, Vol. 35, 2012.

8. Ante Glavas and Jenny Mish, "Resources and Capabilities of Triple Bottom Line Firms: Going Over Old or Breaking New Ground?", *Journal of Business Ethics*, Vol. 127, 2015.

9. Anthony Niblett, "Hostile Takeovers and Overreliance", *Seattle University Law Review*, Vol. 39, 2015.

10. Anthony T. Kronman, "Mistake, Disclosure, Information and the Law of

Contracts", *The Journal of Legal Studies*, Vol. 7, 1978.

11. Anthony T. Kronman, "Specific Performance", *University of Chicago Law Review*, Vol. 45, 1978.

12. Antonio Thomas, "The Rise of Social Cooperatives in Italy", *Voluntas*, Vol. 15, No. 3. 2004.

13. Antony Page and Robert A. Katz, "Is Social Enterprise the New Corporate Social Responsibility?", *Seattle University Law Review*, Vol. 34, 2011.

14. Archie B. Carroll, "A Three-dimensional Conceptual Model of Corporate Performance", *Academy of Management Review*, Vol. 4, 1979.

15. Archie B. Carroll, "Corporate Social Responsibility Evolution of a Definitional Construct", *Business and Society*, Vol. 38, No. 3, 1999.

16. Archie B. Carroll, "The Pyramid of Corporate Social Responsibility: Toward the Moral Management of Organizational Stakeholder", *Business Horizons*, July-August, 1991.

17. Armen A. Alchian and Harold Demsetz, "Production, Information Costs and Economic Organization", *American Economic Review*, Vol. 62, 1972.

18. Barry D. Baysinger and Henry N. Butler, "Anti-Takeover Amendments, Managerial Entrenchment and the Contractual Theory of the Corporation", *Virginia Law Review*, Vol. 71, 1985.

19. Barry D. Baysinger and Henry N. Butler, "The Role of Corporate Law in the Theory of the Firm", *The Journal of Law and Economics*, Vol. 28, 1985.

20. Bayless Manning, "The Business Judgment Rule and the Director's Duty of Attention: Time for Reality", *Business Law*, Vol. 39, 1984.

21. Benjamin Klein, Robert G. Crawford and Armen S. Alchian, "Vertical Integration, Appropriable Rents and the Competitive Contracting Process", *The Journal of Law and Economics*, Vol. 21, 1978.

22. Bernard Black and Reinier Kraakman, "A Self-Enforcing Model of Corporate Law", *Harvard Law Review*, Vol. 109, 1996.

23. Bernard Black, "Agents Watching Agents: The Promise of Institutional Investor Voice", *UCLA Law Review*, Vol. 39, 1992.

24. Bernard Black, "Is Corporate Law Trivial? A Political and Economic Analysis", *Northwest University Law Review*, Vol. 84, 1990.

25. Bronwen Morgan, "The Economization of Politics: Meta-Regulation as a Form of Nonjudicial Legality", *Social & Legal Studies*, Vol. 12, 2003.

26. Candace Zierdt and Ellen Podgor, "Corporate Deferred Prosecutions Through the Looking Glass of Contract Policing", *Kentucky Law Journal*, Vol. 96, 2007.

27. Cass R. Sunstein, "Beyond the Republican Revival", *Yale Law Journal*, Vol. 97, 1988.

28. D. Gordon Smith, "The Shareholder Primacy Norm", *The Journal of Corporation Law*, Vol. 23, 1998.

29. Daniel J. Morrissey, "Toward a New/Old Theory of Corporate Social Responsibility", *Syracuse Law Review*, Vol. 40, No. 3, 1989.

30. Daniel R. Fischel, "Efficient Capital Market Theory, the Market for Corporate Control, and the Regulation of Cash Tender Offers", *Texas Law Review*, Vol. 57, 1978.

31. Daniel S. Kleinberger, "A Myth Deconstructed: The 'Emperor's New Clothes' on the Low-Profit Limited Liability Company", *The Delaware Journal of Corporate Law*, Vol. 35, 2010.

32. David Engel, "An Approach to Corporate Social Responsibility", *Stanford Law Review*, Vol. 32, 1979.

33. David I. Levine, "Public Policy Implications of Imperfections in the Market for Worker Participation", *Economic and Industrial Democracy*, Vol. 13, 1992.

34. David Millon, "New Directions in Corporate Law: Communitarians, Contractarians, and the Crisis in Corporate Law", *Washington & Lee Law Review*, Vol. 50, 1993.

35. David Millon, "New Game Plan or Business as Usual? A Critique of The Team Production Model of Corporate Law", *Virginia Law Review*, Vol. 86, 2000.

36. David Millon, "Radical Shareholder Primacy", *University of St. Thomas Law Journal*, Vol. 10, 2013.

37. David Millon, "Radical Shareholder Primacy", *University of St. Thomas Law Journal*, Vol. 10, 2013.

38. David Millon, "Redefining Corporate Law", *Indiana. Law Review*, Vol. 24, 1991.

39. David Millon, "Shareholder Social Responsibility", *Seattle University Law Review*, Vol. 36, 2013.

40. David Millon, "Theories of the Corporation", *Duke Law Journal*, Vol. 39, 1990.

41. David Millon, "Two Models of Corporate Social Responsibility", *Wake Forest Law Review*, Vol. 46, 2011.

42. David Scheffer and Caroline Kaeb, "The Five Levels of CSR Compliance: The Resiliency of Corporate Liability under the Alien Tort Statute and the Case for a Counterattack Strategy in Compliance Theory", *Berkeley Journal of International Law*, Vol. 29, No. 1, 2011.

43. Deborah A. De Mott, "Trust and Tension Within Corporations", *Cornell Law Review*, Vol. 81, 1996.

44. Detlav Vagts, "Reforming the 'Modern' Corporation: Perspectives from the German", *Harvard Law Review*, Vol. 80, 1966.

45. Dierdre A. Burgman and Paul N. Cox, "Corporate Directors, Corporate Realities and Deliberations Process: An Analysis of the Trans-Union Case", *The Journal of Corporate Law*, Vol. 11, 1986.

46. Donald C. Langevoort, "The Human Nature of Corporate Boards: Law, Norms, and the Unintended Consequences of Independence and Accountability", *Georgetown Law Journal*, Vol. 89, 2001.

47. Donald E. Schwartz, "Federal Chartering of Corporations: An Introduction", *Georgetown Law Journal*, Vol. 61, 1972.

48. Donna J. Wood, "Corporate Social Performance Revisited", *Academy of Management Review*, Vol. 16, No. 4, 1991.

49. Donna J. Wood, "Social Issues in Management: Theory and Research in Corporate Social Performance", *Journal of Management*, Vol. 17, No. 2, 1991.

50. Donna J. Wood, "Toward Improving Corporate Social Performance", *Business Horizons*, July-August, 1991.

51. Douglas M. Branson, "Corporate Governance 'Reform' and The New Corporate Social Responsibility", *University of Pittsburgh Law Review*, Vol. 62, 2001.

52. Douglas M. Branson, "Corporate Social Responsibility Redux", *Tulane Law Review*, Vol. 76, 2002.

53. E. Allan Farnsworth, "The Past of Promise: An Historical Introduction to Contract", *Columbia Law Review*, Vol. 69, 1969.

54. E. Merrick Dodd, Jr., "For Whom Are Corporate Managers Trustees?", *Harvard Law Review*, Vol. 45, No. 7, 1932.

55. E. Merrick Dodd, Jr., "Is Effective Enforcement of the Fiduciary Duties of Corporate Managers Practicable?", *University of Chicago Law Review*, Vol. 2, 1935.

56. Edmund W. Kitch, "The Nature and Function of the Patent System", *The Journal of Law & Economics*, Vol. 20, 1977.

57. Edward B. Rock, "Adapting to the New Shareholder-Centric Reality", *University of Pennsylvania Law Review*, Vol. 161, 2013.

58. Edward B. Rock, "The Logic and (Uncertain) Significance of Institutional Shareholder Activism", *Georgia Law Journal*, Vol. 79, 1991.

59. Edward Iacobucci, "Toward a Signaling Explanation of the Private Choice of Corporate Law", *American Law and Economics Review*, Vol. 6, 2004.

60. Einer Elhauge, "Sacrificing Corporate Profits in the Public Interests", *New York University Law Review*, Vol. 80, 2005.

61. Eric Posner, "A Theory of Corporate Law under Conditions of Radical Judicial Error", *Northwest University Law Review*, Vol. 94, 2000.

62. Erika George, "See No Evil? Revisiting Early Visions of the Social Responsibility of Business: Adolf A. Berle's Contribution to Contemporary Conversations", *Seattle University Law Review*, Vol. 33, 2010.

63. Eugene F. Fama and Michael C. Jensen, "Separation of Ownership and Control", *The Journal Law and Economics*, Vol. 26, 1983.

64. Felix R. FitzRoy and Kornelius Kraft, "Economic Effects of Codetermination", *Scandinavian Journal of Economics*, Vol. 95, 1993.

65. Frank H. Easterbrook and Daniel R. Fischel, "Antitrust Suits by Targets of Tender Offers", *Michigan Law Review*, Vol. 80, 1982.

66. Frank H. Easterbrook and Daniel R. Fischel, "Auctions and Sunk Costs in Tender Offers", *Stanford Law Review*, Vol. 35, 1982.

67. Frank H. Easterbrook and Daniel R. Fischel, "Close Corporations and Agency Costs", *Stanford Law Review*, Vol. 38, 1986.

68. Frank H. Easterbrook and Daniel R. Fischel, "Corporate Control Transactions", *Yale Law Journal*, Vol. 91, 1982.

69. Frank H. Easterbrook and Daniel R. Fischel, "Limited Liability and the Corporation", *University of Chicago Law Review*, Vol. 52, 1985.

70. Frank H. Easterbrook and Daniel R. Fischel, "Mandatory Disclosure and the Protection of Investors", *Virginia Law Review*, Vol. 70, 1984.

71. Frank H. Easterbrook and Daniel R. Fischel, "The Corporate Contract", *Columbia Law Review*, Vol. 89, 1989.

72. Frank H. Easterbrook and Daniel R. Fischel, "The Proper Role of a Target's Management in Responding to a Tender Offer", *Harvard Law Review*, Vol. 94, 1981.

73. Frank H. Easterbrook and Daniel R. Fischel, "The Proper Role of a Target's Management in Responding to a Tender Offer", *Harvard Law Review*, Vol. 94, 1981.

74. Frank H. Easterbrook and Daniel R. Fischel, "Voting in Corporate Law", *The Journal of Law and Economics*, Vol. 26, 1983.

75. Frank H. Easterbrook, "Due Process in Selective Service Appeals", *University of Chicago Law Review*, Vol. 39, 1972.

76. Frank H. Easterbrook, "Privacy and the Optimal Extent of Disclosure under the Freedom of Information Act", *The Journal of Legal Studies*, Vol. 9, 1980.

77. Frank H. Easterbrook, "Toehold Acquisitions and the Potential Competition Doctrine", *University of Chicago Law Review*, Vol. 40, 1972.

78. Frank H. Easterbrook, William M. Landes and Richard A. Posner, "Contribution Among Antitrust Defendants: A Legal and Economic Analysis", *The Journal of Law & Economics*, Vol. 23, 1980.

79. Frank Michelman, "Law's Republic", *Yale Law Journal*, Vol. 97, 1988.

80. Fred R. Shapiro, "The Most-Cited Articles from the Yale Law Journal", *Yale Law Journal*, Vol. 100, 1991.

81. Geoffrey A. Manne, "The Hydraulic Theory of Disclosure Regulation and Other Costs of Disclosure", *Alabama Law Review*, Vol. 58, 2007.

82. Geoffrey P. Miller, "An Economic Analysis of Rule 68", *Journal of Legal Study*, Vol. 15, 1986.

83. George J. Benston, "Required Disclosure and the Stock Market: Rejoinder", *American Economic Review*, Vol. 65, 1975.

84. George J. Stigler, "Public Regulation of the Securities Markets", *The Journal of Business*, Vol. 19, 1964.

85. Harwell Wells, "Corporation Law is Dead: Heroic Managerialism, the Cold War, and the Puzzle of Corporation Law at the Height of the American Century", *University of Pennsylvania Journal of Business Law*, Vol. 15, 2013.

86. Harwell Wells, "The Birth of Corporate Governance", *Seattle University Law Review*, Vol. 33, 2010.

87. Harwell Wells, "The Cycles of Corporate Social Responsibility: An Historical Retrospective for the Twenty-First Century", *University of Kansas Law Review*, Vol. 51, 2002.

88. Henry Butler, "The Contractual Theory of the Corporation", *George Mason University Law Review*, Vol. 11, 1989.

89. Henry G. Manne, "Mergers and the Market for Corporate Control", *The Journal of Political Economy*, Vol. 73, No. 1, 1965.

90. Henry G. Manne, "Some Theoretical Aspects of Share Voting: An Essay in Honor of Adolf A. Berle", *Columbia Law Review*, Vol. 64, 1964.

91. Henry G. Manne, "The 'Higher Criticism' of the Modern Corporation", *Colombia Law Review*, Vol. 62, No. 3, 1962.

92. Henry G. Manne, "The Limits and Rationale of Corporate Altruism: An Individualistic Model", *Virginia Law Review*, Vol. 59, 1973.

93. Henry Hansmann and Reinier Kraakman, "The End of History for Corporate Law", *Georgetown Law Journal*, Vol. 89, 2001.

94. Henry Hansmann, "Ownership of the Firm", *Journal of Law, Economics and Organization*, Vol. 4, No. 2, 1988.

95. Henry N. Butler and Larry E. Ribstein, "Opting Out of Fiduciary Duties: A Response to the Anti-Contractarians", *Washington Law Review*, Vol. 65, 1990.

96. Henry N. Butler and Larry E. Ribstein, "State Antitakeover Statutes and the Contract Clause", *University of Cincinnati Law Review*, Vol. 57, 1988.

97. Henry T. C. Hu, "Too Complex to Depict? Innovation, 'Pure Information', and the SEC Disclosure Paradigm", *Texas Law Review*, Vol. 90, 2012.

98. Herbert Hovenkamp, "Law and Economics in the United States: A Brief Historical Survey", *Cambridge Journal of Economics*, Vol. 19, 1995.

99. Ian Ayres and Robert Gertner, "Filling Gaps in Incomplete Contracts: An

Economic Theory of Default Rules", *Yale Law Journal*, Vol. 99, 1989.

100. Ian Ayres, "The Possibility of Inefficient Contracts", *University of Cincinnati Law Review*, Vol. 60, 1991.

101. Isaac Ehrlich and Richard A. Posner, "An Economic Analysis of Legal Rulemaking", *The Journal of Legal Studies*, Vol. 3, 1974.

102. Itziar Castelló and Josep M. Lozano, "Searching for New Forms of Legitimacy Through Corporate Responsibility Rhetoric", *Journal of Business Ethics*, Vol. 100, 2011.

103. J. Haskell Murray, "An Early Report on Benefit Reports", *West Virginia Law Review*, Vol. 118, 2015.

104. J. William Callison and Allan W. Vestal, "The L3C Illusion: Why Low-Profit Limited Liability Companies Will Not Stimulate Socially Optimal Private Foundation Investment in Entrepreneurial Ventures", *Vermont Law Review*, Vol. 35, 2010.

105. Jacob E. Gersen and Eric A. Posner, "Soft Law: Lessons from Congressional Practice", *Stanford Law Review*, December, 2008.

106. Janelle A. Kerlin, "Social Enterprise in the United States and Europe: Understanding and Learning from the Differences", *Voluntas: International Journal of Voluntary and Nonprofit Orgnizations*, Vol. 17, 2006.

107. Jason Scott Johnston, "The Influence of The Nature of the Firm on the Theory of Corporate Law", *Journal of Corporate Law*, Vol. 18, 1993.

108. Jeffery N. Gordon, "The Mandatory Structure of Corporate Law", *Columbia Law Review*, Vol. 89, 1989.

109. Jeffrey Friedman, "The Politics of Communitarianism", *Critical Review*, Vol. 8, 1994.

110. Jeffrey Gordon, "The Rise of Independent Directors in the United States, 1950 – 2005: Of Shareholder Value and Stock Market Prices", *Stanford Law Review*, Vol. 59, 2007.

111. Joel E. Henning, "Federal Corporate Chartering for Business: An Idea Whose Time Has Come", *DePaul Law Review*, Vol. 21, 1972.

112. Joel Seligman, "No One Can Serve Two Masters: Corporate and Securities Law After Enron," *Washington University Law Review*, Vol. 80, 2002.

113. John A. Pearce and Jamie P. Hopkins, "Regulation of L3 Cs for Social Entrepreneurship: A Prerequisite to Increased Utilization", *Nebraska Law Review*, Vol. 92, 2013.

114. John C. Coffee, Jr., "Liquidity Versus Control: The Institutional Investor As Corporate Monitor", *Columbia Law Review*, Vol. 91, 1991.

115. John C. Coffee, Jr., "Market Failure and the Economic Case for a Mandatory Disclosure System", *Virginia Law Review*, Vol. 70, 1984.

116. John C. Coffee, Jr., "The Future As History: The Prospects for Global Convergence in Corporate Governance and Its Implications", *Northwest University Law Review*, Vol. 93, 1999.

117. John C. Coffee, Jr., "The Mandatory/Enabling Balance in Corporate Law: An Essay on the Judicial Role", *Columbia Law Review*, Vol. 89, 1989.

118. John C. Coffee, Jr., "Does 'Unlawful' Mean 'Criminal'?: Reflections on the Disappearing Tort/Crime Distinction in American Law", *Boston University Law Review*, Vol. 71, 1991.

119. John Dewey, "The Historical Background of Corporate Legal Personality", *Yale Law Journal*, Vol. 35, 1926.

120. John Elkington, "The Triple Bottom Line: Implication for The Oil Industry", *Oil & Gas Journal*, Vol. 97, No. 50, 1999.

121. John MacKerron, "A Taxonomy of the Revised Model Business Corporation Act", *UMKC Law Review*, Vol. 61, 1993.

122. John P. Wilson, "The Triple Bottom Line: Undertaking an Economic, Social and Environmental Retail Sustainability Strategy", *International Journal of Retail & Distribution Management*, Vol. 43, 2015.

123. John Tyler, "Negating the Legal Problem of Having 'Two Masters': A Framework for L3C Fiduciary Duties and Accountability", *Vermont Law Review*, Vol. 35, 2010.

124. Jonathan P. Doh and Terrence R. Guay, "Corporate Social Responsibility, Public Policy, and NGO Activism in Europe and the United States: An Institutional-Stakeholder Perspective", *Journal of Management Studies*, Vol. 43, No. 1, 2006.

125. Jonathan R. Macey, "State Anti-Takeover Legislation and the National Economy", *Wisconsin Law Review*, Vol. 78, 1988.

126. Joyce Falkenberg and Petter Brunsel, "Corporate Social Responsibility: A Strategic Advantage or a Strategic Necessity", *Journal for Business Ethics*, Vol. 99, 2011.

127. K. E. Goodpaster, "Business Ethics and Stakeholder Analysis", *Business Ethics Quarterly* 1, No. 1, 1991.

128. Kathleen Hale, "Corporate Law and Stakeholders: Moving Beyond Stakeholder Statutes", *Arizona Law Review*, Vol. 45, 2003.

129. Keith Davis, "The Case for and against Business Assumption of Social Responsibilities", *Academy of Management Journal*, Vol. 16, 1973.

130. Kenneth B. Davis, Jr., "Discretion of Corporate Management To Do Good at the Expense of Shareholder Gain-A Survey of, and Commentary on, the U. S. Corporate Law," *Canada-U. S. Law Journal*, Vol. 13, 1988.

131. Kenneth W. Dam, "Class Actions: Efficiency, Compensation, Deterrence, and Conflict of Interest", *Journal of Legal Studies*, Vol. 4, 1975.

132. Kent Greenfield, "New Principles for Corporate Law", *Hasting Business Law Journal*, Vol. 1, 2005.

133. Kent Greenfield, "There's a Forest in Those Trees: Teaching About the Role of Corporations in Society", *Georgia Law Review*, Vol. 34, 2000.

134. Kirk Davidson, "Ethical Concerns at the Bottom of the Pyramid: Where CSR Meets BOP", *Journal of International Business Ethics*, Vol. 2, No. 1, 2009.

135. Lance Compa, "Corporate Social Responsibility and Workers' rights", *Comparative Labor Law and Policy Journal*, Vol. 30, No. 1, 2008.

136. Larry E. Ribstein, "An Applied Theory of Limited Partnership", *Emory Law Journal*, Vol. 37, 1988.

137. Larry E. Ribstein, "The Mandatory Nature of the AL Code", *George Washington Law Review*, Vol. 61, 1993.

138. Lawrence E. Mitchell, "A Critical Look at Corporate Governance", *Vanderbilt Law Review*, Vol. 45, 1992.

139. Lawrence E. Mitchell, "A Theoretical and Practical Framework for Enforcing Corporate Constituency Statutes", *Texas Law Review*, Vol. 70, 1992.

140. Lawrence E. Mitchell, "The Cult of Efficiency", *Texas Law Review*, Vol. 71, 1992.

141. Lawrence Mitchell, "Private Law, Public Interest? The ALI Principles of Corporate Governance", *George Washington Law Review*, Vol. 61, 1993.

142. Lewis D. Soloman and Kathleen J. Collins, "Humanistic Economics: A New Model for the Corporate Social Responsibility Debate", *The Journal of Corporate Law*, Vol. 12, 1987.

143. Lisa Kern Griffin, "Compelled Cooperation and the New Corporate Criminal Procedure", *New York University Law Review*, Vol. 82, 2007.

144. Lisa M. Fairfax, "Some Reflections on the Diversity of Corporate Boards: Women, People of Color, and the Unique Issues Associated with Women of Color", *St. John's Law Review*, Vol. 79, 2006.

145. Llias Bantekas, "Corporate Social Responsibility in International Law", *Boston University International Law Journal*, Vol. 23, 2004.

146. Lloyd Hitoshi Mayer, "Disclosures about Disclosure", *Indiana Law Review*, Vol. 44, 2010.

147. Lucian A. Bebchuk and Robert J. Jackson, Jr., "Corporate Political Speech: Who Decides?", *Harvard Law Review*, Vol. 124, 2010.

148. Lucian A. Bebchuk, "Letting Shareholders Set the Rules", *Harvard Law Review*, Vol. 119, 2006.

149. Lucian A. Bebchuk, "The Case for Increasing Shareholder Power", *Harvard Law Review*, Vol. 118, 2005.

150. Lucian A. Bebchuk, "The Case for Shareholder Access to the Ballot", *Business Lawyer*, Vol. 59, 2003.

151. Lucian A. Bebchuk, "The Myth of the Shareholder Franchise", *Virginia Law Review*, Vol. 93, 2007.

152. Lyman Johnson and David Millon, "Corporate Takeovers and Corporate Law: Who's In Control", *The George Washington Law Review*, Vol. 61, 1993.

153. Lyman Johnson and David Millon, "Misreading the Williams Act", *Michigan Law Review*, Vol. 87, 1989.

154. Lyman Johnson and David Millon, "Missing the Point About State Takeover Statutes", *Michigan Law Review*, Vol. 87, 1989.

155. Lyman Johnson and David Millon, "The Case Beyond Time", *Business Law*, Vol. 45, 1990.

156. Lyman Johnson and Mark Sides, "The Sarbanes-Oxley Act and Fiduciary Duties", *William Mitchell Law Review*, Vol. 30, 2004.

157. Lyman Johnson, "Individual and Collective Sovereignty in the Corporate Enterprise", *Columbia Law Review*, Vol. 92, 1992.

158. Lyman Johnson, "Law and Legal Theory in the History of Corporate Responsibility: Corporate Personhood", *Seattle Law Review*, Vol. 35, 2012.

159. Lyman Johnson, "Pluralism in Corporate Form: Corporate Law and Benefit Corporations", *Regent Law Review*, Vol. 25, 2012.

160. Lyman Johnson, "The Delaware Judiciary and the Meaning of Corporate Life and Corporate Law", *Texas Law Review*, Vol. 68, 1990.

161. Lynn A. Stout, "Bad and Not-So-Bad Arguments for Shareholder Primacy", *Southern California Law Review*, Vol. 75, 2002.

162. Margaret M. Blair and Lynn A. Stout, "A Team Production Theory of Corporate Law", *Virginia Law Review*, Vol. 85, 1999.

163. Mark Granovetter, "Economic Action and Social Structure: The Problem of Embeddedness", *American Journal of Sociology*, Vol. 91, 1985.

164. Mark J. Roe, "A Political Theory of American Corporate Finance", *Columbia Law Review*, Vol. 10, 1991.

165. Mark J. Roe, "The Shareholder Wealth Maximization Norm and Industrial Organization", *University of Pennsylvania Law Review*, Vol. 149, 2001.

166. Mark Kelman, "Misunderstanding Social Life: A Critique of the Core Premises of 'Law and Economics'", *Journal of Legal Education*, Vol. 33, 1983.

167. Marleen A. O'Connort, "Corporate Social Responsibility for Work/Family Balance", *ST. John's Law Review*, Vol. 70, No. 1193, 2005.

168. Marleen A. O'Connor, "A Socio-Economic Approach to the Japanese Corporate Governance Structure", *Washington & Lee Law Review*, Vol. 50, 1993.

169. Marleen A. O'Connor, "Human Capital ERA: Reconceptualizing Corporate Law to Facilitate Labor-Management Cooperation", *Cornell Law Review*, Vol. 78, 1993.

170. Marleen A. O'Connor, "Restructuring the Corporation's Nexus of Contracts: Recognizing a Fiduciary Duty to Protect Displaced Workers", *North Carolina Law Review*, Vol. 69, 1991.

171. Marleen A. O'Connor, "The Human Capital Era: Reconceptualizing Corporate Law to Facilitate Labor-Management Cooperation", *Cornell Law Review*, Vol. 78, 1993.

172. Martijn W. Scheltema, "Assessing Effectiveness of International Private Regulation in the CSR Arena", *Richmond Journal of Global Law & Business*, Vol. 13, No. 2, 2014.

173. Max Clarkson, "A Stakeholder Framework for Analyzing and Evaluating Corporate Social Performance", *Academy of Management Review*, Vol. 20, No. 1,

1995.

174. Melvin Eisenberg, "The Concept that the Corporation is a Nexus of Contracts, and the Dual Nature of Firm", *Journal of Corporation Law*, Vol. 24, 1999.

175. Merritt B. Fox, "Retaining Mandatory Securities Disclosure: Why Issuer Choice Is Not Investor Empowerment", *Virginia Law Review*, Vol. 85, 1999.

176. Michael C. Jensen and William H. Meckling, "Theory of the Firm: Managerial Behavior, Agency Costs and Ownership Structure", *Journal of Financial Economics*, Vol. 3, 1976.

177. Michael D. Guttentag, "An Argument for Imposing Disclosure Requirements on Public Companies", *Florida State University Law Review*, Vol. 32, 2004.

178. Michael De Bow and Dwight Lee, "Shareholders, Non-shareholders and Corporate Law: Communitarianism and Resource Allocation", *The Delaware Journal of Corporate Law*, Vol. 18, 1993.

179. Michael E. Porter and Mark R. Kramer, "Strategy and Society: The Link between Competitive Advantage and Corporate Social Responsibility", *Harvard Business Review*, Vol. 84, 2006.

180. Michael Klausner, "Fact and Fiction in Corporate Law and Governance", *Stanford Law Review*, Vol. 65, 2013.

181. Milton Friedman, "The Social Responsibility of Business Is to Increase Its Profits", *New York Times*, September 13, 1970.

182. Mitu Gulati, Bill Klein and Eric Zolt, "Connected Contracts", *UCLA Law Review*, Vol. 47, 2000.

183. Morton J. Horwitz, "The Modern Foundations of Modern Contract Law", *Harvard Law Review*, Vol. 87, 1974.

184. Norman Veasey, "An Economic Rationale for Judicial Decision making in Corporate Law", *Business Law*, Vol. 53, 1998.

185. Oliver E. Williamson, "Corporate Governance", *The Yale Law Journal*,

Vol. 93, 1984.

186. Oliver Hart and John Moore, "Property Rights and the Nature of the Firm", *Journal of Political Economy*, *Vol.* 98, 1990.

187. Omri Ben-Shahar and Carl E. Schneider, "The Failure of Mandated Disclosure", *University of Pennsylvania Law Review*, Vol. 159, 2011.

188. Paul Cox, "The Indiana Experiment in Corporate Law: A Critique", *Valparaiso University Law Review*, Vol. 24, 1990.

189. Paul Cox, "The Public, the Private and the Corporation", *Marquette Law Review*, Vol. 80, 1997.

190. Paul K. Shum and Sharon L. Yam, "Ethics and Law: Guiding the Invisible Hand to Correct Corporate Social Responsibility Externalities", *Journal of Business Ethics*, Vol. 98, No. 4, 2001.

191. Paul N. Cox, "Reflections on Ex Ante Compensation and Diversification of Risk as Fairness Justifications for Limiting Fiduciary Duties of Corporate Officers, Directors and Controlling Shareholders", *Temple University Law Quarterly*, Vol. 60, 1987.

192. Peter F. Drucker, "Converting Social Problems into Business Opportunities: The New Meaning of Corporate Social Responsibility", *California Management Review*, Vol. 26, No. 2, 1984.

193. Peter F. Drucker, "Structure of the Enterprise: Economic, Governmental, Social", *Illinois Law Review*, Vol. 44, 1950.

194. R. Edward Freeman and David Reed, "Stockholders and Stakeholders: A New Perspective on Corporate Governance", *California Management Review*, Vol. 25, 1983.

195. R. Edward Freeman, "Stakeholder Capitalism", *Journal of Business Ethics*, Vol. 74, No. 4, 2007.

196. R. Edward Freeman, "Managing for Stakeholders: Trade-offs or Value Creation", *Journal of Business Ethics*, Vol. 96, Supplement 1, 2010.

197. Raghuram G. Rajan and Luigi Zingales, "Power in the Theory of the Firm", *Quarterly Journal of Economics*, Vol. 113, 1998.

198. Reinier Kraakman, "Corporate Liability Strategies and the Costs of Legal Control", *Yale Law Journal*, Vol. 93, 1984.

199. Reinier Kraakman, "Gatekeepers: The Anatomy of a Third-Party Enforcement Strategy", *Journal of Law, Economics, and Organization*, Vol. 2, 1986.

200. Richard A. Epstein, "A Theory of Strict Liability", *The Journal of Legal Studies*, Vol. 2.

201. Richard A. Epstein, "Defense and Subsequent Pleas in a System of Strict Liability", *The Journal of Legal Studies*, Vol. 3.

202. Richard A. Epstein, "Intentional Harms", *The Journal of Legal Studies*, Vol. 4, 1975.

203. Richard A. Posner and Andrew M. Rosenfield, "Impossibility and Related Doctrines in Contract Law: An Economic Analysis", *The Journal of Legal Studies*, Vol. 6.

204. Richard A. Posner, "An Economic Approach to Legal Procedure and Judicial Administration", *The Journal of Legal Studies*, Vol. 2, 1973.

205. Richard A. Posner, "An Economic Theory of Privacy", *Regulation*, Vol. 2, 1978.

206. Richard A. Posner, "Gratuitous Promises in Economics and Law", *The Journal of Legal Studies*, Vol. 6, 1977.

207. Richard A. Posner, "The Economic Approach to Law", *Texas Law Review*, Vol. 53, 1975.

208. Richard A. Posner, "The Economics of Privacy", *American Economic Review*, Vol. 71, 1981.

209. Richard A. Posner, "The Law and Economics Movement", *American Economic Review*, Vol. 77, 1987.

210. Richard A. Posner, "The Rights of Creditors of Affiliated Corporations", *University of Chicago Law Review*, Vol. 43, 1976.

211. Richard A. Posner, "Toward an Economic Theory of Federal Jurisdiction", *Harvard Journal of Law and Public Policy*, Vol. 6, 1982.

212. Richard Fallon, "What is Republicanism and Is It Worth Reviving?", *Harvard Law Review*, Vol. 102, 1989.

213. Robert A. Katz and Antony Page, "The Role of Social Enterprise", *Vermont Law Review*, Vol. 35, 2010.

214. Robert C. Clark, "Contracts, Elites, and Traditions in the Making of Corporate Law", *Columbia Law Review*, Vol. 89, 1989.

215. Robert Prentice, "Whither Securities Regulation? Some Behavioral Observations Regarding Proposals for Its Future", *Duke Law Journal*, Vol. 51, 2002.

216. Roberta Romano, "Metapolitics and Corporate Law Reform", *Stanford Law Review*, Vol. 36, 1984.

217. Roberta Romano, "Public Pension Fund Activism in Corporate Governance Reconsidered", *Columbia Law Review*, Vol. 93, 1993.

218. Roberta Romano, "What is the Value of Other Constituency Statutes?", *University of Toronto Law Journal*, Vol. 43, 1993.

219. Ron Harris, "The History of Team Production Theory", *Seattle University Law Review*, Vol. 38, 2015.

220. Ron Harris, "The Institutional Dynamics of Early Modern Eurasian Trade: The Corporation and the Commenda", *Journal of Economic Behavior & Organization*, Vol. 71, 2009.

221. Ron Harris, "The Transplantation of the Legal Discourse on Corporate Personality Theories: From German Codification to British Political Pluralism and American Big Business", *Washington and Lee Law Review*, Vol. 63, 2006.

222. Ronald Coase, "The Nature of the Firm", *Economica*, Vol. 4, 1937.

223. Ronald Coase, "The Problem of Social Cost", *Journal of Law & Economics*, Vol. 3, 1960.

224. Ronald J. Gilson and Charles K. Whitehead, "Deconstructing Equity: Public Ownership, Agency Costs, and Complete Capital Markets", *Columbia Law Review*, Vol. 108, 2008.

225. Ronald Mitchell and Donna Wood, "Toward a Theory of Stakeholder Identification and Salience: Defining the Principle of Who and What Really Counts", *Academy of Management Review*, Vol. 22, No. 4, 1997.

226. Ronen Shamir, "The De-Radicalization of Corporate Social Responsibility", *Critical Sociology*, Vol. 30, 2005.

227. Ruth V. Aguilera, Cynthia A. Williams, John M. Conley and Deborah E. Rupp, "Corporate Governance and Social Responsibility: A Comparative Analysis of the UK and the US", *Corporate Governance: An International Review*, Vol. 14, 2006.

228. Sanjai Bhagat and Roberta Romano, "Empirical Studies of Corporate Law", *Handbook of Law and Economics*, Vol. 2, 2007.

229. Sanjai Bhagat, "The Promise and Peril of Corporate Governance Indices", *Columbia Law Review*, Vol. 108, 2008.

230. Satish Kumar, Ritesh Tiwari, "Corporate Social Responsibility Insights into Contemporary Research", *The IUP Journal of Corporate Governance*, Vol. 10, No. 1, 2011.

231. Simone M. Sepe, "Intruders in the Boardroom: The Case of Constituency Directors", *Washington University Law Review*, Vol. 91, 2013.

232. Sophie Harnay and Alain Marciano, Richard Posner, "Economics and the Law: From 'Law and Economics' to an Economic Analysis of Law", *The Journal of the History of Economic Thought*, Vol. 31, 2009.

233. Sri Wartini, Dodik Setiawan and Nur Heriyanto, "Enhancing the Implementation of CSR in Developing Countries to achieve Sustainable Development:

Indonesian Perspective", *US-China Law Review*, Vol. 11, No. 1022, 2014.

234. Stefan A. Padfield, "The Dodd-Frank Corporation: More Than a Nexus of Contracts", *West Virginia Law Review*, Vol. 114, 2011.

235. Stefan J. Padfield, "Citizen United, Concession Theory and Corporate Social Responsibility", *UCLA Law Review*, Vol. 66, 2014.

236. Stefan J. Padfield, "Rehabilitating Concession Theory", *Oklahoma Law Review*, Vol. 66, 2014.

237. Stefan J. Padfield, "The Silent Role of Corporate Theory in the Supreme Court's Campaign Finance Cases", *University of Pennsylvania Journal Constitutional Law*, Vol. 15, 2013.

238. Stephen M. Bainbridge and Mitu Gulati, "How Do Judges Maximize: Rules of Thumb in Securities Fraud Opinions", *Emory Law Journal*, Vol. 51, 2002.

239. Stephen M. Bainbridge, "Community and Statism: A Conservative Contractarian Critique of Progressive Corporate Law Scholarship", *Cornell Law Review*, Vol. 82, 1997.

240. Stephen M. Bainbridge, "Director Primacy: The Means and Ends of Corporate Governance", *Northwest University Law Review*, Vol. 97, 2003.

241. Stephen M. Bainbridge, "In Defense of the Shareholder Wealth Maximization Norm: A Reply to Professor Green", *Washington & Lee Law Review*, Vol. 50, 1993.

242. Stephen M. Bainbridge, "The Board of Directors as Nexus of Contracts", *Iowa Law Review*, Vol. 88, 2002.

243. Steven Cheung, "The Contractual Nature of the Firm", *The Journal of Law and Economics*, Vol. 26, 1983.

244. Steven G. Gey, "The Unfortunate Revival of Civic Republicanism", *University of Pennsylvania Law Review*, Vol. 141, 1993.

245. Steven L. Wartick and Philip L. Cochran, "The Evolution of the Corporate

Social Performance Model", *Academy of Management Review*, Vol. 10, 1985.

246. Steven L. Wartick and Philip L. Cochran, "The Evolution of the Corporate Social Performance Model", *Academy of Management Review*, No. 10, 1985.

247. Steven M. Davidoff and Claire A. Hill, "Limits of Disclosure", *Seattle University Law Review*, Vol. 36, 2013.

248. Steven M. H. Wallman, "Understanding the Purpose of a Corporation: An Introduction", *The Journal of Corporation Law*, Vol. 24, 1999.

249. Sun Young Lee and Craig E. Carroll, "The Emergence, Variation, and Evolution of Corporate Social Responsibility in the Public Sphere, 1980 – 2004: the Exposure of Firms to Public Debate", *Journal of Business Ethics*, Vol. 104, No. 1, 2011.

250. Surya Kant Sharma and Sunita Mehta, "Where Do We Go From Here? Viewing Corporate Social Responsibility Through a Sustainability Lens", *The Journal Contemporary Management Research*, Vol. 6, No. 2, 2012.

251. Tamar Frankel, "The Failure of Investor Protection by Disclosure", *University of Cincinnati Law Review*, Vol. 81, No. 10, 2012.

252. Thomas Donaldson and Thomas W. Dunfee, "Toward a Unified Conception of Business Ethics: Integrative Social Contract Theory", *Academy of Magazine Review*, Vol. 19, No. 2, 1994.

253. Thomas M. Jones, "Instrumental Stakeholder Theory: a Synthesis of Ethics and Economics", *Academy of Management Review*, Vol. 20, No. 2, 1995.

254. Thomas Ulen, "The Coasean Firm in law and Economics", *Journal of Corporation Law*, Vol. 18, 1993.

255. Victoria Schwartz, "Disclosing Corporate Disclosure Policies", *Florida State University Law Review*, Vol. 40, 2013.

256. Vikramaditya S. Khanna, "Corporate Crime Legislation: A Political Economy Analysis", *Washington University Law Quarterly*, Vol. 82, 2004.

257. Virginia Harper Ho, "Theories of Corporate Groups: Corporate Identity

Reconceived", *Seton Hall Law Review*, Vol. 42, 2012.

258. Walter F. Abbott and R. Joseph Monsen, "On the Measurement of Corporate Social Responsibility: Self-Reported Disclosures as a Method of Measuring Corporate Social Involvement", *Academy of Management Journal*, Vol. 22, 1979.

259. Walter Werner, "Corporation Law in Search of its Future", *Columbia Law Review*, Vol. 81, 1981.

260. William Allen, "Contracts and Communities in Corporate Law", *Washington and Lee Law Review*, Vol. 50, 1993.

261. William Bratton and Michael L. Wachter, "Tracking Berle's Footsteps: The Trail of The Modern Corporation's Last Chapter", *Seattle University Law Review*, Vol. 33, 2010.

262. William Bratton, "Berle and Means Reconsidered at the Century's End", *Journal of Corporation Law*, Vol. 26, 2001.

263. William Bratton, "Confronting The Ethical Case Against The Ethical Case For Constituency Rights", *Washington & Lee Law Review*, Vol. 50, 1993.

264. William Bratton, "Nexus of Contracts Corporation: A Critical Appraisal", *Cornell Law Review*, Vol. 74, 1989.

265. William Bratton, "Public Values and Corporate Fiduciary Law", *Rutgers Law Review*, Vol. 44, 1992.

266. William Bratton, "Self-Regulation, Normative Choice, and the Structure of Corporate Fiduciary Law", *George Washington Law Review*, Vol. 61, 1993.

267. William Bratton, "The New Economic Theory of the Firm: Critical Perspectives From History", *Stanford Law Review*, Vol. 41, 1989.

268. William C. Frederick, "CSR^1 to CSR^2: The Maturing of Business-and-Society Thought", *Business and Society*, Vol. 33, No. 2, 1994.

269. William L. Cary, "Federalism and Corporate Law. Reflections upon Delaware", *Yale Law Journal*, Vol. 83, 1974.

270. William M. Landes and Richard A. Posner, "Adjudication as a Private

Good", *The Journal of Legal Studies*, Vol. 8, 1979.

271. William M. Landes and Richard A. Posner, "An Economic Theory of Intentional Torts", *International Review of Law & Economics*, Vol. 1, 1981.

272. William M. Landes and Richard A. Posner, "Joint and Mujltiple Tortfeasors: An Economic Analysis", *The Journal of Legal Studies*, Vol. 9, 1980.

273. William M. Landes and Richard A. Posner, "Legal Change, Judicial Behavior, and the Diversity Jurisdiction", *The Journal of Law Studies*, Vol. 9, 1980.

274. William M. Landes and Richard A. Posner, "Legal Precedent: A Theoretical and Empirical Analysis", *The Journal of Law & Economics*, Vol. 19, 1976.

275. William M. Landes and Richard A. Posner, "Salvors, Finders, Good Samaritans, and Other Rescuers: An Economic Study of Law and Altruism", *The Journal of Legal Studies*, Vol. 7, 1978.

276. William M. Landes and Richard A. Posner, "The Independent Judiciary in an Interest-Group Perspective", *The Journal of Law & Economics*, Vol. 18, 1976.

277. William M. Landes and Richard A. Posner, "The Private Enforcement of Law", *The Journal of Legal Studies*, Vol. 4, 1975.

278. William R. Simon, "Social-Republican Property", *UCLA Law Review*, Vol. 38, 1991.

279. William S. Lerach, "Plundering America: How American Investors Got Taken for Trillions by Corporate Insiders-The Rise of the New Corporate Kleptocracy", *Stanford Journal of Law, Business and Finance*, Vol. 8, 2002.

280. William T. Allen, "Our Schizophrenic Conception of the Business Corporation", *Cardozo Law Review*, Vol. 14, 1992.

后 记

本书的前半部分来自于我的博士后出站报告，后半部分的内容则是近两年所发布的企业社会责任报告。虽然笔者是企业社会责任报告的发起人和主笔之一，但企业社会责任报告是集体性成果，因此以我个人名义结集出版，总感觉诚惶诚恐。在这里由衷地感谢团队成员的无私和宽容。管子有言，以众人之智思虑者，无不知也；以众人之力起事者，无不成也。总而言之，这本书凝聚了太多人的心血，感激之情无以言表。

上海交通大学凯原法学院汇集了国内法学领域一流的教授和研究者。这些前辈的研究成果、课程、会议发言等都在不同程度上对我这两年的成长有着很大的帮助。这些前辈包括但不限于：季卫东教授、郑成良教授、王先林教授、沈国明教授、杨力教授、范进学教授、高全喜教授、侯利阳教授、郭延军教授、林彦教授、徐向华教授、叶必丰教授、朱芒教授、韩长印教授、彭诚信教授、孔祥俊教授、张绍谦教授、李剑教授和许多奇教授，等等。同时也非常感谢凯原法学院办公室秘书付媛媛老师在这两年来所给予的无私帮助。

"厚谊常存魂梦里，深恩永志我心中。"这里要特别感谢我的博士后合作导师杨力教授。2015年5月，在我最迷茫无助的时候，是杨老师接纳我成为其学生。杨老师处世的哲学和刻苦的学习和研究精神都使学生受益匪浅。杨老师宽阔的研究视野、缜密的逻辑思维、严谨的治学态度、对学术的热情都深深地影响着我。在这两年里，杨老师对我的博士后出站报告的选题、结构和内容都给予了非常多的指导和启发。杨老师在企业社会责任立法领域有非常深厚的积累。所有的这些都是我能够完成博士后出站报告的重要原因。

这里还要特别感谢我博士期间在华东政法大学的老师们。尽管我博士后从事的项目是经济法下面的企业社会责任研究，但我在研究的过程中，运用了法理学和法律史的研究方法。每当我运用这些研究方法时都会想起这些老师们。这些老师包括：何勤华教授、王立民教授、李秀清教授、丁凌华教授、顾功耘教授、罗培新教授、金可可教授、陈金钊教授、马长山教授、何敏教授、屈文生教授、杨忠孝教授等。这里要特别感谢我博士期间的导师何勤华教授。何老师是我博士期间的指导教师，也是我进入法学领域的指路人。我之所以对法学产生兴趣，这与何勤华老师的启发和教诲有着非常密切的关系。

在写作期间还得到华东政法大学政治学研究院的老师和学生们的帮助，他们是朱剑老师、严行健老师、游腾飞老师，这三位老师在我写作的过程中提供了很多技术方面的支持。同时也非常感谢政研院的几位学生在我搜集资料、整理资料以及校对论文过程中所给予的帮助。他们是龚昊旻、王子帅、李松、张结斌、江培、李阳、郝巧英、陈建林、武宇琪等。

我的成长离不开父母的养育之恩。我的养父母是朴实的农民，在他们无私的养育之下，我才得以健康快乐地成长。养母如今已经去世13年，但她对女儿的养育和教诲却终生难忘。曾记得读大学时，养母每次的电话，都是叮嘱我要好好学习，通过学习来改变自己的命运。那个小时候顽皮成性、被父母满院子追着跑、不怎么爱学习的小女孩如今已经博士后即将出站，也许这就是对养母最好的回报吧！同时也非常感谢我的亲生父母以及我的公公婆婆在我博士后学习和研究阶段所给予的关心和鼓励。在这两年里，父母们每次的电话都成为我写作的动力和源泉。

最后，感谢我的爱人高奇琦。与爱人结婚已十年有余，在这十多年的时间里，他是我学习道路上的良师挚友。每当我在学习和研究中遇到困难时，他就像老师一样指点和引导着我。小女墨涵乖巧懂事。在我学习和疲倦的时候，与孩子的互动成为我最大的享受和放松。每当我焦虑不安的时候，小家伙总是像一个小大人似的鼓励和开导我。

后 记

  博士后即将出站,结束意味着新的开始。未来的学习和研究之路还非常漫长。自己只有脚踏实地和努力地走下去,才不会辜负老师们、亲人们和朋友们的期望!

  感谢命运!感谢所有我要感谢的人!

张宪丽

2017 年 6 月 1 日于复地香堤苑